U0128722

清史論集

（二十三）

莊 吉 發 著

文史哲學集成
文史哲出版社印行

國家圖書館出版品預行編目資料

清史論集 / 莊吉發著. -- 初版. -- 臺北市 ：文史哲，
民 86 –
　　冊；　公分. -- (文史哲學集成 ；388–)
　　含參考書目
　　ISBN 957-549-110-6 (第一冊：平裝) .-- ISBN957-549-
111-4(第二冊) .--ISBN957-549-166-1 (第三冊) . --ISBN 957-
549-271-4 (第四冊) .-- ISBN957-549-272-2(第五冊) .--ISBN
957-549-325-7 (第六冊).--ISBN957-549-326-5 (第七冊) --
ISBN 957-549-331-1(第八冊).--ISBN957-549-421-0(第九冊)
.--ISBN957-549-422-9(第十冊).--ISBN957-549-512-8(第十一
冊)-- ISBN 957-549-513-6(第十二冊) .--ISBN957-549-551-9
(第十三冊).--ISBN957-549-576-4(第十四冊)-- ISBN957-549-
605-1(第十五冊) .-- ISBN957-549- 671-x (第十六冊) ISBN 978-
957-549-725-5(第十七冊) .--ISBN978-957-549-785-9(第十八
冊) ISBN978-957-549-786-6 (第十九冊) ISBN978-957-549-
912-9 (第二十冊) ISBN978-957-549-973-0 (第二十一冊：平裝)
--ISBN978-986-314-035-1 (第二十二冊：平裝) --ISBN978-986
-314-138-9 (第二十三冊：平裝)

1.清史　2.文集

627.007　　　　　　　　　　　　　　　　　　86015915

文 史 哲 學 集 成　　645

清 史 論 集 (二十三)

著　　者：莊　　　　　吉　　　　　發
出 版 者：文　史　哲　出　版　社
　　　　　http:// www.lapen.com.tw
　　　　　e-mail：lapen@ms74.hinet.net
登記證字號：行政院新聞局版臺業字五三三七號
發 行 人：彭　　　　正　　　　　雄
發 行 所：文　史　哲　出　版　社
印 刷 者：文　史　哲　出　版　社
　　　　　臺北市羅斯福路一段七十二巷四號
　　　　　郵政劃撥：16180175 傳真 886-2-23965656
　　　　　電話 886-2-23511028　　　886-2-23941774

實價新臺幣六六○元

中華民國一○二年（2013）八月初版

清 史 論 集

(廿)

目　　次

出版說明

　　我國歷代以來，就是一個多民族的國家，各民族的社會、經濟及文化方面，雖然存在著多樣性及差異性的特徵，但各兄弟民族對我國歷史文化的締造，都有直接或間接的貢獻。滿族以非漢部族入主中原，建立清朝，參漢酌金，一方面接受儒家傳統的政治理念，一方面又具有滿族特有的統治方式，在多民族統一國家發展過程中有其重要的地位。在清朝長期的統治下，邊疆與內地逐漸打成一片，文治武功之盛，不僅堪與漢唐相比，同時在我國傳統社會、政治、經濟、文化的發展過程中亦處於承先啓後的發展階段。蕭一山先生著《清代通史》敘例中已指出原書所述，爲清代社會的變遷，而非愛新一朝的興亡。換言之，所述爲清國史，亦即清代的中國史，而非清室史。同書導言分析清朝享國長久的原因時，歸納爲兩方面：一方面是君主多賢明；一方面是政策獲成功。《清史稿》十二朝本紀論贊，尤多溢美之辭。清朝政權被推翻以後，政治上的禁忌，雖然已經解除，但是反滿的淸緒，仍然十分高昂，應否爲清人修史，成爲爭論的焦點。清朝政府的功過及是非論斷，人言嘖嘖。然而一朝掌故，文獻足徵，可爲後世殷鑒，筆則筆，削則削，不可從闕，亦即孔子作《春秋》之意。孟森先生著《清代史》指出，「近日淺學之士，承革命時期之態度，對清或作仇敵之詞，既認爲仇敵，即無代爲修史之任務。若已認爲應代修史，即認爲現代所繼承之前代，尊重現代，必不厭薄於所繼承之前代，而後覺承統之有自。清一代武功文治，幅員人材，皆有可觀。明初代元，以胡俗爲厭，天下既定，即表章元世祖之治，惜其子孫不能遵守。後代於前代，評量政治之得失以爲法戒，乃所以爲史學。革命時之鼓煽種族以作敵愾之氣，乃軍旅之事，非學問之事也。故史學上之清史，自當占中國累朝史中較盛之一朝，不應故爲貶抑，自失學者態度。」錢穆先生著《國史大綱》亦稱，我國爲世界上歷史體裁最完備的國家，悠久、無間斷、詳密，就是我國歷史的三大特點。我國歷史所包地域最廣大，所含民族份子最複雜。因此，益形成其繁富。有清一代，能統一國土，能治理人民，能行使政權，能綿歷年歲，其文治武功，幅員人材，既有可觀，清代歷史確實有其地位，貶抑清代史，無異自形縮短中國歷史。《清史稿》的既修而復禁，反映清代史是非論定的紛歧。

　　歷史學並非單純史料的堆砌，也不僅是史事的整理。史學研究者和檔案工作者，都應當儘可能重視理論研究，但不能以論代史，無視原始檔案資料的存在，不尊重客觀的歷史事實。治古史之難，難於在會通，主要原因就是由於文獻不足；治清史之難，難在審辨，主要原因就是由於史料氾濫。有清一代，史料浩如煙海，私家收藏，固不待論，即官方歷史檔案，可謂汗牛充棟。近人討論纂修清代史，曾鑒於清史範圍既廣，其材料尤夥，若用紀、志、表、傳舊體裁，則卷帙必多，重見牴牾之病，勢必難免，而事蹟反不能備載，於是主張採用通史體裁，以期達到文省事增之目的。但是一方面由於海峽兩岸現藏清代滿漢文檔案資料，數量龐大，整理公佈，尚需時日；一方面由於清史專題研究，在質量上仍不夠深入。因此，纂修大型清代通史的條件，還不十分具備。近年以來因出席國際學術研討會，所發表的論文，多涉及清代的歷史人物、文獻檔案、滿洲語文、宗教信仰、族群關係、人口流動、地方吏治等範圍，俱屬專題研究，題爲《清史論集》。雖然只是清史的片羽鱗爪，缺乏系統，不能成一家之言。然而每篇都充分利用原始資料，尊重客觀的歷史事實，認真撰寫，不作空論。所愧的是學養不足，研究仍不夠深入，錯謬疏漏，在所難免，尙祈讀者不吝教正。

二〇一三年八月　莊吉發

第十四函　太宗皇帝崇德元年七月至八月・二六

七四四六

《內閣藏本滿文老檔》
北京，中國第一歷史檔案館

《滿文原檔》‧《內閣藏本滿文老檔》與清朝前史的研究

一、前　言

　　內閣大庫檔案是近世以來所發現的重要史料之一，其中又以清太祖、清太宗兩朝的《滿文原檔》以及重抄本《滿文老檔》最為珍貴。明神宗萬曆二十七年（1599）二月，清太祖努爾哈齊為了文移往來及記注政事的需要，即命巴克什額爾德尼等人以老蒙文字母為基礎，拼寫女真語音，創造了拼音系統的無圈點老滿文。清太宗天聰六年（1632）三月，巴克什達海奉命將無圈點老滿文在字旁加置圈點，形成了加圈點新滿文。清朝入關後，這些檔案由盛京移存北京內閣大庫。乾隆六年（1741），清高宗鑒於內閣大庫所貯無圈點檔冊，所載字畫，與乾隆年間通行的新滿文不相同，諭令大學士鄂爾泰等人按照通行的新滿文，編纂無圈點字書，書首附有鄂爾泰等人奏摺[1]。因無圈點檔年久黺舊，所以鄂爾泰等人奏請逐頁托裱裝訂。鄂爾泰等人遵旨編纂的無圈點十二字頭，就是所謂的無圈點字書，但以字頭釐正字蹟，未免逐卷翻閱，且無

1　張玉全撰，〈述滿文老檔〉，《文獻論叢》（臺北，臺聯國風出版社，民國五十六年十月），論述二，頁 207。

圈點老檔僅止一分，日久或致擦損，乾隆四十年（1755）二月，軍機大臣奏准依照通行新滿文另行音出一分，同原本貯藏[2]。乾隆四十三年（1778）十月，完成繕寫的工作，貯藏於北京大內，即所謂內閣大庫藏本《滿文老檔》。乾隆四十五年（1780），又按無圈點老滿文及加圈點新滿文各抄一分，齎送盛京崇謨閣貯藏[3]。自從乾隆年間整理無圈點老檔，托裱裝訂，重抄貯藏後，《滿文原檔》便始終貯藏於內閣大庫。

　　近世以來首先發現的是盛京崇謨閣藏本，清德宗光緒三十一年（1905），日本學者內藤虎次郎訪問瀋陽時，見到崇謨閣貯藏的無圈點老檔和加圈點老檔重抄本。宣統三年（1911），內藤虎次郎用曬藍的方法，將崇謨閣老檔複印一套，稱這批檔冊為《滿文老檔》。民國七年（1918），金梁節譯崇謨閣老檔部分史事，刊印《滿洲老檔祕錄》，簡稱《滿洲祕檔》。民國二十年（1931）三月以後，北平故宮博物院文獻館整理內閣大庫，先後發現老檔三十七冊，原按千字文編號。民國二十四年（1935），又發現三冊，均未裝裱，當為乾隆年間托裱時所未見者。文獻館前後所發現的四十冊老檔，於文物南遷時，俱疏遷於後方，臺北國立故宮博物院現藏者，即此四十冊老檔。昭和三十三年（1958）、三十八年（1963），日本東洋文庫譯注出版清太祖、太宗兩朝老檔，題為《滿文老檔》，共七冊。民國五十八年（1969），國立故宮博物院影印出版老檔，精裝十冊，題為《舊滿洲檔》。民國五十九年（1970）三月，廣祿、李學智譯注出版老檔，題為《清太祖老滿文原檔》。昭和四十七年

2　《清高宗純皇帝實錄》，卷 976，頁 28。乾隆四十年二月庚寅，據軍機大臣奏。

3　《軍機處檔‧月摺包》（臺北，國立故宮博物院），第 2705 箱，118 包，26512 號，乾隆四十五年二月初十日，福康安奏摺錄副。

（1972），東洋文庫清史研究室譯注出版天聰九年分原檔，題為《舊滿洲檔》，共二冊。一九七四年至一九七七年間，遼寧大學歷史系李林教授利用一九五九年中央民族大學王鍾翰教授羅馬字母轉寫的崇謨閣藏本《加圈點老檔》，參考金梁漢譯本、日譯本《滿文老檔》，繙譯太祖朝部分，冠以《重譯滿文老檔》，分訂三冊，由遼寧大學歷史系相繼刊印。一九七九年十二月，遼寧大學歷史系李林教授據日譯本《舊滿洲檔》天聰九年分二冊，譯出漢文，題為《滿文舊檔》。關嘉祿、佟永功、關照宏三位先生根據東洋文庫刊印天聰九年分《舊滿洲檔》的羅馬字母轉寫譯漢，於一九八七年由天津古籍出版社出版，題為《天聰九年檔》。一九八八年十月，中央民族大學季永海教授譯注出版崇德三年（1638）分老檔，題為《崇德三年檔》。一九九〇年三月，北京中華書局出版老檔譯漢本，題為《滿文老檔》，共二冊。民國九十五年（2006）一月，國立故宮博物院為彌補《舊滿洲檔》製作出版過程中出現的失真問題，重新出版原檔，分訂十巨冊，印刷精緻，裝幀典雅，為凸顯檔冊的原始性，反映初創滿文字體的特色，並避免與《滿文老檔》重抄本的混淆，正名為《滿文原檔》。

　　二〇〇九年十二月，北京中國歷史第一檔案館整理編譯《內閣藏本滿文老檔》，由瀋陽遼寧民族出版社出版。吳元豐先生於「前言」中指出，此次編譯出版的版本，是選用北京中國第一歷史檔案館保存的乾隆年間重抄並藏於內閣的《加圈點檔》，共計二十六函一八〇冊。採用滿文原文、羅馬字母轉寫及漢文譯文合集的編輯體例，在保持原分編函冊的特點和聯繫的前提下，按一定厚度重新分冊，以滿文原文、羅馬字母轉寫、漢文譯文為序排列，合編成二十冊，其中第一冊至第十六冊為滿文原文、第十七冊至十八冊為羅馬字母轉寫，第十九冊至二十冊為漢文譯文。為了存真起見，滿文原文部分逐業掃描，仿真製版，按原本顏色，以紅黃黑三色套印，也最大限度保持原版特徵。據統計，內閣所藏《加圈點老檔》簽注共有 410 條，其中太祖朝 236 條，太宗朝 174 條，俱逐條繙譯出版。爲體現選用版本的厐藏處所，即內閣大庫；爲考慮選用漢文譯文先前出版所取之名，即《滿文老檔》；爲考慮到清代公文檔案中比較專門使用之名，即老檔；爲體現書寫之文字，即滿文，最終取漢文名爲《內閣藏本滿文老檔》，滿文名爲 "dorgi yamun asaraha manju hergen i fe dangse"。《內閣藏本滿文老檔》雖非最原始的檔案，但與清代官修史籍相比，也屬第一手資料，具有十分珍貴的歷史研究價值。同時，《內閣藏本滿文老檔》作爲乾隆年間《滿文老檔》諸多抄本內首部內府精寫本，而且有其他抄本沒有的簽注。《內閣藏本滿文老檔》首次以滿文、羅馬字母轉寫和漢文譯文合集方式出版，確實對清朝開國史、民族史、東北地方史、滿學、八旗制度、滿文古籍版本等領域的研究，提供比較原始的、系統的、基礎的第一手資料，其次也有助於準確解讀用老滿文書寫《滿文老檔》原本，以及深入系統地研究滿文的創制與改革、滿語的發展變化[4]。

　　臺北國立故宮博物院重新出版的《滿文原檔》是《內閣藏本滿文老檔》的原本，海峽兩岸將原本及其抄本整理出版，確實是史學界的盛事，《滿文原檔》與《內閣藏本滿文老檔》是同源史料，有其共同性，亦有其差異性，都是探討清朝前史的珍貴史料。清朝勢力進入關內後的歷史，稱爲清代史，滿洲入關前清太祖、清太宗時期的歷史，可以稱爲清朝前史。本文的撰寫，即嘗試以《滿文原檔》與《內閣藏本滿文老檔》爲基礎檔案，進行比較，就其

4　《內閣藏本滿文老檔》（瀋陽，遼寧民族出版社，2009 年 12 月），第一冊，前言，頁 10。

記事年分、滿洲語言的發展、三仙女神話傳說的起源、傳國玉璽的失傳與發現經過、崇德五宮后妃的冊立、國語騎射傳統的提倡等主題，探討《滿文原檔》與《內閣藏本滿文老檔》的史料價值。

二、《滿文原檔》與《內閣藏本滿文老檔》現藏記事年分的比較

臺北國立故宮博物院現藏《滿文原檔》，共計四十冊，清太祖朝、清太宗朝各二十冊，按千字文編號，自「天」字起至「露」字止，其中缺「玄」字，應是避清聖祖玄燁御名諱。原檔大部分採用編年體，少部分採用紀事本末體。民國九十五年（2006）一月，整理出版《滿文原檔》十冊，於各冊目次中詳列現藏內容的年分，可將《滿文原檔》、《內閣藏本滿文老檔》各冊目次併列年月於下：

《滿文原檔》目次		《內閣藏本滿文老檔》目次	
第一冊	萬曆三十五年（丁未年、1607）三月、九月	第一冊　丁未年至庚戌年	清太祖朝第一函
	萬曆三十六年（戊申年、1608）三月、六月、九月		
	萬曆三十七年（己酉年、1609）二月、三月		
	萬曆三十八年（庚戌年、1610）二月、十一月		
	萬曆三十九年（辛亥年、1611）二月、七月、十二月	第二冊　辛亥年至癸丑年	
	萬曆四十年（壬子年、1612）四月、九月		
	萬曆四十一年（癸丑年、1613）正月、十二月、六月、三月、九月、十二月		
	萬曆四十二年（甲寅年、1614）四月、六月、十一月、十二月	第三冊　癸丑年至甲寅年	
	萬曆四十三年（乙卯年、1615）正月、三月、四月、六月、九月、十月、十二月	第四冊　乙卯年	

天命元年（丙辰年、1616）七月、八月、十一月、十二月 天命二年（丁巳年、1617）正月 萬曆四十三年（乙卯年、1615）十二月 天命二年（丁巳年、1617）正月、二月、四月、三月、六月、七月、十月	第五冊　天命元年至二年	清太祖朝第二函
天命三年（戊午年、1618）正月、二月、三月、四月、閏四月	第六冊　天命三年正月至閏四月	
天命三年（戊午年、1618）五月、六月、七月、八月、九月 天命元年（丙辰年、1616）七月 天命三年（戊午年、1618）十月、十一月、十二月	第七冊　天命三年五月至十二月	
天命四年（己未年、1619）正月、二月、三月 萬曆四十三年（乙卯年、1615 六月、九月、十月、十一月 天命元年（丙辰年、1616）正月、五月、六月、七月、八月、十月、十一月、十二月 天命二年（丁巳年、1617）正月、二月、三月、四月、六月、七月、十月 天命三年（戊午年、1618）正月、二月、三月、四月、閏四月、五月、六月、七月、八月、九月、十月、十一月、十二月 天命四年（己未年、1619）正月、二月	第八冊　天命四年正月至三月	
天命四年（己未年、1619）三月、四月、五月、六月	第九冊　天命四年三月至五月	
	第十冊　天命四年五月至六月	
天命四年（己未年、1619）七月	第十一冊　天命四年七月	
天命四年（己未年、1619）八月	第十二冊　天命四年八月	
天命四年（己未年、1619）九月、十月、十一月、十二月	第十三冊　天命四年八月至十二月	
天命五年（庚申年、1620）正月、二月、三月	第十四冊　天命五年正月至三月	清太祖朝第三函
天命五年（庚申年、1620）四月、五月、六月	第十五冊　天命五年四月至六月	
天命五年（庚申年、1620）七月、八月、九月	第十六冊　天命五年七月至九月	

	天命四年（己未年、1619）七月、八月、七月		
	天命六年（辛酉年、1621）二月、閏二月	第十七冊　天命五年九月至六年閏二月	
	天命六年（辛酉年、1621）三月、四月、五月	第十八冊　天命六年閏二月至三月	
		第十九冊　天命六年三月	
		第二十冊　天命六年三月至四月	
		第二十一冊　天命六年四月至五月	
		第二十二冊　天命六年五月	
第二冊	天命六年（辛酉年、1621）六月	第二十三冊　天命六年六月	清太祖朝第四函
	天命六年（辛酉年、1621）七月	第二十四冊　天命六年七月	
	天命六年（辛酉年、1621）八月	第二十五冊　天命六年八月	
	天命六年（辛酉年、1621）九月、十月	第二十六冊　天命六年九月	
		第二十七冊　天命六年九月至十月	
	天命六年（辛酉年、1621）十一月	第二十八冊　天命六年十一月	
		第二十九冊　天命六年十一月	
		第三十冊　天命六年十二月	
		第三十一冊　天命六年十二月	
	天命七年（壬戌年、1621）正月、二月	第三十二冊　天命七年正月	清太祖朝第五函
		第三十三冊　天命七年正月	
		第三十四冊　天命七年正月至二月	
		第三十五冊　天命七年二月	
		第三十六冊　天命七年二月	
		第三十七冊　天命七年二月	
	天命七年（壬戌年、1621）三月、四月	第三十八冊　天命七年三月	
		第三十九冊　天命七年三月	
		第四十冊　天命七年三月至四月	
第三冊	天命六年（辛酉年、1621）七月、八月、九月、十月、十一月	第四十一冊　天命七年四月至六月	
	天命七年（壬戌年、1621）六月	第四十二冊　天命七年六月	
	天命七年（壬戌年、1621）三月		
	天命七年（壬戌年、1621）六月		

	天命八年（癸亥年、1623）正月、二月、三月、四月、五月 天命八年（癸亥年、1623）正月、二月、三月、四月、五月	第四十三冊　天命八年正月	清太祖朝第六函
		第四十四冊　天命八年正月至二月	
		第四十五冊　天命八年二月	
		第四十六冊　天命八年二月至三月	
		第四十七冊　天命八年三月	
		第四十八冊　天命八年三月至四月	
		第四十九冊　天命八年四月	
		第五十冊　天命八年四月至五月	
		第五十一冊　天命八年五月	清太祖朝第七函
		第五十二冊　天命八年五月	
	天命八年（癸亥年、1623）六月、七月	第五十三冊　天命八年五月至六月	
		第五十四冊　天命八年六月	
		第五十五冊　天命八年六月	
		第五十六冊　天命八年六月至七月	
		第五十七冊　天命八年七月	
		第五十八冊　天命八年七月至八月	
		第五十九冊　天命八年九月	
第四冊	天命九年（甲子年、1624）六月、正月	第六十冊　天命九年正月	清太祖朝第八函
		第六十一冊　天命九年正月至六月	
		第六十二冊　天命九年	
		第六十三冊　天命九年	
	天命十年（乙丑年、1625）正月、二月、三月	第六十四冊　天命十年正月至三月	
	天命十年（乙丑年、1625）四月、五月、六月、七月、八月	第六十五冊　天命十年四月至八月	
	天命十年（乙丑年、1625）十月、十一月、八月 天命十一年（丙寅年、1626）五月	第六十六冊　天命十年八月至十一月	

	天命八年（癸亥年、1623）五月、六月、八月	第六十七冊　天命十年	清太祖朝第九函
		第六十八冊　天命十年	
	天命九年（甲子年、1624）正月、四月、六月	第六十九冊　天命十年	
	天命十年（乙丑年、1625）正月、二月、八月	第七十冊　天命十年	
	天命十一年（丙寅年、1626）三月、五月、六月、閏六月、七月、八月	第七十一冊　天命十一年三月至六月	
		第七十二冊　天命十一年六月至八月	
第五冊	天命七年（壬戌年、1622）正月 天命八年（癸亥年、1623）九月 無年月 天命九年（甲子年、1624）三月 天命十一年（丙寅年、1626）七月、八月 萬曆四十二年（甲寅年、1614） 無年月 萬曆四十一年（癸丑年、1613）正月 天聰三年（己巳年、1629）十月 天聰六年（壬申年、1632）正月 無年月 萬曆四十一年（癸丑年、1613）正月 無年月 天聰四年（庚午年、1630）四月 無年月 天命六年（辛酉年、1621）二月 無年月 天命六年（辛酉年、1621）二月 無年月 萬曆四十三年（乙卯年、1615）六月 天命三年（戊午年、1618）八月 萬曆四十三年（乙卯年、1615）六月 萬曆三十八年（庚戌年、1610） 天聰二年（戊辰年、1628） 無年月	第七十三冊　天命朝記事十三件僅記月日　未記年分 第七十四冊　天命朝記事十二件年月俱未記 第七十五冊　眾臣發誓書　年月未記 第七十六冊　眾臣發誓書　年月未記 第七十七冊　眾臣發誓書　年月未記 第七十八冊　眾臣發誓書　年月未記 第七十九冊　族籍檔　年月未記 第八十冊　族籍檔　年月未記 第八十一冊　族籍檔　年月未記	清太祖朝第十函

第六冊	天聰元年（丁卯年、1627）正月、二月	第一冊　天聰元年正月至二月	清太宗朝第一函
	天聰元年（丁卯年、1627）三月、四月	第二冊　天聰元年三月至四月	
	天聰元年（丁卯年、1627）三月、四月、正月、二月、三月、四月	第三冊　天聰元年四月	
		第四冊　天聰元年四月	
	天聰元年（丁卯年、1627）五月、六月	第五冊　天聰元年四月至五月	
		第六冊　天聰元年五月至六月	
	天聰元年（丁卯年、1627）七月、八月	第七冊　天聰元年七月至八月	
	天聰元年（丁卯年、1627）九月、十一月、十二月	第八冊　天聰元年九月至十二月	
	天聰二年（戊辰年、1628）正月、二月、三月	第九冊　天聰二年正月至三月	清太宗朝第二函
	天聰二年（戊辰年、1628）四月、正月、二月、三月、四月、五月、六月、七月、八月	第十冊　天聰二年三月至八月	
		第十一冊　天聰二年毛文龍等處來文六件	
		第十二冊　天聰二年毛文龍等處來文六件	
	天聰二年（戊辰年、1628）九月、十月	第十三冊　天聰二年八月至十月	
	天聰二年（戊辰年、1628）十二月	第十四冊　天聰二年十二月	
		第十五冊　天聰朝頒漢大臣官員敕	
	天聰三年（己巳年、1629）正月、二月、閏四月	第十六冊　天聰三年正月至七月	清太宗朝第三函
	天聰三年（己巳年、1629）十月、十一月	第十七冊　天聰三年七月至十月	
		第十八冊　天聰三年十月至十一月	
		第十九冊　天聰三年十一月	
	天聰三年（己巳年、1629）十二月	第二十冊　天聰三年十二月	
第七冊	天聰四年（庚午年、1630）二月、三月、正月、二月	第二十一冊　天聰四年正月	清太宗朝第四函
		第二十二冊　天聰四年正月至二月	
	天聰四年（庚午年、1630）正月、二月、三月	第二十三冊　天聰四年二月	
		第二十四冊　天聰四年二月	
		第二十五冊　天聰四年三月	
	天聰四年（庚午年、1630）四月	第二十六冊　天聰四年三月至四月	

		第二十七冊　天聰四年四月	
	天聰四年（庚午年、1630）五月、四月、五月、二月、三月、四月、五月、三月、四月、三月、五月、三月、四月、五月、四月、五月、六月	第二十八冊　天聰四年五月	清太宗朝第五函
		第二十九冊　天聰四年五月至六月	
		第三十冊　天聰四年六月	
		第三十一冊　天聰四年六月至七月	
		第三十二冊　天聰四年八月至十二月	
		第三十三冊　天聰四年頒滿漢官員敕并致蒙古台吉文	
	天聰五年（辛未年、1631）正月	第三十四冊　天聰五年正月	清太宗朝第六函
	天聰五年（辛未年、1631）二月、三月、四月、五月、六月、七月	第三十五冊　天聰五年二月至三月	
		第三十六冊　天聰五年三月至四月	
		第三十七冊　天聰五年四月	
		第三十八冊　天聰五年四月至七月	
		第三十九冊　天聰五年七月至八月	
		第四十冊　天聰五年九月	清太宗朝第七函
		第四十一冊　天聰五年九月	
		第四十二冊　天聰五年十月	
	天聰五年（辛未年、1631）閏十一月	第四十三冊　天聰五年十月至閏十一月	
	天聰五年（辛未年、1631）十二月 天聰五年（辛未年、1631）七月、八月、九月、十月	第四十四冊　天聰五年十二月	
第八冊	天聰三年（己巳年、1629）正月、二月、閏四月、六月、七月	第四十五冊　天聰六年正月	清太宗朝第八函
		第四十六冊　天聰六年正月	
	天聰四年（庚午年、1630）七月、八月、九月、十月、十二月	第四十七冊　天聰六年正月	
		第四十八冊　天聰六年正月	
	天聰五年（辛未年、1631）正月、二月、閏十一月		
	天聰六年（壬申年、1632）正月		

	天聰六年（壬申年、1632）二月	第四十九冊　天聰六年二月	清太宗朝第九函
		第五十冊　天聰六年二月	
	天聰六年（壬申年、1632）三月、四月	第五十一冊　天聰六年三月至四月	
		第五十二冊　天聰六年四月	
	天聰六年（壬申年、1632）五月	第五十三冊　天聰六年五月	
	天聰六年（壬申年、1632）六月	第五十四冊　天聰六年六月	
		第五十五冊　天聰六年六月	
		第五十六冊　天聰六年六月	
	天聰六年（壬申年、1632）七月、八月、九月	第五十七冊　天聰六年七月至八月	清太宗朝第十函
		第五十八冊　天聰六年八月至九月	
	天聰六年（壬申年、1632）十月	第五十九冊　天聰六年十月	
	天聰六年（壬申年、1632）十一月、十二月	第六十冊　天聰六年十一月至十二月	
	天聰六年（壬申年、1632）正月、二月、三月、九月、十月、十一月、十二月、正月、二月、三月、四月、五月、六月		
		第六十一冊　天聰朝記事六件年月未記	
第九冊	天聰九年（乙亥年、1635）正月、二月、三月、四月、五月、六月、七月、八月、九月、十月、十一月、十二月		
第十冊	天聰十年（丙子年、1636）正月	第一冊　崇德元年正月	清太宗朝第十一函
	天聰十年（丙子年、1636）二月	第二冊　崇德元年二月	
		第三冊　崇德元年二月	
		第四冊　崇德元年二月	
	天聰十年（丙子年、1636）三月	第五冊　崇德元年三月	
		第六冊　崇德元年三月	
	天聰十年（丙子年、1636）四月 崇德元年（丙子年、1636）四月	第七冊　崇德元年四月	清太宗朝第十二函
		第八冊　崇德元年四月	
		第九冊　崇德元年四月	
	崇德元年（丙子年、1636）五月	第十冊　崇德元年五月	
		第十一冊　崇德元年五月	
		第十二冊　崇德元年五月	

	第十三冊　崇德元年五月	清太宗朝第十三函
	第十四冊　崇德元年五月	
崇德元年（丙子年、1636）六月	第十五冊　崇德元年六月	
	第十六冊　崇德元年六月	
	第十七冊　崇德元年六月	
	第十八冊　崇德元年六月	
崇德元年（丙子年、1636）七月	第十九冊　崇德元年七月	清太宗朝第十四函
崇德元年（丙子年、1636）四月、七月	第二十冊　崇德元年七月	
	第二十一冊　崇德元年七月	
	第二十二冊　崇德元年七月	
	第二十三冊　崇德元年七月	
崇德元年（丙子年、1636）八月	第二十四冊　崇德元年八月	
	第二十五冊　崇德元年八月	
崇德元年（丙子年、1636）九月	第二十六冊　崇德元年九月	清太宗朝第十五函
	第二十七冊　崇德元年九月	
	第二十八冊　崇德元年九月	
崇德元年（丙子年、1636）十月	第二十九冊　崇德元年十月	
	第三十冊　崇德元年十月	
	第三十一冊　崇德元年十月	
	第三十二冊　崇德元年十月	
崇德元年（丙子年、1636）十一月	第三十三冊　崇德元年十一月	清太宗朝第十六函
	第三十四冊　崇德元年十一月	
	第三十五冊　崇德元年十一月	
	第三十六冊　崇德元年十一月	
	第三十七冊　崇德元年十一月	
崇德元年（丙子年、1636）十二月	第三十八冊　崇德元年十二月	

資料來源：《滿文原檔》，臺北，國立故宮博物院；《內閣藏本滿文老檔》，北京，第一歷史檔案館。

　　由前列目次可知現藏《滿文原檔》最早的記事，是始自明神宗萬曆三十五年（1607），迄崇德元年（1636）十二月止。包含萬曆三十五年（1607）、萬曆三十六年（1608）、萬曆三十七年（1609）、萬曆三十八年（1610）、萬曆三十九年（1611）、萬曆四十年（1612）、萬曆四十一年（1613）、萬曆四十二年（1614）、萬曆四十三年

（1615）、天命元年（1616）、天命二年（1617）、天命三年（1618）、
天命四年（1619）、天命五年（1620）、天命六年（1621）、天命七
年（1622）、天命八年（1623）、天命九年（1624）、天命十年（1625）、
天命十一年（1626）、天聰元年（1627）、天聰二年（1628）、天聰
三年（1629）、天聰四年（1630）、天聰五年（1631）、天聰六年
（1632）、天聰九年（1635）、天聰十年（1636）正月至四月，崇
德元年（1636）四月至同年十二月。《滿文原檔》的記事，大致按
照編年體排列，所缺年分爲天聰七年（1633）、天聰八年（1634）。

　　加圈點《內閣藏本滿文老檔》的重抄，亦以時間爲序編排，
按一定的厚度分冊分函裝訂，計二十六函一八〇冊，其中太祖朝
十函八十一冊，函冊序號均統一編寫；太宗朝十六函九十九冊，
因太宗有天聰、崇德兩個年號，故其函冊序號的編設與太祖朝不
同，太宗朝各函的序號是統一的，而各冊的序號是按照天聰、崇
德年號分成兩個部分，每個部分內再分編各自統一的序號，天聰
朝十函六十一冊，崇德朝六函三十八冊。在函冊衣上，各貼書名
簽和副簽。書名簽上分別用新滿文、老滿文書寫"tongki fuka
sindaha hergen i dangse"和"tongki fuka akū hergen i dangse"，漢譯
爲《加圈點檔》和《無圈點檔》。在副簽上，分別用新滿文、老滿
文書寫函次、冊次及其起止時間[5]。

　　《內閣藏本滿文老檔》大部分採用編年體編排，少部分採用
紀事本末體，譬如清太祖朝第十函第七十五、七十六、七十七、
七十八等冊爲「眾臣發誓書」；七十九、八十、八十一等冊爲「旗
籍檔」。大致而言，可以稱之爲編年體滿文史料長編。其中清太祖
朝第一冊包含丁未年萬曆三十五年（1607）、戊申年萬曆三十六年

5　《內閣藏本滿文老檔》，第一冊，前言，頁3。

（1608）、己酉年萬曆三十七年（1609）、庚戌年萬曆三十八年（1610）等年分。第二冊包含辛亥年萬曆三十九年（1611）、壬子年萬曆四十年（1612）、癸丑年萬曆四十一年（1613）等年分。第三冊包含癸丑年萬曆四十一年（1613）、甲寅年萬曆四十二年（1614）等年分。第四冊包含乙卯年萬曆四十三年（1615）、丙辰年萬曆四十四年（1616），因努爾哈齊建元天命，清朝官書記事作天命元年（1616）。第二函所含年分，包括天命元年（1616）、天命二年（1617）、天命三年（1618）、天命四年（1619）等年分。第三函包含天命五年（1620）、天命六年（1621）等年分。第四函包含天命六年（1621）六月至十二月分。第五函包含天命七年（1622）正月至六月分。第六函包含天命八年（1623）正月至六月分。第七函包含天命八年（1623）五月至九月分。第八函包含天命九年（1624）、天命十年（1625）等年分。第九函包含天命十年（1625）、十一年（1626）等年分，大致與《滿文原檔》相合。清太宗朝各函現藏年分，第一函包含天聰元年（1627）各月分。第二函包含天聰二年（1628）各月分。第三函包含天聰三年（1629）各月分。第四、五函包含天聰四年（1630）各月分。第六、七函包含天聰五年（1631）各月分。第八、九、十函包含天聰六年（1632）各月分。缺天聰七年、八年、九年等年分。第十一、十二、十三、十四、十五、十六函包含崇德元年（1636）各月分。《滿文原檔》缺天聰七年、八年等年分。惟天聰九年（1635）正月至十二月分完整無缺，可補《內閣藏本滿文老檔》的不足。天聰十年（1636）四月，改年號為崇德，天聰十年（1636）四月為天聰、崇德交叉月分，清實錄自是年五月改書崇德年號。《滿文原檔》載是年正月、二月、三月分俱書天聰十年（1636），是年四月改書崇德年號。《內閣藏本滿文老檔》第十一函封套及函內所裝六冊正月、二月、三月分，封面所書「崇德元年」字樣有誤，應作「天聰十年」。

三、《滿文原檔》與《內閣藏本滿文老檔》 字形讀音的比較

　　明神宗萬曆二十七年（1599），巴克什額爾德尼等奉命以老蒙文字母拼寫女真語音創造無圈點的初期滿文。天聰六年（1632），巴克什達海奉命將無圈點老滿文酌加圈點，使音義明曉。臺北國立故宮博物院典藏的《滿文原檔》，就是使用初創滿文字體所記錄的檔冊，有蒙古文字、無圈點老滿文、過渡期滿文、加圈點新滿文等字體。因此，《滿文原檔》對滿文由舊變新的過程，提供了珍貴的研究資料。無圈點檔老滿文，與後來通行的新滿文，不僅僅限於字旁加圈點與不加圈點的區別，同時在字形與字母讀音等方面，也有顯著的差異。大學士鄂爾泰等人已指出，「檔內之字，不僅無圈點，復有假借者，若不融會上下文字之意義，誠屬不易辨識。」鄂爾泰等人遵旨，「將檔內之文字，加設圈點讀之。除可認識者外，其有與今之字體不同，及難於辨識者，均行檢出，附註現今字體，依據十二字頭編製成書[6]。」無圈點老滿文的字體，與加圈點新滿文不同，難於辨識，鄂爾泰等人將難於辨識的無圈點老滿文附註乾隆年間加圈點新滿文，對於辨識無圈點老滿文，確實頗有裨益。安雙成主編《滿漢大辭典》附錄〈新老滿文字母對照表〉，分別將新滿文字母、老滿文字母依次列表，並列舉詞例，互相對照，頗有助於辨識初創無圈點老滿文。

　　現藏《滿文原檔》第一冊，原編荒字，故宮編號第七冊，內

---

6 張玉全撰，〈述滿文老檔〉，《文獻論叢》（臺北，臺聯國風出版社，民國五十六年十月），論述二，頁 207。

編荒 1 至荒 143 號。高麗箋紙，以無圈點老滿文書寫，記事始自明神宗萬曆三十五年（1607）三月，是現藏《滿文原檔》最早的記錄。爲了便於比較，將《滿文原檔》、《內閣藏本滿文老檔》各節錄一段影印於下，並舉詞例列表說明如後。

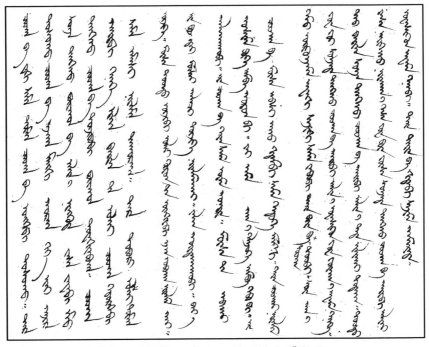

《滿文原檔》，臺北：國立故宮博物院。

資料來源：《內閣藏本滿文老檔》，北京：中國第一歷史檔案館。

無圈點檔與加圈點檔對照表

| 滿文原檔 | 滿文老檔 | 漢譯 | 備註 | 滿文原檔 | 滿文老檔 | 漢譯 | 備註 |
	羅馬拼音				羅馬拼音		
	cooha	兵			tucibufi	派出	
	be	把			de	於	
	seme	云云			genehe	去了	

	tumen	萬		heturehebi	攔截	
	unggifi	派遣		beye	身	
	tosoho	堵截		goidahakūbi	未久	
	tere	那		halahakūbi	未換	
	acaha	會見		akū	無	
	hūrhan	扈爾漢		wesihun	往上、往高處	
	manggi	以後			聰睿恭敬汗	
	sunja	五		sure kundulen han		

	hiya	侍衛		neihekū	未開	
	tanggū	百		genefi	去後	
	ninggude	上面		gidafi	擊敗	
	jafafi	捉、結		sacime	斬殺	

資料來源：《滿文原檔》、《內閣藏本滿文老檔》。

　　由前列簡表可知《滿文原檔》的滿文，是滿文初創時期的老滿文，字旁不加圈點，字形不同於清朝入關後通行的新滿文，不易辨識。《內閣藏本滿文老檔》的新滿文，因加圈點，字形規範，音義分明。對照《內閣藏本滿文老檔》加圈點新滿文，有助於辨識《滿文原檔》無圈點老滿文的讀音，通曉其文義。譬如《滿文原檔》中"cooka"，加圈後讀如"cooha"，意即「兵士」。"ba"，加點後讀如"be"，是格助詞，意即「把」。"ongkibi"，讀如"unggifi"，意即「派遣」，字體不同。"tara"，讀如"tere"，意即「那」或「彼」，字體不同。"hia"，是蒙文，《內閣藏本滿文老檔》改寫滿文，讀如"hiya"，意即「侍衛」或「衛士」。漢字「無」，《滿文原檔》讀如"ako"，《內閣藏本滿文老檔》讀如"akū"，讀音不同。"sure han"，意即「聰睿汗」，《滿文原檔》不加圈點。《內閣藏本滿文老檔》改為"sure kundulen han"，意即「聰睿恭敬汗」。漢文中陞遷降調的

「降」字，新滿文讀如“wasimbi”，「陞」字，新滿文讀如“wesimbi”，兩個詞的寫法，僅在字頭右旁是否加點的區別。但在初創的老滿文中，因無圈點，所以只能從字形加以區別，「降」字，讀如“wasimbi”，「陞」字，讀如“uwesimbi”。前引簡表中，「往上」，或「往高處」，新滿文讀如“wesihun”，老滿文讀如“uwesihun”。在“we”音前加“u”的老滿文字詞，頗為常見。譬如：漢字「石」，新滿文作“wehe”，老滿文作“uwehe”；「誰」，新滿文讀如“we”，老滿文讀如“uwe”；「窩集」，新滿文讀如“weji”，老滿文讀如“uweji”；「獨木舟」，新滿文讀如“weihu”，老文作“uweihu”。就一個詞而言，老滿文字形相同，而讀音不同的例子，亦不勝枚舉。其中詞尾讀音的變化，多因上下文義的不同而有差異，譬如前表中字形“bi”的例子，並不罕見。漢字「未久」，加圈點滿文讀如“goidahakūbi”，無圈點滿文讀如“goidahakobi”；「未換」，加圈點滿文讀如“halahakūbi”，無圈點滿文讀如“alahakobi”，詞尾俱讀如“bi”。漢字「去後」，對照加圈點滿文後可知“genebi”，應讀如“genefi”；「擊敗後」，“gidabi”，應讀如“gidafi”，詞尾“bi”，俱讀如“fi”。將不易辨識的無圈點滿文字詞，對照加圈點滿文，列表對照，是閱讀《滿文原檔》較為可行的基礎工作。

　　天聰六年（1632）三月，巴克什達海奉上諭：「國書十二頭字，向無圈點，上下字雷同無別，幼學習之，遇書中尋常語言，視其文義，易於通曉。若至人名地名，必致錯誤。爾可酌加圈點，以分析之，則音義明顯，於字學更有裨益矣[7]。」十二頭字，習稱十二字頭，達海遵旨將十二字頭酌加圈點於字旁，又將滿文與漢字對音，補其未備。舊有十二字頭為正字，新補者為外字。其未盡

---

7 《大清太宗文皇帝實錄》（臺北，華聯出版社，民國五十三年九月），卷11，頁19。天聰六年三月戊戌，諭旨。

協者，則以兩字連寫切成。以兩字合音爲一字。至此，滿文始大備[8]。天聰朝《滿文原檔》中加圈點滿文，與乾隆年間通行的新滿文，仍然不盡相同，原檔中加圈點滿文，其字體讀音，與後來較規範的新滿文，仍頗有差異，可就天聰十年（1636）《滿文原檔》字詞與加圈點《內閣藏本滿文老檔》互相對照分析，對探討《滿文原檔》的語文發展過程，似可提供一定的參考價值。以下僅就所見詞彙列表說明。

滿文原檔	滿文老檔 / 羅馬拼音	漢譯	備註	滿文原檔	滿文老檔 / 羅馬拼音	漢譯	備註
	ši ting ju	石廷柱			efin	遊戲	
	hecen ci	離城			juwangduwan	妝緞	
	lang si dzai	郎希載			hūwang taiji	黃台吉	
	etuku	衣			uksin	甲	

8　《清史稿校註・達海傳》（臺北，國史館，民國七十七年八月），第十冊，頁 8001。

	guwejihe	胃			uksin	甲	
	kukuri	扁壺			baturu	巴圖魯	
	mahag'ala	嘛哈噶喇			baturu	巴圖魯	
	manda	曼陀羅	簽注：自曼陀羅一詞至第六行木魚一詞，原檔爲蒙古字，今譯爲清字。		asarahabi	收藏	
	kurdun	法輪			sobumbi	拋撒	
	boobai	寶			han	汗	
	yendahūn	犬			sohabi dere	想是拋撒了吧	
	uyunggeri	九次			ergume	朝衣	

	kūtuktu	呼圖克圖			kijimi	海參	
	juktere	祭祀			burgiyen	鞍轡	
	ts'anjiyang	參將			toktobufi	訂定	
	ejehe	敕書			akdun	信實	
	subasitai bithe	元壇寶藏	謹查 subasitai bithe 即 subasida 之書。此詞於實錄譯寫漢字爲元壇寶藏		lii yan geng	李延庚	
	nakcu	舅舅			jasaktu	扎薩克圖	
	aiseme	何必			fulingga	天命的	
	moominggan	茂明安			mukdere	興起	

滿文原檔	滿文老檔 羅馬拼音	漢譯	備註	滿文原檔	滿文老檔 羅馬拼音	漢譯	備註
	ijifun	木梳			ohakū	不可了	
	sahaliyen	薩哈廉			mukden hecen	盛京城	
	tanggūt	湯古忒			gin ling	金陵	
	dabume	算作			guise	櫃子	
	tome	每個			jiyanggiyūn	將軍	
	oliha	膽怯			fukderefi	傷口復發	
	deng jeo	登州			ginjeo	錦州	

滿文原檔	滿文老檔羅馬拼音	漢譯	備註	滿文原檔	滿文老檔羅馬拼音	漢譯	備註
	jangkū	大刀			dzu dzung bing guwan	祖總兵官	
	konggor	孔果爾					
	siden	中間					
	giyoocan	教場			buksi	埋伏	

滿文原檔	滿文老檔羅馬拼音	漢譯	備註	滿文原檔	滿文老檔羅馬拼音	漢譯	備註
	baksi	巴克什			hishame	擦身而過	
	daitung	大同			burulaha	敗走了	
	songko	踪跡			siyoo ši ceng	小西城	
	beging	北京					
	orcok	俄爾綽克			kesikten	克什克騰	

	yuwan du tang	袁都堂			nio juwang	牛莊
	guwangning	廣寧			giyan cang	建昌
	aohan	敖漢			cahar	察哈爾
	ciyan tun wei	前屯衛	《滿文原檔》又作 "ciyan tun wei"		dung giya keo	董家口
	io wei	右衛			nukcime	逃竄
	ioi dz jang tai	于子章台			hafan i jurgan	吏部
	ududu	數次			elgiyen	富足

	bigan	野地			sunjata	各五個	
	aikabade	設若			hi fung keo	喜峰口	
	umiyesun	腰帶	又作"imiyesun"		ning wan o	寧完我	
	nangsu	囊蘇					

資料來源：《滿文原檔》，臺北，國立故宮博物院；《內閣藏本滿文老檔》，北京，第一歷史檔案館。

　　前列簡表中的人名、地名，有連寫的習慣，譬如「石廷柱」，《內閣藏本滿文老檔》作"ši ting ju"，《滿文原檔》連寫作"šitingju"；「郎希載」，《內閣藏本滿文老檔》作"lang si dzai"，《滿文原檔》連寫作"lang sisai"；「祖總兵官」，《滿文原檔》作"su suminggūwan"，《內閣藏本滿文老檔》重抄時改寫成"dzu dzung bing guwan"；「袁都堂」，《滿文原檔》作"yuwan dutan"，《內閣藏本滿文老檔》作"yuwan du tang"；「喜峰口」，《滿文原檔》作"sifung keo"，《內閣藏本滿文老檔》連寫作"hi fung keo"，《滿文原檔》與《內閣藏本滿文老檔》的讀音，也頗為有出入。字形字體的差異，也不能忽視。譬如：「衣」（etuku），《滿文原檔》讀如"etukū"；「扁壺」（kukuri），讀如"kūkūri"；「法輪」（kurdun），讀如"kūrto"；「犬」（indahūn），讀如"yendahūn"；「九次」（uyunggeri），讀如"uyunggeli"；「祭祀」（juktere），詞中的"k"，《滿文原檔》是陰性，《內閣藏本滿文老檔》改爲陽性；「參將」（ts'anjiyang），《滿文原檔》讀如"sanjan"；「敕書」（ejehe），讀如"ejihe"；「遊戲」（efin），讀如"efiyen"；「妝緞」（juwangduwan），讀如"jungdon"；「巴圖魯」（baturu），讀如"batur"，又讀如"baturi"；「海參」（kijimi），讀如"jisami"；「拋撒」（sobumbi），讀如"soobumbi"；「每個」（tome），讀如"toome"；「大同」（daitung），讀如"daitun"；「囊蘇」（nangsu），讀如"langsu"；「腰帶」（umiyesun），讀如"imisun"，字體讀音，不盡相同。《滿文原檔》中的蒙文，《內閣藏本滿文老檔》多已轉寫滿文，譬如：三寶的「寶」蒙文讀如"erdeni"，漢字音譯作「額爾德尼」，《內閣藏本滿文老檔》改寫滿文，讀如"boobai"；呼圖克圖也是蒙古語，義爲有福之人，《內閣藏本滿文老檔》改寫滿文，讀如"kūtuktu"；「曼陀羅」，又作「曼荼羅」是蒙文的"𝌆（mandal）"漢字音譯，意即「壇」，或「祭壇」，滿文作"𝌆"，讀如"mandal"。《滿文老檔》簽注云：「自曼陀羅一詞至第六行木魚一詞，原檔爲蒙古字，今譯爲清字。」[9]簡表中「曼陀羅」，滿文作"𝌆"，羅馬字轉寫作"manda"。質言之，天聰六年（1632）三月，《滿文原檔》雖然是加圈點的滿文，但其字形讀音，與後來通行的新滿文，頗有差異，不易辨識的字詞，確實不勝枚舉，對照加圈點《內閣藏本滿文老檔》，確實是不可忽視的工作。

　　張玉全撰〈述滿文老檔〉一文已指出，滿洲文字增加圈點後，

9　《內閣藏本滿文老檔》，第十冊，頁6582；同書，第十八冊，頁955。

其聲韻與書法雖然逐漸進化，但有時字體的結構，仍未完全脫離老滿文。加圈點《內閣藏本滿文老檔》重抄時，是改舊字爲新字，並加簽注，非僅重抄而已。加圈點《內閣藏本滿文老檔》對於解釋《滿文原檔》內的文字，有其重要性。〈述滿文老檔〉一文把它歸納爲四端：

（1）檔內老滿文均改書新體字，使人對照讀之，一目了然。

（2）檔內有費解之舊滿語，則於書眉標貼黃簽，以新滿語詳加註釋。

（3）檔內語句摻書蒙字者，均於書眉標貼黃簽，將蒙字譯爲滿字。

（4）檔內全部蒙文之件，均迻譯滿文，並標貼黃簽，註明「此段文字，老檔內係以蒙字書寫，今譯爲滿文。」字樣，用資識別[10]。

　　誠然，《內閣藏本滿文老檔》加圈點檔冊是經過考證簽注的珍貴史料，其詮釋《滿文原檔》文字之處，簡潔允當，具有史料價值。《內閣藏本滿文老檔・前言》亦指出，乾隆年間抄本《滿文老檔》在重抄時，有一些整段整句的內容被刪或遺漏而未抄寫，在抄本內某些詞句經修改後抄寫或抄錯，而且原檔內蒙古文部分都譯寫成滿文。有些詞的寫法，因版本不同而不同。如："han"、"be"、"de"，或無圈點，或有圈點；漢文「左」、「狗」，滿文寫成"hashū"、"hasho"，或"indahūn"；助詞"de"（於、在）、"i"（之、的），與前面之詞，或連寫，或分寫；還有個別的詞，或抄錯，或漏抄。從整體上看，《滿文原檔》與《滿文老檔》，在內容方面彼此間差別不大[11]。前言中進一步指出，《內閣藏本滿文老檔》的重抄工作，

10　張玉全撰，〈述滿文老檔〉，《文獻論叢》，論述二，頁213。
11　《內閣藏本滿文老檔》，第一冊，前言，頁6。

並不是簡單意義上的重抄，而是具有一定的整理和搶救性質。在抄錄和轉寫過程中，對檔案內出現的地名、人名、時間、官職以及文字，都進行了必要的考證，按統一體例編排，分編函冊裝訂，冠以規範名稱，進行必要的注釋，並分抄數部，異地分存。在某種意義上講，《無圈點字書》的編寫和《滿文老檔》原本的重抄工作，開啓了《滿文老檔》整理和研究的先河，對滿文歷史文獻的保護和研究具有深遠的意義。

四、從三仙女傳說看《滿文原檔》的史料價值

長白山三仙女的傳說，確實是滿族社會裡膾炙人口的開國神話，《滿洲實錄》、《清太祖武皇帝實錄》，都詳細記載滿族先世的發祥神話。據《清太祖武皇帝實錄》記載云：

長白山高約二百里，週圍約千里。此山之上有一潭，名他們，週圍約八十里，鴨綠、混同、愛滹三江，俱從此山流出。鴨綠江自山南瀉出，向西流，直入遼東之南海；混同江自山北瀉出，向北流，直入北海；愛滹江向東流，直入東海。此三江中每出珠寶。長白山，山高地寒，風勁不休，夏日環山之獸，俱投憩此山中，此山盡是浮石，乃東北一名山也。滿洲源流，滿洲原起于長白山之東北布庫里山下一泊名布兒湖里。初天降三仙女，浴於泊，長名恩古倫，次名正古倫，三名佛古倫，浴畢上岸。有神鵲啣一朱果，置佛古倫衣上，色甚鮮妍。佛古倫愛之不忍釋手，遂啣口中，甫着衣，其果入腹中，即感而成孕，告二姊曰：吾覺腹重，不能同昇奈何！二姊曰：吾等曾服丹藥，諒無死理，此乃天意，俟爾身輕上昇未晚，遂別去。佛古倫後生一男，

生而能言，倐爾長成。母告子曰：天生汝，實令汝為夷國
主，可往彼處，將所生緣由，一一詳說，乃與一舟，順水
去，即其地也。言訖，忽不見。其子乘舟順流而下，至於
人居之處，登岸，折柳條為坐具，似椅形，獨踞其上。彼
時長白山東南鰲莫惠（地名）鰲朵里（城名）內有三姓夷
酋爭長，終日互相殺傷。適一人來取水，見其子舉止奇異，
相貌非常，回至爭鬥之處，告眾曰：汝等無爭，我於取水
處，遇一奇男子，非凡人也，想天不虛生此人，盍往觀之？
三酋長聞言，罷戰，同眾往觀。及見，果非常人，異而詰
之。答曰：我乃天女佛古倫所生，姓愛新（華言，金也）
覺落（姓也），名布庫里英雄，天降我定汝等之亂。因將母
所囑之言詳告之。眾皆驚異曰：此人不可使之徒行，遂相
插手為輿，擁捧而回。三酋長息爭，共奉布庫里英雄為主，
以百里女妻之，其國定號滿洲，乃其始祖也（南朝誤名建
州）。歷數世後，其子孫暴虐，部屬遂叛。於六月間將鰲朵
里攻破，盡殺其闔族。子孫內有一幼兒名范嗏，脫身走至
曠野，後兵追之，會有一神鵲棲兒頭上，追兵謂人首無鵲
棲之理，疑為枯木樁，遂回。於是范嗏得出，遂隱其身以
終焉。滿洲後世子孫，俱以鵲為祖，故不加害[12]。

　　引文中「布庫里英雄」，《清太祖高皇帝實錄》作「布庫里雍
順」；「以鵲為祖」，改為「德鵲」。神鵲是靈禽，也是圖騰，以鵲
為祖，就是鵲圖騰崇拜的遺痕。清太宗天聰年間（1627-1636），
黑龍江上游部族多未歸順滿洲，包括索倫、虎爾哈等部。天聰八
年（1634）十二月，皇太極命梅勒章京霸奇蘭（bakiran）等率兵

12　《清太祖武皇帝實錄》，卷1，頁1。《故宮圖書季刊》（臺北，國立故宮
　　博物院，民國五十九年七月），第1卷，第1期，頁59。

征討虎爾哈部。國立故宮博物院典藏《滿文原檔》天聰九年（1635）五月初六日記載黑龍江虎爾哈部降將穆克什克（muksike）向皇太極等人述說了三仙女的傳說，可將滿文影印於下，並轉寫羅馬拼音，譯出漢文於後。

《滿文原檔》，天聰九年五月初六日

（1）羅馬拼音：

> ice ninggun de. sahaliyan ulai ergi hūrga gurun de cooha genehe
> ambasa ceni dahabufi gajiha ambasa. sain niyalma be kan de
> acabure doroi: emu tanggū jakūn honin, juwan juwe ihan wafi
> sarin sarilara de kan amba yamun de tucifi uyun muduri noho
> aisin i isede tehe manggi. cooha genehe ambasa niyakūrame
> acara de. kan ambasa coohalame suilaha ujulaha juwe amban
> bakiran, samsika be tebeliyeme acaki seme hendufi kan i hesei
> bakiran, samsika jergici tucifi kan de niyakūrame hengkileme
> tebeliyeme acara de kan inu ishun tebeliyehe. acame wajiha

manggi. amba beile de kan i songkoi acaha. terei sirame hošoi degelei beile, ajige taiji, hošoi erhe cohur beile de tebeliyeme acaha. cooha genehe ambasa gemu hengkileme acame wajiha manggi. dahabufi gajiha juwe minggan niyalma niyakūrame hengkileme acaha. terei sirame sekei alban benjime hengkileme jihe solon gurun i baldaci sei jergi ambasa acaha. acame wajiha manggi: ice dahabufi gajiha coohai niyalma be gemu gabtabufi. amba sarin sarilara de kan bakiran, samsika juwe amban be hūlafi kan i galai aisin i hūntahan i arki omibuha. terei sirame emu gūsa de emte ejen arafi unggihe ambasa de omibuha. terei sirame fejergi geren ambasa. dahabufi gajiha ujulaha ambasa de omibuha sarin wajiha manggi. kan gung de dosika, tere mudan i cooha de dahabufi gajiha muksike gebungge niyalma alame. mini mafa ama jalan halame bukuri alin i dade bulhori omode banjiha. meni bade bithe dangse akū. julgei banjiha be ulan ulan i gisureme jihengge tere bulhori omode abkai ilan sargan jui enggulen, jenggulen, fekulen ebišeme jifi enduri saksaha benjihe fulgiyan tubihe be fiyanggū sargan jui fekulen bahafi anggade ašufi bilgade dosifi beye de ofi bokori yongšon be banjiha. terei hūncihin manju gurun inu. tere bokori omo šurdeme tanggū ba, helung giyang ci emu tanggū orin gūsin ba bi.minde juwe jui banjiha manggi. tere bulhori omoci gurime genefi sahaliyan ula narhūn gebungge bade tehe bihe seme alaha.

（2）滿文漢譯：

　　初六日，領兵往征黑龍江虎爾哈部諸臣，以其所招降諸臣、良民行朝見汗之禮，宰殺羊一百八隻、牛十二頭，設酒宴。
汗御大殿，坐九龍金椅。出征諸臣拜見時，汗念出兵勞苦，
命主將二大臣霸奇蘭、薩穆什喀欲行抱見禮。霸奇蘭、薩穆
什喀遵旨出班，向汗跪叩行抱見禮，汗亦相互抱見，朝見畢，
照朝見汗之禮向大貝勒行抱見禮。其次向和碩德格類、阿濟
格台吉、和碩厄爾克出虎爾貝勒行抱見禮。出兵諸臣俱行拜
見禮畢，次招降二千人叩見。次齎送貢貂來朝索倫部巴爾達
齊等諸臣叩見，叩見畢，命招降兵丁俱射箭。在大宴上，汗
呼霸奇蘭、薩穆什喀二大臣，汗親手以金盃酌酒賜飲。次賜
各旗出征署旗務大臣酒各一盃，次賜以下各大臣，並招降頭
目酒各一盃，宴畢，汗回宮。此次為兵丁招降名叫穆克什克
之人告訴說：我父祖世代在布庫里山下布爾瑚里湖過日子。
我處無書籍檔子，古時生活，代代相傳，傳說此布爾瑚里湖
有三位天女恩古倫、正古倫、佛庫倫來沐浴。神鵲啣來朱果，
么女佛庫倫獲得後含於口中，吞進喉裡，遂有身孕，生布庫
里雍順，其同族即滿洲國。此布爾瑚里湖周圍百里，離黑龍
江一百二、三十里，我生下二子後，即由此布爾瑚里湖遷往
黑龍江納爾渾地方居住矣[13]。

虎爾哈部分佈於璦琿以南的黑龍江岸地方。《滿文原檔》忠實
地記錄了虎爾哈部降將穆克什克所述三仙女的故事。其內容與清
朝實錄等官書所載滿洲先世發祥傳說，情節相合。《清太宗文皇帝
實錄》雖然記載出征虎爾哈部諸臣等朝見皇太極經過，但刪略三
仙女故事的內容。《清太宗文皇帝實錄》初纂本所載內容云：

初六日，領兵往征查哈量兀喇虎兒哈部諸臣，以所招降諸

---

13 《滿文原檔》（臺北，國立故宮博物院，民國九十五年一月），第九冊，
頁160。

臣朝見。上御殿，出征諸臣拜見時，上念其出兵勞苦，命
霸奇蘭、沙木什哈二將進前抱見。二臣出班叩頭抱見畢，
次新附二千人叩見，次瑣倫國入貢大臣巴兒打戚等叩見
畢，命新附兵丁射箭。宰牛十二頭、羊一百零八隻，設大
宴。上呼霸奇蘭、沙木什哈以金盃酌酒，親賜之。又賜每
固山大臣酒各一盃，復賜以下眾大臣及新附頭目酒各一
盃。宴畢，上回宮[14]。

　　《清太宗文皇帝實錄》重修本，「沙木什哈」作「薩穆什喀」：
「巴兒打戚」作「巴爾達齊」，俱係同音異譯。實錄初纂本、重修
本所載黑龍江虎爾哈部諸臣及所招降頭目人等朝見皇太極的內
容，情節相近，但三仙女的傳說，俱刪略不載。虎爾哈部降將穆
克什克所講的三仙女故事是黑龍江地區的古來傳說，表明神話最
早起源於黑龍江流域，黑龍江兩岸才是建州女真的真正故鄉。天
聰九年（1635）八月，畫工張儉、張應魁奉命合繪清太祖實錄戰
圖。崇德元年（1636）十一月，內國史院大學士希福、剛林等奉
命以滿蒙漢三體文字改編清太祖實錄纂輯告成，凡四卷，即所稱
《清太祖武皇帝實錄》，是清太祖實錄的初纂本。三仙女的神話，
黑龍江虎爾哈部流傳的是古來傳說，長白山流傳的滿洲先世發祥
神話是晚出的，是女真人由北而南逐漸遷徙的結果，把原在黑龍
江地區女真人流傳的三仙女神話，作為起源於長白山一帶的歷史。

五、從傳國玉璽的獲得看《滿文原檔》的史料價值

　　清初纂修清太祖、清太宗實錄，主要取材於《滿文原檔》

14　《大清太宗文皇帝實錄》初纂本，（臺北，國立故宮博物院，未刊），卷
　　19，頁9。天聰九年五月初六日，記事。

的記載，但因實錄的纂修，受到體例或篇幅的限制，原檔記載，多經刪略。天聰九年（1635）八月二十六日，《滿文原檔》記載出兵征討察哈爾的和碩墨爾根戴青多爾袞等獲得傳國玉璽經過甚詳。《清入關前內國史院滿文檔案》有關獲得傳國玉璽一節，原檔殘缺。《內閣藏本滿文老檔》，缺天聰九年檔。《清太宗文皇帝實錄》重修本不載傳國玉璽失傳及發現經過。《滿文原檔》記載「制誥之寶」失傳及發現經過頗詳，是探討崇德改元不可忽視的原始史料，可將《滿文原檔》影印於下，並轉寫羅馬拼音，譯出漢文。

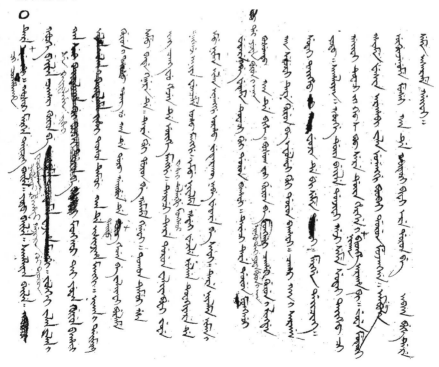

《滿文原檔》，天聰九年八月二十六日

（1）羅馬拼音：

tere ci coohalaha. hošoi mergen daicing beile. yoto beile. sahaliyan beile. hooge beile cahar gurun be dailafi bahafi gajire gui doron. julgei jalan jalan i han se baitalame jihei be monggoi dai yuwan gurun bahafi tohon temur han de isinjiha manggi. nikan i daiming gurun i hūng u han de doro gaibure de daidu hecen be waliyafi burlame samu bade genere de. tere gui doron be gamame genefi. tohon temur han ing cang fu hecen de urihe manggi. tereci tere doron waliyabufi juwe tanggū aniya funceme oho manggi. jasei tulergi monggoi emu niyalma hadai fejile ulga tuwakiyara de emu niman ilan inenggi orho jeterakū nabe fetere be safi. tere niyalma niman i fetere babe feteme tuwaci gui doron bahafi. tereci tere doron monggoi inu dai yuwan gurun i enen bošoktu han de bihe. bošoktui gurun be ineku dai yuwan gurun i enen cahar gurun i lingdan han sucufi tere gurun be efulefi gui doron bahafi: cahar han i sargan sutai taiheo fujin de bi seme. mergen daicing. yoto. sahaliyan. Hooge duin beile donjifi gaji seme sutai taiheo ci gaifi tuwaci jy g'ao s boo sere duin hergen i nikan bithe araha bi. juwe muduri hayame fesin arahabi yala unenggi boobai doron mujangga. ambula urgunjenume musei han de hūturi bifi ere doron be abka buhe dere seme asarame gaifi.

（2）滿文漢譯：

是日，出兵和碩墨爾根戴青貝勒、岳托貝勒、薩哈廉貝勒、豪格貝勒，往征察哈爾國齎來所獲玉璽，原係從前歷代帝王使用相傳下來之寶，為蒙古大元國所得，至妥懽貼睦爾汗時，被漢人大明國洪武皇帝奪取政權，棄大都城，逃走沙漠時，攜去此玉璽。妥懽貼睦爾汗崩於應昌府城後，其玉璽遂失，二百餘年後，口外蒙古有一人於山崗下牧放牲口時，見一山羊，三日不食草而掘地，其人於山羊掘地之處掘得玉璽。其後玉璽亦歸於蒙古大元國後裔博碩克圖汗。博碩克圖之國後被同為大元國後裔察哈爾國林丹汗所侵，國破，獲玉璽。墨爾根戴青、岳托、薩哈廉、豪格四貝勒聞此玉璽在察哈爾汗之妻淑泰太后福金處，索之，遂從淑泰太后處取來。視其文，乃漢篆「制誥之寶」四字，紐用雙龍盤繞，果係至寶，喜甚曰：「吾汗有福，故天賜此寶」，遂收藏之[15]。

　　《清太宗文皇帝實錄》初纂本所載出征察哈爾諸將領獲得傳國玉璽的經過，即取材於《滿文原檔》，" tohon temur han "，實錄初纂本作「大元順帝」；「見一山羊，三日不食草而掘地」，實錄初纂本作「見一山羊，三日不食，每以蹄踏地。」[16]原檔中指出皇太極有福，所以天賜制誥之寶。因有德者始能得到歷代傳國玉璽，所以建國號大清，改元崇德。

六、從崇德五宮后妃的冊立看
《滿文原檔》、《內閣藏本滿文老檔》的史料價值

　　探討清代滿蒙關係史，不能忽視滿洲入關前滿蒙聯姻活動。清太祖、清太宗在位期間（1616-1643），為爭取蒙古各部的支持，積極推動聯姻政策，迎娶送嫁，可謂絡繹於途。其中崇德五宮后

15　《滿文原檔》（臺北，國立故宮博物院，民國九十五年一月），第九冊，頁 332。

16　《大清太宗文皇帝實錄》初纂本，（臺北，國立故宮博物院，未刊），卷20，頁 17。天聰九年五月二十六日，記事。

妃的冊立，更具時代意義。明神宗萬曆四十二年（1614）六月初十日，蒙古科爾沁部扎爾固齊貝勒莽古思親送其女給皇太極爲妻，皇太極迎至輝發部扈爾奇山城。清太祖天命十年（1625）二月，科爾沁部貝勒寨桑之子吳克善台吉親送其二女給皇太極爲妻，皇太極迎至瀋陽北岡。清太宗天聰八年（1634）十月十六日，吳克善親送其大妹至盛京，皇太極與福晉等迎接入城，納爲福晉。天聰八年（1634）閏八月，林丹汗之妻竇土門福晉帶領部眾歸順滿洲，皇太極納爲妃。天聰九年（1635）五月，林丹汗妻囊囊太后率眾歸附滿洲。同年七月二十日，囊囊太后至盛京，皇太極即納爲妃。

　　崇德元年（1636）七月初十日，皇太極在盛京崇政殿舉行冊立五宮后妃大典。臺北國立故宮博物院珍藏《滿文原檔》，共四十巨冊，其中原編「日字檔」，以高麗箋紙用加圈點滿文書寫，詳細記載冊立后妃的經過。因《清太宗文皇帝實錄》不載冊立后妃的內容，所以《滿文原檔》就成爲探討皇太極冊立五宮后妃不可或缺的原始檔案。乾隆年間，重抄《滿文老檔》時，將后妃的名字刪略不載。爲了便於說明，可節錄《滿文原檔》、《內閣藏本滿文老檔》中滿文影印於下，轉寫羅馬拼音，並附譯漢於後。

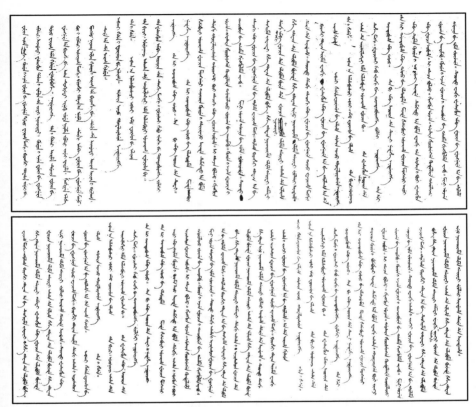

《滿文原檔》，崇德元年七月初十日

（1）羅馬拼音：

gurun i ejen fujin. dergi amba fujin. wargi amba fujin. dergi
ashan i fujin. wargi ashan i fujin be fungnehe doro. nadan biyai
juwan de sain inenggi, geren hošoi cin wang. doroi jiyūn wang.
gūsai beisese. bithe coohai geren hafasa, wesihun dasan i yamun
de isafi jergi jergi faidaha manggi. enduringge han tucifi
wesihun dasan i yamun de soorin de tehe. bithei ilan yamun i

hafasa. gurun i ejen fujin be fungnere se doron, faidan i jaka be
belheme dasame wajiha seme. enduringge han de gisun
wesimbuhe. han hese wasimbume fungnere doro i jakabe bene
sehe manggi. gurun i ejen fujin be fungnere se doron be derei
ninggude hashū ergide se. ici ergide doron sindafi, juleri juwe
niyalma jiyei yarume se doron be tukiyefi, faidan i jakabe
gamame, genggiyen elhe boo i juleri isinaha manggi. gurun i
ejen fujin. geren fujisa gemu iliha. bithei hafan fungnere se be
dereci gaifi, dergi ashan i dere de sindafi wasihūn forome ilifi se
de araha manju, monggo, nikan, ilan gurun i gisun be gemu
hūlaha. tere sei gisun abka i hese i forgon be aliha gosin onco
hūwaliyasun enduringge han i hesa〔hese〕. abka na salgabuhaci
ebsi emu forgon be aliha han bici urunakū dorode aisilakini
seme salhabufi holboho mujilen niyaman i gese hanci fujin bi.
teci ilici juru. gung erdemu tucici sasa. bayan wesihun be bahaci
acan ningge julgeci ebsi jihe kooli. ilan hešen sunja enteheme
be aktun〔akdun〕. te bi amba soorin de tefi nendehe enduringge
han sei toktobuha amba doro be alhūdame fulingga hesebufi
ucaraha fujin mangkoi〔monggoi〕korcin gurun i jeje sinde
temgetu se doron bume geren fujisa ci colhorome tukiyefi
dulimbai genggiyen elhe boo i gurun i ejen fujin obuha. si hanja
bolgo. ginggun ujen. gosin hiošon. kundulere doroloro jurgan be
geren fujisa de yargūdame tacibu. sini mergen erdemu tacihiyan
be abkai fejergi hehesi be gemu alkūdabu. mini ujen gūnin be
ume jurcere. tuttu se hūlame wajiha manggi. hūlaha bithei hafan
se bithe be tukiyeme jafafi, hehe hafan de alibume buhe. geli

emu bithe i hafan doron be tukiyeme jafafi geli emu hehe hafan
de alibume buhe. juwe hehe hafan gemu niyakūrafi alime gaifi,
gurun i ejen fujin de alibume burede fujin gurun i ejen fujin de
alibume burede fujin niyakūrafi emke emke ni alime gaifi juwe
ergi ashan de iliha hehe hafan de alibume burede hehe hafan inu
niyakūrame alime gaifi juleri sindaha suwayan wadan i derede
sindada. tereci aisin i ise mulan, faidan i jaka be gemu faidame
wajiha manggi. gurun i ejen fujin ise de tehe. gurun i ejen fujin
ba〔be〕fungnere doro wajiha manggi. bithei hafasa jiyei be
juleri sindafi wesihun dasan i yamun de jifi niyakūrafi, gurun i
ejen fujin be fungnere doro wajiha seme gisun wesimbuhe.
enduringge han i hesei sirame duin fujin be fungnere se bithe be
sasa tukiyefi ineku juwe niyalma juleri jiyei yarume, genggiyen
elhe boo i juleri isinaha manggi. bithei hafan sa neneme dergi
amba fujin be fungnere, manju. monggo nikan ilan kison〔gisun〕
i araha se bithe be dere de sindafi siran siran i hūlaha. tere se de
araha gisun. abkai hese i forgon be aliha. gosin onco
hūwaliyasun enduringge han i hese. abka na salhabuhaci ebsi
emu forgon be aliha han bici, urunakū ashan de aisilakini seme
salgabufi ucaraha fujisa bi. han wesihun amba soorin de tehe
manggi. fujisai gebu jergi be toktoburengge julgei enduringge
han sei toktobuha amba doro. te bi amba soorin de tefi. nendehe
enduringge han sei toktobuha amba doro be alhūdame minde
hesebufi ucaraha fujin monggoi korcin gurun i hairanju sinde
temgetu se bume dergi hūwaliyasun doronggo booi hanciki
amba fujin obuha. si hanja bolgo. ginggun ujen. gosin

hiooošungga kundulere doroloro jurgan be akūmbu. gurun i tacibure be dahame gingguleme yabu. mini ujen gūnin be ume jurcere. tuttu hanciki amba fujin be fungnere se be hūlame wajiha manggi, hūlaha bithei hafan se be tukiyame 〔 tukiyeme 〕 jafafi hehe hafan de alibume buhe. hehe hafan niyakūrame alime gaifi gamafi dergi hanciki amba fujin de alibume bure de fujin niyakūrafi alime gaifi ashan de iliha hehe hafan de alibume burede hehe hafan inu niyakūrame alime gaifi juleri sindaha dere de sindaha. tuttu dergi hanciki amba fujin be fungnere toro 〔 doro 〕 wajiha manggi. bithei hafan sirame wargi wesihun amba fujin be fungnere se be hūlaha se de araha gisun abkai hese i forgon be aliha gosin onco hūwaliyasun enduringge han i hese. abka na salhabubaci ebsi. emu forgon be aliha han bici urunakū ashan de aisilakini seme salhabufi ucaraha fujin bi. han wesihun amba soorin de ashan de aisilakini seme salhabufi ucaraha fujin bi. han wesihun amba soorin de tehe manggi. fujisai gebu jergi be toktoburangge julgei enduringge han sei toktobuha amba doro. te bi amba soorin de tefi nendehe enduringge han sei toktobuha amba doro be alhūdame, minde hesebufi ucaraha fujin monggoi arui amba tumen gurun i nam jung sinde temgetu se bume wargi da gosin i booi wesihun amba fujin obuha. si hanja bolgo. ginggun ujen. gosin hiooošungga kundulere doroloro jurgan be akūmbu. gurun i ejen fujin i tacibure be dahame gingguleme yabu. mini ujen gūnin be ume jurcere. tuttu wargi wesihun amba fujin be fungnere se be hūlame wajiha manggi. hūlaha bithei hafan se be tukiyame

jafafi hehe hafan de alibume buhe. hehe hafan niyakūrame alime
gaifi gamafi wesihun amba fujin de alibume burede fujin
niyakūrame alime gaifi ashan de aliha hehe hafan de alibume
burede hehe hafan inu niyakūrame alime gaifi juleri sindaha
derede sindaha. tuttu wesihun amba fujin be fungnere doro
wajiha manggi. bithei hafan sirame dergi ashan i ijishūn fujin be
fungnere se be hūlaha. se de araha gisun. abkai hese i forgon be
aliha gosin onco hūwaliyasun enduringge han i hese. abka na
salhabuhaci ebsi emu forgon be aliha han bici, urunakū ashan de
aisilakini seme salgabufi ucaraha fujisa bi. han wesihun amba
soorin de tehe manggi. fujisai gebu jergi be toktoburengge
julgei enduringge han sei toktobuha amba doro. te bi amba
soorin de tefi. nendehe enduringge han sei toktobuha amba doro
be alhūdame minde hesebufi ucaraha fujin monggoi arui amba
tumen i batma dzoo sinde temgetu se bume dergi ashan i urgun i
booi ijishūn fujin obuha. si hanja bolgo. ginggun ujen. gosin
hioošungga kundulere doroloro jurgan be akūmbu. gurun i ejen
fujin i tacibure be dahame gingguleme yabu. mini ujen gūnin be
ume jurcere. tuttu dergi ashan i ijishūn fujin be fungnere se be
hūlame wajiha manggi. hūlaha bithei hafan se be tukiyame
jafafi hehe hafan de alibume buhe. hehe hafan niyakūrame alime
gaifi gamafi dergi ashan i ijishūn fujin de alibume burede fujin
niyakūrame alime gaifi ashan de iliha hehe hafan de alibume
burede hehe hafan inu niyakūrame alime gaifi juleri sindaha
dere de sindaha. tuttu dergi ashan i ijishūn fujin be fungnere
doro wajiha manggi. bithei hafan sirame wargi ashan i jingji

fujin be fungnere se be hūlaha. se de araha gisun abkai hese i
forgon be aliha gosin onco hūwaliyasun enduringge han i hese.
abka na salhabuhaci ebsi emu forgon be aliha han bici urunakū
ashan de aisilakini seme salhabufi ucaraha fujin bi. han wesihun
amba soorin de tehe manggi. fujisai gebu jergi be toktoburengge
julgei enduringge han sei toktobuha amba doro. te bi amba
soorin de tefi nendehe enduringge han sei toktobuha amba doro.
be alhūdame minde hesebufi ucaraha fujin monggoi korcin
gurun i bumbutai sinde temgetu se bume wargi ashan i
hūturingga booi jingji fujin obuha. si hanja bolgo. ginggun ujen.
gosin hioošungga kundulere toroloro〔doroloro〕 jurgan be
akūmbu. gurun i ejen fujin i tacibure be dahame gingguleme
yabu. mini ujen gūnin be ume jurcere. tuttu wargi ashan i jingji
fujin be fungnere se be hūlame wajiha manggi. hūlaha bithei
hafan se be tukiyame jafafi hehe hafan de alibume buhe. hehe
hafan niyakūrame alime gaifi gamafi wargi ashan jingji fujin de
alibume burede fujin niyakūrame alime gaifi ashan de iliha hehe
hafan de alibume burede hehe hafan inu niyakūrame alime gaifi
juleri sindaha dere de sindaha.

（2）滿文漢譯：

冊封國君福金、東大福金、西大福金、東側福金、西側福金
典禮。七月初十日吉旦，諸和碩親王、多羅郡王、固山貝子、
文武各官齊集崇政殿，依次排列後，聖汗御崇政殿陞座。內
三院眾官上奏聖汗：「冊封國君福金冊、寶、儀仗治備完畢。」
汗諭曰：「著持進冊封典禮物件。」諭畢，遂將冊封國君福金
冊、寶陳於案上，冊置於左，寶置於右，二人持節前導，捧

冊、寶，持儀仗，至清寧宮前，國君福金、眾福金皆站立。
文館官自案上取封冊置於東側案上後西向站立，將冊中所書
滿洲、蒙古、漢三體語文俱行宣讀。其文曰：「奉天承運寬溫
仁聖汗諭曰：自承天地之命以來為一代之汗，則必配以襄助
政道如心腹親近福金，坐立成雙，齊施功德，共享富貴，此
乃自古以來之例。信守三綱五常，係古聖汗等所定大法。今
朕即大位，當效古聖汗所定大法，承蒙天命，所遇福金係蒙
古科爾沁部哲哲，賜爾鈐印冊寶，自諸福金中拔擢為中宮清
寧宮國君福金。爾務以清廉、敬重、仁孝、恭禮之義訓導眾
福金，爾賢德之訓，俱著天下婦女效法，毋違我之厚意。」
讀畢冊文後，宣讀之文館官齎捧冊文授與女官，另一文館官
齎捧寶授與另一女官。二女官皆跪受，呈與國君福金，福金
一一跪受，授與兩側侍立之女官，女官亦跪受，陳於前設黃
帷案上。金椅、金凳，儀仗排列俱畢，國君福金入座。冊封
國君福金典禮既畢，文館官置節於前，詣崇政殿跪奏：「冊封
國君福金禮畢。」奉聖汗諭旨，續封四福金，齎捧冊文，由
相同二人持節前導，至清寧宮前。文館官先將冊封東大福金
之滿洲、蒙古、漢文三體所書冊文陳於案上，一一宣讀。其
冊中所書之文曰：「奉天承運，寬溫仁聖汗諭曰：自承天地之
命以來為一代之汗，則必配以襄助於側之福金，汗陞坐大位
後，定諸福金之名號等級，乃古聖汗所定大法，今我御大位，
當效先前聖汗所定大法，承蒙天命，我所遇福金係蒙古科爾
沁部海蘭珠，賜爾鈐印冊文，命為東宮關雎宮大福金宸妃。
爾務盡清廉、敬重、仁孝、恭禮之義，謹遵國君福金訓誨而
行，毋違我之厚意。」冊封大福金宸妃冊文宣讀完畢後，宣
讀之文館官齎捧冊文授與女官，呈與東大福金宸妃，福金跪

受，授與側立女官，女官亦跪受，陳於前設案上。冊封東大福金宸妃禮畢，文館官續宣讀冊封西大福金貴妃之冊文。冊中所書之文曰：「奉天承運，寬溫仁聖汗諭曰：自承天地之命以來爲一代之汗，則必有襄助於側所遇之福金，汗陞坐大位後，所定福金名號等級，乃古聖汗所定大法，今我御大位，當效先前聖汗所定大法，承蒙天命，我所遇福金係蒙古阿魯大土門部娜木鐘，賜爾鈐印冊文，命爲西宮麟趾宮大福金貴妃。爾務盡清廉、敬重、仁孝、恭禮之義，謹遵國君福金之訓誨而行。毋違我之厚意。」冊封西大福金貴妃冊文宣讀完畢後，宣讀之文館官齎捧冊文授與女官，女官跪受，陳於前設案上。冊封大福金貴妃之禮完畢後，文館官續宣讀冊封東側福金淑妃之冊文。冊中所書之文曰：「奉天承運，寬溫仁聖汗諭曰：自承天地之命以來爲一代之汗，則必有襄助於側所遇之福金，汗陞坐大位後，所定福金名號等級，乃古聖汗所定大法，今我御大位，當效先前聖汗所定大法，承蒙天命，我所遇福金係蒙古阿魯大土門部巴特瑪璪，賜爾鈐印冊文，命爲東宮衍慶宮側福金淑妃。爾務盡清廉、敬重、仁孝、恭禮之義，謹遵國君福金訓誨而行。毋違我之厚意。」冊封東側福金淑妃宣讀冊文完畢後，宣讀之文館官齎捧冊文授與女官，女官跪受，呈與東側福金淑妃，福金跪受，授與側立女官，女官亦跪受，陳於前設案上。冊封東側福金淑妃之禮完畢後，文館官續宣讀冊封西宮側福金莊妃之冊文。冊中所書之文曰：「奉天承運，寬溫仁聖汗諭曰：自承天地之命以來爲一代之汗，則必有襄助於側所遇之福金，汗陞坐大位後，所定福金名號等級，乃古聖汗所定大法，今我御大位，當效先前聖汗所定大法，承蒙天命，我所遇福金係蒙古科爾沁部本布泰，賜爾鈐印冊文，命爲西宮永福宮側福金莊妃。爾務盡清廉、敬重、仁孝、恭禮之義，謹遵國君訓誨而行。毋違我之厚意。」宣讀冊封西側福金莊妃冊文完畢後，宣讀之文館官齎捧冊文授與女官，女官跪受，呈與西側福金莊妃，福金跪受，授與側立女官，女官亦跪受，陳於前設案上[17]。

17 《滿文原檔》（臺北，國立故宮博物院，民國九十五年一月），第十冊，頁 315。

《內閣藏本滿文老檔》，崇德元年七月初十日

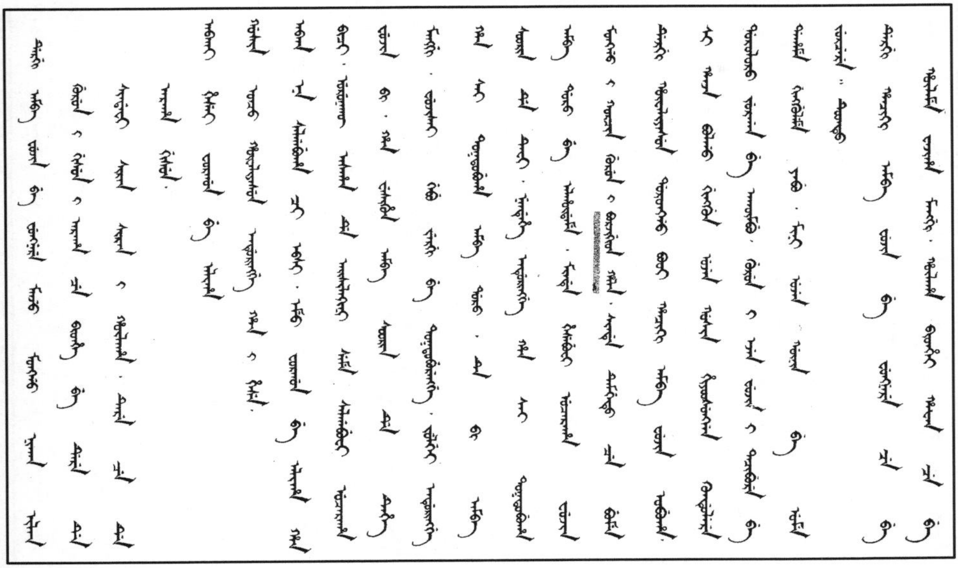

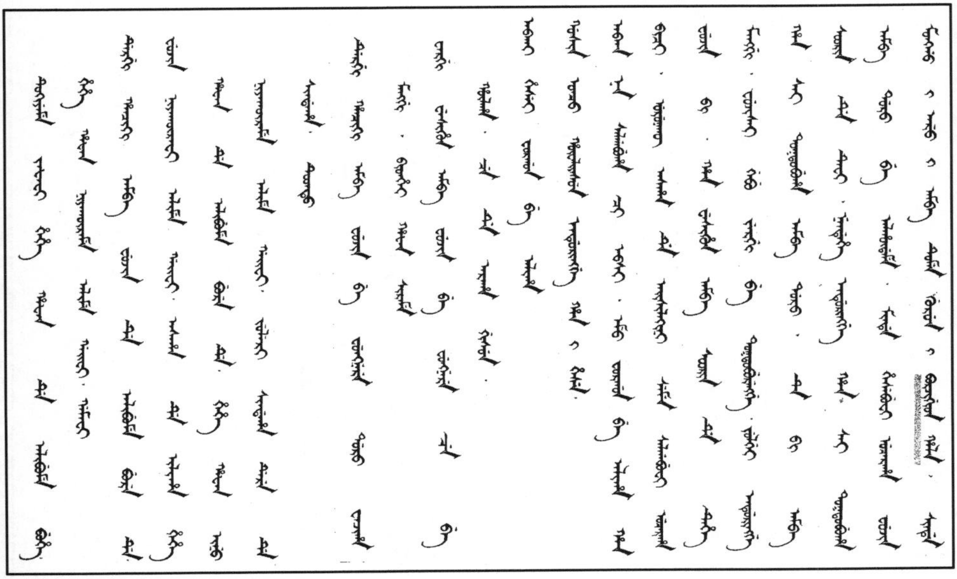

（1）羅馬拼音：

gurun i ejen fujin. dergi amba fujin, wargi amba fujin, dergi ashan i fujin, wargi ashan i fujin be fungnehe doro, nadan biyai juwan de sain inenggi, geren hošoi cin wang, doroi giyūn wang, gūsai beise se, bithe coohai geren hafasa, wesihun dasan i yamun de isafi jergi faidaha manggi. enduringge han tucifi wesihun dasan i yamun de soorin de tehe, bithei ilan yamun i hafasa. gurun i ejen fujin be

fungnere ce, doron, faidan i jaka be belheme dasame wajiha
seme, enduringge han de gisun wesimbuhe, han hese
wasimbume, fungnere doroi jaka be bene sehe manggi, gurun i
ejen fujin be fungnere ce, doron be, dere i ninggude hashū
ergide ce, ici ergide doron sindafi, juleri juwe niyalma jiyei
yarume ce doron be tukiyefi, faidan i jaka be gamame
genggiyen elhe booi juleri isinaha manggi. gurun i ejen fujin,
geren fujisa gemu iliha, bithei hafan fungnere ce be dere ci gaifi,
dergi ashan i dere de sindafi, wasihūn forome ilifi ce de araha
manju monggo nikan ilan gurun i gisun be gemu hūlaha, tere ce
i gisun, abkai hesei forgon be aliha gosin onco hūwaliyasun
enduringge han i hese, abka na salgabuha ci ebsi, emu forgon be
aliha han bici, urunakū doro de aisilakini seme salgabufi
holboho mujilen niyaman i gese hanci fujin bi, teci ilici juru,
gung erdemu tucici sasa, bayan wesihun be bahaci acan ningge,
julgeci ebsi jihe kooli, ilan hešen sunja enteheme be akdun
obuhangge, nendehe enduringge han sai toktobuha amba doro,
te bi amba soorin de tefi, nendehe enduringge han sai toktobuha
amba doro be alhūdame, fulingga hesebufi acaraha fujin
monggo i korcin gurun i borjigit hala, sinde temgetu ce doron
bume geren fujisa ci colgorome tukiyefi, dulimbai genggiyen
elhe booi gurun i ejen fujin obuha, si hanja bolgo ginggun ujen
gosin hiyoošun kundulere doroloro jurgan be, geren fujisa de
yarhūdame tacibu, sini mergen erdemu tacihiyan be abkai
fejergi hehesi be gemu alhūdabu, mini ujen gūnin be ume
jurcere. tuttu ce hūlame wajiha manggi, hūlaha bithei hafan ce

bithe be tukiyeme jafafi hehe hafan de alibume buhe, geli emu
bithei hafan doron be tukiyeme jafafi geli emu hehe hafan de
alibume buhe, juwe hehe hafan gemu niyakūrafi alime gaifi,
gurun i ejen fujin de alibume bure de, fujin niyakūrafi emke
emken i alime gaifi, juwe ergi ashan de iliha hehe hafan de
alibume bure de, hehe hafan inu niyakūrame alime gaifi, juleri
sindaha suwayan wadan i dere de sindada, tereci aisin i ise
mulan faidan i jaka be gemu faidame wajiha manggi, gurun i
ejen fujin ise de tehe, gurun i ejen fujin be fungnere doro wajiha
manggi, bithei hafasa jiyei be juleri sindafi, wesihun dasan i
yamun de jifi niyakūrafi gurun i ejen fujin be fungnere doro
wajiha seme gisun wesimbuhe, enduringge han i hesei sirame
duin fujin be fungnere ce bithe be sasa tukiyefi, ineku juwe
niyalma juleri jiyei yarume genggiyen elhe booi juleri isinaha
manggi, bithei hafasa neneme dergi amba fujin be fungnere
manju monggo nikan ilan gurun i gisun i araha ce bithe be dere
de sindafi siran siran i hūlaha, tere ce de araha gisun, abkai hese
i forgon be aliha gosin onco hūwaliyasun enduringge han i hese,
abka na salgabuha ci ebsi, emu forgon be aliha han bici,
urunakū ashan de aisilakini seme salgabufi ucaraha fujin bi, han
wesihun amba soorin de tehe manggi, fujisai gebu jergi be
toktoburengge, julgei enduringge han sai toktobuha amba doro,
te bi amba soorin de tefi, nendehe enduringge han sai toktobuha
amba doro be alhūdame, minde hesebufi ucaraha fujin monggo i
korcin gurun i borjigit hala, sinde temgetu ce bume dergi
hūwaliyasun doronggo booi hanciki amba fujin obuha, si hanja

bolgo ginggun ujen gosin hioošungga kundulere doroloro jurgan
be akūmbu, gurun i ejen fujin i tacibure be dahame gingguleme
yabu, mini ujen gūnin be ume jurcere. tuttu dergi hanciki amba
fujin be fungnere ce be hūlame wajiha manggi, hūlaha bithei
hafan ce be tukiyeme jafafi hehe hafan de alibume buhe, hehe
hafan niyakūrame alime gaifi, gamafi dergi hanciki amba fujin
de alibume bure de, fujin niyakūrafi alime gaifi, ashan de iliha
hehe hafan de alibume bure de, hehe hafan inu niyakūrame
alime gaifi, juleri sindaha dere de sindaha, tuttu dergi hanciki
amba fujin be fungnere doro wajiha manggi, bithei hafan sirame
wargi wesihun amba fujin be fungnere ce be hūlaha, ce de araha
gisun, abkai hesei forgon be aliha gosin onco hūwaliyasun
enduringge han i hese, abka na salgabuha ci ebsi, emu forgon be
aliha han bici, urunakū ashan de aisilakini seme salgabufi
ucaraha fujin bi. han wesihun amba soorin de tehe manggi.
fujisai gebu jergi be toktoburengge, julgei enduringge han sai
toktobuha amba doro, te bi amba soorin de tefi, nendehe
enduringge han sai toktobuha amba doro be alhūdame, minde
hesebufi ucaraha fujin monggo i aru i amba tumen gurun i
borjigit hala, sinde temgetu ce bume wargi da gosin i booi
wesihun amba fujin obuha, si hanja bolgo. ginggun ujen gosin
hioošungga kundulere doroloro jurgan be akūmbu, gurun i ejen
fujin i tacibure be dahame gingguleme yabu, mini ujen gūnin be
ume jurcere. tuttu wargi wesihun amba fujin be fungnere ce be
hūlame wajiha manggi, hūlaha bithei hafan ce be tukiyame
jafafi hehe hafan de alibume buhe, hehe hafan niyakūrame alime

gaifi, gamafi wesihun amba fujin de alibume bure de, fujin
niyakūrame alime gaifi, ashan de iliha hehe hafan de alibume
bure de, hehe hafan inu niyakūrame alime gaifi, juleri sindaha
dere de sindaha, tuttu wesihun amba fujin be fungnere doro
wajiha manggi, bithei hafan sirame dergi ashan i ijishūn fujin be
fungnere ce be hūlaha, ce de araha gisun, abkai hesei forgon be
aliha gosin onco hūwaliyasun enduringge han i hese, abka na
salgabuha ci ebsi, emu forgon be aliha han bici, urunakū ashan
de aisilakini seme salgabufi ucaraha fujisa bi, han wesihun
amba soorin de tehe manggi, fujisai gebu jergi be toktoburengge,
julgei enduringge han sai toktobuha amba doro. te bi amba
soorin de tefi, nendehe enduringge han sai toktobuha amba doro
be alhūdame, minde hesebufi ucaraha fujin monggo i amba
tumen gurun i abagai bodisai cūhur tabunang ni sargan jui, sinde
temgetu ce bume dergi ashan i urgun i booi ijishūn fujin obuha,
si hanja bolgo ginggun ujen gosin hiyoošungga kundulere
doroloro jurgan be akūmbu, gurun i ejen fujin i tacibure be
dahame gingguleme yabu, mini ujen gūnin be ume jurcere. tuttu
dergi ashan i ijishūn fujin be fungnere ce be hūlame wajiha
manggi, hūlaha bithei hafan ce be tukiyeme jafafi hehe hafan de
alibume buhe, hehe hafan niyakūrame alime gaifi, gamafi dergi
ashan i ijishūn fujin de alibume bure de fujin niyakūrame alime
gaifi, ashan de iliha hehe hafan de alibume bure de, hehe hafan
inu niyakūrame alime gaifi, juleri sindaha dere de sindaha, tuttu
dergi ashan i ijishūn fujin be fungnere doro wajiha manggi,
bithei hafan sirame wargi ashan i jingji fujin be fungnere ce be

hūlaha, ce de araha gisun, abkai hesei forgon be aliha gosin
onco hūwaliyasun enduringge han i hese, abka na salgabuha ci
ebsi, emu forgon be aliha han bici, urunakū ashan de aisilakini
seme salgabufi ucaraha fujin bi, han wesihun amba soorin de
tehe manggi, fujisai gebu jergi be toktoburengge, julgei
enduringge han sai toktobuha amba doro, te bi amba soorin de
tefi, nendehe enduringge han sai toktobuha amba doro be
alhūdame, minde hesebufi ucaraha fujin monggo i korcin gurun
i borjigit haha, sinde temgetu ce bume wargi ashan i hūturingga
booi jingji fujin obuha, si hanja bolgo ginggun ujen gosin
hiyoošungga kundulere doroloro jurgan be akūmbu, gurun i ejen
fujin i tacibure be dahame gingguleme yabu, mini ujen gūnin be
ume jurcere. tuttu wargi ashan i jingji fujin be fungnere ce be
hūlame wajiha manggi, hūlaha bithei hafan ce be tukiyeme
jafafi hehe hafan de alibume buhe, hehe hafan niyakūrame alime
gaifi, gamafi wargi ashan i jingji fujin de alibume bure de, fujin
niyakūrame alime gaifi, ashan de iliha hehe hafan de alibume
bure de, hehe hafan inu niyakūrame alime gaifi, juleri sindaha
dere de sindaha.[18]

（2）滿文漢譯：

冊封國君福晉、東大福晉、西大福晉、東側福晉、西側福晉
典禮。七月初十日，吉日，諸和和碩親王、多羅郡王、固山
貝子、文武各官齊集崇政殿，依次列畢，聖汗入崇政殿升座。
文館之衙門諸官入奏聖汗：「封贈國君福晉冊文、玉璽、儀仗

---

18 《內閣藏本滿文老檔》，第十八冊，頁 1061。

備齊。」聖汗降旨:「著進封贈禮物。」遂將封贈國君福晉冊文、玉璽陳于案上,冊文置左,玉璽置右,二人執節前引,奉冊寶,携儀仗,至清寧宮前,國君福晉及眾福晉皆立。文官取冊陳之于東側案上,西向立,其冊載滿蒙漢三體冊文,概加宣讀。冊文曰:「奉天承運,寬溫仁聖汗制曰:天地授命以來,既有汗主一代之治,則必命匹配心腹親近福晉贊襄朝政,坐立成雙,同立功德,共享富貴,此乃亘古之制。信守三綱五常,係古聖汗等所定大典。今我正大位,當效古聖汗所定大典,又蒙天佑,得遇福晉,係蒙古科爾沁部博爾濟吉特氏,特賜爾以冊寶,位居諸福晉之上,命爲清寧宮中宮國君福晉。爾務以清廉、端莊、仁孝、謙恭之義訓誨諸福晉,更以爾賢德之訓,使天下婦人效法。勿違我之至意。」讀畢冊文,該文官舉冊文授與女官,另一文官舉玉璽授與另一女官。二女官皆跪受,奉獻于國君福晉。福晉一一跪受,轉受西側侍立之女官,女官亦跪受,陳于前設之黃帷案上。俟金椅、金凳等儀仗排列畢,國君福晉入座。冊封國君福晉典禮畢,諸文官置節于前,至崇政殿跪奏:「冊封國君福晉典禮完畢。」繼奉聖汗諭旨,封四福晉,遂齊舉冊文,仍命二人執節前引,至清寧宮前。諸文官先將封東大福晉之滿蒙漢三體冊文陳于案上,一一宣讀。冊文曰:「奉天承運,寬溫仁聖汗制曰:天地授命以來,既有汗主一代之治,則必有天賜福晉贊襄于側。汗御極後,定諸福晉之名號,乃古聖汗所定之大典,今我正大位,當效古聖汗所定之大典,我所遇福晉,係蒙古科爾沁部博爾濟吉特氏,特賜爾以冊文,命爲東宮關雎宮大福晉宸妃。爾務盡清廉、端莊、仁孝、謙恭之義,謹遵國君福晉訓誨,勿違我之至意。」讀畢封東大福晉宸妃之冊文，宣讀之文官舉冊文授與女官，女官跪受之，奉獻于東大福晉宸妃。福晉跪受，轉授側立之女官。女官亦跪受，陳于前設之案上。冊封東大福晉宸妃典禮畢，文官繼之宣讀冊封西大福晉貴妃之冊文。其文曰：「奉天承運，寬溫仁聖汗制曰：天地授命以來，既有汗主一代之治，則必有天賜福晉贊襄于側。汗御極後，定諸福晉之名號，乃古聖汗所定之大典，今我正大位，當效古聖汗所定大典，我所遇福晉，係蒙古阿魯大土門部博爾濟吉特氏，特賜爾以冊文，命為西宮麟趾宮大福晉貴妃。爾務盡清廉、端莊、仁孝、謙恭之義，謹遵國君福晉訓誨，勿違我之至意。」讀畢封西大福晉貴妃之冊文，宣讀之文官舉冊文授與女官。女官跪受之，奉獻于西大福晉貴妃。福晉跪受，轉授側立之女官。女官亦跪受，陳于前設之案上。冊封西大福晉貴妃之典禮畢，文官繼宣讀冊封東側福晉淑妃之冊文。冊文曰：「奉天承運，寬溫仁聖汗制曰：天地授命以來，既有汗主一代之治，則必有天賜福晉贊襄于側。汗御大極，定諸福晉名號，乃古聖汗所定之大典，今我正大位，當效先古聖汗之大典，我所遇福晉，係蒙古阿魯大土門部阿巴蓋博第賽楚虎爾塔布囊之女，特賜爾以冊文，命為東宮衍慶宮側福晉淑妃。爾務盡清廉、端莊、孝仁、謙恭之義，謹遵國君福晉之訓誨，勿違我之至意。」讀畢封東側福晉淑妃之冊文，宣讀之文官舉冊文授與女官。女官跪受之，奉獻于東宮側福晉淑妃。福晉跪受，轉授側立之女官。女官亦跪受，陳于前設之案上。冊封東宮側福晉淑妃之典禮畢，文官繼之宣讀冊封西宮側福晉莊妃之冊文。其文曰：「奉天承運，寬溫仁聖汗制曰：天地授命以來，既有汗主一代之治，則必有天賜福晉贊襄于側。汗御大極，定諸福晉名號，乃古聖汗所定之大典，今我正大位，當效古聖汗之大典，我所遇福晉，係蒙古科爾沁部博爾濟吉特氏，特賜爾以冊文，命為西宮永福宮側福晉莊妃。爾務盡清廉、端莊、仁孝、謙恭之義，謹遵國君福晉訓誨，勿違我之至意。」讀畢封西側福晉莊妃之冊文，宣讀之文官舉冊文授與女官。女官跪受之，奉獻于西宮側福晉莊妃。福晉跪受，轉授側立之女官。女官亦跪受，陳于前設之案上[19]。

　　《內閣藏本滿文老檔》與《滿文原檔》的差異，不僅僅是圈點的問題，乾隆年間以加圈點重抄的《滿文老檔》，其滿文的字形筆順，整齊畫一，是規範滿文。引文中「郡王」，《滿文原檔》讀如"jiyūn wang"，《滿文老檔》讀如"giyūn wang"。引文中「冊文」，《滿文原檔》讀如"se"，《滿文老檔》讀如"ce"。引文中「聖汗等」，《滿文原檔》讀如"enduringge han sei"，《滿文老檔》讀如"enduringge han sai"。引文中「仁孝」，《滿文原檔》讀如"gosin hiošon"，《滿文老檔》讀如"gosin hiyoošun"。引文中「福金一一跪受」，句中「一一」，《滿文原檔》讀如"emke emke ni"，《滿文老檔》讀如"emke emken i"。引文中「滿蒙漢三體」，《滿文原檔》、《滿文老檔》俱讀如"manju monggo nikan ilan gurun i gisun"，意即「滿洲、蒙古、明朝三國語言」。

　　天聰十年（1636）四月，制定盛京宮殿名稱，其中正殿為崇政殿，中宮為清寧宮，東宮為關雎宮，西宮為麟趾宮，次東宮為衍慶宮，次西宮為永福宮。《滿文原檔》、《滿文老檔》中含有頗多盛京宮殿名稱，對盛京宮廷史的研究，提供了珍貴的滿文資料。可將盛京各宮殿名稱列出簡如下。

19　《內閣藏本滿文老檔》，第二十冊，頁730。

盛京宮殿名稱對照表

宮殿名	崇政殿	清寧宮	關睢宮	麟趾宮	衍慶宮	永福宮
滿文原檔						
滿文老檔						
太宗實錄						

滿漢大辭典	ᠮᠠᠨᠵᡠ	ᠮᠠᠨᠵᡠ	ᠮᠠᠨᠵᡠ	ᠮᠠᠨᠵᡠ	ᠮᠠᠨᠵᡠ	ᠮᠠᠨᠵᡠ

資料來源：《滿文原檔》、《滿文老檔》、《清太宗實錄》、《滿漢大辭典》

　　前列簡表中，正殿崇政殿是大清門內的大殿，《滿文原檔》作
"wesihün dasan i yamun"，《滿文老檔》作"wesihun dasan i
yamun"，《清太宗文皇帝實錄》滿文本作"wesihun dasan i diyan"，
《滿漢大辭典》作"wesihun dasan i deyen"。宮殿的「殿」，《五體
清文鑑》作"deyen"，是漢字「殿」的規範音譯。《滿文原檔》、《滿
文老檔》作"yamun"，意即「衙門」。《清史圖典》所載滿漢文「崇
政殿匾額」，面對匾額，滿文在左，讀如"wesihun dasan i diyan"，
是後來修建的，不是天聰、崇德年間修建的。清寧宮，《滿漢大辭
典》作"genggiyen elhe gurung"，《清太宗文皇帝實錄》滿文本作
"genggiyen elhe gung"，《滿文原檔》、《滿文老檔》作"genggiyen elhe
boo"。關雎宮，《滿漢大辭典》作"hūwaliyasun doronggo gurung"，
《清太宗文皇帝實錄》滿文本作"hūwaliyasun doronggo gung"，《滿
文原檔》、《滿文老檔》作"hūwaliyasun doronggo boo"。麟趾宮，《滿
漢大辭典》作"da gosin i gurung"，《清太宗文皇帝實錄》滿文本作
"da gosin i gung"，《滿文原檔》、《滿文老檔》作"da gosin i boo"。

衍慶宮，《滿漢大辭典》作"hūturi badaraka gurung"，《清太宗文皇帝實錄》滿文本作"urgun i gung"，《滿文原檔》作"urgūn i boo"，《滿文老檔》作"urgun i boo"。永福宮，《滿漢大辭典》作"enteheme hūturingga gurung"，《清太宗文皇帝實錄》滿文本作"hūturingga gung"，《滿文原檔》、《滿文老檔》作"hūturingga boo"。各宮殿的「宮」，《五體清文鑑》作"gurung"，《滿漢大辭典》統一作"gurung"，也是規範音譯。《清太宗文皇帝實錄》滿文本作"gung"，是漢字「宮」的音譯，較易與「公」或「功」混淆。房屋的「房」，滿文讀如"boo"。清寧宮等各宮的「宮」，《滿文原檔》、《滿文老檔》俱作"boo"，清寧宮即清寧房，滿文較質樸。永福宮，《滿漢大辭典》對應漢字，譯作"enteheme hūturingga gurung"，滿漢文義相合，但它不是滿文原來的名稱。《清太宗文皇帝實錄》滿文本作"hūturingga gung"，意即福宮，並無「永」字。《滿文原檔》、《滿文老檔》作"hūturingga boo"，意即福房，簡單質樸。

崇德元年（1636）七月初十日，皇太極在盛京崇政殿舉行冊立五宮福金大典，《滿文原檔》中原編「日字檔」，詳細記載了五宮福金的名字及冊立經過。乾隆年間重抄的《滿文老檔》，雖然詳細的記載冊立福金的經過，但是，五宮福金的本名都被刪改。可列對照表如下。

清太宗崇德五宮后妃簡表

蒙古部別	位號	滿文原檔名字	滿文老檔姓氏

ᠮᠠᠨᠵᡠ	ᠮᠠᠨᠵᡠ			ᠮᠠᠨᠵᡠ
ᠮᠠᠨᠵᡠ	ᠮᠠᠨᠵᡠ			ᠮᠠᠨᠵᡠ

資料來源：《滿文原檔》，臺北，國立故宮博物院。《內閣藏本滿文
老檔》，北京，中國第一歷史檔案館。

　　由簡表所列可知中宮清寧宮國君福金是蒙古科爾沁部的哲哲
（jeje），《內閣藏本滿文老檔》改爲博爾濟吉特氏（borjigit hala），
在當頁眉批處加貼黃籤注明"hese be dahame sarkiyame arara de,
da ejehe gurun i ejen fujin i gebu be gaifi, damu hala be arahabi."，意
即「遵旨抄寫時，刪去原載國君福金之名，僅書寫姓氏。」東宮
關雎宮大福金宸妃是蒙古科爾沁部的海蘭珠（hairanju），《內閣藏

本滿文老檔》改爲博爾濟吉特氏（borjigit hala），並貼黃簽，注明
"hese be dahame sarkiyame arara de, da ejehe hanciki amba fujin i
gebu be gaifi, damu hala be arahabi."，意即「遵旨抄寫時，刪去原
載大福金宸妃之名，僅書寫姓氏。」西宮麟趾宮大福金貴妃是蒙
古阿魯大土門部的娜木鐘（nam jung），《內閣藏本滿文老檔》改
爲博爾濟吉特氏（borjigit hala），並貼黃簽，注明"hese be dahame
sarkiyame arara de, da ejehe wesihun amba fujin i gebu be gaifi,
damu hala be arahabi."，意即「遵旨抄寫時，刪去原載大福金貴妃
之名，僅書寫姓氏。」東宮衍慶宮側福金淑妃是蒙古阿魯大土門
部的巴特瑪璪（batma dzoo），所貼黃簽，注明"hese be dahame
sarkiyame arara de, da ejehe ijihūn fujin i gebu be gaifi, damu
bodusai cūhur tabunang ni sargan jui seme arahabi."，意即「遵旨抄
錄時，刪去原載福金淑妃之名，僅書寫博第賽楚虎爾塔布囊之女。」
西宮永福宮側福晉莊妃是蒙古科爾沁部的本布泰（bumbutai），《內
閣藏本滿文老檔》改爲博爾濟吉特氏（borjigit haha），並貼黃簽，
注明"hese be dahame sarkiyame arara de, da ejehe jingji fujin i gebu
be gaifi, damu hala be arahabi."，意即「遵旨抄錄時，刪去原載福
金莊妃之名，僅書寫姓氏。」乾隆年間，重抄原檔時，俱刪去五
宮福金之名，其芳名遂被湮沒不傳。因此，探討崇德五宮后妃的
冊立，《滿文原檔》確實是不可忽視的原始檔案。

七、從國語騎射的傳統看《滿文原檔》、
《內閣藏本滿文老檔》的史料價值

達海（dahai，1595-1632），先世居覺爾察，以地爲氏，隸滿
洲正藍旗。達海，九歲即通滿漢文義。及長，清太祖召直左右。

天命年間（1616-1626），奉命將《明會典》、《素書》、《三略》等
書譯出滿文。清太宗置文館，命分兩直，達海等奉命迻譯漢字書
籍。天聰三年（1629），達海賜號巴克什（baksi）。天聰五年（1631），
達海將滿文增爲十二字頭，補額爾德尼、噶蓋所未備。天聰六年
（1632）三月，達海奉命將滿文在字旁加圈點。同年七月，達海
病故。《清史稿》論贊指出，「國必有所與立，文字其一也。因蒙
古字而制國書，額爾德尼、噶蓋創之，達海成之。尼堪等皆兼通
蒙、漢文字，出當專對。」達海確實有功於創業者。達海事蹟俱
見於《滿文原檔》、《內閣藏本滿文老檔》，可節錄滿文分別影印於
下，轉寫羅馬拼音，並將譯文附於後。

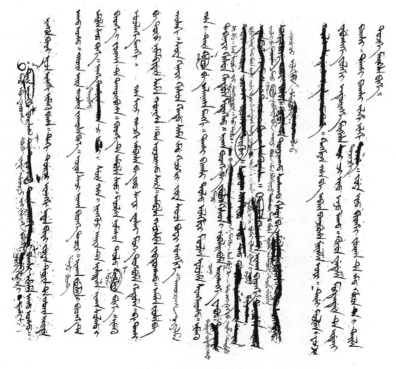

《滿文原檔》，天聰六年七月十四日

（1）羅馬拼音：

manju amba cooha baishal gebungge bade isinjifi ing iliha manggi, iogi hergen i dahai baksi nimeme ako oho. ninggun biyai ice inenggi nimeku baha. dehi duici inenggi nadan biyai juwan duin de honin erinde ako oho. honin aniya gūsin jakose bihe uyun seci nikan bithe tacifi. manju bithe nikan bithe de ambula šoo bihe. nenehe taidzu ci, sure han i ningguci aniya de isitala, nikan solho i bithe i jurgan de takorabuha. bithe de ambula šoo. mujilen nomhon dolo sure bihe. nimeku ujelehe manggi. han ini hanciki ambasa be jio sefi yasai muke tohebume hendume. bi dahai be doroi nimembidere seme gūniha. te ojorako sere. ambula gosime jabduhako. amala juse be gosiki. suwe genefi gisun hendu seme emu gecuheri juwe suje bufi unggihe. takūraha niyalma han i tere hese be alanaha manggi, dahai baksi dolo ulhifi mujilen efujeme songgoho. nimeku dabanafi gisun hendume mutheko. nikan bithe be manju gisun i ubaliyabume yoni arahangge wanboo. beidere jurgan i hūi□ .su šu. san lio. jai eden arahangge. tung jiyan. loo too. mengdz. san guwe dz. daicing ging be arame deribuhe bihe. dade manju gurun julgei kooli doro jurgan be umai sarkū. fukjin mujilen i yabumbihe. dahai baksi julgei jalan i banjiha nikan bithe i kooli be manju gisun i ubaliyabume arafi gurun de selkiyefi, rnanju gurun julgei an kooli doro jurgan donjihako sahako gisun be tereci ulhime deribuhe. genggiyen han be abka banjibuha niyalma ofi. terei mujilen i fukjin yabuhangge julgei enduringge mergese ci inu encu ako. gurun yendeme mukdendere de erdeni baksi. dahai baksi. ilhi ilhi tucinjihe. juwe inu bithei jurgan de emu gurun i teile tucike mergese bihe.

（2）滿文漢譯：

滿洲大兵至擺斯哈兒地方駐營後，遊擊職銜達海巴克什病故。六月初一日，得病，越第四十四日，至七月十四日未時卒。未年生，享年三十八歲。自九歲習讀漢書，頗通曉滿漢文。自先前太祖至天聰六年，撰擬往來明朝及朝鮮書翰，文義通暢，居心敦厚聰明。病篤時，汗召侍臣垂淚曰：我原以達海爲平常疾病，不意病篤至此，未及身寵任，後當優恤其子，爾等當以言往告之，因賜蟒緞一、緞二，令侍臣齎往。令侍臣以汗言告之。達海巴克什心喻含淚，然病已危篤，口不能言矣。以其滿語所譯漢書，有《萬寶全書》、《刑部會典》、《素書》、《三略》，俱已成帙。時方譯《通鑑》、《六韜》、《孟子》、《三國志》、《大乘經》，未完而卒。初，滿洲國未諳典故，凡事皆揣摩而行，達海始用滿語繙譯歷代漢籍，頒行國中，滿洲國人未曾聞知之典故，始由此而通曉。英明汗因係應天而生之人，故其創意所行，皆與古聖賢無異。國家興盛時，額爾德尼巴克什、達海巴克什相繼應運而生，二人亦通曉文義，乃一國僅見之賢人[20]。

20　《滿文原檔》（臺北，國立故宮博物院，民國九十五年一月），第八冊，頁 222。

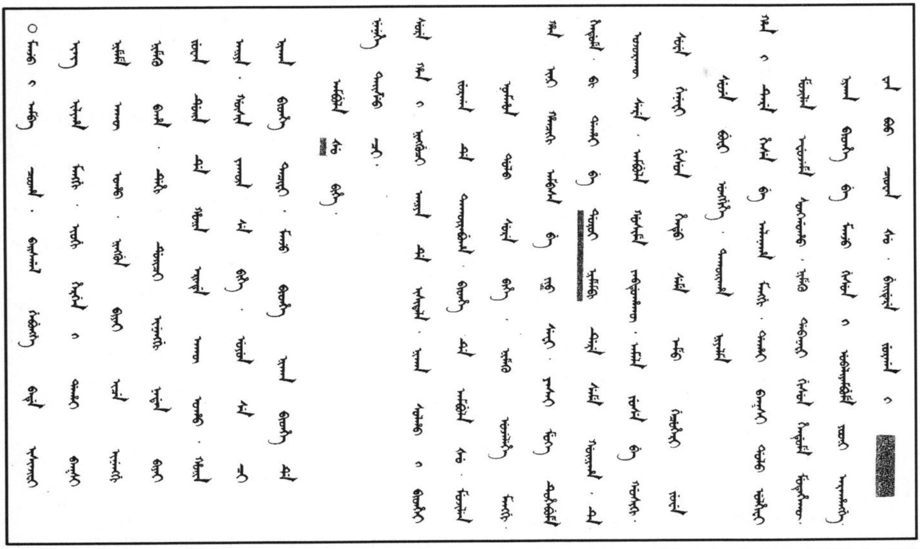

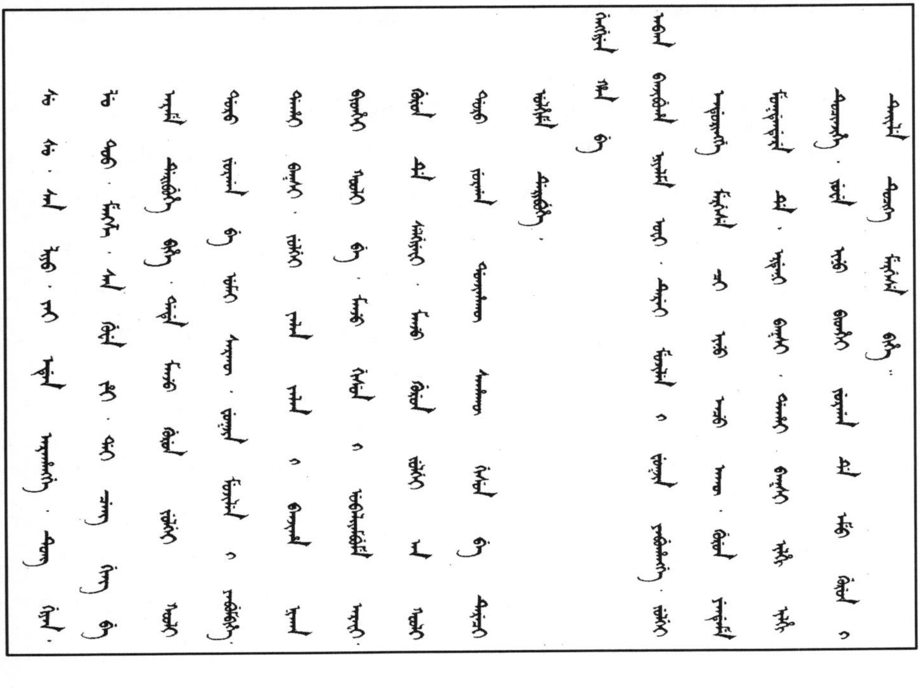

（1）羅馬拼音：

manju i amba cooha, baisgal gebungge bade isinjifi ing iliha manggi, iogi hergen i dahai baksi nimeme akū oho, ninggun biyai ice inenggi nimeku baha, dehi duici inenggi nadan biyai juwan duin de honin erinde akū oho, honin aniya, gūsin jakūn se bihe, uyun se ci nikan bithe tacifi, manju bithe nikan bithe de ambula šu bihe, nenehe taidzu ci, sure han i ningguci aniya de isitala, nikan solho i bithei jurgan de takūrabuha, bithe de ambula šu, mujilen nomhon dolo sure bihe, nimeku ujelehe manggi, han ini hanciki ambasa be jio sefi, yasai muke tuhebume hendume, bi dahai be doroi nimembi dere seme gūniha, te ojorakū sere, ambula gosime jabduhakū, amala juse be gosiki, suwe genefi gisun hendu seme emu gecuheri juwe suje bufi unggihe, takūrarha niyalma han i tere hese be alanaha manggi, dahai baksi dolo ulhifi mujilen efujeme songgoho, nimeku dabanafi gisun hendume mutehekū, nikan bithe be manju gisun i ubaliyambume yooni arahangge. wan boo ciowan šu, beidere jurgan i □□ su šu,san liyo, jai eden arahangge, tung giyan, lu too, mengdz, san guwe jy, dai ceng ging be arame deribuhe bihe, dade manju gurun julgei kooli doro jurgan be umai sarkū, fukjin mujilen i yabumbihe, dahai baksi, julgei jalan jalan i banjiha nikan bithei kooli be. manju gisun i ubaliyambume arafi, gurun de selgiyefi, manju gurun julgei an kooli doro jurgan donjihakū sahakū gisun be tereci ulhime deribuhe. gengiyen han be abka banjibuha niyalma ofi. terei mujilen i fukjin yabuhangge, julgei enduringge mergese ci inu encu akū, gurun yendeme mukdendere de, erdeni baksi, dahai baksi ilhi ilhi tucinjihe, juwe inu bithei jurgan de emu gurun i teile tucike mergese bihe.

（2）滿文漢譯：

滿洲大軍至拜斯噶勒地方駐營畢，游擊職達海巴克什病故。六月初一日，得疾，至第四十四日，即七月十四日未時卒。未年生，享年三十八歲。自九歲習讀漢書，通曉滿漢文。自太祖至天聰六年，撰擬致明及朝鮮文院之書札，甚是精通，敦厚聰慧。病篤，汗召侍臣垂泪曰：「我原以為達海患平常疾病，今聞病篤，惜未深寵，後當優恤其子。爾等可以往告此言。」遂賜達海蟒緞一、緞二，令侍臣携往。侍臣轉宣諭畢，巴克什達海感愴垂泪，然病已危篤，不能言矣。達海以滿文全譯之漢籍有《萬寶全書》、《刑部〔原檔殘缺〕》、《素書》、《三略》；始譯而未竣者有《通鑑》、《六韜》、《孟子》、《三國志》、《大乘經》。昔滿洲國並不諳典故，凡事皆草創而行，達海巴克什始用滿文譯歷代漢籍頒行國中，滿洲國不曾聞知之典故文義由此而知也。英明汗應天而生，以其創意而行，與古聖賢無異也。國家興盛之時，額爾德尼巴克什、達海巴克什相繼應運而生，二人精通文義，乃一國僅有之賢者也[21]。

因《滿文原檔》塗抹修改之處頗多，《內閣藏本滿文老檔》是按照修改文字以新滿文重抄，工整清晰，故可互相對照。《滿文原檔》中"baishal"、"ako"、"šoo"、"muteheko"、"yoni"、"wanboo"、"san lioo"、"tung jiyan"、"loo too"、"san guwe dz"、"daicing king"。《內閣藏本滿文老檔》依次作"baisgal"、"akū"、"šu"、"mutehekū"、

21　《內閣藏本滿文老檔》，第二十冊，頁652。

"yooni"、"wan boo ciowan šu"、"san liyo"、"tung giyan"、"lu too"、"san guwe jy"、"dai ceng ging"。《內閣藏本滿文老檔》中"ambula šu"句中，在"šu"字旁黏貼黃簽，並在該字上方眉批處簽注"gingguleme baicaci, fe manju gisun i bithede, ere šu sere gisun, uthai hafuka sere gisun inu sehebi."意即「謹查，《舊清語》一書，此"šu"一語，即通曉之意」。"doroi nimembi"，在字旁黏貼黃貼，簽注"gingguleme baicaci, fe manju gisun i bithede, ere doroi nimembi sere gisun, uthai bai nimembi sere gisun de adali sehebi."意即「謹查，《舊清語》一書，此"doroi nimembi"，即同平常疾病之意」。《清太宗文皇帝實錄》初纂本記載達海得病及病故日期亦詳，「先是六月初一日得病，越四十四日，至七月十四日未時卒，時年三十八歲。」[22]實錄重修本云：「遊擊巴克什達海卒，時年三十八歲。」[23]刪略得病日期及病故時刻，詳略不同。

　　滿族重視古老的民族文化傳統，民族服飾習俗，往往被視爲民族性的標誌。清太宗皇太極一方面接受漢族的政治、經濟制度，一方面不忘騎射，勤練弓矢，反對接受寬衣大袖。崇德元年（1636）十一月十三日，據《清太宗文皇帝實錄》初纂本記載，是日，皇太極御翔鳳閣召集諸王、貝勒、貝子、固山額真、都察院官，命弘文院大臣念誦大金世宗烏魯皇帝史[24]。皇太極指出，金熙宗合喇、完顏亮，躭於酒色，效漢人所爲，不合女真法度。金世宗即位後，屢諭勿忘國俗，服女真之服，言女真之言，有識者稱金世宗爲小堯舜。皇太極命儒臣將世宗皇帝史譯成滿文，以便披覽。

22　《大清太宗文皇帝實錄》初纂本，（臺北，國立故宮博物院，未刊），卷10，頁12。天聰六年七月十四日，記事。
23　《大清太宗文皇帝實錄》重修本，卷12，頁14。天聰六年七月庚戌，記事。
24　《大清太宗文皇帝實錄》初纂本，卷23，頁42。

文中「翔鳳閣」，《滿文原檔》、《滿文老檔》俱作"funghūwang"樓，
意即鳳凰樓。「世宗烏魯皇帝史」，實錄重修本作「世宗本紀」。為
便於比較，可節錄《滿文原檔》、《內閣藏本滿文老檔》分別影印
於後，並轉寫羅馬拼音，譯出漢文。

《滿文原檔》，崇德元年十一月十三日

《滿文原檔》，崇德元年十一月十三日

（1）羅馬拼音：

juwan ilan de enduringge han geren cin wang, jiyūn wang, beilese. gūsai ejete uheri be baicara hafasa be isabufi han funghūwang loosei fejile tefi kooli selgiyere yamun i bithesi se, aisin gurun i sunjaci jalan i sisung ulu han i yabuha kooli bithei gisun be hūlabure de enduringge han geren i baru hendume, ere bithei gisun be suweni isaha geren saikan donji, ere sisung han serengge nikan, monggo yaya gurun de algika sain han bihebi.

tuttu ofi amaga jalan i mergen se ajige yoo šun han seme maktame gisurehebi. bi ere bithe be ubaliyambume manjurame arafi hūlaha ci ebsi morin gurgu be sabuha de feksiski seme šan cukcurere gese, mini šan yasa getuken genggiyen ohobi. bi alimbaharakū saišambi. ere bithei kooli be tuwaci taidzu aguda taisung ucimai yabuha fe doro be hisung hola han. wan yan liyang han de isinjiha manggi umesi waliyafi nure boco jirgacun sebjen de dosifi nikan i doro be dahahabi. sisung ulu han isinjiha manggi, dade olhome doikon ci juse omosi be nikan i doro de dosirahū seme dahūn dahūn i mafari fe doro be ume onggoro nioi ji etuku be etu, nioi ji gisun be taci. gabtara niyamniyara be erin dari urebu seme jing henduhebi. kemuni tuttu henducibe amaga jalan i han se nikan i doro de dosifi gabtara niyamniyara be onggofi aisung han i jalan de doro efujehebi. gurun gukuhebi. yaya han se nure boco de dosikangge efujehekūngge akū. nenehe bithei niyalma dahai baksi kūrcan baksi musei manjui etuku mahala be waliyafi nikan i etuku mahala be etuki nikan i doro be dahaki seme jing mimbe jombumbihe. bi marame ohakū. mimbe gisun gaijarakū sembihe. bi musei beye be duibuleme gisureki, musei ubade isaha geren ulhi amban etuku etufi, hashūtai ergide jebele ashafi ici ergide beri jafafi iliki, loosa šongkoro baturi emhun dosire be musei geren alici ombio. gabtara niyamniyara be waliyaci urunakū ulhi amban etuku etumbi. gūwai faitaha yali be jembi. tuttu oci hashūtai niyalma ci ai encu. mini ere hendurengge ere jalanbe waka. mini beyede geli tuttu oho doro bio. amaga jalan i juse omosi fe doro be waliyafi gabtara ni yamniyara be onggofi, nikan i doro de dosirahū seme olhorongge kai. musei cooha daci ai ambula bihe. gabtara niyamniyara manggai turgunde tala de afaci uthai gidame. hecen hoton be afaci uthai bahame. muse be abkai fejergi niylma, iliha baci aššarakū, dosika baci bedereakū seme alkika bihe kai. tuttu alkika gebu be ere mudan de beging de cooha genefi jase tucire de mini amba gebu be suweni jakūn amban gūtubuha kai. mini gisun be suwembe ejefi bikini serengge.

（2）滿文漢譯：

十三日，聖汗集諸親王、郡王、貝勒、固山額真、都察院官，汗坐於鳳凰樓下，命弘文院筆帖式等讀金國五代世宗烏祿汗本紀。聖汗諭眾曰：「此本紀之言，爾眾宜細聽之。此世宗汗者，漢人、蒙古諸國無不稱賢之汗，是以後世有識者譽爲小堯舜汗。我令以滿洲字譯寫此書，自閱讀以來，如馬遇獸，即豎耳欲馳逐，我之耳目倍加清明，不勝欣羨。覽此本紀，太祖阿骨打、太宗吳乞買，所行皆合舊法，至熙宗合喇汗、完顏亮汗時，盡廢之，耽於酒色，盤樂無度，效漢人之法。世宗烏祿汗繼位後，惟恐子孫習染漢俗，預爲禁約，屢諭勿忘祖宗舊俗，服女直之服，習女直之言，時時練習騎射。雖垂訓如此，後世諸汗，習染漢俗，忘其騎射。至於哀宗之世，法度廢墮，國遂滅亡。乃知凡爲汗者，耽於酒色，未有不敗亡者。先時儒臣達海巴克什、庫爾纏巴克什曾勸我棄滿洲衣帽，服漢人衣帽，以效漢俗，我推辭不從，遂以爲我不納諫。我試以我等爲比喻，如我等於此聚集，眾人皆着寬衣大袖，左佩撒袋，右挾弓而立，忽遇勞薩碩翁科羅巴圖魯隻身突入，我等眾人何以當之？若廢騎射，必穿寬衣大袖，待他割肉而後食，如此，與尚左手之人，何以異耶？我之此言，非爲今世計，我身豈有變更之理，恐後世子孫棄舊俗，忘記騎射而習染漢俗耳。我國士卒，初有幾何？只因嫻於騎射，所以野戰則克，攻城則取，天下人稱我兵，立則不動搖，進則不退縮，是以美名傳揚。此番往征北京出邊時，我之大名竟爲爾八大臣所玷矣。故將我言諭爾等切記之[25]。

25　《滿文原檔》，第十冊，頁647。

（1）羅馬拼音：

juwan ilan de, enduuringge han, geren cin wang, giyūn wang, beile se, gūsai ejete, uheri be baicara hafasa be isabufi, han funghūwang leose i fejile tefi, kooli selgiyere yamun i bithesi sebe aisin gurun i sunjaci jalan i šidzung ulu han i yabuha kooli bithei gisun be hūlabure de, enduringge han geren i baru hendume, ere bithei gisun be suweni isaha geren saikan donji, ere šidzung han serengge, nikan monggo yaya gurun de algika sain han bihebi,tuttu ofi, amaga jalan i mergese ajige yoo šūn han seme maktame gisurehebi, bi ere bithe be ubaliyambume manjurame arafi hūlaha ci ebsi, morin gurgu be sabuha de, feksiki seme šan cukcurere gese, mini šan yasa getuken genggiyen ohobi. bi alimbaharakū saišambi, ere bithei kooli be tuwaci, taidzu aguda, taidzung ukima yabuha fe doro be hidzung hola han, wan yan liyang han de isinjiha manggi, umesi waliyafi, nure boco jirgacan sebjen de dosifi, nikan i doro be dahahabi, šidzung ulu han de isinjiha manggi, dade olhome doigon ci juse omosi be nikan i doro de dosirahū seme, dahūn dahūn i mafari fe doro be ume onggoro, nioi jy etuku be etu, nioi jy gisun be taci, gabtara niyamniyara be erindari urebu seme jing henduhebi, kemuni tuttu henducibe amaga jalan i han se, nikan i doro de dosifi gabtara niyamniyara be onggofi, aidzung han i jalan de doro efujehebi, gurun gukuhebi, yaya han se nure boco de dosikangge efujehekūngge akū, nenehe bithei niyalma dahai baksi, kūrcan baksi, musei manju i etuku mahala be waliyafi, nikan i etuku mahala be etuki, nikan i doro be dahaki seme jing

mimbe jombumbihe, bi marame ohakū, mimbe gisun gaijarakū
sembihe, bi musei beyebe duibuleme gisureki, musei ubade
isaha geren, ulhi amban etuku etufi hashū ergide jebele ashafi,
ici ergide beri jafafi iliki, loosa šongkoro baturu emhun dosire
be musei geren alici ombio, gabtara niyamniyara be waliyaci,
urunakū ulhi amban etuku etumbi, gūwa i faitaha yali be jembi,
tuttu oci, hashūtai niyalma ci ai encu, mini ere hendurengge ere
jalan be waka, mini beye de geli tuttu oho doro bio, amaga jalan
i juse omosi fe doro be waliyafi gabtara niyamniyara be onggofi
nikan i doro de dosirahū seme olhorongge kai, musei cooha daci
ai ambula bihe, gabtara niyamniyara mangga turgunde, tala de
afaci uthai gidame, hecen hoton be afaci uthai bahame, muse be
abkai fejergi niyalma iliha baci aššarakū, dosika baci
bedererakū seme algika bihe kai, tuttu algika gebu be, ere
mudan de beging de cooha genefi jase tucire de, mini amba
gebu be suweni jakūn amban gūtubuha kai, mini gisun be
suwembe ejefi bikini serengge.[26]

（2）滿文漢譯：

十三日，聖汗集諸親王、郡王、貝勒、固山額真及都察院各
官，汗坐于鳳凰樓下，命弘文院筆帖式等讀金國第五代汗世
宗兀魯汗本紀。聖汗諭眾曰：此本紀所言，爾眾審聽之。世
宗汗者，于漢、蒙古諸國享有美譽之汗也。是以，後世智者
皆譽之爲小堯舜汗。我將此書譯成清字批閱以來，如馬之遇
獸，即豎耳欲馳，覺我耳目益加清晰，不勝欣賞。吾覽此書，

26　《內閣藏本滿文老檔》，第十八冊，頁1166。

太祖阿骨打、太宗吳乞買所行治國之道，至熙宗合喇汗及完
顏亮汗時盡廢之，耽于酒色，盤樂無度，盡染漢習。世宗繼
位，恐子孫習染漢俗，屢諭勿忘祖宗舊制，衣女直衣，習女
直語，時時練習騎射。雖垂訓如此，後世諸汗，習染漢俗，
忘其騎射。至于哀宗，基業廢隳，國遂滅亡。乃知凡為汗者
耽於酒色，未有不敗亡者。昔儒臣巴克什達海及庫爾禪，屢
勸我棄滿洲衣冠，用漢人服飾，以效漢俗，我堅辭不從，遂
以為我不納諫。我試以我等比喻，如我等于此聚集，寬衣大
袖，左佩撒袋，右挾弓而立，忽遇勞薩碩翁科羅巴圖魯獨身
突入，我等能禦之乎。若廢騎射，必寬衣大袖，食他人切割
之肉，如此，與左道之人何異耶。我之此言，非指今世，在
我身豈有變更之理耶。恐後世子孫棄舊制，忘騎射而改習漢
俗耳。我國士卒，初有幾何。因善于騎射，故郊戰則克，攻
城即取，天下人稱我兵立則不動搖，進則不退縮，揚名在外。
此次出邊往征北京，我威名竟為爾八大臣所辱矣。故諭爾等
銘記我言[27]。

　　《內閣藏本滿文老檔》是按照《滿文原檔》抄寫的，就滿文
部分而言，或因書寫習慣而異，譬如《滿文原檔》中"beilese"、
"luosei"、"manjui"、"gūwai"、"jalanbe"、"beyede"、"talade"等詞，
都是連寫，《內閣藏本滿文老檔》依次作"beile se"、"leose i"、"manju
i"、"gūwa i"、"jalan be"、"beye de"、"tala de"，俱未連寫。《滿文
原檔》中"se be"、"mergen se"、"erin dari"、"beye be"，《內閣藏
本滿文老檔》依次作"sebe"、"mergese"、"erindari"、"beyebe"俱
係連寫。或因讀音規範而異，譬如《滿文原檔》中"jiyūn wang"、

27　《內閣藏本滿文老檔》，第二十冊，頁 792。

"luose"、"sisung"、"yoo šun"、"taisung"、"ucimai"、"hisung"、"nioi ji"、"aisung"、"baturi"、"manggai"、"bejing"，《滿文老檔》依次作"giyūn wang"、"leose"、"sidzung"、"yoo šūn"、"taidzung"、"ukimai"、"hidzung"、"nioi jy"、"aidzung"、"baturu"、"mangga"、"begin"，讀音頗有出入。《清太宗文皇帝實錄》初纂本及重修本，俱載引文諭旨，《金史・世宗本紀》記載金世宗諱烏祿，實錄初纂本作「烏魯」，同音異譯。《內閣藏本滿文老檔》所附譯漢內容中「世宗繼位」，對照滿文，當作「世宗烏祿汗繼位」。「儒臣巴克什達海及庫爾禪」，當作「儒臣達海巴克什、庫爾禪巴克什」。《滿文原檔》、《內閣藏本滿文老檔》中"hashūtai niyalma"，句中"hashūtai"，又讀如"hasutai"，意即左撇兒的，"hashūtai niyalma"，意即尙左手之人，或作左撇兒的人。漢字「左道」，滿文讀如"hashūtai doro"，意即傳播邪教惑眾的左道異端。《內閣藏本滿文老檔》所附譯漢中將"hashūtai niyalma"譯作「左道之人」，確實有待商榷。

八、結　語

　　清太祖努爾哈齊、清太宗皇太極時期，記注政事及抄錄往來文書的檔冊，主要是以無圈點老滿文、加圈點新滿文及新舊過渡時期滿文記載的檔子（dangse）。清朝入關後，這批檔冊由盛京移送北京，由內閣掌管，內閣檔案中有出納簿，備載閣僚借出卷冊日期，以及繳還後塗銷的圖記。這批檔冊，因無題名，所以長期以來學術界的稱謂，並不一致，常見的名稱有《無圈點檔》、《加圈點檔》、《無圈點老檔》、《滿洲秘檔》、《老滿文原檔》、《舊滿洲檔》、《滿文老檔》、《滿文原檔》等等。這些名稱不僅含有不同的意義，同時也反映不同時期的整理過程，以及後世對這批滿文檔冊認識程度的差異。

　　檔案命名，必須符合實際，避免雷同，也要避免混淆。重抄本《滿文老檔》的原本，稱爲《滿文原檔》，一方面可以凸顯檔案的原始性，一方面也可以避免名稱上的混淆。從內容而言，《滿文原檔》與乾隆抄本，確實存在一些差異。其中北京《內閣藏本滿文老檔》並不包括後來發現的滿附一天命九年檔、滿附二天聰六年檔、滿附三天聰九年檔三冊。即使是作爲藍本而抄錄的原本三十七冊內，也有一些整段整句的內容被刪或遺漏而未抄寫[28]。

　　虎爾哈部分佈於璦琿以南的黑龍江岸地方。天聰九年（1635）五月初六日，《滿文原檔》忠實地記錄了虎爾哈部降將穆克什克所述三仙女的故事，表明神話最早起源於黑龍江流域，這裡才是建州女真的故鄉，清實錄所載長白山三仙女發祥神話是女真人由北而南逐漸遷徙的結果，乾隆年間所抄《滿文老檔》因缺天聰九年檔，所以不見三仙女神話的記載。同年八月二十六日，《滿文原檔》詳載「制誥之寶」失傳及發現經過頗詳，《內閣藏本滿文老檔》缺天聰九年檔，不載傳國玉璽發現經過。《清太宗文皇帝實錄》初纂本取材於《滿文原檔》，而有修改。原檔中「妥懽貼睦爾汗」（tohon temur han），實錄初纂本作「大元順帝」；原檔記載牧羊人見一山羊，「三日不食草而掘地」，實錄初纂本作「見一山羊，三日不食，每以蹄踏地。」實錄重修本刪略傳國玉璽「制誥之寶」失傳及發現經過。

　　崇德元年（1636）七月初十日，皇太極在盛京崇政殿舉行冊立五宮后妃大典，因清實錄不載冊立后妃的內容，乾隆抄本《滿

---

28 《內閣藏本滿文老檔》（瀋陽，遼寧民族出版社，2009 年 12 月），第一冊，前言，頁 6。

文老檔》雖載冊立后妃大典，但頗多刪略。《滿文原檔》記載清寧宮國君福金的名字是哲哲（jeje），關雎宮宸妃海蘭珠（hairanju），麟趾宮貴妃娜木鐘（nam jung），永福宮莊妃本布泰（bumbutai），《內閣藏本滿文老檔》俱改爲「博爾濟吉特氏」（borjigit hala），並貼黃簽，遵旨刪去名字，僅書寫姓氏等字樣，五宮后妃的芳名，遂被淹沒不傳。五宮並建，蒙古歸心，探討滿蒙聯姻，冊立后妃，《滿文原檔》確實是不可忽視的原始檔案。

　　《滿文原檔》是使用早期滿文字體所記載的原檔冊，對滿文由舊變新發展變化的過程，提供了珍貴的語文研究資料。乾隆年間，內閣大學士鄂爾泰等人已指出，滿文肇端於無圈點字，內閣大庫所保存的「無圈點檔」，檔內之字，不僅無圈點，復有假借者，若不融會上下文字的意義，誠屬不易辨識。因此，遵旨將檔內文字加設圈點，除可認識者外，其有難於辨識者，均行檢出，附註乾隆年間通行字體，依據十二字頭編製成書。張玉全撰〈述滿文老檔〉一文已指出，乾隆年間重抄的加圈點《滿文老檔》，將老滿字改書新體字，檔內有費解的舊滿語，則以新滿語詳加注釋，並將蒙文迻譯滿文，其功用較之鄂爾泰所編的無圈點字書，似覺更有價值，並非僅重抄而已[29]。誠然，重抄本《滿文老檔》的價值，不僅是加圈點而已。《內閣藏本滿文老檔》對詮釋《滿文原檔》文字之處，確實值得重視。安雙成主編《滿漢大辭典》，於一九九三年由瀋陽遼寧民族出版社出版。《滿漢大辭典》附錄「新老滿文字母對照表」，表中倂列新滿文字母和老滿文字母，同時列舉詞例，對閱讀《滿文原檔》作出了重要貢獻。爲詮釋《滿文原檔》文字，似可將原檔中費解無圈點老滿文挑出對照《內閣藏本滿文老檔》

---

29 張玉全撰，〈述滿文老檔〉，《文獻論叢》，論述二，頁213。

加圈點新滿文列表對照，製作詞彙對照表。此外，似可將《滿文
原檔》與《內閣藏本滿文老檔》全文併列，無圈點與加圈點滿文
合璧整理出版，對辨識費解舊滿字，當有裨益。節錄萬曆三十五
年（1607）一段記事為例，轉寫羅馬字母，譯出漢文如下。

（1）羅馬拼音：

cooha be waki seme tumen cooha be unggifi tosoho tere tosoho
cooha be acaha manggi, hūrhan hiya ini gajire sunja tanggū
boigon be, alin i ninggude jase jafafi, emu tanggū cooha be
tucibufi boigon tuwakiyabuha, cooha gaifi genehe ilan beile de,
ula i cooha heturehebi seme amasi niyalma takūraha,tere dobori,
ula i tumen ...... ujihe, muse tuttu ujifi ula i gurun de unggifi
ejen obuha niyalma kai, ere bujantai musei gala ci tucike
niyalma kai, jalan goidahakūbi, beye halahakūbi, ere cooha be
geren seme ume gūnire, muse de abkai gosime buhe amba horon
bi, jai ama i gelecuke amba gebu bi, ere cooha be muse absi akū
gidambi seme henduhe manggi, geren coohai niyalma gemu

urgunjeme afaki saciki seme jabufi, tere bira be dooha, doofi.

（2）滿文漢譯：

> 欲殺我兵，發兵一萬截於路。遇其截路之兵後，扈爾漢侍衛將其收回之五百戶眷屬，結寨於山巔，派兵百名守護，並遣人回返，將烏喇兵截路情形報告領兵三位貝勒。是夜，烏喇之萬兵〔原檔殘缺〕收養之。我等如此豢養遣歸烏喇國爲君之人哉！此布占泰乃從我等手中釋放之人啊！年時未久，其身猶然未改，勿慮此兵眾多，我等荷天眷，仗天賜宏威，又有父汗英名，我等何憂不破此兵。言畢，眾兵士皆喜，回答要攻殺，遂渡其河[30]。

前表中「A」爲《滿文原檔》，「B」爲《滿文老檔》。羅馬字母按加圈點新滿文讀音轉寫，句中助詞"ba"，讀如"be"，意即「把」、「將」、「以」；及動物詞"sama"，讀如"seme"，意即「欲」、「想要」；數詞"tūman"，讀如"tumen"，意即「萬」；及物動詞"ongkibi"，讀如"unggifi"，意即「派遣」；代名詞"tara"，讀如"tere"，意即「他」、「那」；動詞"ajaka"，讀如"acaha"，意即「遇見了」、「會見了」；名詞"korka"，讀如"hūrhan"，譯漢作「扈爾漢」；名詞"kiia"，讀如"hiya"，意即「侍衛」；時位詞"ningkuta"，讀如"ninggude"，意即「在上面」、「在上端」。《滿文老檔》因加圈點，蒙文迻譯滿文，容易辨識，按加圈點《滿文老檔》讀音轉寫羅馬字母，對辨識《滿文原檔》舊體字，頗有裨益，也是推動滿學研究不可忽視的基礎工作。

30　《滿文原檔》，第一冊，頁 2；《內閣藏本滿文老檔》，第一冊，頁 5。

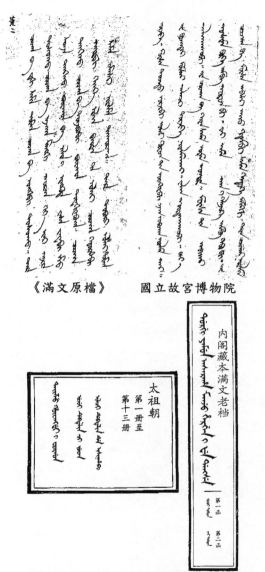

《滿文原檔》　　　國立故宮博物院

《內閣藏本滿文老檔》　　中國第一歷史檔案館

文獻足徵

—— 以《大清太祖武皇帝實錄》滿文本為中心的比較研究

一、前　言

　　清太祖實錄始修於清太宗時。天聰九年（1635）八月，畫工張儉、張應魁合繪清太祖實錄告成。因其與歷代帝王實錄體例不合，尋命內國史院大學士希福、剛林等以滿、蒙、漢三體文字改編實錄，去圖加諡。崇德元年（1636）十一月，纂輯告成，題爲《大清太祖承天廣運聖德神功肇紀立極仁孝武皇帝實錄》，簡稱《大清太祖武皇帝實錄》，計四卷，是爲清太祖實錄初纂本。清世祖順治初年，重繕《清太祖武皇帝實錄》，書中於康熙以降諸帝御名諱俱不避。

　　清聖祖康熙二十一年（1682）十一月，特開史局，命大學士勒德洪爲監修總裁官，明珠、王熙、吳正治、李霨、黃機等爲總裁官，仿清太宗實錄體裁，重修清太祖實錄。辨異審同，增刪潤飾，釐爲十卷，並增序、表、凡例、目錄，合爲十二卷。康熙二十五年（1686）二月，書成，題爲《大清太祖承天廣運聖德神功肇紀立極仁孝睿武弘文定業高皇帝實錄》，簡稱《大清太祖高皇帝實錄》。清世宗雍正十二年（1734）十一月，復加校訂，酌古準今，

辦正姓氏，畫一人名、地名，歷時五載，清高宗乾隆四年（1739）
十二月，始告成書，計實錄十卷，序、表、凡例、目錄三卷，合
為十三卷。

　　清太祖實錄，屢經重修，盡刪所諱，湮沒史蹟。《大清太祖武
皇帝實錄》為初纂本，書法質樸，譯名俚俗，保存原始史料較豐
富。臺北故宮博物院現藏《大清太祖武皇帝實錄》，漢文本三部，
每部各四卷，各四冊，計十二冊；滿文本卷二至卷四，存一部三
冊，缺卷一，一冊。

　　由於《大清太祖武皇帝實錄》滿漢文本的分存各地，其內容
及典藏概況，引起滿學研究者的關注。臺北故宮博物院現藏《大
清太祖武皇帝實錄》滿文本與日本《東方學紀要》影印滿文本，
其來源如何？對照滿漢文的人名、地名，有助於了解《大清太祖
武皇帝實錄》滿文本與《滿洲實錄》滿文本的異同。清太祖努爾
哈齊創製滿文，促進了滿洲文化的發展，對滿洲民族共同體的形
成，起了積極的作用。以創製滿文為主題，進行比較，有助於了
解《大清太祖武皇帝實錄》滿文與《滿洲實錄》滿文的差異。天
命三年（1618），清太祖努爾哈齊以七宗惱恨興師伐明，滿文檔案
文獻所載內容詳略不同，可進行比較。清太祖努爾哈齊率兵圍攻
撫順時致書遊擊李永芳，其滿文書信是重要文獻，諸書記載，有
何異同？本文嘗試以滿文本《大清太祖武皇帝實錄》為中心進行
比較，旨在說明滿文檔案文獻的史料價值。

二、滿文《大清太祖武皇帝實錄》北平圖書館本與
《東方學紀要》本的比較

　　臺北故宮博物院現藏《大清太祖武皇帝實錄》漢文本，卷一

至卷四，計四冊，共三部，計十二冊[1]。可以各部卷二第一葉前半葉爲例分別標明寫本甲、寫本乙、寫本丙影印於後。滿文本存卷二至卷四，計三冊，缺卷一，原藏北平圖書館，可以稱爲北平圖書館本[2]。一九六七年，日本天理大學出版《東方學紀要》影印滿文北京圖書館本《大清太祖武皇帝實錄》[3]，可以稱爲《東方學紀要》本。據《北京地區滿文圖書總目》記載，《大清太祖武皇帝實錄》（daicing gurun i taidzu horonggo enduringge hūwangdi i yargiyan kooli），四卷，精寫本，四冊。國家圖書館藏本，存三卷，三冊。中國第一歷史檔案館藏本，全四卷，四冊[4]。臺北故宮博物院藏北平圖書館本與《東方學紀要》本是來源相同的兩種不同寫本，爲便於比較，可將此兩種寫本卷二前十頁滿文分別影印於後。

1　《大清太祖武皇帝實錄》，漢文本，第一卷，第一期（臺北，1970 年 7 月），頁 55-135。
2　《大清太祖武皇帝實錄》，滿文本，卷二至卷四（臺北，故宮博物院，內府寫本），卷二至卷四。
3　《東方學紀要》(2)（日本，天理大學おゝさと研究所，1967 年 3 月），頁 173。原書頁 274-290，載金西春秋教授撰〈滿文武皇帝實錄之原典〉一文，對美國國會圖書館與北京圖書館本等曾進行比較說明，可資參考。
4　《北京地區滿文圖書總目》（瀋陽，遼寧民族出版社，2008 年 2 月），頁 110。

大清太祖承天廣運聖德神功肇紀立極仁孝武皇帝實
錄卷之二
　己亥年正月東海瓦吉部內虎兒哈部二酉長王格張
格率百人來貢土產黑白紅三色狐皮黑白二色貂皮
自此瓦吉虎兒哈部內所居之人每歲入貢其中首長
蒲吉里等六人乞婚
太祖以六臣之女配之以撫其心時滿洲未有文字文移
往來必須習蒙古書譯蒙古語通之二月
太祖欲以蒙古字編成國語榜識尼兒得溺剛盖對曰我
等習蒙古字始知蒙古字若以我國語編創譯書我等
實不能
太祖曰漢人念漢字學與不學者皆知蒙古之人念蒙古
字學與不學者亦皆知矣何汝等以本國言語編字為難以
習他國之言為易耶剛盖尼兒得溺對曰以我國之言
編成文字最善但因翻編成句吾等不能故難耳
太祖曰寫阿字下合一媽字此非阿媽乎阿父也尼字
下合一脉字此非尼脉乎尼母也吾意決矣爾等試

寫本甲

大清太祖承天廣運聖德神功肇紀立極仁孝武皇帝實
錄卷之二
　己亥年正月東海瓦吉部內虎兒哈部二酉長王格張
格率百人來貢土產黑白紅三色狐皮黑白二色貂皮
自此瓦吉虎兒哈部內所居之人每歲入貢其中首長
蒲吉里等六人乞婚
太祖以六臣之女配之以撫其心時滿洲未有文字文移
往來必須習蒙古書譯蒙古語通之二月
太祖欲以蒙古字編成國語榜識尼兒得溺剛盖對曰我
等習蒙古字始知蒙古字若以我國語編創譯書我等
實不能
太祖曰漢人念漢字學與不學者皆知蒙古之人念蒙古
字學與不學者亦皆知矣何汝等以本國言語編字為難以
習他國之言為易耶剛盖尼兒得溺對曰以我國之言
編成文字最善但因翻編成句吾等不能故難耳
太祖曰寫阿字下合一媽字此非阿媽乎阿父也尼字
下合一脉字此非尼脉乎尼母也吾意決矣爾等試

寫本乙

大清太祖承天廣運聖德神功肇紀立極仁孝武皇帝實

錄卷之二

己亥年正月東海兀吉部內虎兒哈部二首長王格張

格率百人來貢土產黑白紅三色狐皮黑白二色貂皮

自此兀吉虎兒哈部內所居之人每歲入貢其中首長

菊吉里等六人乞婚。

太祖以六臣之女配之以撫其心時滿洲未有文字文移

住來必須習蒙古書譯蒙古語通之二月。

太祖欲以蒙古字編成國語榜識尼兒得滿剛善對曰我

等習蒙古字如知蒙古語者以我國語創譯書我等

實不能。

太祖曰漢人念漢字學與不學者皆知蒙古之人念蒙古

字學與不學者亦皆知我國之言寫蒙古之字則不習

蒙古語者不能知矣何汝等以本國言編字為難以

習他國之言為易耶剛蓋尼兒得滿對曰以我國之言

編成文字最善但因翻編成句吾等不能故難耳

太祖曰寫阿字下合一媽字此非阿媽乎　阿媽父也尼字

下合一脈字此非尼脈乎　尼脈母也吾意決矣爾等試

寫本丙

滿文本《大清太祖武皇帝實錄》，卷一，頁一　圖版

美國國會圖書館本　　北京圖書館本

資料來源：《東方學紀要》，日本，天理大學，1967年。

	北平圖書館本		《東方學紀要》本
A-1		B-1	
A-2		B-2	

A-3		B-3
A-4		B-4

A-5		B-5	
A-6		B-6	

A-7	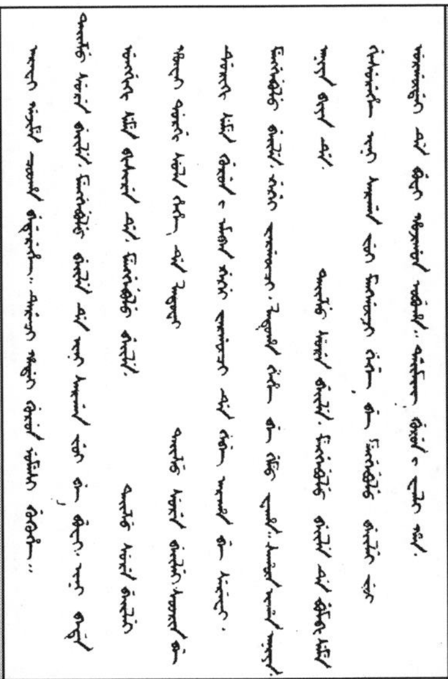	B-7	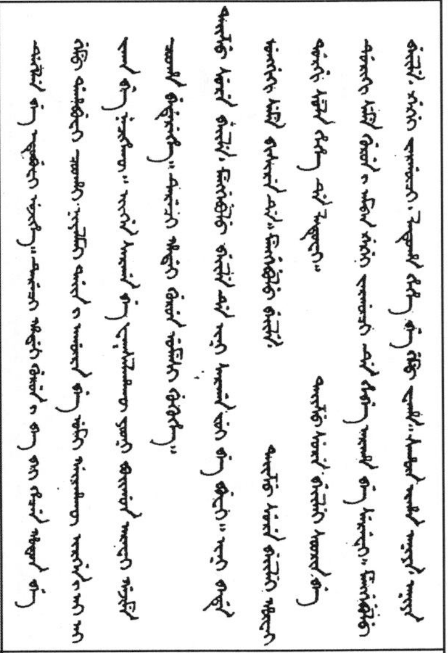
A-8	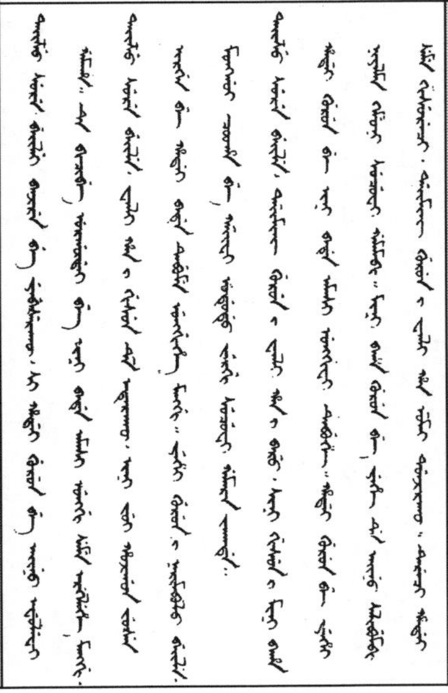	B-8	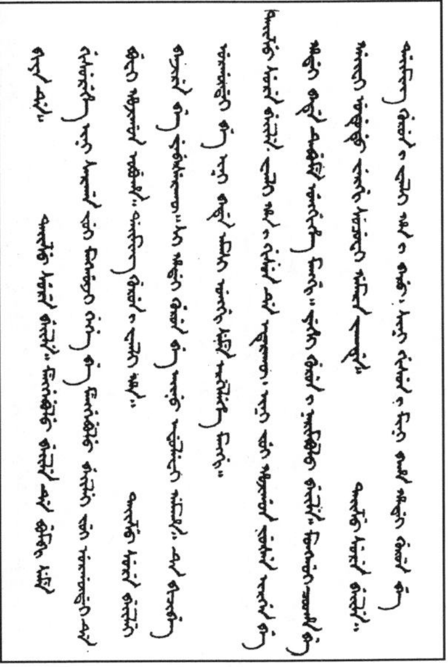

A-9	**B-9**
A-10	**B-10**

　　前列圖版包括：美國國會圖書館和北京圖書館本，對照臺北故宮博物院典藏本後，可知《清太祖武皇帝實錄》滿文本有多種寫本，圖版中的美國國會圖書館本與臺北故宮博物院北平圖書館本是相同寫本，日本天理大學出版《東方學紀要》本，與北京圖書館本是相同寫本。質言之，北平圖書館本和北京圖書館本原藏地點相同，是來源相同的兩種不同寫本，將兩種寫本進行比較研究，是不可忽視的課題。爲了便於比較說明，可將其中卷二，頁1至頁10，分別影印如前。其中北京圖書館本因據《東方學紀要》刊本影印，故標明《東方學紀要》本。先將卷二，頁1分別轉寫羅馬拼音於後。

北平圖書館本 a－1 羅馬拼音
1.sohon ulgiyan aniya, aniya biya de dergi mederi wejei aiman i hūrgai goloi（13）
2.wangge jangge gebungge juwe amban tanggū niyalma be gaifi, sahaliyan, šanggiyan,（11）
3.fulgiyan ilan hacin i dobihi sahaliyan šanggiyan seke benjime（9）
4.taidzu sure beile de hengkileme jihe. tereci wejei aiman i hūrgai goloi niyalma（13）
5.aniya dari hengkileme jime bojiri gebungge amban ujulafi sargan gaiki sere jakade,（12）
6.gurun i ambasai ninggun sargan jui be ujulaha ninggun amban de sargan bufi（13）
7.niyalmai mujilen be elbihe. juwe biya de,（7）
8.taidzu sure beile monggo bithe be kūbulime, manju gisun i araki seci, erdeni（13）
9.baksi, g'ag'ai jargūci hendume, be monggoi bithe be taciha dahame sambi dere.（12）

《東方學紀要》本 B-1 羅馬拼音
1.sohon ulgiyan aniya. aniya biya de dergi mederi wejei aiman i hūrgai（12）
2.goloi wangge, jangge gebungge juwe amban tanggū niyalma be gaifi,（10）
3.sahaliyan, šanggiyan, fulgiyan ilan hacin i dobihi sahaliyan, šangiyan seke benjme（11）
4.taidzu sure beile de henkileme jihe. tereci wejei aiman i hūrgai goloi（12）
5.niyalma aniya dari hengkileme jime bojiri gebungge amban ujulafi sargan gaiki（11）
6.sere jakade gurun i ambasai ninggun sargan jui be ujulaha ninggun amban de（13）
7.sargan bufi niyalmai mujilen be elbihe. juwe biya de.（9）
8.taidzu sure beile monggo bithe be kūbulime, manju gisun i araki seci,（12）
9.erdeni baksi, g'ag'ai jargūci hendume, be monggoi bithe be taciha,（12）

　　以上將北平圖書館本 A－1 和《東方學紀要》本 B－1 互相對照後可知北平圖書館本 A－1 和《東方學紀要》本 B－1 的滿文內容相同，每頁各九行，各行數字，彼此不同。北平圖書館本 A－1第一行共十三字，《東方學紀要》本 B－1 第一行共十二字，將滿字"goloi"，移置第二行。A－1 第二行共十一字，B－2 第二行共十字，滿字"sahaliyan, šanggiyan"，移置第三行。A－1 第三行共九字，B－1 第三行共十一字。A－1 第四行共十三字，B－1 第四行共十二字，滿字"niyalma"，移置第五行。A－1 第五行

共十二字，B－1 第五行共十一字，滿字"sere jakade"，移置第
六行。A－1 第六行共十三字，B－1 第六行共十三字，滿字
"sargan bufi"，移置第七行。A－1 第七行共七字，B－1 第七
行共九字。A－1 第八行共十三字，B－1 第八行共十二字，滿字
"erdeni"，移置第九行。北平圖書館本和《東方學紀要》本字
體、字跡大致相近，可以說明北平圖書館本和《東方學紀要》本
確實是來源相同的兩種不同寫本。

　　滿文書寫時，有連寫的習慣，A－2 北平圖書館本，"bithe
sarkū niyalma inu gemu ulhimbikai." 句中"ulhimbikai"，　B－2
《東方學紀要》本作"ulhimbi kai"。A－3 北平圖書館本"suwe
arame tuwa ombikai"，句中"ombikai"，B－3《東方學紀要》
本作"ombi kai"。A－4 北平圖書館本，"tere be yehei narimbulo
beile donjifi." 句中"tere be"，B－4《東方學紀要》本作
"terebe"。A－4 北平圖書館本，"tuttu ohode sini gaji sehe sargan
jui be sinde sargan bure." 句中"ohode"，B－4《東方學紀要》
本作"oho de"。A－4 北平圖書館本"taidzu sure beile i deo." 句
中"beile i"，B－5《東方學紀要》本作"beilei"。A－5 北
平圖書館本"tere be juleri afara de obuha šurgaci beile sabufi
afarakū cooha ilifi." 句中"tere be"，B－5《東方學紀要》本作
"terebe"。A－5 北平圖書館本"taidzu sure beile cooha gaifi
dosime generede deo i julergi minggan cooha jugūn be dalime
yaksime ilifi šolo baharakū." 句中"generede"，B－6《東方學紀
要》本作"genere de"。A－6 北平圖書館本"taidzu sure beile ini
beye de etuhe sekei mahala." 句中"beye de"，B－6《東方學紀
要》本作"beyede"。A－9 北平圖書館本"dade manju gurun i
niyalma aba abalame." 句中"dade"，B－10《東方學紀要》本

作 "da de"。Ａ－10 北平圖書館本 "taidzu sure beile de sargan benjire de dorolome okdofi amba sarin sarilame gaiha." 句中 "benjire de"，Ｂ－10《東方學紀要》本作 "benjirede"。

　　由以上所舉諸例可知北平圖書館本、《東方學紀要》本都有連寫的習慣。例如：北平圖書館本 Ａ－2 "ulhimbi" 與語氣詞 "kai" 連寫作 "ulhimbikai"；Ａ－3 不及物動詞 "ombi" 與語氣詞 "kai" 連寫作 "ombikai"；Ａ－4 不及物動 "oho" 與格助詞 "de" 連寫作 "ohode"；Ａ－5 形動詞 "genere" 與格助詞 "de" 連寫作 "generede"；Ａ－9 名詞 "da" 與助詞 "de" 連寫作 "dade"。《東方學紀要》本也有連寫的習慣，例如：《東方學紀要》本 Ｂ－4 代名詞 "tere" 與助詞 "be" 連寫作 "terebe"；Ｂ－5 名詞 "beile" 與領屬格 "i" 連寫作 "beilei"；Ｂ－6 名詞 "beye" 與助詞 "de" 連寫作 "beyede"；Ｂ－10 形動詞 "benjire" 與助詞 "de" 連寫作 "benjirede"。如上所舉諸例，北平圖書館本虛字連寫，《東方學紀要》本並不連寫，《東方學紀要》本虛字連寫，北平圖書館本並不連寫，可以說明《東方學紀要》本和北平圖書館本是兩種不同寫本。探討文獻，還原歷史，了解《大清太祖武皇帝實錄》滿文本的分佈地區、原藏地點、寫本異同，才能掌握滿文文獻的現況。

三、同音異譯 ── 《大清太祖武皇帝實錄》與《滿洲實錄》滿漢文人名、地名的異同

　　《大清太祖武皇帝實錄》（daicing gurun i taidzu horonggo enduringge hūwangdi i yargiyan kooli），滿漢文本，各四卷，四冊，分裝二函，紅綾封面，白鹿紙，朱絲欄楷書。滿漢文各四部，每

部各四冊。成書於崇德元年（1636）十一月，是爲清太祖實錄初纂本，書法質樸，譯名俚俗，於清人先世，俱直書不諱。康熙二十一年（1682）十一月，重修清太祖實錄，畫一人名、地名，規範譯名。乾隆四年（1739）十二月，重修告成，是爲清太祖實錄重修本，斟酌損益，整齊體裁，得失互見。《滿洲實錄》，共四部，每頁三欄，以滿、蒙、漢三體文字書寫，繪有圖。第一部繪寫本成書於天聰九年（1635），第二、三部繪寫於乾隆四十四年（1779），第四部繪寫於乾隆四十六年（1781），分別貯藏於乾清宮、上書房、盛京、避暑山莊[5]。可將其中人名、地名舉例列表於下。

滿漢文人名對照表

順序	武皇帝實錄（滿文）	滿洲實錄（滿文）	武皇帝實錄（漢文）	滿洲實錄（漢文）	高皇帝實錄（漢文）	備註
1			王格	王格	王格	
2			張格	張格	張格	
3			范吉里	博濟哩	博濟里	
4			榜識厄兒得溺	巴克什額爾德尼	巴克什額爾德尼	

5　《清實錄》，第一冊（北京，中華書局，1968年11月），〈影印說明〉，頁2。

5			剛蓋	噶蓋	扎爾固齊噶蓋	
6			孟革卜鹵	蒙格布祿	孟格布祿	
7			納林卜祿	納林布祿	納林布祿	
8			非英凍	費英東	扎爾固齊費英東	
9			押哈木	雅喀木	雅喀木	
10			黍兒哈奇	舒爾哈齊	舒爾哈齊	
11			楊古里	揚古利	楊古利	
12			莽古姬	莽古吉公主		帝刪公主 皇錄公主 高實略名

13			吳兒戶代	武爾古岱	吳爾古代	
14			滿太	滿泰	滿太	
15			阿把亥	阿巴海		高皇帝實錄刪略人名
16			布戒	布齋	布寨	
17			明安	明安	明安	
18			娥恩姐	娥恩哲		高皇帝實錄不載人名
19			南太	南太	南太	
20			孟古姐姐	孟古哲哲		高皇帝實錄不載人名
21			恩格得力	恩格德爾	恩格德爾	
22			策穆德黑	策穆特赫	策穆特黑	

23			虎兒憨	扈爾漢轄	侍衛扈爾漢	
24			波可多	博克多	博克多	
25			常書	常書	常書	
26			納奇布	納齊布	納齊布	
27			擺銀達里	拜音達里	拜音達里	
28			瓮剛代	翁阿岱	瓮阿代	
29			木庫石公主	穆庫什公主		高皇帝實錄不載人名
30			康孤里	康古禮	康古禮	
31			康都里	喀克篤禮	喀克篤禮	
32			昂孤	昂古	昂古	

33			明剛吐	明噶圖	明噶圖	
34			惡落合	烏魯喀	烏路喀	
35			僧革	僧格	僧格	
36			尼哈里	尼喀里	尼喀里	
37			湯松剛	瑭松噶	湯松噶	
38			夜革樹	葉克書	葉克書	
39			雄科落	碩翁科羅	碩翁科羅	
40			阿敏	阿敏	阿敏	
41			扎撒革吐	扎薩克圖	扎薩克圖	
42			土龍	圖倫	圖倫	

43			債桑孤	齋桑古	寨桑古	
44			吉兒剛郎	濟爾哈朗	濟爾哈朗	
45			非揚古	篇古	篇古	
46			呵呵里厄夫	何和里 額駙	額駙何和里	
47			土勒伸	圖勒伸	土勒伸	
48			厄勒伸	額勒伸	額勒伸	
49			布陽姑蝦	布陽古轄	侍衛卜陽古	
50			阿東蝦	阿敦轄	侍衛阿敦	

資料來源：《大清太祖武皇帝實錄》滿漢文本；《滿洲實錄》滿漢
文本；《大清太祖高皇帝實錄》漢文本。

　　對照表中的滿文人名，大致相合。表中 22，《清太祖武皇帝實錄》滿文 "semtehe"，《滿洲實錄》滿文作 "ts'emtehe"，此外並無不同。《大清太祖武皇帝實錄》漢文人名，俚俗不雅者，並不罕見，如表中 4，"erdeni baksi"，《大清太祖武皇帝實錄》漢文譯作「榜識厄兒得溺」，《滿洲實錄》、《大清太祖高皇帝實錄》漢文改譯爲「巴克什額爾德尼」。表中 5，"g'ag'ai jargūci"，《大清太祖武皇帝實錄》漢文譯作「剛蓋」，《滿洲實錄》漢文改譯爲「噶蓋」，《大清太祖高皇帝實錄》漢文改譯爲「扎爾固齊噶蓋」，滿漢文讀音相近。表中 8，"fiongdon jargūci"，《大清太祖武皇帝實錄》漢文譯作「非英凍」，《滿洲實錄》漢文改譯爲「費英東」，《大清太祖高皇帝實錄》漢文改譯爲「扎爾固齊費英東」，滿漢文讀音相近。表中 23，"hūrgan hiya"，《大清太祖武皇帝實錄》漢文譯作「虎兒憨」，《滿洲實錄》漢文改譯爲「扈爾漢轄」，《大清太祖高皇帝實錄》漢文改譯爲「侍衛扈爾漢」，漢譯恰當。表中 49，"buyanggū hiya"，《大清太祖武皇帝實錄》漢文譯作「布陽姑蝦」，《滿洲實錄》漢文改譯爲「布陽古轄」，《大清太祖高皇帝實錄》漢文改譯爲「侍衛卜陽古」。表中 50，"adun hiya"，《大清太祖武皇帝實錄》漢文譯作「阿東蝦」，《滿洲實錄》漢文改譯爲「阿敦轄」，《大清太祖高皇帝實錄》漢文改譯爲「侍衛阿敦」，滿漢文義相合，譯文恰當。表中 12，"manggūji gege"，《大清太祖武皇帝實錄》漢文譯作「莽古姬」，《滿洲實錄》漢文改譯爲「莽古吉公主」。表中 15，"abahai"，《大清太祖武皇帝實錄》漢文譯作「阿把亥」，《滿洲實錄》漢文改譯爲「阿巴海」。表中 18，"onje gege"，《大清太祖武皇帝實錄》漢文譯作「娥恩姐」，《滿洲實錄》漢文改譯爲「娥恩哲」。表中 20，"monggojeje"，《大清太祖武皇帝實錄》漢文譯作「孟古姐姐」，《滿洲實錄》漢

文改譯爲「孟古哲哲」。表中 29，"mukusi gege"，《大清太祖武
皇帝實錄》漢文譯作「木庫石公主」，《滿洲實錄》漢文改譯爲「穆
庫什公主」，《大清太祖高皇帝實錄》以其不合漢俗，俱刪略不載。

滿漢文地名對照表

順序	武皇帝實錄（滿文）	滿洲實錄（滿文）	武皇帝實錄（漢文）	滿洲實錄（漢文）	高皇帝實錄（漢文）	備註
1			兀吉部	窩集部	渥集部	
2			虎兒哈部	瑚爾哈路	虎爾哈路	
3			虎攔哈達	呼蘭哈達	虎攔哈達	
4			黑禿阿喇	赫圖阿拉	赫圖阿喇	
5			蘇蘇河	蘇克素護河	蘇克蘇滸河	

6			加哈河	加哈河	加哈河	
7			護卜插	戶布察	戶布察	
8			念木山	尼雅滿山	尼雅滿山岡	
9			阿氣郎	阿奇蘭	阿氣蘭	
10			把岳衛	巴約特部	把岳忒部落	
11			蜚敖	斐優	蜚悠	
12			黑十黑	赫席赫	赫席黑	
13			敖莫和所羅	鄂謨和蘇嚕	俄漠和蘇魯	
14			佛內黑	佛訥赫	佛訥赫	

15	ᡳᠴᡳᠩ ᠠᠯᡳᠨ	ᡳᠴᡳᠩ ᠠᠯᡳᠨ	異憨山	宜罕山	宜罕阿麟	
16	ᡥᠣᠶᡝ ᡤᠣᠯᠣ	ᡥᠣᠶᡝ ᡤᠣᠯᠣ	呼夜衛	瑚葉路	潯野路	
17	ᠰᡠᡳᡶᡝᠨ	ᠰᡠᡳᡶᡝᠨ	瑞粉	綏芬	綏分	
18	ᠨᠠᠮᡩᡠᠯᡠ	ᠨᠠᠮᡩᡠᠯᡠ	那木都魯	那木都魯	那木都魯	
19	ᠨᡳᠩᡤᡠᡨᠠ	ᠨᡳᠩᡤᡠᡨᠠ	寧古塔	寧古塔	寧古塔	
20	ᠨᡳᠮᠠᠴᠠ	ᠨᡳᠮᠠᠴᠠ	尼媽乂	尼馬察	尼馬察	
21	ᠶᠠᠯᠠᠨ ᡤᠣᠯᠣ	ᠶᠠᠯᠠᠨ ᡤᠣᠯᠣ	押攬衛	雅蘭路	雅攬路	
22	ᡠᡵᡤᡠᠴᡝᠨ	ᡠᡵᡤᡠᠴᡝᠨ	兀兒孤沉	烏爾古宸	烏爾古宸	
23	ᠮᡠᡵᡝᠨ	ᠮᡠᡵᡝᠨ	木冷	木倫	木倫	
24	ᠵᠠᡴᡡᡨᠠ	ᠵᠠᡴᡡᡨᠠ	扎古塔	扎庫塔	扎庫塔	

25			查哈量	薩哈連	薩哈連	
26			孫扎塔城	孫扎泰城	孫扎泰城	
27			郭多城	郭多城	郭多城	
28			俄莫城	鄂謨城	俄漠城	
29			兀蘇城	烏蘇城	兀蘇城	
30			吉當剛城	吉當阿城	吉當阿城	
31			押哈	雅哈城	呀哈城	

32			黑兒蘇城	赫爾蘇城	黑兒蘇城	
33			何敦城	和敦城	何敦城	
34			胯布七拉城	喀布齊賚城	喀布齊賚城	
35			俄及塔城	鄂吉岱城	鄂吉岱城	
36			輝發	輝發	輝發	
37			實伯	錫伯	席北	
38			刮兒恰	卦勒察	卦爾察	
39			古勒	古哷	古勒	

40			扎倫衛	扎嚕特部	扎魯特部	
41			釵哈	柴河	柴河	
42			法納哈	撫安	撫安	
43			三七拉	三岔	三岔	
44			牧奇	穆奇	牧奇	
45			厄黑枯稜	額赫庫倫	額黑庫倫	
46			顧納哈枯稜	固納喀庫倫	顧納喀庫倫	
47			兀兒姜河	兀爾簡河	兀爾簡河	
48			佛多落坤寨	佛多羅袞寨	佛多羅袞寨	

49			松岡里河	松阿里河	松噶里 烏拉河	

資料來源：《大清太祖武皇帝實錄》滿漢文本；《滿洲實錄》滿漢文本；《大清太祖高皇帝實錄》漢文本。

　　《大清太祖武皇帝實錄》滿文地名與《滿洲實錄》滿文地名互相對照後，彼此大致相同。表中 1，"wejei aiman"，《滿洲實錄》滿文作 "weji i aiman"。表中 13，"omohū suru"《滿洲實錄》滿文作 "omoho suru"。表中 26，"sunjadai hoton"，《滿洲實錄》滿文作 "sunjatai hoton"。此外，並無不同。《大清太祖武皇帝實錄》地名與《滿洲實錄》、《大清太祖高皇帝實錄》的不同，主要是由於漢文地名的同音異譯。表中 2 "hūrgai golo"，《大清太祖武皇帝實錄》漢文作「虎兒哈部」，《滿洲實錄》漢文作「瑚爾哈路」，《大清太祖高皇帝實錄》漢文作「虎爾哈路」。表中 16，"huye i golo"，《大清太祖武皇帝實錄》漢文作「呼夜衛」，《滿洲實錄》漢文作「瑚葉路」，《大清太祖高皇帝實錄》作「滹野路」。表中 21，"yaran i golo"，《大清太祖武皇帝實錄》漢文作「押攬衛」，《滿洲實錄》漢文作「雅蘭路」，《大清太祖高皇帝實錄》漢文作「雅攔路」。表中 10，"bayot tatan"，《大清太祖武皇帝實錄》漢文作「把岳衛」，《滿洲實錄》漢文作「巴約特部」，《大清太祖高皇帝實錄》漢文作「把岳忒部落」。表中 40，"jarut tatan"，《大清太祖武皇帝實錄》漢文作「扎倫衛」，《滿洲實錄》漢文作「扎嚕特部」，《大清太祖高皇帝實錄》漢文作「扎魯特部」。滿文 "golo"，《滿洲實錄》、《大清太祖高皇帝實錄》漢文多譯爲

「路」。表中 1，滿文 "aiman"，《大清太祖武皇帝實錄》、《滿洲實錄》、《大清太祖高皇帝實錄》漢文俱作「部」。滿文 "tatan"，意即「窩鋪」，又作「宿營地」、「下榻處」。《大清太祖武皇帝實錄》漢文作「衛」，《滿洲實錄》、《大清太祖高皇帝實錄》漢文作「部」。表中 5，"suksuhu bira"，《大清太祖武皇帝實錄》漢文作「蘇蘇河」，滿、漢文讀音不合。《滿洲實錄》漢文改譯爲「蘇克素護河」，滿、漢文讀音相近。《大清太祖高皇帝實錄》漢文作「蘇克蘇滸河」，同音異譯。《大清太祖武皇帝實錄》漢文俚俗的地名，多經改譯。表中 4，"hetu ala"，《大清太祖武皇帝實錄》漢文作「黑禿阿喇」，《滿洲實錄》漢文改譯爲「赫圖阿拉」，《大清太祖高皇帝實錄》漢文作「赫圖阿喇」，同音異譯。表中 12，"hesihe"，《大清太祖武皇帝實錄》漢文作「黑十黑」，《滿洲實錄》漢文作「赫席赫」，《大清太祖高皇帝實錄》漢文作「赫席黑」。表中 15，"ihan alin"，《大清太祖武皇帝實錄》漢文作「異憨山」，《滿洲實錄》漢文改譯爲「宜罕山」，《大清太祖高皇帝實錄》漢文作「宜罕阿麟」。表中 17，"suifun"，《大清太祖武皇帝實錄》漢文作「瑞粉」，《滿洲實錄》漢文改譯爲「綏芬」，《大清太祖高皇帝實錄》漢文作「綏分」，同音異譯。表中 23，"muren"，《大清太祖武皇帝實錄》漢文作「木冷」，《滿洲實錄》、《大清太祖高皇帝實錄》漢文俱作「木倫」。表中 34，"kabcilai hoton"，《大清太祖武皇帝實錄》漢文作「胯布七拉城」，《滿洲實錄》、《大清太祖高皇帝實錄》漢文俱作「喀布齊賚城」。表中 37，"sibe"，《大清太祖武皇帝實錄》漢文作「實伯」，《滿洲實錄》作「錫伯」，《大清太祖高皇帝實錄》漢文作「席北」，同音異譯，各不相同。表中 6，"giyaha bira"，各書漢文俱作「加哈河」。表中 19，"ningguta"，諸書漢文俱作「寧古塔」。表中 36，"hoifa"，諸書漢文俱作「輝發」，並未改譯。

四、創製滿文 ── 《大清太祖武皇帝實錄》滿文與《滿洲實錄》滿文的比較

　　我國歷代以來，就是一個多民族的國家，各兄弟民族多有自己的民族語言與文字。女真族是滿族的主體民族。由於蒙古對東北女真的統治以及地緣的便利，蒙古文化對女真產生了很大的影響，女真地區除了使用漢文外，同時也使用蒙古語言文字。明朝後期，滿族的經濟與文化，已進入迅速發展的階段。但在滿族居住的地區，仍然沒有滿族自己的文字，其文移往來，主要使用蒙古文字，必須「習蒙古書，譯蒙古語通之。」使用女真語的民族書寫蒙古文字，未習蒙古語言的女真族則無從了解，這種現象已經不能適應新興滿族共同的需要。明神宗萬曆二十七年（1599）二月，清太祖努爾哈齊為了文移往來及記注政事的需要而創製了滿文，即以老蒙文字母為基礎，拼寫女真語，聯綴成句，於是發明了拼音文字。《大清太祖武皇帝實錄》、《滿洲實錄》都記載了創製滿文的經過。

	1-1：《大清太祖武皇帝實錄》
滿文	

滿文轉寫羅馬拼音

juwe biya de. taidzu sure beile monggo bithe be kūbulime, manju gisun i araki seci, erdeni baksi, g'ag'ai jargūci hendume, be monggoi bithe be taciha dahame sambi dere. julgeci jihe bithe be te adarame kūbulibumbi seme marame gisureci taidzu sure beile hendume: nikan gurun i bithe be hūlaci, nikan bithe sara niyalma, sarkū niyalma gemu ulhimbi. monggo gurun i bithe be hūlaci. bithe sarkū niyalma inu gemu ulhimbi kai. musei bithe be monggorome hūlaci musei gurun i bithe sarkū niyalma ulhirakū kai. musei gurun i gisun i araci adarame mangga. encu monggo gurun i gisun adarame ja seme henduci. g'agai jargūci, erdeni baksi jabume: musei gurun i gisun i araci sain mujangga. kūbulime arara be meni dolo bahanarakū ofi marambi dere. taidzu sure beile hendume, a sere hergen ara. a i fejile ma sindaci ama wakao. e sere hergen ara. e i fejile me sindaci eme wakao. mini dolo gūnime wajiha. suwe arame tuwa ombi kai seme emhun marame monggorome hūlara bithe be manju gisun i kūbulibuha. tereci taidzu sure beile manju bithe be fukjin deribufi manju gurun de selgiyehe[6].

漢文	二月，太祖欲以蒙古字編成國語，榜識厄兒得溺、剛蓋對曰：我等習蒙古字，始知蒙古語。若以我國語編創譯書，我等實不能。太祖曰：漢人念漢字，學與不學者皆知。蒙古之人念蒙古字，學與不學者亦皆知。我國之言，寫蒙古之字，則不習蒙古語者，不能知矣，何汝等以本國言語編字為難，以習他國之言為易耶！剛蓋、厄兒得溺對曰：以我國之言成文字最善，但因翻編成句，吾等不能，故難耳。太祖曰：寫阿字下合一媽字，此非阿媽乎，阿媽，父也。厄字下合一脈字，此非厄脈乎，厄脈，母也。吾意決矣，爾等試寫可也。於是自將蒙古字編成國語頒行，創制滿洲文字自太祖始[7]。

1-2：《滿洲實錄》

7 《大清太祖武皇帝實錄》，漢文本，卷二，頁1。

滿文轉寫羅馬拼音	juwe biya de, taidzu sure beile monggo bithe be kūbulime, manju gisun i araki seci, erdeni baksi. g'ag'a jargūci hendume, be monggoi bithe be taciha dahame sambi dere, julgeci jihe bithe be te adarame kūbulibumbi seme marame gisureci, taidzu sure beile hendume, nikan gurun i bithe be hūlaci nikan bithe sara niyalma sarkū niyalma gemu ulhimbi, monggo gurun i bithe be hūlaci, bithe sarkū niyalma inu gemu ulhimbi kai, musei bithe be monggorome hūlaci, musei gurun i bithe sarkū niyalma ulhirakū kai, musei gurun i gisun i araci adarame mangga, encu monggo gurun i gisun adarame ja seme henduci, g'ag'ai jargūci, erdeni baksi jabume, musei gurun i gisun i araci sain mujangga, kūbulime arara be meni dolo bahanarakū ofi marambi dere, taidzu sure beile hendume, a sere hergen ara, a i fejile ma sindaci, ama wakao, e sere hergen ara, e i fejile me sindaci, eme wakao, mini dolo gūnime wajiha, suwe arame tuwa ombi kai seme emhun marame monggorome hūlara bithe be manju gisun i kūbulibuha tereci taidzu sure beile manju bithe be fukjin deribufi manju gurun de selgiyehe.
漢文	二月，太祖欲以蒙古字編成國語，巴克什額爾德尼、噶蓋對曰：我等習蒙古字，始知蒙古語，若以我國語編創譯書，我等實不能。太祖曰：漢人念漢字，學與不學者皆知，蒙古之人念蒙古字，學與不學者亦皆知，我國之言，寫蒙古之字，則不習蒙古語者，不能知矣，何汝等以本國言語編字爲難，以習他國之言爲易耶！噶蓋、額爾德尼對曰：以我國之言編成文字最善，但因翻編成句，吾等不能，故難耳。太祖曰：寫阿字下合一瑪字，此非阿瑪乎。阿瑪，父也。額字下合一默字，此非額默乎，額默，母也。吾意決矣。爾等試寫可也。於是自將蒙古字編成國語頒行，創制滿洲文字自太祖始[8]。

　　《大清太祖武皇帝實錄》滿文本與《滿洲實錄》滿文本有關清太祖創製滿文一節的記載，其滿文彼此相同。對照《大清太祖武皇帝實錄》漢文本，滿漢文義，亦彼此切合。引文中「太祖」，滿文作 "taidzu sure beile"，意即「太祖淑勒貝勒」。「榜識厄兒得溺」，滿文作 "erdeni baksi"，《滿洲實錄》漢文本改譯作「巴克什額爾德尼」。「剛蓋」，滿文作 "g'ag'ai jargūci"，《滿洲實錄》漢文本作「噶蓋」。漢字「我等」，滿文作排除式的 "be"，意即「我們」。代詞 "be"，有排除性，不含清太祖。與代詞 "muse"（咱們）不同。漢字「媽」，滿文作 "ma"，《滿洲實錄》漢文本作「瑪」。「厄脈」，滿文作 "eme"，《滿洲實錄》漢文本作「額

---

8 《滿文實錄》，卷三，見《清實錄》（一）（北京，中華書局，1986 年 11月），頁 111。

默」。「太祖欲以蒙古字編成國語」，句中「蒙古字」，滿文作 "monggo bithe"，意即「蒙古文」；「國語」，滿文作 "manju gisun"，意即「滿洲語」；「滿洲文字」，滿文作 "manju bithe"，意即「滿洲文」。「滿洲語」，習稱「滿語」；「滿洲文」，習稱「滿文」。

五、興師伐明 ── 以七宗惱恨為中心的
滿文檔案文獻的比較

明神宗萬曆四十六年，金國天命三年（1618），是年四月十三日，清太祖興師攻打明朝，臨行前書寫七大恨告天。七大恨又稱七宗惱恨，《大清太祖武皇帝實錄》滿漢文本、《滿洲實錄》滿漢文本、《滿文原檔》、《內閣藏本老滿文檔》等官書，都記載了七宗惱恨的內容，爲便於比較，可將《大清太祖武皇帝實錄》滿文本、《滿洲實錄》滿文本、《滿文原檔》、《內閣藏本老滿文檔》中所載七宗惱恨的滿文內容依次影印於後，並轉寫羅馬拼音，照錄漢文。

2-1：《大清太祖武皇帝實錄》
滿文

manju gurun i genggiyen han, daiming gurun be dailame, yafahan morin i juwe tumen
cooha be gaifi duin biyai juwan ilan de tasha inenggi meihe erin de juraka. tere jurandara
de abka de habšame araha bithei gisun. mini ama mafa, daiming han i jasei orho be
bilahakū boihon sihabuhakū. baibi jasei tulergi weile de dafi mini ama mafa be daiming
gurun waha. tere emu. tuttu wacibe, bi geli sain banjire be buyeme wehei bithe ilibume.
daiming, manju yaya, han i jase be dabaci, dabaha niyalma be saha niyalma waki, safi
warakū oci warakū niyalma de sui isikini seme gashūha bihe. tuttu gashūha gisun be
gūwaliyafi daiming ni cooha jase tucifi yehe de dafi tuwakiyame tehebi tere juwe koro.
jai cingho ci julesi giyang dalin ci amasi aniya dari daiming gurun i niyalma hūlhame
jase tucifi manju i ba be durime cuwangname nungnere jakade. da gashūha gisun bihe
seme jase tucike niyalma be waha mujangga. tuttu waha manggi. da gashūha gisun be
daburakū. ainu waha seme, guwangning de hengkileme genehe mini gangguri fanggina
be jafafi sele futa hūwaitafi, mimbe albalame mini juwan niyalma be gamafi jase de wa
seme wabuha, tere ilan koro. jase tucifi cooha tuwakiyame tefi mini jafan buhe sargan jui
be monggo de buhe. ere duin koro. udu udu jalan halame han i jase tuwakiyame tehe
caiha fanaha sancira ere ilan goloi manju i tarifi yangsaha jeku be gaiburakū daiming
gurun i cooha tucifi bošoho tere sunja koro. jasei tulergi abkai wakalaha yehei gisun be
gaifi ehe gisun hendume bithe arafi niyalma takūrafi mimbe hacin hacin i koro arame
giruhuha tere ninggun koro. hada i niyalma yehe de dafi minde juwe jergi cooha jihe
bihe. bi karu dailara jakade. abka hada be minde buhe. abkai buhe hada be daiming han
geli hada de dafi mimbe ergeleme ini bade unggi seme unggibuhe. mini unggihe hadai
niyalma be yehei cooha ududu jergi sucufi gamaha. abkai fejile yaya gurun i niyalma
ishunde dailambikai. abkai wakalaha niyalma anabumbi bucembi. abkai urulehe niyalma
etembi banjimbikai. dain de waha niyalma be weijubure baha olji be bederebure kooli
bio. abkai sindaha amba gurun i han seci gubci gurun de gemu uhereme ejen dere mini
canggi de ainu emhun ejen. neneme hūlun gemu emu ici ofi, mimbe dailaha. tuttu dain
deribuhe hūlun be abka wakalaha. mimbe abka urulehe. ere daiming han abka de eljere
gese abkai wakalaha yehe de dafi waka be uru. uru be waka seme ainu beidembi. tere
nadan koro. ere daiming gurun mimbe gidašaha girubuha ambula ofi bi dosorakū, ere
nadan amba koro de dain deribumbi seme bithe arafi abka de henggkileme bithe dejihe.[9]

帝將步騎二萬征大明，臨行書七大恨告天曰：吾父祖于大明禁邊寸土不擾，一草不
折，秋毫未犯，彼無故生事于邊外，殺吾父祖，此其一也。雖有祖父之讐，尚欲修
和好，曾立石碑，盟曰：大明與滿洲皆勿越禁邊，敢有越者，見之即殺，若見而不
殺，殃及于不殺之人，如此盟言，大明背之，反令兵出邊衛夜黑，此其二也。自清
河之南，江岸之北，大明人每年竊出邊，入吾地侵奪，我以盟言殺其出邊之人，彼
負前盟，責以擅殺拘我往謁都堂使者綱孤里、方吉納二人，逼令吾獻十人，于邊上
殺之，此其三也。遣兵出邊為夜黑防禦，致使我已聘之女轉嫁蒙古，此其四也。將
吾世守禁邊之釵哈（即柴河），山七拉（即三岔），法納哈（即撫安）三堡耕種田
穀不容收穫，遣兵逐之，此其五也。邊外夜黑是獲罪于天之國，乃偏聽其言，遣人

9　《東方學紀要》（2），頁 198。

	責備，書種種不善之語以辱我，此其六也。哈達助夜黑侵吾二次，吾返兵征之，哈達遂為我有，此天與之也。大明又助哈達逼令反國，後夜黑將吾所釋之哈達擄掠數次。夫天下之國，互相征伐，合天心者勝而存，逆天意者敗而亡，死于鋒刃者使更生，既得之人畜，令復返，此理果有之乎？天降大國之君，宜為天下共主，豈獨吾一身之主。先因糊籠部（華言諸部）會兵侵我，我始興兵，因合天意，天遂厭糊籠而佑我也。大明助天罪之夜黑，如逆天然，以是為非，以非為是，妄為剖斷，此其七也。凌辱至極，實難容忍，故以此七恨興兵。祝畢，拜天焚表[10]。

2-2：《滿洲實錄》	
滿文	[illegible]

10　《大清太祖武皇帝實錄》，漢文本，卷二，頁 32。

manju gurun i genggiyen daiming gurun be dailame yafahan morin i juwe tumen cooha be
gaifi duin biyai juwan ilan de tasha inenggi meihe erin de juraka, tere jurandara de abka
de habšame araha bithe i gisun, mini ama mafa daiming han i jasei orho be bilahakū,
boihon sihabuhakū, baibi jasei tulergi weile de dafi, mini ama mafa be daiming gurun
waha, tere emu, tuttu wacibe, bi geli sain banjire be buyeme wehei bithe ilibume,
daiming, manju yaya han i jase be dabaci, dabaha niyalma be saha niyalma waki, safi
warakū oci, warakū niyalma de sui isikini seme gashūha bihe, tuttu gashūha gisun be
gūwaliyafi, daiming ni cooha jase tucifi yehe de dafi tuwakiyame tehebi, tere juwe koro,
jai cing ho ci julesi, giyang dalin ci amasi aniya dari daiming gurun i niyalma hūlhame
jase tucifi, manju i ba be durime cuwangname nungnere jakade, da gashūha gisun bihe
seme jase tucike niyalma be waha mujangga, tuttu waha manggi, da gashūha gisun be
daburakū, ainu waha seme guwangning de takūrame genehe mini gangguri, fanggina be
jafafi sele futa hūwaitafi mimbe albalame mini juwan niyalma be gamafi jase de wa seme
wabuha, tere ilan koro, jase tucifi cooha tuwakiyame tefi, mini jafan buhe sargan jui be
monggo de buhe, ere duin koro, udu udu jalan halame han i jase tuwakiyame tehe caiha,
fanaha, sancara ere ilan golo i manju i tarifi yangsaha jeku be gaiburakū, daiming gurun i
cooha tucifi bošoho, tere sunja koro, jasei tulergi abkai wakalaha yehe i gisun be gaifi ehe
gisun hendume, bithe arafi niyalma takūrafi mimbe hacin hacin i koro arame girubuha,
tere ninggun koro, hada i niyalma yehe de dafi minde juwe jergi cooha jihe bihe, bi karu
dailara jakade, abka hada be minde buhe, abkai buhe hada be, daiming han geli hada de
dafi mimbe ergeleme, ini bade unggi seme unggibuhe, mini unggihe hada i niyalma be
yehe i cooha ududu jergi sucufi gamaha, abkai fejile yaya gurun i niyalma ishunde
dailambikai, abkai wakalaha niyalma anabumbi bucembi, abkai urulehe niyalma etembi
banjimbi kai, dain de waha niyalma be weijubure, baha olji be bederebure kooli bio, abkai
sindaha amba gurun i han seci, gubci gurun de gemu uhereme ejen dere, mini canggi de
ainu emhun ejen, neneme hūlun gemu emu ici ofi, mimbe dailaha, tuttu dain deribuhe,
hūlun be abka wakalaha, mimbe abka urulehe, ere daiming han abka de eljere gese abka i
wakalaha yehe de dafi waka be uru, uru be waka seme ainu beidembi, tere nadan koro, ere
daiming gurun mimbe gidašaha girubuha ambula ofi bi dosorakū, ere nadan amba koro de
dain deribumbi seme bithe arafi abka de hengkileme bithe deijihe.

四月十三壬寅巳時，帝將步騎二萬征明國，臨行書七大恨告天曰：吾父祖於明國禁
邊寸土不擾，一草不折，秋毫未犯，彼無故生事於邊外，殺吾父祖，此其一也。雖
有祖父之讎，尚欲修和好，曾立石碑，盟曰：明國與滿洲皆勿越禁邊，敢有越者，
見之即殺，若見而不殺，殃及於不殺之人。如此盟言，明國背之，反令兵出邊衛葉
赫，此其二也。自清河之南，江岸之北，明國人每年竊出邊入吾地侵奪，我以盟言
殺其出邊之人，彼負前盟，責以擅殺，拘我往謁巡撫使者綱古里、方吉納二人，挾
令吾獻十人於邊上，此其三也。遣兵出邊為葉赫防禦，致使我已聘之女轉嫁蒙古，
此其四也。將吾世守禁邊之釵哈（即柴河）、山齊拉（即三岔）、法納哈（即撫安）
三堡耕種田穀不容收穫，遣兵逐之，此其五也。邊外葉赫是獲罪於天之國，乃偏聽
其言，遣人責備，書種種不善之語以辱我，此其六也。哈達助葉赫，侵吾二次，吾
返兵征之，哈達遂為我有，此天與之也，明國又助哈達，令反國。後葉赫將吾所釋
之哈達擄掠數次。夫天下之國互相征伐，合天心者勝而存，逆天意者敗而亡，死於

鋒刃者，使更生，既得之人畜，令復返，此理果有之乎？天降大國之君宜為天下共主，何獨搆怨於我國。先因呼倫部（即前九部）會兵侵我，我始興兵，因合天意，遂厭呼倫而佑我也。明國助天罪之葉赫如逆天然，以是為非，以非為是，妄為剖斷，此其七也。欺凌至極，實難容忍，故以此七恨興兵，祝畢，拜天焚表[11]。

2-3：《內閣藏本滿文老檔》

滿文

11　《滿洲實錄》，卷四，見《清實錄》（一），頁198。

|滿文轉寫羅馬拼音|duin biyai juwan ilan i tasha inenggi meihe erinde, jakūn gūsai juwan tumen cooha, nikan be dailame genere de, abka de habšame araha bithei gisun, mini ama, mafa, han i jasei orho be bilahakū, boihon sihabuhakū, baibi jasei tulergi weile de, mini ama, mafa be nikan waha, ere emu, tuttu wacibe, bi geli sain banjire be buyeme wehei bithe ilibume, nikan, jušen yaya han i jase be dabaci, dabaha niyalma be saha niyalma waki, safi warakūci, warakū niyalma de sui isikini seme gašhūha bihe, tuttu gašhūha gisun be gūwaliyame, nikan cooha jase tucifi, yehe de dafi tuwakiyame tehebi, tere juwe koro, jai niowanggiyaha ci julesi, giyang dalin ci amasi, aniyadari nikan hūlhame jase tucifi, jušen i babe durime cuwangname nungnere jakade, da gašhūha gisun bihe seme, jase tucike niyalma be waha mujangga, tuttu waha manggi, da gašhūha gisun be daburakū ainu waha seme, guwangning de hengkileme genehe mini gangguri, fanggina be jafafi sele futa hūwaitafi, mimbe albalame mini juwan niyalma be gamafi jase de wa seme wabuha, tere ilan koro, jase tucifi cooha tuwakiyame tefi, mini jafan buhe sargan jui be monggo de buhe, tere duin koro, ududu jalan halame han i jase tuwakiyame tehe caiha, fanaha, sancara ere ilan goloi jušen i tarifi yangsaha jeku be gaibuhakū, nikan cooha tucifi bošoho, tere sunja koro, jasei tulergi abkai wakalaha yehe i gisun be gaifi, ehe gisun hendume bithe arafi niyalma takūrafi, mimbe hacin hacin i koro arame girubuha, tere ninggun koro, hada i niyalma yehe de dafi, minde juwe jergi cooha jihe bihe, bi karu dailara jakade, abka hada be minde buhe, abka minde buhe manggi, nikan han, geli hada de dafi, mimbe albalame ini bade unggi seme unggibufi, mini unggihe hada i niyalma be, yehe i niyalma ududu jergi cooha sucufi gamaha, abkai fejile yaya gurun i niyalma ishunde dailambi kai, abkai wakalaha niyalma anabumbi bucembi, abkai urulehe niyalma etembi banjimbi kai, dain de waha niyalma be weijubure, baha olji be bederebure kooli bio, abkai sindaha amba gurun i han seci, gubci gurun de gemu uhereme ejen dere, mini canggi de emhun ainu ejen, neneme hūlun gemu emu ici ofi, mimbe dailaha, tuttu dain deribuhe hūlun be abka wakalaha, mimbe abka urulehe, ere nikan han, abka de eljere gese abkai wakalaha yehe de dafi, waka be uru, uru be waka seme ainu beidembi, tere nadan koro, ere nikan mimbe gidašaha girubuha ambula ofi, bi dosorakū, ere nadan amba koro de dain deribumbi seme bithe arafi, abka de hengkileme bithe deijihe[12]|
|滿文|四月十三寅日巳時，將八旗兵十萬征明。臨行，告天文曰：我父祖於皇帝邊境一草不折，寸土不擾，明平白生事於邊外，殺我父祖，此一也。雖然如此殺戮，我仍願修好，曾立石碑盟曰：凡明國、諸申人等若越帝邊，見有越邊之人即殺之，若見而不殺，罪及於不殺之人。明國背此盟言派兵出邊，援助葉赫駐守，其恨二也。又自清河以南，江岸以北，因明人每年竊出邊界，侵擾掠奪諸申地方，是以按照原先盟言，殺其出邊之人是實，如此加誅之後，明國不遵原先誓言，責以擅殺，拘我往謁廣寧之剛古里、方吉納，縛以鐵索，逼令我獻十人解至邊界殺之，其恨三也。遺兵出邊駐守，致使我已聘之女轉嫁蒙古，其恨四也。數世駐守帝邊之柴河、法納哈、三岔此三處諸申耕種田糧，不容收穫，明國遣兵驅逐，其恨五也。偏聽邊外天譴葉|

12　《內閣藏本滿文老檔》（瀋陽，遼寧民族出版社，2009 年 12 月），第二
　　函，第六冊，頁 249。

赫之言，齎持繕寫惡言之書相責，以種種傷害我之言相辱，其恨六也。哈達人助葉赫，兩次出兵侵犯我，我返兵征之，天遂以哈達與我。天與我後，明帝又助哈達，逼令我釋還其地。後葉赫人數次遣兵擄掠我釋還之哈達人。夫天下諸國之人互相征伐，天非者敗而亡，天是者勝而存也。豈有使陣亡之人復生，既得之人畜令歸還之理乎？若謂天授大國之皇帝，天下諸國皆宜為共主，豈獨為我一己之主耶？先因扈倫會兵侵我，是以始興兵，天譴扈倫，天以我為是。明帝如此抗衡於天以助天譴之葉赫，以非為是，以是為非，妄為剖斷，其恨七也。因明凌辱我至極，我實難以容忍，故書此七大恨興兵，祝畢，拜天焚表。

2-4：《滿文原檔》

滿文

滿文轉寫羅馬拼音

tereci duin biyai juwan ilan i tasha inenggi meihe erinde, cooha geneme abka de habšame araha bithei gisun, mini ama mafa, han i jasei orhobe bilahakū, boihon siha buhakū. babi jasei tulegi weile de mini ama mafabe nikan waha, tere emu. tuttu wacibe bi geli sain banjirebe buyeme wehei bithe ilibume nikan jušen yaya han i jasebe dabaci dabaha niyalma be saha niyalma waki. safi warakūci, warakū niyalma de sui isikini seme gashūha bihe. tuttu gashūha gisun be gūwaliyafi nikan cooha jase tucifi yehede dafi tuwakiyame tehebi. tere juwe koro. jai niowanggiyahaci julesi giyang dalinci amasi aniya dari nikan hūlhame jase tucifi jušen i babe durime cuwangname nungnere jakade. da gashūha gisun bihe seme jase tucike nikambe waha mujangga. tuttu waha manggi. da gashūha gisumbe daburakū. ainu waha seme guwangnin de hengkileme genehe mini

	gangguri fanggina be jafafi sele futa hūwaitafi mimbe albalame mini juwan niyalma be gamafi jase de wa seme wabuha. tere ilan koro. jase tucifi cooha tuwakiyame tefi mini jafan buhe sargan juibe monggode buhe. tere duin koro. udu udu jalan halame han i jase tuwakiyame tehe caiha fanaha sancara ere ilan goloi jušen i tarifi yangsaha jekube gaibuhakū nikan cooha tucifi bošoho. tere sunja koro. jasei tulegi abkai wakalaha yehei gisunbe gaifi ehe gisun hendume bithe arafi niyalma takūrafi mimbe hacin hacin i koro arame giribuhe. tere ninggun koro. hadai niyalma yehede dafi, minde juwe jergi cooha jihe bihe. bi karu dailara jakade. abka hadabe minde buhe. abka minde buhe manggi nikan han geli hadade dafi mimbe albalame ini bade unggi seme unggibufi. mini unggihe hadai niyalmabe yehei niyalma udu udu jergi cooha sucufi gamaha. abkai fejile yaya guruni niyalma ishun de dailambikai. abkai wakalaha niyalma anabumbi bucembi. abkai urulehe niyalma etembi banjimbikai. dain de waha niyalmabe wei jubure. baha oljibe bederebure kooli bio. abkai sindaha amba gurun i han seci gubci gurunde gemu uhereme ejen dere. mini canggide emhun ainu ejen. neneme hūlun gemu emu ici ofi mimbe dailaha. tuttu dain deribuhe. hūlunbe abka wakalaha. mimbe abka urulehe. ere nikan han abka de eljere gese abkai wakalaha yehede dafi wakabe uru. urube waka seme ainu beidembi. tere nadan koro. ere nikan mimbe gidašaha girubuha ambula ofi, bi dosorakū tere nadan amba korode dain deribume[13].
漢文	四月十三寅日巳時出兵，告天文曰：我父祖於皇帝邊境一草不折，寸土不擾，明平白生事於邊外，殺我父祖，此一也。雖然如此殺戮，我仍願修好，曾立石碑盟曰：凡明國、諸申等若越帝邊，見有越邊之人即殺之，若見而不殺，罪及於不殺之人。明國背此盟言，派兵出邊，援助葉赫駐守，其恨二也。又自清河以南，江岸以北，因明人每年竊出邊界，於諸申地方侵擾掠奪，是以按照原先盟言，殺其出邊明人是實，如此加誅之後，明國不遵原先誓言，責以擅殺，拘我往謁廣寧之剛古里、方吉納，縛以鐵索，逼令我獻十人解至邊界殺之，其恨三也。遣兵出邊駐守，致使我已聘之女轉嫁蒙古，其恨四也。數世駐守帝邊之柴河、法納哈、三岔此三處諸申耕種田糧，不容收穫，明國遣兵驅逐，其恨五也。偏聽邊外天譴葉赫之言，遣人齎持繕寫惡言之書相責，以種種傷害我之言相辱，其恨六也。哈達人助葉赫，兩次出兵侵犯我，我返兵征之，天遂以哈達與我。天與我後，明帝又助哈達，逼令我釋還其地。後葉赫人數次遣兵擄掠我釋還之哈達人。夫天下諸國之人互相征伐，天非者敗而亡，天是者勝而存也。豈有使陣亡之人復生，既得之人畜令歸還之理乎？若說天授大國之皇帝，天下諸國皆宜為共主，豈獨為我一己之主耶？先因扈倫會兵侵我，是以始興兵，天譴扈倫，天以我為是。明帝如此抗衡於天以助天譴之葉赫，以非為是，以是為非，妄為剖斷，其恨七也。因明凌辱我至極，我實難以容忍，故以此七大恨而興兵。

13　《滿文原檔》（臺北，故宮博物院，2006 年 1 月），第一冊，荒字檔，頁79。

　　按照檔案文獻形成的過程，依次爲：《滿文原檔》、《大清太祖武皇帝實錄》滿文本、《滿洲實錄》滿文本、《內閣藏本滿文老檔》，其中所載七大恨的滿文內容，可以《滿文原檔》爲藍本，據《滿文原檔》記載，其第一大恨的滿文爲 "mini ama mafa, han i jasei orhobe bilahakū, boihon siha buhakū. babi jasei tulegi weile de mini ama mafabe nikan waha." 句中 "orhobe"，《內閣藏本滿文老檔》作 "orho be"； "siha buhakū"，作 "sihabuhakū"； "tulegi"，作 "tulergi"； "mafabe" 作 "mafa be" 。《滿文原檔》中 "han"，《大清太祖武皇帝實錄》滿文本、《滿洲實錄》滿文本俱作 "daiming han"； "jasei tulegi weile de"，作 "jasei tulergi weile de dafi"； "nikan"，作 "daiming gurun" 。《滿文原檔》記載第二大恨的滿文爲 "tuttu wacibe bi geli sain banjirebe buyeme wehei bithe ilibume nikan jušen yaya han i jasebe dabaci dabaha niyalma be saha niyalma waki. safi warakūci, warakū niyalma de sui isikini seme gashūha bihe. tuttu gashūha gisun be gūwaliyafi nikan cooha jase tucifi yehede dafi tuwakiyame tehebi." 句中 "banjirebe"，《內閣藏本滿文老檔》作 "banjire be"； "jasebe"，作 "jase be"； "yehede"，作 "yehe de" 。《滿文原檔》所載第二大恨中 "nikan"、 "jušen"，《大清太祖武皇帝實錄》滿文本、《滿洲實錄》滿文本俱作 "daiming"、 "manju"； "warakūci"，作 "warakū oci"； "nikan cooha"，作 "daiming ni cooha" 。《滿文原檔》所載第三大恨的滿文爲 "jai niowanggiyahaci julesi giyang dalinci amasi aniya dari nikan hūlhame jase tucifi jušen i babe durime cuwangname nungnere jakade. da gashūha gisun bihe seme jase tucike nikambe waha mujangga. tuttu waha manggi. da gashuha gisumbe daburakū. ainu waha seme guwangnin de hengkileme genehe mini gangguri fanggina be jafafi sele futa hūwaitafi mimbe albalame mini juwan niyalma be gamafi jase de wa seme wabuha. tere ilan koro.”句中，“niowanggiyahaci”，《內閣藏本滿文老檔》作“niowanggiyaha ci”；“dalinci”，作“dalin ci”；“aniya dari”，作“aniyadari”；“niyalmabe”，作“niyalma be”；“gisumbe”，作“gisun be”；“guwangnin”，作“guwangning”。《滿文原檔》第三大恨中“niowanggiyaha”，《大清太祖武皇帝實錄》滿文本作“cingho”，《滿洲實錄》滿文本作“cing ho”；“nikan hūlhame”，《大清太祖武皇帝實錄》滿文本、《滿洲實錄》滿文本作“daiming gurun i niyalma hūlhame”；“jušen i babe”，作“manju i ba be.”《滿文原檔》第五大恨的滿文為“udu udu jalan halame han i jase tuwakiyame tehe caiha fanaha sancara ere ilan goloi jušen i tarifi yangsaha jekube gaibuhakū nikan cooha tucifi bošoho. tere sunja koro.”句中“udu udu”，《內閣藏本滿文老檔》作“ududu”；“jekube”作“jeku be”。《滿文原檔》所載第五大恨中“sancara”，《大清太祖武皇帝實錄》滿文作“sancira”，漢字作「山七拉」，即三岔。《滿文原檔》記載第六大恨中“giribuhe”，《大清太祖武皇帝實錄》滿文作“girubuha”。《滿文原檔》記載第七大恨中“abka minde buhe manggi nikan han geli hadade dafi mimbe albalame ini bade unggi seme unggibufi. mini unggihe hadai niyalmabe yehei niyalma udu udu jergi cooha sucufi gamaha.”意即「天與我後，明帝又助哈達，逼令我釋還其地。」《大清太祖武皇帝實錄》滿文作“abkai buhe hada be daiming han geli hada de dafi mimbe ergeleme ini bade unggi seme unggibuhe. mini unggihe hadai niyalma be yehei cooha ududu jergi sucufi

gamaha." 意即「天與之哈達，大明皇帝又助哈達逼令我釋還其
地。後葉赫兵將我所釋哈達之人擄掠數次。」明帝，《滿文原檔》
作 "nikan han"，《大清太祖武皇帝實錄》作 "daiming han"。通
過比較，可知《滿文原檔》中的 "nikan"，《清太祖武皇帝實錄》
滿文作 "daiming"；"jušen"，作 "manju"。

六、撫順額駙 ── 以努爾哈齊致李永芳 滿文書信為中心的比較

　　撫順城在渾河北岸，是明朝駐軍重地，城東是撫順關，是明
朝與女真馬市所在。撫順所遊擊李永芳是遼東鐵嶺人。天命三年
（1618）四月十五日，清太祖努爾哈齊率兵圍攻撫順城。《清史稿・
李永芳傳》記載，「四月甲辰昧爽，師至撫順所，遂合圍，執明兵
一使持書諭永芳曰：明發邊疆外衛葉赫，我乃以師至，汝一游擊
耳，戰亦豈能勝？今諭汝降者，汝降，則我即日深入，汝不降，
是誤我深入期也。汝多才智，識時務，我國方求才，稍足備任使，
猶將舉而用之，與為婚媾，況如汝者，有不加以寵榮，與我一等
大臣同列者乎？汝若欲戰，矢豈能識汝？既不能勝，死復何益？
且汝出城降，我兵不復入，汝士卒皆安堵。若我師入城，男婦老
弱，必且驚潰，亦大不利於汝民矣。勿謂我恫喝不可信也。汝思
區區一城，且不能下，安用興師？失此弗圖，悔無及已。降不降，
汝熟計之，毋不忍一時之忿，違我言而僨事也[14]。」

---

14 《清史稿校註》，第十冊（臺北，國史館，1986 年），頁 8065。

3-1：《大清太祖武皇帝實錄》

滿文

滿文轉寫羅馬拼音

tofohon i cimari daiming gurun i fušun soo hecen be kame generede emu niyalma be jafafi bithe jafabufi fušun soo hecen i iogi hafan li yung fang be daha seme takūraha. tere bithei gisun suweni daiming gurun i cooha jase tucifi yehei gurun de dame tehe turgunde bi te daiming gurun be dailambi. fušun soo hecen i ejen iogi hafan si afaha seme eterakū kai. bi simbe dahaha manggi, te uthai julesi šumilame dosiki sembi, si daharakū oci mini dosirengge tookambi kai. si afarakū oci mini dosirengge tookambi kai. si afarakū dahaha de sini kadalaha cooha irgen be acinggiyarakū, kemuni sini fe doroi ujire si ai jaka be ambula bahanara niyalma kai. sini anggala mujakū niyalma be inu tukiyefi jui bufi sadun jafafi banjimbi. simbe sini da banjihaci geli wesimbufi mini uju jergi ambasai gese ujirakū doro bio?si ume afara, afaci mini coohai niyalmai gabtaha sirdan simbe takambio?yasa akū sirdan de goici bucembi kai. hūsun isirakū bade daharakū afaci bucehe seme ai tusa, okdome tucifi dahaci mini cooha dosindarakū, sini kadalaha cooha be si yooni bahafi bargiyambi kai. mini cooha dosika de hecen i juse hehe golofi samsimbikai, tuttu oci doro ajigen ombikai. si aikabade mini gisun be ume akdarakū ojoro. bi sini ere emu hecen be baharakū oci ere cooha ilimbio? ufaraha manggi, jai aliyaha seme ai tusa, hecen i dorgi amba ajigan hafasa cooha irgen suwe hecen nisihani dahaci juse sargan niyaman hūncihin fakcarakū ohode suwende inu amba urgun kai, dahara daharakū be suwe inu ambula seolehe de sain kai. emu majige andan i jili de mende akdarakū, ere weile be ume efulere daha seme bithe buhe[15].

<table>
<tr><td>漢
文</td><td>十五日晨，往圍撫順城，執一人齎書與遊擊李永芳令之降。書曰：因爾大明兵助夜黑，故來征之，量爾撫順遊擊戰亦不勝。今欲服汝輒深向南下，汝設不降，恐我前進。若不戰而降，必不擾爾所屬軍民，仍以原禮優之。況爾乃多識見人也，不特汝然，縱至微之人，猶超拔之，結為婚姻，豈有不超陞爾職與吾大臣相齊之理乎？汝勿戰，若戰，則吾兵所發之矢，豈有目能識汝乎？倘中則必死矣。力既不支，雖戰死，亦無益。若出降，吾兵亦不入城，汝所屬軍民，皆得保全。假使吾兵攻入，城中老幼必致驚散，爾之祿位亦卑薄已，勿以吾言為不足信。汝一城若不能拔，朕何以興兵為？失此機會，後悔無及，其城中大小官員軍民等果舉城納降，父母妻子親族，俱不使離散，是亦汝等之福也。降與不降，汝等熟思，慎勿以一朝之忿而不信，遂失此機也[16]。</td></tr>
</table>

<table>
<tr><td colspan="2" align="center">3-2：《滿洲實錄》</td></tr>
<tr><td>滿
文</td><td></td></tr>
<tr><td>滿文轉寫羅馬拼音</td><td>tofohon i cimari, daiming gurun i fušun šo hecen be kame generede, emu niyalma be jafafi bithe jafabufi fušun šo hecen i iogi hafan lii yung fang be daha seme takūraha. tere bithei gisun, suweni daiming gurun i cooha jase tucifi, yehei gurun de dame tehe turgunde, bi te daiming gurun be dailambi, fušun šo hecen i ejen iogi hafan si afaha seme eterakū kai. bi simbe dahaha manggi, te uthai julesi šumilame dosiki sembi, si daharakū oci mini dosirengge tookambi kai, si afarakū dahaha de sini kadalaha cooha irgen be acinggirakū, kemuni sini fe doroi ujire, si ai jaka be ambula bahanara niyalma kai, sini anggala mujakū niyalma be inu tukiyefi jui bufi sadun jafafi banjimbi,simbe sini da banjihaci geli wesimbufi, mini uju jergi ambasai gese ujirakū doro bio? si ume afara, afaci mini coohai niyalma i gabtaha sirdan simbe takabio?yasa akū sirdan de goici bucembi kai, hūsun isirakū bade daharakū afaci, bucehe seme ai tusa, okdome tucifi dahaci mini cooha dosindarakū, sini kadalaha cooha be si yooni bahafi bargiyambi kai, mini cooha dosika de hecen i juse hehe golofi samsimbikai, tuttu oci doro ajigen</td></tr>
</table>

16　《大清太祖武皇帝實錄》，漢文本，卷二，頁 34。

	ombikai, si aikabade mini gisun be ume akdarakū ojoro, bi sini ere emu hecen be baharakū oci, ere cooha ilimbio? ufaraha manggi, jai aliyaha seme ai tusa, hecen i dorgi amba ajigan hafasa cooha irgen suwe hecen nisihai dahaci juse sargan niyaman hūncihin fakcarakū ohode, suwende inu amba urgun kai,dahara daharakū be suwe inu ambula seolehede sain kai, emu majige andan i jili de mende akdarakū, ere weile be ume efulere, daha seme bithe buhe[17].
漢文	十五日晨，往圍撫順城，執一人齎書與遊擊李永芳令之降。書曰：因爾明國兵助葉赫，故來征之，量爾撫順遊擊戰爭亦不勝。今欲服汝輒深向南下，汝設不降，誤我前進。若不戰而降，必不擾爾所屬軍民，仍以原禮優之。況爾乃多識見人也，不特汝然，縱至微之人，猶超拔之，結爲婚姻，豈有不超陞爾職與吾大臣相齊之理乎？汝勿戰，若戰，則吾兵所發之矢，豈有目能識汝乎？倘中則必死矣。力既不支，雖戰死，亦無益。若出降，吾兵亦不入城，汝所屬軍民，皆得保全。假使吾兵攻入，城中老幼必致驚散，爾之祿位亦卑薄矣，勿以吾言爲不足信。汝一城若不能拔，朕何以興兵爲？失此機會，後悔無及，其城中大小官員軍民等果舉城納降，父母妻子親族，俱不使離散，是亦汝等之福也。降與不降，汝等熟思，慎勿以一朝之忿而不信，遂失此機也。

　　將《大清太祖武皇帝實錄》滿文與《滿洲實錄》滿文互相比較後，可知兩者相近，其中 "fušun soo"，《滿洲實錄》滿文作 "fušun šo"；"coohai niyalmai gabtaha sirdan"，《滿洲實錄》滿文作 "coohai niyalma i gabtaha sirdan"；"seolehe de"，《滿洲實錄》滿文作 "seolehede"。其餘文字俱相同。兩者漢文則頗有出入。其中「大明兵」，《滿洲實錄》漢文作「明國兵」；「夜黑」，《滿洲實錄》漢文作「葉赫」；「父母妻子親族」，滿文作 "juse sargan niyaman hūncihin"，意即「婦孺親族」，滿漢文義略有出入；「是亦汝等之福也」，滿文作 "suwende inu amba urgun kai"，意即「亦汝等之大喜也」。

---

17 《滿洲實錄》，卷四，見《清實錄》（一），頁 204。

3-3：《滿文原檔》

滿文

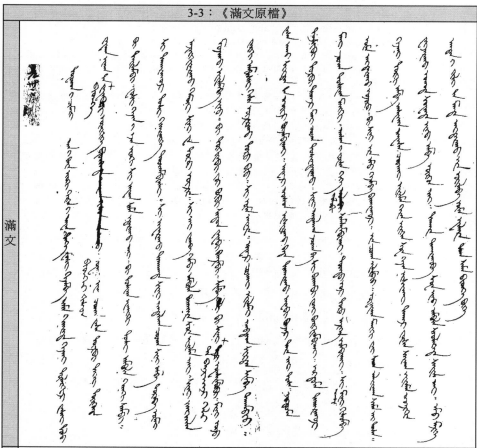

滿文轉寫羅馬拼音

tofohon i cimari han i beye iogi hergen i hafan i tehe fusi hecembe kame generede, heceni tulergici jasei dolo jafaha nikan de bithe jafabufi unggihe, bithei gisun, suweni nikan cooha jase tucifi tehei turgunde, bi dailambi, fusi hecen i ejen iogi si afaha seme eterakū kai. bi dosika inenggi dosi ambula geneki sembi. si daharakūci, dosi generengge tookambi kai. si afarakū dahahade sini kadalaha cooha, sini amba dorobe umai acinggiyarakū, kemuni sini fe doroi ujire, si ai jakabe gemu ambula bahanara sure niyalma kai. sini anggala, mujakū niyalmabe inu. bi tukiyefi jui bufi sadun jafafi banjimbi. simbe bi sini da banjihaci geli wesimbufi, mini uju jergi ambasai gese ujirakū doro bio? si ume afara, afaci coohai niyalmai gabtaha sirdan simbe takambio? yasa akū sirdan de goici, bucembi kai. afaci hūsun isirakū bade, daharakū afafi buceci, tere ai tusa,

	okdome tucifi dahaci meni cooha dosindaraku, sini kadalaha cooha be si bahafi yoni bargiyambikai. okdome daharakuci, meni cooha dosika manggi, gašan i juse hehe golofi samsimbikai. tuttu oci. doro ajigen ombikai.si aikabade mini gisumbe ume akdaraku ojoro. bi sini ere emu hecembe baharakuci, ere cooha ilimbio? ufaraha manggi, jai aliyaha seme ai tusa. heceni dorgi amba asihan hafasa, coohai niyalma, geren irgen suwe hecen nisihai dahaci, juse sargan niyaman honcihin fakcaraku ohode, suwende inu amba urgun kai, dahara daharakūbe suwe inu ambula seolehe de sain kai, emu majige andan i jili de mende akdaraku, ere weilebe ume efulere, daha seme bithe buhe[18].
漢文	十五日晨，汗親自往圍遊擊官所駐撫順城時，由城外執邊內漢人遣其齎書與遊擊官令之降。書曰：因爾明兵出邊駐守，故我來征討，爾撫順城主遊擊雖戰，亦不勝也。我進之日即欲深入，爾設不降，則誤我進入。爾若不戰而降，則不擾爾所屬兵丁，爾之大禮並不更動，仍以原禮養之，況爾乃多識見聰明人也。不特爾也，縱至微之人亦超擢之，以女妻之，結爲婚姻，豈有不擢陞爾職，與我大臣相齊之理乎？爾勿戰，若戰，則我兵所發之矢，豈能識爾？倘中無目之矢，則必死矣。雖戰，力既不支，不降而戰死，亦有何益？若出城迎降，我兵亦不入城，爾所屬兵丁皆得保全矣。假使不肯迎降，我兵攻入後，村中婦孺必致驚散，如此，禮亦卑微矣。爾勿以我言爲不足信，我若不能得爾此一城，此兵豈能罷休也？失此機會，後悔何益？城中大小官員、軍民人等果舉城納降，妻子親族不使離散，是亦爾等之大喜也。降與不降，爾等亦宜熟思，勿以一朝之忿而不信我，遂失此機也。

	3-4：《內閣藏本滿文老檔》
滿文	

滿文轉寫羅馬拼音	tofohon i cimari han i beye, iogi hergen i hafan i tehe fusi hecen be kame genere de, hecen i tulergi ci jasei dolo jafaha nikan de bithe jafabufi unggihe bithei gisun, suweni nikan cooha jase tucifi tehe turgunde, bi dailambi, fusi hecen i ejen iogi si afaha seme eterakū kai, bi dosika inenggi dosi ambula geneki sembi. si daharakūci, dosi generengge tookambi kai, si afarakū dahaha de, sini kadalaha cooha, sini amba doro be umai acinggiyarakū, kemuni sini fe doroi ujire, si ai jaka be gemu ambula bahanara sure niyalma kai, sini anggala, mujakū niyalma be inu. bi tukiyefi jui bufi sadun jafafi banjimbi, simbe bi sini da banjiha ci geli wesibufi mini uju jergi ambasai gese ujirakū doro bio? si ume afara, afaci, coohai niyalmai gabtaha sirdan simbe takambio? yasa akū sirdan de goici, bucembi kai, afaci hūsun isirakū bade, daharakū afafi buceci, tere ai tusa, okdome tucifi dahaci, meni cooha dosindarakū, sini kadalaha cooha be si bahafi yooni bargiyambi kai, okdome daharakūci, meni cooha dosika manggi, gašan i juse hehe golofi samsimbi kai, tuttu oci, doro ajigen ombikai, si aikabade mini gisun be ume akdarakū ojoro, bi sini ere emu hecen be baharakūci, ere cooha ilimbio? ufaraha manggi, jai aliyaha seme ai tusa, hecen i dorgi amba asihan hafasa, coohai niyalma, geren irgen suwe hecen nisihai dahaci, juse sargan, niyaman hūncihin fakcarakū ohode, suwende inu amba urgun kai, dahara daharakū be suwe inu ambula seolehe de sain kai, emu majige andan i jili de mende akdarakū, ere weile be ume efulere, daha seme bithe buhe[19].
漢文	十五日晨，汗親自往圍遊擊官所駐撫順城時，由城外執往內漢人齎其齎書與遊擊官令之降。書曰：因爾明兵出邊駐守，故我來征討，爾撫順城主遊擊雖戰，亦不勝也。我進之日即欲深入，爾設不降，則誤我進入。爾若不戰而降，則不擾爾所屬兵丁，爾之大禮並不更動，仍以原禮養之，況爾乃多識見聰明人也。不特爾也，縱至微之人亦超擢之，以女妻之，結為婚姻，豈有不擢陞爾職，與我大臣相齊之理乎？爾勿戰，若戰，則我兵所發之矢，豈能識爾？倘中無目之矢，則必死矣。雖戰，力既不支，不降而戰死，亦有何益？若出城迎降，我兵亦不入城，爾所屬兵丁皆得保全矣。假使不肯迎降，我兵攻入後，村中婦孺必致驚散，如此，禮亦卑微矣。爾勿以我言為不足信，我若不能得爾此一城，此兵豈能罷休也？失此機會，後悔何益？城中大小官員、軍民人等果舉城納降，妻子親族不使離散，是亦爾等之大喜也。降與不降，爾等亦宜熟思，勿以一朝之忿而不信我，遂失此機也。

《滿文原檔》滿文與《內閣藏本滿文老檔》滿文的不同，較常見的是滿文虛字連寫或不連寫的習慣，彼此不同。譬如：《滿文原檔》滿文 "fusi hecembe"，《內閣藏本滿文老檔》滿文作 "fusi hecen be"； "generede"，《內閣藏本滿文老檔》滿文作 "genere de"； "tulergici"，《內閣藏本滿文老檔》滿文作 "tulergi ci"。

---

19 《內閣藏本滿文老檔》，第二函，第六冊，頁 260。

《滿文原檔》滿文虛字連寫的習慣，頗爲常見。其次，由於讀音的差異，而有出入。譬如：《滿文原檔》滿文"yoni"；《內閣藏本滿文老檔》滿文作"yooni"；"niyaman honcihin"，《內閣藏本滿文老檔》滿文作"niyaman hūncihin"。兩者的內容，並無不同。將《大清太祖武皇帝實錄》滿文與《滿文原檔》滿文互相對照，有助於了解彼此的異同。《滿文原檔》滿文"fusi hecen"，《大清太祖武皇帝實錄》滿文作"fušun soo hecen"；"iogi hergen i hafan"，《大清太祖武皇帝實錄》滿文作"iogi hafan li yung fang"；"nikan cooha"，《大清太祖武皇帝實錄》滿文作"daiming gurun i cooha"；"jase tucifi tehei turgunde"，《大清太祖武皇帝實錄》滿文作"jase tucifi yehei gurun de dame tehe turgunde"；"si ai jakabe gemu ambula bahanara sure niyalma kai"，《大清太祖武皇帝實錄》滿文作"si ai jaka be ambula bahanara niyalma kai"；"gašan i juse hehe"，《大清太祖武皇帝實錄》滿文作"hecen i juse hehe"；"amba asihan hafasa"《大清太祖武皇帝實錄》滿文作"amba ajigan hafasa"。經過對照後，可知《大清太祖武皇帝實錄》滿文本的纂修，主要是取材於《滿文原檔》，保存了珍貴的史料。

七、結　語

保存史料，是修史的主要目的。探討文獻，還原歷史，不能忽視滿文的檔案文獻，《大清太祖武皇帝實錄》滿文本，保存了豐富的滿文史料。探討《大清太祖武皇帝實錄》滿文本的分佈地區、原藏地點、寫本異同、史料價值，是掌握滿文文獻的基礎工作。

北京中國第一歷史檔案館藏《大清太祖武皇帝實錄》滿文本，

全四卷，四冊。北京國家圖書館藏本，存三卷，三冊。臺北故宮博物院藏北平圖館本，存三卷，三冊。日本《東方學紀要》影印滿文北京圖書館本，存三卷，三冊。此外，美國國會圖書館藏本，存三卷，三冊。在各種寫本中，美國國會圖書館藏本，與臺北故宮博物院藏北平圖館本是相同寫本。日本《東方學紀要》本，與臺北故宮博物院藏北平圖館本，原藏地點相同，其滿文內容相同，字體書法相近，而滿文虛字連寫或不連寫的習慣，彼此不同，是兩種不同寫本。

　　現藏《滿洲實錄》繪寫本，分別成書於天聰、乾隆年間。將《大清太祖武皇帝實錄》與乾隆年間繪寫本《滿洲實錄》滿漢文人名、地名互相對照後，可知滿文人名及滿文地名，彼此大致相同，所不同的是在漢文部分。《大清太祖武皇帝實錄》中的漢文人名，俚俗不雅者，屢見不鮮，譬如：滿文 "erdeni baksi"，《大清太祖武皇帝實錄》漢文本譯作「榜識厄兒得溺」，《滿洲實錄》漢文改譯為「巴克什額爾德尼」。滿文 "hūrgan hiya"，《大清太祖武皇帝實錄》漢文譯作「虎憨兒」，《滿洲實錄》漢文改譯為「扈爾漢轄」。漢文地名，或因俚俗，或因譯音不合，多有改譯，譬如：滿文 "hetu ala"，《大清太祖武皇帝實錄》漢文作「黑禿阿喇」，《滿洲實錄》漢文改譯為「赫圖阿拉」。滿文 "suksuhu bira"，《大清太祖武皇帝實錄》漢文作「蘇蘇河」，滿、漢文讀音不合。《滿洲實錄》改譯為「蘇克素護河」，滿、漢讀音相近。

　　滿文的創製，對滿族民族共同體的形成，產生了凝聚的作用。《大清太祖武皇帝實錄》滿文本與《滿洲實錄》滿文本有關清太祖創製滿文經過的記載，其滿文內容，彼此相同。清太祖以七宗惱恨興兵伐明，《滿文原檔》、《大清太祖武皇帝實錄》滿文本、《滿洲實錄》滿文本、《內閣藏本滿文老檔》等檔案官書所載七宗惱恨

的滿文內容，大致相同。《滿文原檔》、《內閣藏本滿文老檔》中的
"nikan"（明）、"jušen"（諸申），《大清太祖武皇帝實錄》、《滿
洲實錄》俱作"daiming"（大明）、"manju"（滿洲），其餘內
容文字出入不大。清太祖率兵圍攻撫順城時，曾致書遊擊李永芳。
「撫順城」，《滿文原檔》、《內閣藏本滿文老檔》俱作"fusi
hecen"，《大清太祖武皇帝實錄》滿文本作"fušun soo hecen"。
「遊擊李永芳」，《滿文原檔》、《內閣藏本滿文老檔》滿文俱作
"iogi hergen i hafan"，《大清太祖武皇帝實錄》滿文作"iogi
hafan li yung fang"。「大清太祖武皇帝實錄」滿文"daiming gurun
i cooha jase tucifi yehei gurun de dame tehe turgunde"，漢文作「大
明兵助夜黑」。《滿文原檔》滿文作"nikan cooha jase tucifi tehei
turgunde"，句中"tehei"，《內閣藏本滿文老檔》滿文作
"tehe"。由於《大清太祖武皇帝實錄》滿文本的纂修，主要是
取材於《滿文原檔》等原始檔案，而保存了珍貴的史料，對研究
清朝前史提供了重要的參考文獻。

《滿文原檔・三仙女神話》
臺北，國立故宮博物院

文獻足徵

—— 以康熙朝滿文本《起居注冊》為中心的比較研究

一、前　言

　　起居注是官名，掌記注之事，起居注官記錄帝王言行的檔冊，稱爲《起居注檔冊》，簡稱《記注冊》，又習稱《起居注冊》，是類似日記體的一種史料。其體例起源甚早，周代已設左史、右史之職。漢武帝時，禁中有起居注。王莽時，置柱下五史，聽事侍旁，記載言行，以比古代左右史。東漢明帝、獻帝時，俱置起居注。魏晉時，著作郎兼掌起居注。北魏孝文帝太和十四年（490），置起居令史。隋代置起居注舍人。唐代更置起居郎、起居舍人。唐代記注體例，是以事繫日，以日繫月，以月繫時，以時繫年，並於每季彙送史館，起居注制度日臻完善。宋代仿唐代制度，仍以起居郎及起居舍人分掌記注。元朝雖設起居注，惟所記皆臣工奏聞事件，不記君主言行。明朝洪武初年即置起居注，北京大學圖書館所藏《萬曆起居注》是迄今存世較早、較完整的起居注冊。

　　清朝入關以前，內國史院的職掌，主要爲記注皇帝詔令，但尚未正式確立起居注的官名。順治十年（1653）正月，工科都給事中劉顯績奏稱：

　　自古帝王，左史記言，右史記動，期昭示當時，垂法後世。
　　我皇上種種美政，史不勝書，乞倣前代設立記注官，凡有
　　詔諭，及諸臣啟奏，皇上一言一動，隨事直書，存貯內院，
　　以為聖子神孫萬事法則[1]。

　　給事中劉顯績的建議，並未被採行。康熙七年（1668）九月，
內秘書院侍讀學士熊賜履疏稱：

　　皇上一身，宗廟社稷所倚賴，中外臣民所瞻仰。近聞車駕
　　將幸邊外，伏乞俯採芻言，收回成命，如以農隙講武，則
　　請遴選儒臣，簪筆左右，一言一動，書之簡冊，以垂永久[2]。

　　侍讀學士熊賜履所奏「一言一動，書之簡冊」，就是記注起居。
原奏奉旨「是，朕允所奏，停止邊外之行，所稱應設起居注官，
知道了。」據《欽定大清會典事例》的記載，康熙九年（1670），
始置起居注館於太和門西廊。《清史稿》亦謂「康熙九年，始設起
居注館，在太和門西廡。置滿洲記注官四人，漢八人，以日講官
兼攝。」起居注館隸屬翰林院（bithei yamun）。據清實錄的記載，
清朝正式設置起居注官是始於康熙十年（1671）八月。是月十六
日，實錄記載：

　　設立起居注，命日講官兼攝，添設漢日講官二員，滿漢字
　　主事二員，滿字主事一員，漢軍主事一員[3]。

　　起居注官是從掌院學士以下，編檢以上，侍講、侍讀等，由
翰林院開列請簡。每日二員侍值，將應記之事，以滿漢文分別記
注。起居注館的編制，日益擴大。康熙十一年（1672），增設滿字
筆帖式四員，滿漢字筆帖式二員。次年，增設滿洲記注官一員，

1　《清世祖章皇帝實錄》，卷71，頁15。順治十年正月庚辰，據劉顯績奏。
2　《清聖祖仁皇帝實錄》，卷27，頁4。康熙七年九月壬子，據熊賜履奏。
3　《清聖祖仁皇帝實錄》，卷36，頁15。康熙十年八月甲午，記事。

漢記注官二員。康熙十六年（1677），增設滿洲記注官一員。康熙二十年（1681），增設記注官八員，至此，滿漢記注官共二十二員。因記注起居關係機要，其滿洲記注官，「必用上三旗人方可」。滿漢記注官日直記載，會同校閱，並將起居注冊會同內閣諸臣看封儲庫。康熙二十二年（1683）二月初一日，起居注冊有一段記載云：

> 翰林院爲康熙二十一年起居注冊照例會同內閣諸臣看封貯庫，以綠頭簽啟奏。上曰：「爾等可同內閣諸臣來奏，另有諭旨。」少頃，同內閣諸臣進。上曰：「記注起居事跡，將以垂之史冊，所關甚要。或在朕前原未陳奏，乃在外妄稱如何上奏，如何奉旨？私自緣飾開寫送起居注館。且每日止該直官二員記注，或因與己相善，特美其辭；與己不相善，故抑其辭，皆未可知。起居注官能必其盡君子乎？記注冊朕不欲親閱，朕所行政事，即不記注，其善與否，自有天下人記之。爾等傳諭九卿、詹事、科、道等官會議，應作何公看？如以所無之事誣飾記注者將嚴懲焉[4]！」

起居注冊的記載，因爲可以垂之史冊，所以必須客觀，不可緣飾。其應如何公看之處，九卿等遵旨議奏。次日，起居注冊有一段記載：

> 上又問曰：「昨所諭起居注檔冊事，九卿等公議若何？」大學士明珠等奏曰：「九卿公議云，起居注事宜皆記載機密，垂諸史冊者，所關重大，臣等不敢閱。且滿漢起居注官，共二十二員，日直記載俱係公同校閱，凡九卿官員所奏之事，從無私自繕寫送進史館記注之例。如有繕寫送進者，

4　《清代起居注冊・康熙朝》，第十四冊（北京，中華書局，2009 年 9 月），B006495。康熙二十二年二月初一日，記事。

起居注衙門必進呈御覽，方敢入冊，向來定例如此。」上
曰：「知道了，可仍照舊例[5]。」

大學士等固然不敢閱看起居注冊，康熙皇帝亦不親閱。起居
注冊由滿漢起居注官公同校閱，從無私自繕寫送進史館記注之
例。其記注檔案，亦不得任意私自刪抹。

康熙年間，記注官日直記事，從未間斷。但在康熙末年，起
居注官奉命裁撤。康熙五十五年（1716），兩江總督赫壽題請寬免
江南舊欠錢糧。部議不准行。後來赫壽又摺奏求免，康熙皇帝批
令繕本具題，戶部滿大臣力主不行。康熙皇帝後來始知赫壽受人
囑託，確有情弊。且西北正值軍事孔殷之時，故未准所請，照部
議分年帶徵。康熙五十六年（1717）三月間，記注官陳璋等查閱
檔案，欲將康熙皇帝未蠲免舊欠錢糧前後諭旨不符之處，指出書
寫。是月十六日，起居注冊有一段記載：

> 辰時，上御暢春園內澹寧居，召大學士、學士、九卿、詹
> 事、科、道入。上曰：「記注官陳璋于今年三月內查閱檔案，
> 抄朕去年十二月所諭江南錢糧之旨與趙熊詔，伊等皆屬有
> 心，特以朕于去年曾諭江南舊欠錢糧相應蠲免，今年未行
> 蠲免，意欲將朕前後互異之處，指出書寫耳。去年赫壽請
> 頒特恩蠲免前項錢糧摺奏，朕批令繕本具題。及繕本具題
> 後，朕知赫壽受人囑託，又私行通同商定具題欺朕，且以
> 西邊正用兵餉之時，故舊欠未准蠲免，照依部議分年帶徵。
> 朕御極以來，蠲免天下錢糧數千萬兩，豈有惜此些微錢糧
> 之理？江南官員眾多，赫壽唯欲沽取善譽于官，而民殊不
> 感戴，且聲名不堪。朕于事無不經歷，人亦焉能欺朕？朕

---

5 《清代起居注冊‧康熙朝》，第十四冊，頁 B006498。康熙二十二年二月
初二日，諭旨。

豈肯以大權授人乎？若不將此故曉諭諸臣，爾必謂朕前後諭旨不符，所係非輕。且漢人著作籍內，有將未題之稿云欲行具奏，以事已完結未獲具奏等語。似此並未入告者，尚且書寫，況其他乎？起居注衙門記注諭旨，原為敬慎起見。然自古未有久行設立者，亦有旋立旋止者，皆由所記不實故耳。記注官所記諭旨，朕從不檢閱，交與大學士等校看。大學士等事務繁多，亦無暇細校。又或以師生同年瞻顧情面，恐致仇怨，即有錯謬之處，亦不指出。殊不知記注諭旨，雖一字皆有關係。朕聽政之日，記注官入侍，伊等身尚無措，豈能備記諭旨，詳悉記載耶？侍班漢官歸寓後，將朕諭旨纂寫，數日方攜至署，與滿官校看，又每爭競是非。由此觀之，將朕諭旨多遺漏舛訛可知。唯朕硃書諭旨及批本發科之旨，始為真確耳，其起居注所記，難于憑信也[6]。」

　　由引文內容可知起居注官所記諭旨的纂修及其校看情形，侍班漢記注官返回寓所後，始將諭旨纂寫，經過數日後方攜至起居注衙門，與滿洲記注官校看，起居注館進呈御覽時，康熙皇帝並不檢閱，照例交給大學士等校看。但因大學士等事務繁雜，記注官所記諭旨，多無暇細校，所以起居注冊內所錄諭旨，仍須與硃筆諭旨及批本發科諭旨互相對照，以免有遺漏舛訛之處。康熙五十七年（1718）三月初三日，起居注冊有一段記載：

　　自古以來，設立起居注，立數月而廢者有之，立一、二年而廢者有之，未有如朕設立之久者。今觀記注官內，年少微員甚多，皆非經歷事體之人。伊等自顧不暇，豈能詳悉

6　《清代起居注冊‧康熙朝》，第三十一冊，頁 B015640。康熙五十六年三月十六日，諭旨。

記朕之言？或有關係大臣之事央求於彼，即行任意粉飾，
將朕之旨，愈致錯誤，不能詳記者甚多。記注之事，關係
甚重，一言失實，即啟後世之疑。即如趙熊詔亦曾私自抄
錄。若朕設立起居注，閱一、二年即行裁革，或疑朕畏他
人議論是非。朕御極已五十七年，與自古在位未久者不同，
是非無煩伊等記注。此衙門甚屬無益。爾等會同九卿，將
作何裁革之處，詳議具奏[7]。

　　歷代以來，起居注官的設置，或數月而廢，或一、二年而廢。
康熙初年設立起居注衙門以後，歷時長久，已經形成一種傳統制
度。康熙皇帝雖因起居注官記載失實而將起居注衙門裁撤，但在
雍正元年（1723）翰林院又奉旨恢復起居注衙門，如康熙五十六
年（1717）以前故事，於雍正皇帝視朝臨御、祭祀壇廟之時，令
滿漢講官各二人侍班，除記錄諭旨、政務外，所有君主一言一事，
俱令書諸簡冊。恢復建置的起居注衙門，其員額雖有變動，但起
居注衙門直至清朝末年，依然存在，其記注工作，亦未曾間斷。

　　清代歷朝起居注冊，包含滿文本與漢文本兩套。康熙十年
（1671）八月，正式設置起居注官，起居注冊記載即始於是年九
月，滿漢文本九、十月各合為一冊，其餘每月各一冊，閏月各增
一冊。康熙五十七年（1718）三月十五日以後，起居注冊停止記
注。起居注冊記注的範圍很廣，凡逢朝會、御殿、御門聽政、有
事郊廟、外藩入朝、大閱校射、勾決重囚等，起居注官都分日侍
直。凡謁陵、校獵、駐蹕南苑、巡狩方岳，記注官俱扈從。康熙
皇帝親詣兩宮問安，起居注官亦隨行記注。但昏定晨省，問安視
膳，為子孫常禮，康熙十四年（1675），康熙皇帝諭令侍值官不必

7　《清代起居注冊・康熙朝》，第三十二冊，頁 B016412。康熙五十七年三
　　月初三日，諭旨。

隨行。每日御門聽政一切應商酌事件，起居注官除照常記注外，遇有折本啓奏，則令侍班記注。至於滿漢臣工題奏事件，則須分別對譯，滿洲記注官據滿字奏章纂修滿文本起居注冊；漢記注官則據漢字奏章纂修漢文本起居注冊。其滿漢文諭旨亦各據滿漢字諭旨分別纂修滿漢文本起居注冊。在康熙年間，諭旨及奏章多以滿字書寫，因此，漢文本起居注冊必俟譯出漢字後始據譯漢諭旨或譯漢奏章纂修漢文本起居注冊。

　　纂修清史的宗旨，主要是保存史料。本文撰寫的旨趣，是嘗試以滿文本《起居注冊》爲基本史料，探討康熙朝《起居注冊》的史料價值。從《起居注冊》的記載分析康熙年間（1662-1722）常見的滿文詞彙，考察康熙年間的滿文書法特色。雍正八年（1730），清世宗雍正皇帝編纂《聖祖庭訓格言》，其部分內容，與《起居注冊》的記載，頗爲相近，將《起居注冊》與《聖祖庭訓格言》的滿文進行比較，有助於了解彼此的異同。雍正年間（1723-1735），纂修《聖祖仁皇帝實錄》，《起居注冊》是主要的史料來源，將《起居注冊》與《聖祖仁皇帝實錄》的滿文進行比較，有助於了解康熙朝滿文本《起居注冊》的特色。

二、康熙朝《起居注冊》滿文本的史料價值

　　清初本章制度，沿襲明朝舊制，例行公事，使用題本；臣工一己私事，則用奏本。題本用印，奏本不用印。直省臣工題奏本章，均須投送通政使司轉遞。奏摺是由奏本因革損益而來的一種新創文書。奏本與題本的主要區別是在於事件內容的公私問題，奏摺內容，無論公私，凡涉及機密事件，或多所顧忌，或有改弦更張之請，或有不便顯言之處，或慮獲風聞不實之咎等等，都在

摺奏之列。奏摺的款式，較奏本簡便，末幅不必書明紙張字數。
為求保密，臣工具摺時，必須親手書寫，字畫務須粗大，不必按
奏本用細字體書寫。奏摺進呈，多由親信家丁齎遞入京，不得擅
動驛馬，不經通政使司轉呈，而逕至宮門呈進，或由皇帝親信大
臣轉呈。皇帝親自啓封披覽，親手批諭，一字不假手於人。康熙
年間採行的奏摺，就是朝廷體制外的一種通訊工具，亦即皇帝和
相關文武大臣之間所建立的單線書面聯繫。康熙皇帝屢諭各省將
軍、總督、巡撫、提督、總兵官將本省或鄰封之事，俱應於請安
摺子，附陳密摺。內閣部院大臣亦當與諸省大臣一體於請安摺子
各將應奏之事，一併陳奏，或部院大小諸事，或旗下事務，凡有
應奏聞者，應條陳者，各罄所見，開列陳奏，所言是，則擇而用
之；所言非，則手書訓諭。凡有陳奏，俱無洩漏，一概奏摺，不
遲時刻，康熙皇帝親手批諭發還。臣工具摺時，或漢字，或滿字，
因人而異。康熙皇帝御駕親征朔漠期間，奉派將領俱係滿洲大臣，
且所派出之兵，亦係滿洲、蒙古兵丁，因此，所有軍機事件，俱
用滿文奏摺，滿文奏摺扮演了重要的文書角色。《起居注冊》滿
文本的纂修，保存了頗多滿文奏摺等直接史料。可從《起居注冊》
滿文本所載撫遠大將軍費揚古奏報噶爾丹病故一摺的內容，與費
揚古滿文奏摺進行比較，說明《起居注冊》滿文本的史料價值。
可分別將費揚古滿文奏摺、《起居注冊》所載費揚古滿文奏摺，
影印於後。

（一）滿文奏摺

[滿文圖檔]

（1）羅馬拼音：

amba jiyanggiyūn be fiyanggū i wesimbuhe bithe. goroki be dahabure amba jiyanggiyūn hiya kadalara dorgi amban be amban fiyanggū sei gingguleme wesimburengge, g'aldan i bucehe, danjila sei dahara babe ekšeme boolame wesimbure jalin, amban be, elhe taifin i

gūsin ningguci aniya duin biyai ice uyun de, sair balhasun
gebungge bade isinjiha manggi, ūlet i danjila sei takūraha cikir
jaisang ni jergi uyun niyalma jifi alarangge, be ūlet i danjila i
takūraha elcin, ilan biyai juwan ilan de g'aldan aca amtatai
gebungge bade isinafi bucehe, danjila, noyan gelung, danjila i
hojihon lasrun, g'aldan i giran, g'aldan i sargan jui juncahai be
gajime uheri ilan tanggū boigon be gaifi enduringge ejen de
dahame ebsi jifi, baya endur gebungge bade ilifi, hese be
aliyame tehebi, enduringge ejen adarame jorime hese wasimbuci,
wasimbuha hese be gingguleme dahame yabumbi, urjanjab
jaisang, urjanjab i deo sereng, aba jaisang, tar jaisang, aralbai
jaisang, erdeni ujat lama se, juwe tanggū boigon be gaifi,
dzewang arabtan be baime genehe. erdeni jaisang, usta taiji,
boroci jaisang hošooci, cerimbum jaisang se, juwe tanggū
boigon be gaifi, danjin ombu be baime genehe. danjila sei
wesimbure bithe, ne mende bi sembi, cikir jaisang sede, g'aldan
adarame bucehe, danjila ainu uthai ebsi jiderakū, baya endur
bade tefi, hese be aliyambi sembi seme fonjici alarangge,
g'aldan ilan biyai juwan ilan i erde nimehe, yamji uthai bucehe,
ai nimeku be sarkū, danjila uthai jiki seci, morin umesi turga,
fejergi urse amba dulin gemu ulga akū yafagan, geli kunesun
akū, uttu ojoro jakade, baya endur bade tefi, hese be aliyame bi,
enduringge ejen ebsi jio seci, uthai jimbi sembi, danjila sei
takūraha elcin be gemu ejen i jakade benebuci, niyalma largin,
giyamun i morin isirakū be boljoci ojorakū seme, cikir jaisang
be teile, icihiyara hafan nomcidai de afabufi, ejen i jakade

hahilame benebuhe, aldar gelung ni jergi jakūn niyalma be,
amban be godoli balhasun de gamafi, tebuhe giyamun deri ejen i
jakade benebuki, danjila i wesimbure emu bithe, noyan gelung
ni wesimbure emu bithe, danjila i hojihon lasrun i wesimbure
emu bithe be suwaliyame neneme dele tuwabume wesimbuhe.
erei jalin ekšeme gingguleme donjibume wesimbuhe. elhe taifin
i gūsin ningguci aniya duin biyai ice uyun.

（2）滿文漢譯：

大將軍伯費揚古奏章

撫遠大將軍領侍衛內大臣伯費揚古等謹奏，爲火急奏報噶爾
丹之死，丹濟拉等來降事。康熙三十六年四月初九日，臣等
來至賽爾巴爾哈孫地方時，有厄魯特丹濟拉等所遣齊奇爾寨
桑等九人前來告稱：我等係厄魯特丹濟拉所遣之使者，三月
十三日，噶爾丹至名叫阿察阿穆塔台地方時死亡。丹濟拉、
諾顏格隆、丹濟拉之婿拉思綸攜噶爾丹屍骸及噶爾丹之女鍾
察海，共三百戶來投聖主，駐於名叫巴雅恩都爾地方候旨，
聽從聖主如何降旨指示，即欽遵所領諭旨而行。吳爾占扎布
寨桑、吳爾占扎布之弟色稜、阿巴寨桑、塔爾寨桑、阿喇爾
拜寨桑、額爾德尼吳扎特喇嘛等帶領二百戶往投策妄阿喇布
坦；額爾德尼寨桑、吳思塔台吉、博羅齊寨桑和碩齊、車凌
布木寨桑等帶領二百戶往投丹津鄂木布。丹濟拉等之奏章，
現今在我等之處云云。問齊奇爾寨桑等：噶爾丹如何死亡？
丹濟拉何以不即前來而留駐巴雅恩都爾地方候旨？據告稱：
噶爾丹於三月十三日早晨得病，至晚即死，不知何病？丹濟
拉欲即前來，因馬甚瘦，屬眾大半皆無牲口而徒步，復無行
糧，故暫駐巴雅恩都爾地方候旨，聖主若許其前來，即遵旨

前來等語。若將丹濟拉等所遣使者俱解送聖主處，則恐因人混雜，驛馬不敷，故僅將齊奇爾寨桑交由朗中諾木齊代作速解送皇上跟前，阿爾達爾格隆等八人，則由臣等攜往郭多里巴爾哈孫地方，由駐防驛站解送皇上跟前。丹濟拉奏章一件，諾顏格隆奏章一件，丹濟拉之婿拉思綸奏章一件，俱一併先行奏呈御覽，爲此火急敬謹奏聞。康熙三十六年四月初九日[8]。

（二）《起居注冊》滿文

---

8 《宮中檔康熙朝奏摺》，第九輯（臺北，故宮博物院，1977 年 6 月），頁
35。康熙三十六年四月初九日，費揚古滿文奏摺。

（1）羅馬拼音

tofohon de, niowanggiyan singgeri inenggi, dele, bugūtu i bade
tataha. ere inenggi, goroki be dahabure amba jiyanggiyūn, hiya be
kadalara dorgi amban be fiyanggū sei wesimbuhengge, g'aldan i
bucehe, danjila sei dahara babe ekšeme boolame wesimbure jalin, amban
be elhe taifin i gūsin ningguci aniya, duin biyai ice uyun de sair
balhasun gebungge bade isinjiha manggi, ūlet i danjila sei
takūraha cikir jaisang ni jergi uyun niyalma jifi alarangge, be
ūlet i danjila i takūraha elcin, ilan biyai juwan ilan de g'aldan
aca amtatai gebungge bade isinafi bucehe, danjila, noyan gelung,
danjila i hojihon lasrun, g'aldan i giran, g'aldan i sargan jui
jucihai be gajime uheri ilan tanggū boigon be gaifi enduringge

ejen de dahame ebsi jifi, bayan endur gebungge bade ilifi hese
be aliyame tehebi, enduringge ejen adarame jorime hese
wasimbuci, wasimbuha hese be gingguleme dahame yabumbi,
urjanjab jaisang, urjanjab i deo sereng, ab jaisang, tar jaisang,
aralbai jaisang erdeni ujat lama se juwe tanggū boigon be gaifi,
dzewang rabtan be baime genehe, erdeni jaisang, usta taiji,
boroci jaisang, hošoci, cering bum jaisang se juwe tanggū
boigon be gaifi, danjin ombu be baime genehe, danjila sei
wesimbure bithe,ne mende bi sembi, cikir jaisang sede g'aldan
adarame bucehe, danjila ainu uthai ebsi jiderakū, bayan endur
bade tefi, hese be aliyambi sembi seme fonjici, alarangge,
g'aldan ilan biyai juwan ilan i erde nimehe, yamji uthai bucehe,
ai nimeku be sarkū, danjila uthai jiki seci, morin umesi turga,
fejergi urse amba dulin gemu ulga akū yafagan, geli kunesun
akū, uttu ojoro jakade, bayan endur bade tefi hese be aliyame bi,
enduringge ejen ebsi jio seci, uthai jimbi sembi, danjila sei
takūraha elcin be gemu ejen i jakade benebuci, niyalma largin,
giyamun i morin isirakū be boljoci ojorakū seme, cikir jaisang
be teile, icihiyara hafan nomcidai de afabufi, ejen i jakade
hahilame benebuhe, aldar gelung ni jergi jakūn niyalma be,
amban be godoli balhasun de gamafi, tebuhe giyamun deri ejen i
jakade benebuki, danjila i wesimbure emu bithe, noyan gelung
ni wesimbure emu bithe, danjila i hojihon lasrun i wesimbure
emu bithe be suwaliyame neneme dele tuwabume wesimbuhe,

erei jalin ekšeme gingguleme donjibume wesimbuhe sehe[9].

（2）《起居注冊》漢文

十五日甲子，上駐蹕布古圖地方。是日，撫遠大將軍領侍衛內大臣伯費揚古等奏，爲飛報噶爾丹已死丹濟喇等投降事。臣等於康熙三十六年四月初九日至塞爾巴爾哈孫地方，有厄魯特丹濟喇等所遣齊奇爾寨桑等九人來稱：我等係厄魯特丹濟喇所遣之使，三月十三日，噶爾丹死於阿察阿木塔台地方，丹濟喇、諾顏格隆、丹濟喇之壻拉思倫，攜帶噶爾丹尸骸，並噶爾丹之女朱戚海，共三百餘戶投皇上前來，駐於巴顏恩都爾地方候旨，皇上作何發落，以便遵旨施行。吳爾占渣布寨桑、吳爾占渣布之弟色冷、阿布寨桑、塔爾寨桑、阿喇爾拜寨桑、額爾得尼吳渣特喇麻等帶得二百戶人投策旺拉布灘而去，額爾得尼寨桑、吳思塔台吉、博羅齊寨桑、和碩齊、車凌奔寨桑等帶二百戶人投丹津鄂木布而去，丹濟喇等所奏之本，現在我等處等語。問齊奇爾寨桑等噶爾丹所死亡之故，並丹濟喇爲何不即行前來駐於巴顏恩都爾地方候旨？據云：噶爾丹於三月十三日早得病，至晚即死，不知是甚病症？丹濟喇欲即行前來，因馬甚瘦，而所帶人等大半無馬，俱屬步行，又無行糧，爲此駐於巴顏恩都爾地方候旨，皇上如命其前來，彼即速至。今若將丹濟喇所遣之使盡送行在，恐人多，驛馬不足，故止將齊奇爾寨桑交與郎中諾木齊岱，速送行在，其阿爾達爾格隆等八人，臣等帶至郭多里巴爾哈孫地方，由所設驛站送往行在。所有丹濟喇奏本一件，諾顏格隆奏本一件，丹濟喇之壻拉思倫奏本一件，一併先行奏聞。

9　《起居注冊》滿文本（臺北，故宮博物院），康熙三十六年四月十五日，記事。

　　《起居注冊》滿、漢文的內容，大致相合。《起居注冊》滿文本"danjila i wesimbure emu bithe, noyan gelung ni wesimbure emu bithe, danjila i hojihon lasrun i wesimbure emu bithe be suwaliyame neneme dele tuwabume wesimbuhe, erei jalin ekseme gingguleme donjibume wesimbuhe sehe"。意即「所有丹濟喇奏本一件，諾顏格隆奏本一件，丹濟喇之壻拉思倫奏本一件，一併先行奏呈御覽，為此火速敬謹奏聞。」滿、漢文本的內容詳略頗有出入。將《起居注冊》滿文與撫遠大將軍費揚古滿文奏摺進行比較，有助於了解《起居注冊》的纂修過程。《起居注冊》滿文本是抄錄滿文奏摺內容，稍作修改，並按記注體例纂修成冊。滿文奏摺中如"g'aldan i sargan jui juncahai"，句中"juncahai"（鍾察海），《起居注冊》修改為"jucihai"（朱戚海）；"baya endur"（巴雅恩都爾），改為"bayan endur"（巴顏恩都爾）；"aba jaisang"（阿巴寨桑），改為"ab jaisang"（阿布寨桑）；"dzewang arabtan"（策妄阿喇布坦），改為"dzewang rabtan"（策旺拉布灘）；"cerimbum jaisang"（車凌布木寨桑），改為"cering bum jaisang"（車凌奔寨桑）。修改的部分，僅限於一些人名和地名，其餘滿文內容文句，並未改易。滿文奏摺、《起居注冊》滿文俱指出：「噶爾丹於三月十三日早晨得病，至晚即死，不知何病？」纂修史書的主要目的，就是保存史料，《起居注冊》滿文本的纂修，確實保存頗多珍貴的滿文史料。《聖祖仁皇帝實錄》也記載撫遠大將軍費揚古奏摺的內容，照錄於下。

　　　　甲子，御舟泊布古圖地方。撫遠大將軍伯費揚古疏報，康熙三十六年四月初九日，臣等至薩奇爾巴爾哈孫地方，厄魯特丹濟拉等遣齊奇爾寨桑等九人來告曰：閏三月十三日，噶爾丹至阿察阿穆塔台地方，飲藥自盡，丹濟拉、諾

顏格隆、丹濟拉之壻拉思綸攜噶爾丹尸骸及噶爾丹之女鍾
齊海，共率三百戶來歸。丹濟拉因馬疲瘠，又無糧糇，是
以住於巴雅恩都爾地方候旨，其吳爾占扎卜、色稜、阿巴、
塔爾、阿喇拜爾、額爾德尼吳爾扎忒喇嘛等帶二百戶投策
妄阿喇布坦而去，額爾德尼寨桑、吳思塔台吉、博羅齊寨
桑、和碩齊車林奔寨桑等帶二百戶投丹津鄂木而去。除將
齊奇爾寨桑等九人馳送行在外，臣等於十三日統領大軍前
往丹濟拉所住巴雅恩都爾地方，即押丹濟拉等前來，如其
心懷反覆，即行剿滅[10]。

　　實錄雖然摘錄費揚古滿文奏摺內容，惟其篡改史料，已失修
史宗旨。滿文奏摺、《起居注冊》俱載噶爾丹於康熙三十六年（1697）
三月十三日早晨得病，至晚即死，不知何病？實錄將「三月十三
日」改為閏三月十三日；噶爾丹病故，實錄改為「飲藥自盡」，
篡改史料，相較而言，實錄是官書，屬於間接史料，或稱二手史
料，其史料價值，不及《起居注冊》。

三、康熙朝《起居注冊》中的通行滿文詞彙

　　康熙朝滿、漢文本《起居注冊》內含有各種滿、漢文詞彙，
除了人名、地名及術語外，還有許多常用語，對照滿、漢文後，
有助於了解康熙年間（1662-1722）滿文的讀音，以及滿文詞彙的
繙譯。可就現存滿、漢文本《起居注冊》內常見詞彙列出簡表如
後，首列漢文詞彙，次列滿文詞彙，對照滿、漢文詞彙，對研究
康熙年間的滿文，是不可忽視的課題。表中庫勒納（ku le na），

10　《清聖祖仁皇帝實錄》，卷183，頁7。康熙三十六年四月甲子，據費揚
　　古奏。

滿文讀如"kurene"。熊賜履（xiong si liu），滿文讀如"hiong sy li"。崔蔚林（cui wei lin），滿文讀如"ts'ui ioi lin"。李霨（li wei），滿文讀如"li ioi "。秦檜（gin kuai），滿文讀如"cin hūi"。米芾（mi fu），滿文讀如"mi fei"。石柱（shi zhu），滿文讀如"siju"。彭孫遹（peng sun yu），滿文讀如"peng sun i"。朝鮮人張以立（zhang yi li），滿文讀如"jang i ribi"。朴時雄（pu shi xiong），滿文讀如"baksi on i"。奴道所（nu dao suo），滿文讀如"nodorsu"。胤礽（yin cheng），滿文讀如"in ceng"。嚴我斯（yan wo si），滿文讀如"yan o sy"。文華殿，滿文讀如"wen hūwa diyan"，乾清宮，滿文讀如"kiyan cing gung"，神武門，滿文讀如"šen u men duka"，都是漢字讀音的音譯。東直門，滿文讀如"tob dergi duka"，意即正東門。南苑，滿文讀如"sirga kūwaran"，意即獐子苑，又稱海子。正陽門，滿文讀如"tob šun i duka"，滿、漢文義相合。保和殿，滿文讀如"enteheme hūwaliyambure diyan"，意即永和殿，滿、漢文義略有出入。太和殿，滿文讀如"amba hūwaliyambure diyan"，意即大和殿。黑龍江，滿文讀如"aihūn"，意即璦琿，康熙二十三年（1684），在璦琿築黑龍江城，為鎮守黑龍江等處將軍駐所。船廠，滿文讀如"girin i ula"，意即吉林烏拉。布拉忒吳郎海，滿文讀如"burat urangha"，意即木中人，或林中人。句中"urangha"，又作"uriyanghai"，或"uliyanghai"，同音異譯。理學，滿文讀如"doroi tacin"，意即道學。《宋史》纂修諸臣為表彰道學，特創道學列傳，以道學為宋代儒學主流。《明史》纂修諸臣調和漢宋，確立儒林為儒學主流，並以《儒林列傳》統括《道學列傳》，是故只立《儒林列傳》，宋明儒學主流理學，又稱道學，不能忽視其歷史背景。

清康熙年間（1662-1722）滿漢文詞彙對照表

順序	漢字	滿字	羅馬拼音	備注	順序	漢字	滿字	羅馬拼音	備注
1	庫勒納		kurene	漢字讀音 ku le na	2	熊賜履		hiong sy li	漢字讀音 xiong si liu
3	崔蔚林		ts'ui ioi lin	cui wei lin	4	李霨		li ioi	li wei
5	秦檜		cin hūi	qin kuai	6	米芾		mi fei	mi fu
7	石柱		siju	shi zhu	8	彭孫遹		peng sun i	peng sun yu
9	張以立		jang i ribi	zhang yi li	10	朴時雄		baksi on i	pu shi xiong
11	奴道所		nodorsu	nu dao suo	12	胤礽		in ceng	yin cheng

13	嚴我斯		yan o sy	yan wo si	14	文華殿		wen hūwa diyan	wen hua dian
15	乾清宮		kiyan cing gung	qian ging gong	16	神武門		šen u men duka	shen wu men
17	東直門		tob dergi duka	正東門	18	南苑		sirga kūwaran	獐子苑
19	正陽門		tob šun i duka	正陽門	20	保和殿		enteheme hūwaliyambure diyan	永和殿

21	太和殿		amba hūwaliyam bure diyan	大和殿	22	黑龍江		aihūn	璦琿
23	船廠		girin i ula	吉林烏拉	24	布拉忒吳郎海		burat urangha	木中人
25	理學		doroi tacin	道學	26	格物		ai jaka be hafumbi	通達事物
27	良知		banitai sara	天賦之知	28	體裁		durun kooli	格律體制

29	學術	tacin bodohon	（tacin i doro）	30	都俞吁咈	mujangga, inu,ai, murtashūn	真、是、噯、謬
31	淳化	šūn hūwa	chun hua	32	敕書	hesei bithe	敕諭
33	奏摺	wesimbure jedz	啓奏摺子	34	指南針	julergi be toktobure ulme	定南針
35	元宵節	hacin i ucuri	上元節	36	上辛	ujui šahūn inenggi	第一辛日

37	中辛	jai šahūn inenggi	第二辛日	38	異端	encu demun	encu hacin i demun
39	福果	hūturi karulan	福報	40	方士	fangga niyalma	有法術之人
41	休咎	hūturi jobolon	禍福	42	益友	nonggibure gucu	增益之友
43	損友	ekiyendere gucu	減損之友	44	青苔	niolmun	niolmon

45	妾		gocika hehe	asihan sargan	46	近視		genggiyen cukūlu	cukūlu
47	中暑		halhūn de wenjembi	halhūn goimbi	48	袖手旁觀		gala joolafi tehei tuwambi	gala ulhilefi dalbade tuwambi
49	大法小廉		amba hafan fafungga oci ajige hafan hanja ombi						

資料來源：康熙朝滿漢文本《起居注冊》，
臺北，國立故宮博物院。

　　表中格物，滿文讀如"ai jaka be hafumbi"，意即通達事物。良知，滿文讀如"banitai sara"，意即天賦之知，或生而知之。體裁，滿文讀如"durun kooli"，意即格律、規律、體制。學術，滿文讀如"tacin bodohon"。安雙成主編《滿漢大辭典》作"tacin i doro"。《起居注冊》內記載諭旨曰：「朕觀古來帝王如唐虞之都俞吁咈，唐太宗之聽言納諫。君臣上下如家人父子，情誼浹洽，故能陳善閉邪，各盡所懷，登於至治。」句中「都俞吁咈」，滿文讀如"mujangga, inu, ai, murtashūn"，意即真的、是也、噯噫、謬誤。《書·益稷》：「禹曰：都，帝慎乃在位。」「帝曰：俞。」又《堯典》：「帝曰：吁，咈哉。」句中都為歎美之辭，俞者，然其言，吁者非所當意，咈者甚不然之辭。後世用為比喻君臣同心合德相與討論之辭。表中淳化，為宋太宗第四個年號，端拱二年（989）後，改元淳化（990-994）。淳化滿文讀如"šūn hūwa"，漢音"shun hua"。敕書，滿文讀如"hesei bithe"，《滿漢大辭典》作敕諭。奏摺滿文讀如"wesimbure jedz"，意即啓奏摺子。摺子（jedz），原指題奏本章中的職名單或清單，乾隆年間改摺子（jedz）的滿文為"bukdari"。奏摺，《滿漢大辭典》作"wesimbure bukdari"，是指乾隆年間以降的文書名稱而言，並非康熙年間的滿文詞彙。指南針，滿文讀如"julergi be toktobure ulme"，意即定南針，可補《滿漢大辭典》的疏漏。指南針，《錫漢教學詞典》（sibe nikan gisun kamcibuha tacibure buleku bithe）作"julesi jorikū"。元宵節，滿文讀如"hacin i ucuri"，又作"hacin i inenggi"，意即上元節。上辛，滿文讀如"ujui šahūn inenggi"，意即第一辛日，或首辛日。中辛，滿文讀如"jai šahūn inenggi"，意即第二辛日，或次辛日。異端，滿文讀如"encu demun"，又作"encu hacin i demun"意即異樣的詭計，或詭計多端。福果，滿文讀如"hūturi karulan"，意即福報。方士，滿文讀如"fangga niyalma"，意即有法術的人。休咎，滿文讀如"hūturi jobolon"，意即福禍。益友，滿文讀如"nonggibure gucu"，意即增益之友。損友，滿文讀如"ekiyendere gucu"，意即減損之友。青苔，滿文讀如"niolmun"，《滿漢大辭典》、《錫漢教學詞典》等俱作"niolmon"。妾，滿文讀如"gocika hehe"，意即隨身女人，《孟子》作"asihan sargan"。近視眼，滿文讀如"genggiyen cukūlu"，意即雀盲眼，《錫漢教學詞典》作"cukūlu"。中暑，滿文讀如"halhūn de wenjembi"，《滿漢大辭典》作"halhūn goimbi"。袖手旁觀，滿文讀如"gala joolafi tehei tuwambi"，《滿漢大辭典》作"gala ulhilefi dalbade tuwambi"，似就漢文字義直譯，遠不及康熙年間通行滿文。句中"joolafi"即袖手，或束手。大法小廉，滿文讀如"amba hafan fafungga oci ajige hafan hanja ombi"，意即倘若大吏嚴肅法紀，則小吏廉潔自持。表中所列詞彙是康熙年間見於《起居注冊》的通行滿文，雖然是以管窺天，但若充分掌握滿文本《起居注冊》的詞彙，必能增補辭典的疏漏。

四、康熙朝滿文《起居注冊》的書法特色

康熙年間（1662-1722），起居注官侍班記注，按月纂修《起居注冊》。雍正元年（1723）正月初八日，大學士馬齊等議准纂修清聖祖實錄開館事宜，正式著手纂修《聖祖仁皇帝實錄》，歷時九載，於雍正九年（1731）十二月二十日纂輯成書。實錄的纂修，起居注冊是主要的史料來源。將康熙朝《起居注冊》與《聖祖仁皇帝實錄》的滿文本進行比較，除了內容詳略不同外，其滿文書法，亦各有特色。為了便於說明，可以康熙十七年（1678）五月十五日甲寅記事為例，進行比較。先將《起居注冊》漢文、滿文

及《聖祖仁皇帝實錄》滿文內容分別照錄於後。

　　十五日甲寅，上駐蹕碧雲寺。是日，上由臥佛寺至碧雲寺。
上於馬上顧大學士明珠及侍衛等并張英、高士奇曰：朕觀
古來帝王如唐虞之都俞吁咈，唐太宗之聽言納諫，君臣上
下，如家人父子，情誼浹洽，故能陳善閉邪，各盡所懷，
登於至治。明朝末世，君臣隔越，以致四方疾苦，生民利
弊，無由上聞。我太祖、太宗、世祖相傳以來，上下一心，
滿漢文武，皆為一體，情誼常令周通，隱微無有間隔，一
遊一豫，體恤民情，創作艱難，立萬世不易之法。朕雖涼
德，上慕前王之盛事，凜遵祖宗之家法，思與天下賢才，
共圖治理，常以家人父子之意，相待臣僚，罔不兢業，以
前代為明鑒也。大學士明珠等對曰：皇上所行，事事上追
聖帝，仰法祖宗，宵旰勤政，日御宮門，親理萬幾，與大
臣講論治道，民情微隱，洞悉聖衷。臣等濫叨隆遇，或掌
幾密，或侍左右，日見皇上留心政治，遊幸之際，未嘗不
以天下為念。更願乾行不息，慎始慎終，超漢唐之君，鑒
明末之弊。臣等雖駑劣不堪，敢不勉思往代良臣，以盡愚
蓋，仰副聖明孜孜求治之心也[11]。

---

[11]《清代起居注冊・康熙朝》，第六冊，頁 B002610。康熙十七年五月十五日，
　　記事。

ᠪᠣᠯᠠᠢ ᠂ ᠪᡳ ᠣᡳᠯᠠ ᠂ ᠵᠠᠢ ᠪᠣᠵᡳ ᠂ ᠰᠠᠪᡳ ᠠᠮᠪᠠ ᠪᠤᠯᠠᡳ ᠂ ᠣᠢᠯᠠ ᠰᠠᡳᠨ ᠰᠠᡳᠨ ᠂ ᠪᠣᠵᡳ ᠂ ᠣᠢᠯᠠ ᠂ ᠰᠠᠢᠨ ᠣ ᠮᡝᠨᠢ ᠂ ᠠᠮᠪᠠ ᠪᠤᠯᠠᠢ ᠃

《起居注冊》滿文，康熙十七年
五月十五日甲寅

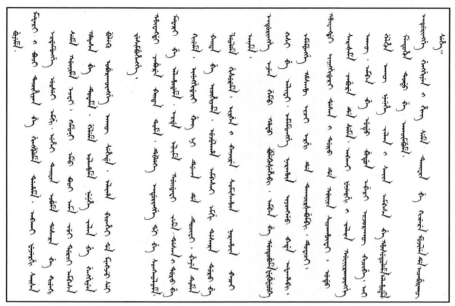

《聖祖仁皇帝實錄》，康熙十七年五月十五日甲寅

　　《起居注冊》中「上駐蹕碧雲寺。是日，上由臥佛寺至碧雲寺。上於馬上顧大學士明珠及侍衛等并張英、高士奇。」實錄改爲「上幸西郊觀禾。顧大學士明珠等。」「常以家人父子之意，相待臣僚。」句中「父子之意」實錄作「父子之誼」。「更願乾行不息，慎始慎終，超漢唐之君，鑒明末之弊」云云，實錄刪略不載。《起居注冊》中「一遊一豫，體恤民情，創作艱難，立萬世不易之法。朕雖涼德，上慕前王之盛事，凜遵祖宗之家法，思與天下賢才，共圖治理，常以家人父子之意，相待臣僚，罔不兢業，以前代爲明鑒也。」《起居注冊》滿文本作"emgeri sarašara, emgeri sebjelere de seme, irgen i banjire be giljame gosime, jobocuka suilacuka ci fukjin deribume, tumen jalan i halarakū kooli be ilibuha, bi udu erdemu akū bicibe, nenehe wang ni wesihun yabun be buyeme mafari i booi kooli be gingguleme dahame, abkai fejergi saisa erdemungge urse i emgi uhei taifin obume dasara be kiceki seme gūnime ofi, kemuni emu booi ama jui doro i ambasa hafasa be tuwame, geleme olhome nenehe jalan be genggiyen buleku oburakūngge akū sehe." 《聖祖仁皇帝實錄》滿文本作"emgeri sarašara, emgeri sebjelere de seme, gemu irgen i banjire be giljame gosime ofi, tuttu jobocuka suilacuka ci fukjin deribufi, tumen jalan i halarakū kooli be ilibuha, bi udu erdemu nekeliyen bicibe, nenehe wang ni wesihun yabun be buyeme, mafari i booi tacihiyan be gingguleme dahame, abkai fejergi saisa erdemungge ursei emgi, uhei taifin obume dasara be kiceki seme gūnime ofi, kemuni emu booi ama jui doroi ambasa hafasa be tuwame, geleme olhome nenehe jalan be genggiyen buleku oburakūngge akū sehe." 句中「體恤民情，創作艱難。」《起居注冊》滿文作"irgen i banjire be giljame gosime, jobocuka suilacuka ci fukjin deribume,"《聖祖仁皇帝實錄》作"gemu irgen i banjire be giljame gosime ofi, tuttu jobocuka suilacuka ci fukjin deribufi,"意即「皆因體恤民情，是以創作艱難。」漢文「朕雖涼德」,《起居注冊》滿文作"bi udu erdemu akū bicibe",意即「朕雖無德」。《聖祖仁皇帝實錄》滿文作"bi udu erdemu nekeliyen bicibe",意即「朕雖德薄」。漢文「凜遵祖宗之家法」,《起居注冊》滿文作"mafari i booi kooli be gingguleme dahame",意即「凜遵祖宗之家規」。《聖祖仁皇帝實錄》滿文作"mafari i booi tacihiyan be gingguleme dahame",意即「凜遵祖宗之庭訓」。爲了說明滿文書法的特色，可列簡表如下：

清康熙朝起居注冊與實錄滿文字體對照表

順序	起居注冊	聖祖實錄	漢字	羅馬拼音	順序	起居注冊	聖祖實錄	漢字	羅馬拼音
1			甲	niowanggiyan	2			寅	tasha
3			日	inenggi	4			（大）	aliha
5			（學）	bithei	6			（士）	da
7			明珠	mingju	8			等	sei
9			面向	baru	10			看	tuwame
11			古的	julgei	12			把	be
13			看時	tuwaci	14			唐	tang

15			虞	ioi	16			（都）	mujangga
17			（俞）	inu	18			（吁）	ai
19			（咈）	murtashūn	20			太宗	taidzung
21			之	ni	22			聽從	dahaha
23			勸諫	tafulaha	24			採納	gaihangge
25			家的	booi	26			如同	adali
27			情誼	mujilen	28			關閉	yaksime
29			勞苦	suilara	30			民	irgen

31			滿洲	manju	32			漢人	nikan
33			貫通	hafumbume	34			因爲	jakade
35			細微	narhūn	36			歡樂	sebjelere
37			不改易	halarakū	38			左側	hashū

資料來源：《起居注冊》、《聖祖仁皇帝實錄》滿文本，康熙十七
年（1678）五月十五日甲寅，記事。

　　探討清代滿洲語文的發展，不能忽視滿文的書法，書寫滿字
的筆順、字體，在不同時期，不同文書的書寫習慣，不盡相同。
從《起居注冊》、《聖祖仁皇帝實錄》的纂修制度，可知康熙朝《起
居注冊》是康熙年間纂修繕寫的文獻，《聖祖仁皇帝實錄》則成書
於雍正九年（1731）。《起居注冊》、《聖祖仁皇帝實錄》的滿文，
都是盛清時期的滿文，其字體整齊工整，而各有特色，熟悉其字
體形狀，有助於滿文檔案的整理、典藏與研究。對滿文初學者而
言，康熙朝《起居注冊》的滿文，其筆順、字形清晰可見，對初
學者繕寫滿文，提供了極爲珍貴的書法範本。實錄中的滿文，逐

漸規範，成爲官書典籍滿文印刷體常見的字體。《起居注冊》中的滿文，其筆順及字體，繕寫清晰，康熙朝以後，官書典籍，已屬罕見。在對照表中所列《起居注冊》的滿文，如「明珠」（mingju）、「歡樂」（sebjelere）中的"ju"、"je"，其筆順與實錄不同；「寅」（tasha）、「唐」（tang）等字的字牙，筆順清晰；「勞苦」（suilara）、「民」（irgen）等字中的"r"，其筆順較清晰，對書寫滿文，都可提供臨摹的參考。

五、滿文本《起居注冊》與《聖祖庭訓格言》的比較

《庭訓格言》，一卷，是雍正八年（1730）清世宗皇帝追述清聖祖康熙皇帝訓語編纂而成的官書，凡二百四十六則，武英殿刊漢文本，計一冊。武英殿刊滿文本，題爲《聖祖庭訓格言》，一卷，二冊。乾隆年間文淵閣四庫全書寫本題爲《聖祖仁皇帝庭訓格言》。雍正皇帝在御製序中指出，「朕曩者偕諸昆弟侍奉宮庭，親承色笑，每當視膳問安之暇，天顏怡悅，倍切恩勤，提命諄詳，鉅細悉舉。其大者如對越天祖之精誠，侍養兩宮之純孝，主敬存誠之奧義，任人敷政之宏猷，慎刑重穀之深仁，行師治河之上略，圖書經史禮樂文章之淵博，天象地輿歷律步算之精深，以及治內治外養性修身射御方藥，諸家百氏之論說，莫不隨時示訓，遇事立言，字字切於身心，語語垂爲模範。蓋由我皇考質本生知，而加以好學，聖由天縱，而益以多能，舉天地間萬事萬物之理，融會貫通，以其得之於心者，宣爲至孝，視聽言勸，悉合經常，飲食起居，咸成矩度，而聖慈篤摯，啓迪周詳，涵育薰陶，循循善誘。朕四十年來，祗聆默識，夙夜凜遵，仰荷纘承，益圖繼述，追思疇昔，天倫之樂，緬懷叮嚀，告戒之言，既歷歷以在

心，尚洋洋其盈耳，謹與誠親王允祉等記錄各條，萃會成編，恭名為《庭訓格言》。」

將《起居注冊》與《庭訓格言》滿漢文互相對照，有助於了解《庭訓格言》的纂修過程。《起居注冊》滿文 "hese wasimbuhangge"，《庭訓格言》滿文亦作"hese wasimbuhangge"，意即「諭曰」。《庭訓格言》漢文本作「訓曰」。《庭訓格言》記載，「訓曰：走遠路之人，行數十里，馬既出汗，斷不可飲之水，秋季猶可，春時雖無汗，亦不可令飲，若飲之，其馬必得殘疾，汝等切記。」句中「馬既出汗，斷不可飲之水。」滿文作"morin nei tucike manggi, ainaha seme ume melere."《起居注冊》也有雷同的記載，「諭曰：兵丁馬匹漸有疲瘦者，此皆玩忽不謹之故。朕所乘馬，俟其汗乾，然後飲水，故常肥健。嗣後兵丁若仍前玩忽不謹，以致所給官馬四匹疲瘦不堪用者，定行正法，著通行曉示。」句中「朕所乘馬，俟其汗乾，然後飲水。」滿文作"mini morin be nei olhoho manggi, teni meleme."《庭訓格言》中的滿文詞彙，與《起居注冊》不盡相同，為了便於說明，可將《起居注冊》、《庭訓格言》滿文常用詞彙列舉如下。

康熙朝《起居注冊》與《聖祖庭訓格言》滿文詞彙對照表

順序	漢字	起居注冊	庭訓格言	其他	備注	順序	漢字	起居注冊	庭訓格言	其他	備注
1	指南針					2	俞咈都呼				

3	良知				4	灼艾			
5	不耐暑				6	中暑			
7	日晷								

資料來源：
《聖祖庭訓格言》，雍正八年武英殿刊
滿文本；《起居注冊》滿文本，臺北，
故宮博物院。

　　《起居注冊》引諺語論曰：「諺云，清明霜，穀雨雪，言不
足爲害也。總之，南北地氣不同，節候各異，寒暑之遲早，全視

太陽之遠近，所以赤道度數，最宜詳審，欲定南北之向，惟以太陽正午所到之處爲準，即指南針亦不能無偏，設有鐵器在傍，則針爲所引，亦復不準。」句中「指南針」，《起居注冊》作"julergi be toktobure ulme"，意即「定南針」，可補滿文辭書的疏漏。《庭訓格言》據漢文「指南針」將滿文譯爲"julergi be jorire ulme"。《錫漢教學詞典》、《滿漢大辭典》俱作"julesi jorikū"。

　　《起居注冊》記載諭旨云：「朕觀古來帝王如唐虞之都俞吁咈，唐太宗之聽言納諫。君臣上下，如家人父子，情誼浹洽，故能陳善閉邪，各盡所懷，登於至治。」句中「都俞吁咈」《起居注冊》、《庭訓格言》滿文俱作"mujangga, inu, ai, murtashūn"，意即「真、是、噯、謬」。語出《書・益稷》：「禹曰：都，帝慎乃在位。帝曰：俞。」又《堯典》：「帝曰：吁，咈哉。」「都」爲歎美辭，「俞」，然其言，「吁」，非所當意，「咈」，甚不然之辭。後世用爲君臣同心合德相與討論之辭。

　　《起居注冊》記載，「上曰：王守仁之說何如？崔蔚林奏：王守仁致良知三字，亦不差，良知即明德，致是推致，就篤行上說是王守仁用過學問思辨之功，認得良知真切，方能推致。」句中「良知」，《起居注冊》、《庭訓格言》滿文俱作"banitai sambi"，意即「生而知之」，《滿漢大辭典》作"salgangga sarasu"。「良知」，乾隆二十年（1755），乾隆皇帝敕譯《御製繙譯四書》滿漢合璧本亦作"salgangga sarasu"。漢字「灸艾」，又作「灼艾」，即在皮膚上燒著艾葉，用灼熱的方法來治病。灸艾，或灼艾，《起居注冊》、《庭訓格言》、《滿漢大辭典》、《五體清文鑑》等俱作"suiha sindambi"，意即「放艾」。

　　漢字「耐寒」《滿漢大辭典》滿文讀如"šahūrun de dosombi"。《起居注冊》記載，「上顧謂大學士伊桑阿曰：爾面色覺瘦？伊桑阿奏曰：臣昨日中暑，身體稍病。上又顧阿蘭泰曰：爾為何亦瘦？
阿蘭泰奏曰：臣苦於潮濕，所以稍瘦。上曰：爾二人，一不耐暑，
一不耐濕。」句中「耐暑」，《起居注冊》滿文作"halhūn de ojorakū"，
《庭訓格言》滿文作"halhūn de hamirakū"，句中"ojorakū"，意即
「不可」，"hamirakū"，意即「不能忍耐」，漢字「不耐暑」，滿文
作"halhūn de hamirakū"，較切近。句中「中暑」，《起居注冊》滿
文作"halhūn de wenjere"，意即「熱上加熱」，《滿漢大辭典》作
"halhūn goimbi"，似據漢字文義直譯。表中「日晷」，《起居注冊》
滿文作"šun i helmen be tuwara kemun"，意即「觀看日影之尺度」，
《庭訓格言》滿文作"erin tuwara ži gui"，意即「觀看時辰之日晷」，
《五體清文鑑》滿文分為"šun i kemun"和"erin i kemun"，意即「日
晷」和「時辰表」。

六、滿文本《起居注冊》與《聖祖仁皇帝實錄》的比較

　　清聖祖康熙皇帝在位期間，舉凡御門聽政，大學士等以折本
請旨，臣工奉上諭，萬幾餘暇巡幸省方等活動，起居注官多隨侍
記注，滿漢對譯，隨後纂修《起居注冊》，滿漢文義，彼此切合。
康熙六十一年（1722）十一月十三日，康熙皇帝崩於暢春園。同
年十二月二十四日，雍正皇帝命大學士馬齊為《聖祖仁皇帝實錄》
館監修總裁官，吏部尚書隆科多等為副總裁官。雍正元年（1723）
正月初八日，大學士馬齊等議准纂修實錄開館事宜，並開列纂修、
繙譯、收掌人員，發金匱秘藏，紀言紀事，鉅細靡遺，敬謹編輯，
歷時九載，於雍正九年（1731）十二月二十日纂修實錄告成，御
製序文，呈送大內尊藏。在金匱秘藏中，《起居注冊》是主要的
史料來源。節錄《起居注冊》、《聖祖仁皇帝實錄》的滿文，列

表比較，有助於了解滿文的異同。

清康熙朝滿文本《起居注冊》、《聖祖仁皇帝實錄》滿文對照表

時間	漢文	起居注冊	聖祖實錄	時間	漢文	起居注冊	聖祖實錄
十一年九月初四日	朕奉太皇太后			十一年十月初四日	聞皇后違和		
十一年十月初四日	太皇太后聖躬違和			十一年十月初四日	速往視之		
十一年十月初四日	適又自京城來奏，皇后病劇。			十四年二月十七日	講章內書寫稱頌之言		

十四年二月十七日	凡事俱宜以實	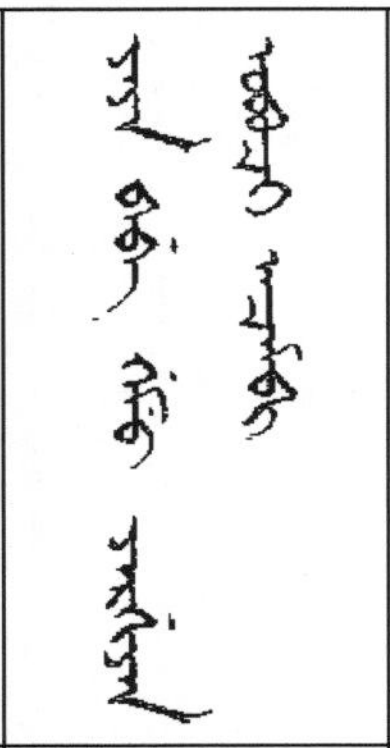	
十四年四月二十三日	問安視膳	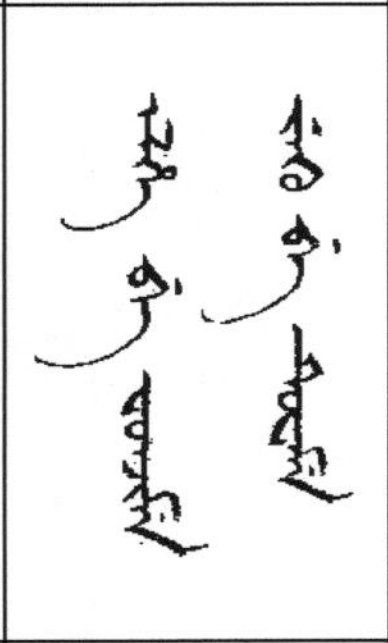	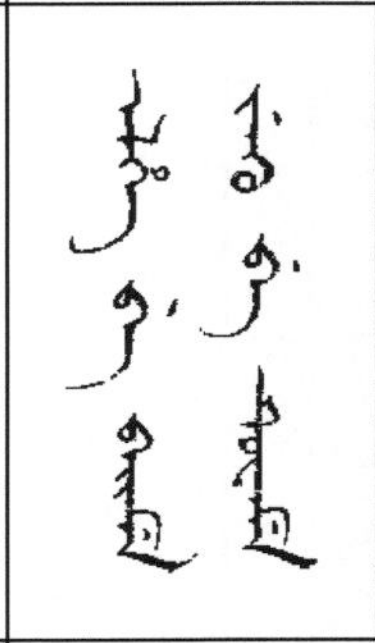
十七年五月十五日	朕雖涼德		
十四年二月十七日	似屬太過	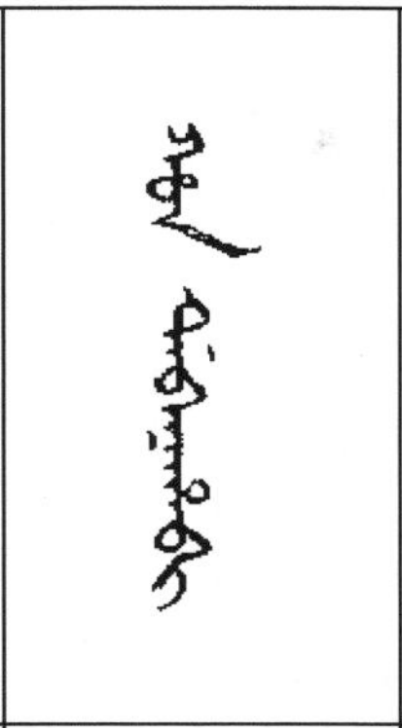	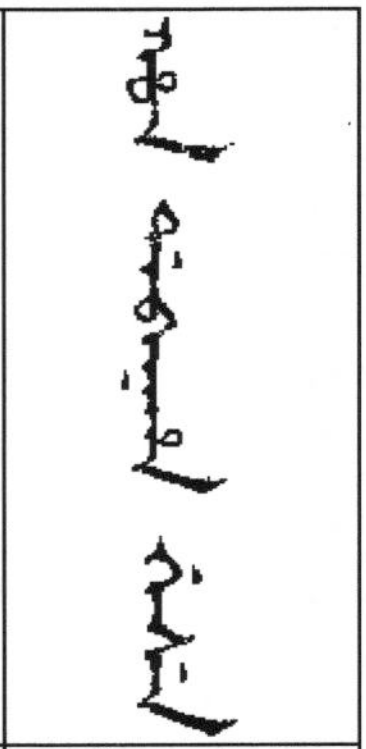
十四年四月二十三日	於學問之道無益	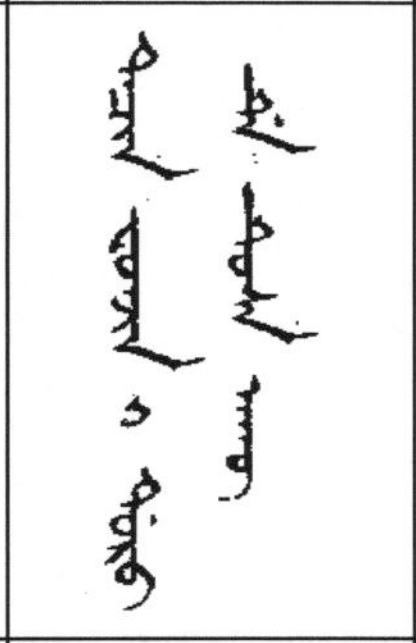	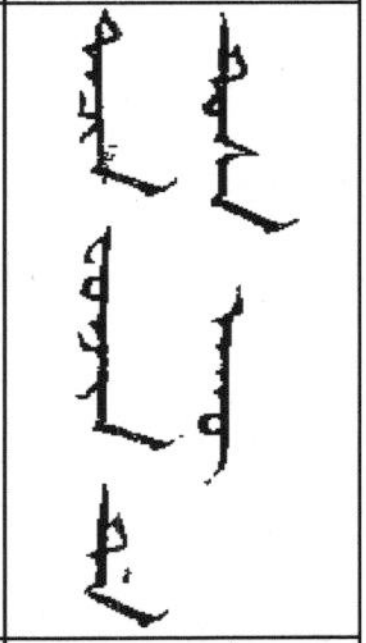
十七年五月十五日	凜遵祖宗之家法	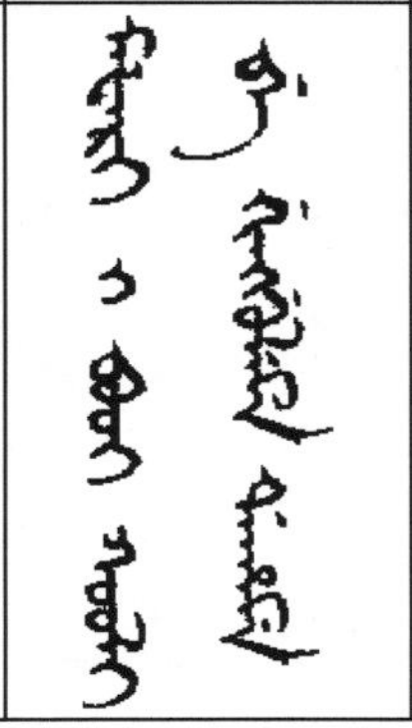	

二十一年正月十五日	候旨			二十一年正月十五日	侍衛捧御製詩、序出		
二十一年正月十五日	於書見元首股肱賡颺喜起之盛			二十一年正月十五日	朕於宣政聽覽之餘		
二十一年正月十五日	思與諸臣，欣時式燕			二十一年正月十五日	焜燿堂廉		

二十一年正月十五日	雜羅尊俎	[滿文]	[滿文]	二十一年正月十五日	今日之兕觥旨酒	[滿文]	[滿文]
二十一年正月十五日	豈徒以飲食宴樂云爾哉	[滿文]	[滿文]	二十一年正月十五日	或職任卿尹	[滿文]	[滿文]
二十二年六月十二日	上奉太皇太后出古北口避暑	[滿文]	[滿文]	二十二年閏六月二十三日	皆國計民生所關	[滿文]	[滿文]

二十二年閏六月二十三日	必處置極當	

資料來源：
臺北故宮博物院藏康熙朝《起居注冊》滿、
漢文本；《聖祖仁皇帝實錄》滿、漢文本。

　　前列簡表，主要在比較康熙朝《起居注冊》、《聖祖仁皇帝實錄》滿文的異同。康熙十一年（1672）九月初四日，康熙皇帝召翰林院學士傅達禮等諭曰：「朕奉太皇太后幸溫泉，蒙慈旨，令朕游覽近地，訪問民生。」句中「朕奉太皇太后」，《起居注冊》滿文作"bi tai hūwang taiheo be eršeme"，意即「朕侍奉太皇太后」；《聖祖仁皇帝實錄》的滿文修改為"bi, tai hūwang taiheo be dahalame"，意即「朕跟隨太皇太后」。同年十月初四日，「聞皇后違和」，《起居注冊》滿文作"hūwangheo i nimere be donjifi"，意即「聞皇后患病」；《聖祖仁皇帝實錄》作"hūwangheo i beye elhe akū be donjifi"，意即「聞皇后身體不安」。「太皇太后聖躬違和」，《起居注冊》滿文作"tai hūwang taiheo i nimeku"，意即「太皇太后之病」；《聖祖仁皇帝實錄》作"tai hūwang taiheo i enduringge beye elhe akū"，意即「太皇太后聖躬不安」。同日，「蒙太皇太后慈諭云：我已痊癒，中宮有恙，可速往視之。朕奏云：中宮雖病，自有定數，臣去亦無益。況臣特奉太皇太后來此，必須同往，遂得不行。適又自京城來奏，皇后病劇。」句中「速往視之」，《起居注冊》滿文作"hūdun gene"，意即「速往」；《聖祖仁皇帝實錄》作"hūdun tuwaname gene"，意即「速往視之」。「適又自京城來奏，皇后劇病。」《聖祖仁皇帝實錄》滿文作"te ging hecen ci geli hūwangheo be labdukan nimembi seme wesimbume jihe."意即「今自京城又來奏皇后病劇。」

　　康熙十四年（1675）二月十七日，奉上諭：「講章內書寫稱頌之言，雖係定例，凡事俱宜以實。」句中「講章內書寫稱頌之言」，《起居注冊》滿文作"giyangnara bithe de tukiyere gisun be ararangge"。句中"tukiyere gisun"。《聖祖仁皇帝實錄》滿文作"tukiyeme maktara gisun"。「凡事俱宜以實」，《起居注冊》滿文作"yaya babe gemu yargiyan obuci acambi."，《聖祖仁皇帝實錄》滿文作"damu eiten baita be gemu yargiyan obuci acambi"，意即「惟諸事俱宜以實」。在《中庸》「誠者天之道也」一節講章內有「秉至誠而御物，體元善以宜民，固已媲美三王，躋隆二帝等語，似屬太過，著另改來看。」句中「似屬太過」《起居注冊》滿文作"hon dabanahabi"，意即「太過」；《聖祖仁皇帝實錄》滿文作"hon dabanaha gese"，意即「似乎太過」。十四年（1675）四月二十三日，康熙皇帝諭學士傅達禮等：「朕思朝夕問安視膳，以盡孝道，乃為子孫者之恒禮。」句中「問安視膳」，《起居注冊》滿文作"elhe be fonjime jeku be tuwame"，滿漢文意相合。《聖祖仁皇帝實錄》滿文作"elhe be baime jeku be tuwame"，意即「請安視膳」。同日，康熙皇帝又諭：「日講原期有益身心，加進學問，今止講官進講，朕不覆講，則但循舊例，漸至日久將成故事，不惟於學問之道無益，亦非所以為法於後世也。」句中「於學問之道無益」，《起居注冊》滿文作"tacin fonjin i doro de tusa akū"，滿漢文意相合。《聖祖仁皇帝實錄》滿文作"tacin fonjin de tusa akū"，意即「於學問無益」，滿漢文意略有出入。康熙十七年（1678）五月十五日，

康熙皇帝由臥佛寺至碧雲寺，於馬上顧大學士明珠等曰：「朕雖
涼德，上慕前王之盛事，凜遵祖宗之家法，思與天下賢才共圖治
理。」句中「朕雖涼德」，《起居注冊》滿文讀如"bi udu erdemu
akū bicibe"，意即「朕雖無德」，滿漢文意略有出入。《聖祖仁
皇帝實錄》滿文作"bi udu erdemu nekeliyen bicibe"，意即「朕雖
薄德」，「薄德」、「涼德」，文意相近。「凜遵祖宗之家法」
《起居注冊》滿文作"mafari i booi kooli be gingguleme dahame"；
《聖祖仁皇帝實錄》滿文作"mafari i booi tacihiyan be gingguleme
dahame"。句中「家法」，《起居注冊》滿文作"booi kooli"，《聖
祖仁皇帝實錄》作"booi tacihiyan"，意即「庭訓」，譯文略有出
入。大致而言，實錄多據漢文譯出滿文。

康熙二十一年（1682）正月十五日，《起居注冊》漢文本記
載：

> 翰林院學士陳廷敬、內閣學士張玉書至乾清門候旨。侍衛
> 捧御製詩序出，群臣集太和殿下，以次各賦詩九十三韻，
> 御製序。朕於宣政聽覽之餘，講貫經義，歷觀史冊，於書
> 見元首股肱，賡颺喜起之盛，於詩見鹿鳴天保諸篇，未嘗
> 不慕古之君臣，一德一心，相悅若斯之隆也。今際海內晏
> 安，兵革偃息，首春令序，九陌燈輝，豐穰有徵，吾民咸
> 樂，思與諸臣，欣時式燕，爰於乾清宮廣集簪裾，肆筵授
> 几，斯時也，蟾光鼇炬，焜燿堂廉，綵樹瓊葩，雜羅尊俎，
> 許笑言之勿禁，寬儀法之不糾，復令次登文陛，渥以金罍，
> 咸俾有三爵油油之色焉。易曰：上下交而志同。傳曰：享
> 以訓恭儉，宴以示慈惠，則今日之兕觥旨酒，豈徒以飲食
> 宴樂云爾哉。顧瞻諸臣，或位居諧弼，或職任卿尹，或典
> 文翰，或司獻納，宜共成篇什，以紹雅頌之音。朕發端首

倡，倣柏梁體，班聯遞賡，用昭昇平盛事，冀垂不朽云[12]。

（1）《起居注冊》滿文

12　《清代起居注冊・康熙朝》，第十二冊，頁 B005567。康熙二十一年正月
　　十五日，記事。

ᠨᡳᠶᠠᠯᠮᠠ᠂ ᠪᡝᠶᡝ ᠪᠠᡳ᠌ ᡴᠠ ᡝᠮᡠ ᠪᠠᡳ᠌ ᠮᡝᠨᡳ ᠮᡝᠨᡳ ᠠᠮᠪᠠ᠂ ᠰᡠᠪᡝᠯᡳᠶᡝᠨ᠂ ᡴᡠᠸᠠᠯᡳᠶᠠᠰᡠᠨ᠂ ᡝᠯᡝ ᠮᡠᠵᡳᠯᡝᠨ᠂ ᠠᠯᠠᠪᡠᠮᡝ ᠠᠮᠪᠠᠨ᠂ ᠨᡳᠶᠠᠯᠮᠠᠨ᠂ ᠰᠠᡳ᠌ᡴᠠᠨ᠂ ᠨᡳᠶᠠᠯᠮᠠᠨ᠂ ᠪᡝᠶᡝ᠂ ᠰᠠᡳ᠌ᡴᠠᠨ᠂ ᠪᠠᡳ᠌ᡨᠠ᠂

（2）《聖祖仁皇帝實錄》滿文

　　對照《起居注冊》與《聖祖仁皇帝實錄》的內容，《起居注冊》「翰林院學士陳廷敬」（bithei yamun i ashan i bithei da cen ting ging），實錄改作「翰林院掌院學士陳廷敬」（bithei yamun i baita be kadalara ashan i bithei da cen ting ging）。「至乾清門候旨」，句中「候旨」，《起居注冊》作"hese be aliyara de"，實錄作"hese be aliyame bisire de"。「侍衛捧御製詩、序出」，《起居注冊》作"hiya, han i araha ši, sioi be tucibuhe"，實錄作"ejen i araha ši, sioi be hiya tukiyeme jafafi tucibuhe"。「御製序」，《起居注冊》作"han i araha sioi"，實錄作「序云」，"sioi bithei gisun"。「朕於宣政聽覽之餘」，《起居注冊》作"bi siowan jeng yamun de baita icihiyaha šolo de"，意即「朕於宣政衙門理事之暇」，實錄作"bi dasan be selgiyehe baita icihiyaha šolo de"，意即「朕於宣政理事之暇」，其含意頗有出入。「於書見元首股肱，賡颺喜起之盛」，《起居注冊》作"šu ging bithede, uju da, gala bethe i acabuha maktaha, urgunjehe, mukdeke wesihun be saha."實錄作"šu ging bithede, uju da, gala bethe sirame den jilgan i urgun i mukdembi sehe wesihun be saha."「思與諸臣，欣時式燕」《起居注冊》作"tuttu geren ambasai emgi erin de acabume sebjeleki seme gūnifi"，實錄作"tuttu geren ambasai emgi erin de acabume sarilaki seme gūnifi"，句中"sebjeleki seme"意即「欲歡樂」，"sarilaki seme"意即「欲設宴」。「蟾光鼇炬」，《起居注冊》、《聖祖仁皇帝實錄》俱作"biyai genggiyen, dengjan i elden"，意即「月明燈光」。「煜爚堂廉」，《起居注冊》作"yamun i terki de gehun eldekebi"，《聖祖仁皇帝實錄》作"yamun i terkin de gehun eldeke"。句中"terkin"，意即「臺階」，《起居注冊》作"terki"。「雜羅尊俎」《起居注冊》作"sarin i juleri suwaliyaganjame faidahabi"，意即「羅列宴席前面」。《聖祖仁皇

帝實錄》作"sarin i juleri suwaliyaganjame hiyahanjaha"，意即「交錯宴席前面」。「今日之兒觥旨酒」，句中「兒觥」，《起居注冊》作"si hūntahan"，《聖祖仁皇帝實錄》作"sy i hūntahan"。「豈徒以飲食宴樂云爾哉」，句中「宴樂」，《起居注冊》作"efiyere sebjelere"，意即「玩樂」。《聖祖仁皇帝實錄》作"ergere sebjelere"，意即「逸樂」。「或職任卿尹」，句中「卿尹」，《起居注冊》作"king in"，《聖祖仁皇帝實錄》作"king yen"。「傚柏梁體」，《起居注冊》作"be liyang ucun i durun be alhūdame"，意即「傚柏梁歌體」，《聖祖仁皇帝實錄》作"be liyang ni durun be alhūdame"，意即「傚柏梁體」。

　　康熙二十二年（1683）六月十二日，《起居注冊》、《聖祖仁皇帝實錄》記載，「上奉太皇太后出古北口避暑」《起居注冊》滿文作"dele, tai hūwang taiheo be gamame moltosi duka be tucime, halhūn de jailame genere de."《聖祖仁皇帝實錄》滿文作"han i beye tai hūwang taiheo be dahame moltosi dukai tule halhūn jailame genere de."漢字「上」，滿文作"dele"，實錄改為"han i beye"，意即「皇帝親自」。句中"gamame"，意即「帶領」，實錄改為"dahame"，意即「跟隨」。「出古北口」，《起居注冊》滿文作"moltosi be tucime"，實錄作"moltosi dukai tule"，文意略有出入。同年六月二十三日，學士等奉上諭，在諭旨中「皆國計民生所關」《起居注冊》滿文讀如"gemu gurun i bodohon, irgen i banjire de holbobuhabi."句中"bodohon"，《聖祖仁皇帝實錄》滿文作"bodogon"。諭旨中「必處置極當」，《起居注冊》滿文讀如"urunakū icihiyame gamame lak sere giyan de ilinaha manggi."意即「必處置至於極為恰當後。」《聖祖仁皇帝實錄》滿文作"urunakū icihiyame gamame lak seme acanabuha manggi."意即「必處置恰當後。」

　　康熙二十四年（1685）五月初二日，康熙皇帝御乾清門聽政時，因戶部題覆郎中色楞格議福建設爐二十座鑄錢，將明季舊錢悉行銷燬。康熙皇帝詢問大學士等在明朝時曾否將元朝錢盡行銷燬？大學士王熙奏稱：「宋朝崇寧錢最工，至今有流傳者。」康熙皇帝諭曰：

> 舊錢流布，不止福建一省，他省亦皆有之，止可聽其從容燬去。若驟為禁止，恐不肖之徒，借端生事，貽害平民，並未可定，其命九卿酌議[13]。

　　《聖祖仁皇帝實錄》亦載此道諭旨，惟將「其命九卿酌議」改為「所奏不准行」。為便於比較，可將《起居注冊》、《聖祖仁皇帝實錄》滿文內容影印於後，並轉寫羅馬拼音於下。

13　《清代起居注冊・康熙朝》，第十八冊，頁 B008932。康熙二十四年五月　　初二日，諭旨。

（1）《起居注冊》滿文	（2）《起居注冊》滿文羅馬拼音
[滿文]	dele hendume, fe jiha be takūrarangge, fugiyan i emu golo de teile akū. gūwa golo de gemu bi. ere jiha be elheken i manabume wacihiyaci ombi. aikabade hahilame fafulafi nakabuci, dursuki akū urse anagan arame, baita be dekdebufi, irgen be jobobume yabure be inu boljoci ojorakū. ere uyun king se de afabufi arara be tuwame gisurekini.

（3）《聖祖仁皇帝實錄》滿文	（4）《聖祖仁皇帝實錄》滿文羅馬拼音
	dergici, aliha bithei da sade hese wasimbuhangge, fe jiha be, ba bade takūrarangge, fugiyan i emu golo teile waka, gūwa golo de inu gemu bi, ere jiha be damu elheken i manabume wacihiyaci ojoro dabala, aikabade hahilame fafulafi nakabuci, dursuki akū urse, anagan arame baita be dekdebume, sain irgen be jobobume yabure be inu boljoci ojorakū, ere wesimbuhe be ume yabubure sehe.

　　在諭旨中，「舊錢流布」，《起居注冊》滿文作"fe jiha be takūrarangge"，滿文簡單。《聖祖仁皇帝實錄》滿文作"fe jiha be, ba bade takūrarangge"，句中"ba bade"，意即「處處」。漢字「流布」，滿文作"takūrambi"，可補滿文辭書的疏漏。安雙成主編《滿漢大辭典》，「流布」滿文作"selgiyembi"。「不止福建一省」，《起居注冊》滿文作"fugiyan i emu golo teile akū"。《聖祖仁皇帝實錄》作"fugiyan i emu golo teile waka"，刪略格助詞"de"。「他省亦皆有之」，《起居注冊》滿文作"gūwa golo de gemu bi"。《聖祖仁皇帝實錄》作"gūwa golo de inu gemu bi"，滿漢文義切合。「止可聽其從容燬去」，《起居注冊》滿文作"ere jiha be elheken i manabume wacihiyaci ombi"。《聖祖仁皇帝實錄》滿文作"ere jiha be damu elheken i manabume wacihiyaci ojoro dabala"，滿文恰當。「貽害平民，並未可定」，《起居注冊》滿文作"irgen be jobobume yabure be inu boljoci ojorakū"。《聖祖仁皇帝實錄》滿文作"sain irgen be jobobume yabure be inu boljoci ojorakū"，句中「平民」，滿文作"sain irgen"，意即「良民」。

　　康熙五十年（1711）十月十六日，《起居注冊》記載滿、漢文諭旨，可將漢文諭旨照錄於下：

> 天文曆法，朕素留心，西洋曆大端不悮。但分刻度數之間，久而不能無差。今年夏至，欽天監奏聞午正三刻，朕細測日影，是午初三刻九分。此時稍有舛錯，恐數十年後，所差愈多，猶之錢糧，微塵杪忽，雖屬無幾，而總計之，便積少成多，此事實有證驗，非比書生作文，可以虛詞塞責，今且看將來冬至如何[14]？

　　對照《聖祖仁皇帝實錄》的記載，內容一致，引文中「可以虛詞塞責，今且看將來冬至如何？」，《聖祖仁皇帝實錄》作「可以虛詞塞責也」，刪略「今且看將來冬至如何」一句。為進行比較，可將《起居注冊》、《聖祖仁皇帝實錄》滿文分別影印於後，並分別轉寫羅馬拼音。

14　《清代起居注冊・康熙朝》，第二十冊，（臺北，故宮博物院，2009 年 9 月），T11004。康熙五十年十月十六日，諭旨。

（1）《起居注冊》滿文

（2）《起居注冊》滿文羅馬拼音

abkai šu, hūwangli fa be bi kemuni gūnin de tebuhe, si yang ni hūwangli amba muru tašarabuhakū, damu fun ke, du i ton goidaci jurcerakū sere ba akū, ere aniya juwari ten be, kin tiyan giyan yamun ci, morin erin i tob ilaci ke seme wesimbuhebi, bi narhūšame šun i helmen be bodome tuwaci, morin erin i ujui ilaci ke uyuci fon bihe, te majige tašarabuci, ududu juwan aniya amala jurcerengge ele ambula ombi, duibuleci jeku ciyanliyang ni wei, cen, coo, hū udu umesi komso bicibe, barabufi bodoci, uthai komso ci labdu banjinambi, ere baita de yargiyan i temgetu bi, bithei niyalmai gese wen jang arara de untuhun gisun i wajici ojoro de duibuleci ojorakū, taka tuweri ten i absi ojoro be tuwaki sehe.

（3）《聖祖仁皇帝實錄》滿文

（4）《聖祖仁皇帝實錄》滿文羅馬拼音

abkai šu, hūwangli i fa be, bi daci gūnin de tebuhei bihe, si yang ni hūwangli amba muru tašarabuha ba akū, damu fun ke du i ton goidaci jurcerakū sere ba akū, ere aniya juwari ten be, kin tiyan giyan yamun ci, morin erin i tob ilaci ke seme wesimbuhebi, bi narhūšame šun i helmen be bodome tuwaci, morin erin i ujui ilaci ke, uyuci fun bihe, te majige jurcenjere tašarabure oci, ududu juwan aniya oho amala, jurcenjerengge ele ambula ombi, duibuleci, ciyanliyang de wei, cen, miyoo, hū i ton, udu umesi komso bicibe, acabufi bodoci, komso be isabuhai labdu banjinambi, ere uthai baita i yargiyan temgetu kai, bithei niyalmai gese wen jang arara de, untuhun gisun, ton arara de duibuleci ojorakū sehe.

　　《起居注冊》、《聖祖仁皇帝實錄》諭旨的漢文雖然彼此一致，但滿文卻頗有出入。「天文曆法」，《起居注冊》滿文作"abkai šu, hūwangli fa"，實錄滿文作"abkai šu, hūwangli i fa"，置定語格助詞。「朕素留心」，《起居注冊》滿文作"bi kemuni gūnin de tebuhe"，意即「朕常留心」。實錄滿文作"bi daci gūnin de tebuhei bihe"，滿漢文義較切合。「西洋曆大端不悞」，《起居注冊》滿文作"si yang ni hūwangli amba muru tašarabukakū"。實錄滿文作"si yang ni hūwangli amba muru tašarabuha ba akū"，滿文較順口。「此時稍有舛錯」，《起居注冊》滿文作"te majige tašarabuci"，實錄滿文作"te majige jurcenjere tašarabure oci"，滿文較優。「恐數十年後，所差愈多」，《起居注冊》滿文作"ududu juwan aniya amala jurcerengge ele ambula ombi"，實錄滿文作"ududu juwan aniya oho amala, jurcenjerengge ele ambula ombi"，滿文較佳。「猶之錢糧微塵杪忽」，《起居注冊》滿文作"duibuleci jeku ciyanliyang ni wei, cen, coo ,hū"。實錄滿文作"duibuleci, ciyanliyang de wei, cen, miyoo,hū i ton"。句中「杪」，《起居注冊》滿文作"coo"，疑誤。實錄滿文作"miyoo"。「而總計之」，《起居注冊》滿文作"barabufi bodoci"，意即「籠統估計」。實錄滿文作"acabufi bodoci"，意即「合併估計」。「便積少成多」，《起居注冊》滿文作"uthai komso ci labdu banjinambi"，滿文實錄作"komso be isabuhai labdu banjinambi"，刪略"uthai"，滿漢文義，略有出入。

　　康熙五十一年（1712）二月初四日，康熙皇帝東巡，駐蹕行宮。是日辰時，召入滿漢大學士、九卿諸臣，頒降諭旨。《起居注冊》、《聖祖仁皇帝實錄》，都記載了這一道諭旨，可將《起居注冊》所載漢文諭旨照錄於下：

　　　　朕自沖齡，篤好讀書，諸書無不覽誦，每見歷代文士著述，即一字一句，於義理稍有未安者，輒爲後人指摘，惟宋儒朱子，註釋群經，闡發道理，凡所著作及編纂之書，皆明白精確，歸於大中至正。經今五百餘年，學者無敢疵議。朕以爲孔孟之後，有裨斯文者，朱子之功，最爲弘鉅，應作何崇禮表章，著內閣、九卿、詹事、科、道會同詳議具奏[15]。

引文中「義理」，實錄作「理義」；「表章」，實錄作「表彰」；「著內閣、九卿、詹事、科、道會同詳議具奏」，實錄作「爾等會同九卿、詹事、科、道，詳議具奏」，出入不大。爲便於比較，可將滿文分別影印於後，並轉寫羅馬拼音。

15　《清代起居注冊・康熙朝》，第二十冊，頁 T11217。康熙五十一年二月初四日，諭旨。

（1）《起居注冊》滿文

（2）《起居注冊》滿文羅馬拼音

bi ajigan ci bithe tacire de umesi amuran ofi, eiten hacin i bithe be tuwaha
hūlahakūngge akū, jalan jalan i bithei ursei banjibume arahangge be tuwaci,
emu gisun, emu hergen, jurgan giyan de majige acanarakū ba bihede, uthai
amaga niyalma de joribume wakašabumbi, damu sung gurun i saisa ju dz geren
ging be getukeleme sume, doro giyan be neileme tucibume, banjibume araha ele
bithe, gemu getuken narhūn yargiyan bime, amba dulimba umesi tob sere giyan
be bahabi, te sunja tanggū aniya funcetele, bithe taciha urse, gelhun akū
wakašame gisurehe niyalma akū, mini gūnin de kungdz、mengdz i amala, šu i
dorgi de tusa arahangge, ju dz i gung yargiyan i umesi amba, erebe adarame
wesihuleme doroloro, iletuleme temgetulere babe, dorgi yamun, uyun king jan
ši, k'o doo i hafasa uhei acafi getukeleme gisurefi wesimbu sehe.

（3）《聖祖仁皇帝實錄》滿文

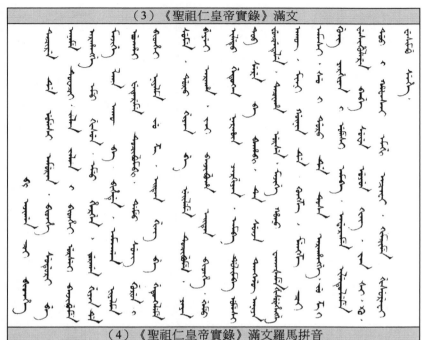

（4）《聖祖仁皇帝實錄》滿文羅馬拼音

bi ajigan ci bithe tacire de umesi amuran, bithe suduri be aname tuwaci, jalan jalan i bithei ursei banjibume arahangge emu gisun, emu hergen, jurgan giyan de majige lak akū ba bihede, amagan niyalma uthai fetereme tucibumbi, damu sung gurun i bithei niyalma ju dz, eiten ging be getukeleme sume, doro giyan be neileme tucibume, yaya beyei araha, jai banjibuha eiten bithe, gemu iletu getuken narhūn yargiyan, amba dulimba umesi tob sere ba bahabi, te sunja tanggū aniya funcetele, taciha urse, majige hono wakašame gisurehengge akū, mini gūnin de kungdz、mengdz ci amasi, šu i doro de tusa arahangge, ju dz i gung yargiyan i umesi amba, adarame iletuleme wesihulere babe suwe uyun king, jan ši, k'o, doo i hafasai emgi acafi, kimcime gisurefi wesimbu sehe.

漢文「朕自沖齡，篤好讀書」，《起居注冊》滿文作"bi ajigan ci bithe tacire de umesi amuran ofi"，實錄刪略"ofi"。「諸書無不覽誦」，《起居注冊》滿文作"eiten hacin i bithe be tuwaha hūlahakūngge akū"，滿漢文義切合。實錄滿文作"bithe suduri be aname tuwaci"，

意即「挨次覽誦文史」，滿漢文義頗有出入。「每見歷代文士著述」，《起居注冊》滿文作"jalan jalan i bithei ursei banjibume arahangge be tuwaci"，滿漢文義切近。實錄滿文作"jalan jalan i bithei ursei banjibume arahangge"意即「歷代文士著述」，刪略"be tuwaci"，滿漢文義並未切合。「於義理稍有未安者」，句中「未安」，《起居注冊》滿文作"acanarakū"，意即「不合」，或「未當」。實錄滿文作"lak akū"，意即「未當」。「輒爲後人指摘」，《起居注冊》滿文作"uthai amaga niyalma de joribume wakašabumbi"，滿漢文義較爲切近。實錄滿文作"amagan niyalma uthai fetereme tucibumbi"，意即「後人即挑出」，文義較不切合，句中"amaga"，實錄滿文作"amagan"。「宋儒」，《起居注冊》滿文作"sung gurun i saisa"，意即「宋朝學者」。實錄滿文作"sung gurun i bithei niyalma"，意即「宋朝文人」。「群經」，《起居注冊》滿文作"geren ging"，滿文實錄作"eiten ging"。「凡所著作及編纂之書」，《起居注冊》滿文作"banjibume araha ele bithe"，滿漢文義並不切合。實錄滿文作"yaya beyei araha, jai banjibuha eiten bithe"，滿漢文義切合。「明白精確」，《起居注冊》滿文作"getuken narhūn yargiyan"，實錄滿文作"iletu getuken narhūn yargiyan"，滿文較優。「學者無敢疵議」，《起居注冊》滿文作"bithe taciha urse, gelhun akū wakašame gisurehe niyalma akū"，滿漢文義切合。實錄滿文作"taciha urse, majige hono wakašame gisurehengge akū"，滿漢文義較不切合。「孔孟之後」，《起居注冊》滿文據漢文直譯作"kungdz、mengdz i amala"，實錄滿文改譯作"kungdz、mengdz ci amasi"，意即「自孔孟之後」，滿文較佳。「有裨斯文者」，《起居注冊》滿文作"šu i dorgi de tusa arahangge"，實錄滿文作"šu i doro de tusa arahangge"，句中"doro"，《起居注冊》作"dorgi"，

詞義不同。由以上所舉例句，可知《起居注冊》、《聖祖仁皇帝實錄》漢文內容雖然相同，但是它的滿文，頗有差異，大致而言，《起居注冊》的滿文，較為簡易質樸，《聖祖仁皇帝實錄》多經修改潤飾，滿文較切近漢文。

七、結　語

　　滿洲語文不能失去政治舞台，清初諸帝提倡清文國語，滿洲語文在有清一代的歷史舞臺上確實也扮演了非常重要的角色。康熙皇帝御駕親征朔漠期間，所有往返文書，多使用滿文書寫，撫遠大將軍費揚古繕寫滿文奏摺奏報噶爾丹因病身故，《起居注冊》抄錄滿文奏摺，僅將人名、地名稍作修正，滿文本《起居注冊》記載「噶爾丹於康熙三十六年（1697）三月十三日早晨得病，至晚即死，不知何病？」滿文本《起居注冊》的纂修保存了重要的滿文史料，是探討歷史的重要檔案，同時對研究康熙年間滿洲語文也提供了珍貴的文獻。

　　康熙年間是滿洲語文較興盛的時期，對照滿、漢文本《起居注冊》後，有助於了解康熙年間通行詞彙的滿文讀音、例如熊賜履，滿文讀如"hiong sy li"；秦檜，滿文讀如"cin hūi"；朴時雄，滿文讀如"baksi on i"；皇太子胤礽，滿文讀如"in ceng"，滿、漢讀音頗有出入。有些詞彙，滿文較易理解，如東直門，滿文讀如"tob dergi duka"，意思是正東門；保和殿，滿文讀如"enteheme hūwaliyambure diyan"，意思是永和殿；理學滿文讀如"doroi tacin"，意思是道學；良知，滿文讀如"banitai sara"，意思是天生之知；指南針，滿文讀如"julergi be toktobure ulme"，意思是定南針；方士，滿文讀如"fangga niyalma"，意思是有法術的人；大法小廉，滿文讀如"amba hafan fafugga oci ajige hafan hanja ombi"，意思是倘若大吏嚴肅法紀，則小吏廉潔自持。充分掌握滿文本《起居注冊》的詞彙，確實可以增補滿文辭書的疏漏。

使用毛筆書寫滿文，重視用筆法則，須講究執筆、用筆、點圈、結構等方法。探討書法、歷代名家的字帖，受到重視。探討文獻，同樣也不能忽略康熙朝《起居注冊》滿文的書法。臨摹字帖，是所有書法家的基礎訓練，學習滿文，臨摹康熙朝《起居注冊》滿文本也是不可忽視的練習。康熙朝滿文本《起居注冊》的滿文筆順，清晰可見，字體形狀，有其特色，對初學者書寫滿文，提供了極為珍貴的書法範本，臨摹《起居注冊》滿文，就是學習滿文重要的一個過程。辨識不同時期、不同文書滿文字體，也是整理滿文檔案的基本要求。

滿洲文化，有其多元性及差異性，清文國語的發展，也有其逐漸規範的軌跡。康熙年間，起居注官記注政事，按月纂修《起居注冊》，滿漢對譯。雍正年間，編纂《聖祖庭訓格言》。乾隆年間，文淵閣四庫全書有寫本《聖祖庭訓格言》。《起居注冊》是纂修《聖祖庭訓格言》的史料來源，然而《聖祖庭訓格言》中的滿文詞彙，及其句型語法，與《起居注冊》不盡相同。譬如：「指南針」，《起居注冊》滿文作"julergi be toktobure ulme"，意思是「定南針」。《聖祖庭訓格言》滿文作"julergi jorire ulme"，按照漢文詞義，改譯為「指南針」。「不耐暑」，《起居注冊》滿文作"halhūn de ojorakū"，《聖祖庭訓格言》作"halhūn de hamirakū"。「日晷」，《起居注冊》滿文作"šun i helmen be tuwara kemun"，意思是「觀看日影之尺度」。《聖祖庭訓格言》滿文作"erin tuwara ži gui"，意思是「觀看時辰之日晷」。雍正年間以降，滿文的繙譯，力求切近漢文詞義，逐漸形成一種趨勢。《起居注冊》記載「躋隆二帝等語，似屬太過。」句中「似屬太過」,《起居注冊》滿文作"hon dabanahabi",意思是「太過」。《聖祖仁皇帝實錄》滿文作"hon dabanaha gese",意思是「似乎太過」,切近漢文。「朕雖涼德」,句中「涼德」,滿漢文義頗有出入。《聖祖仁皇帝實錄》滿文作"erdemu nekeliyen",意思是「德薄」,與「涼德」文義相近。「他省亦皆有之」,《起居注冊》滿文作"gūwa golo de gemu bi"。《聖祖仁皇帝實錄》作"gūwa golo de inu gemu bi",滿漢文義切合。「朕素留心,」《起居注冊》滿文作"bi kemuni gūnin de tebuhe",意思是「朕常留心」。《聖祖仁皇帝實錄》滿文作"bi daci gūnin de tebuhei bihe",滿漢文義切合。「猶之錢糧微塵杪忽」,句中「杪」,《起居注冊》滿文讀如"coo",《聖祖仁皇帝實錄》滿文改譯為"miyoo",改正讀音。大致而言,《起居注冊》滿文,較為原始,簡易質樸。《聖祖仁皇帝實錄》滿文多據漢文詞義改譯潤飾,滿文語法較優。《起居注冊》滿文較近口語,《聖祖仁皇帝實錄》的滿文較嚴謹。重視滿文的史料價值,掌握康熙年間的滿文特色,進行比較研究,就是了解康熙朝滿文本《起居注冊》的法門。

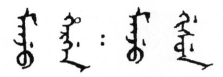

── 滿洲語文在清朝歷史舞臺上所扮演的角色

一、前　言

　　滿洲文字的創製，是清朝文化的重要特色。滿洲文，清朝稱爲清文，滿洲語稱爲國語。民初清史館曾經纂修《國語志稿》，共一百冊，第一冊卷首有奎善撰〈滿文源流〉一文，略謂：

　　　滿洲初無文字，太祖己亥年二月，始命巴克什（師也）額爾德尼・噶蓋，以蒙古字改制國文，二人以難辭。上曰，無難也，以蒙古字合我國語音，即可因文見義焉，遂定國書，頒行傳布。其字直讀與漢文無異，但自左而右，適與漢文相反。案文字所以代結繩，無論何國文字，其糾結屈曲，無不含有結繩遺意。然體制不一，則又以地勢而殊。歐洲多水，故英法諸國文字橫行，如風浪，如水汶。滿洲故里多山林，故文字矗立高聳，如古樹，如孤峯。蓋制造文字，本乎人心，人心之靈，實根於天地自然之理，非偶然也。其字分真行二種，其字母共十二頭，每頭約百餘字，然以第一頭為主要，餘則形異音差，讀之亦簡單易學。其

拼音有用二字者，有用四、五字者，極合音籟之自然，最
為正確，不在四聲賅備也，至其意蘊閎深，包孕富有，不
惟漢文所到之處，滿文無不能到，即漢文所不能到之處，
滿文亦能曲傳而代達之，宜乎皇王制作行之數百年而流傳
未艾也。又考自入關定鼎以來，執政臣工或有未曉，歷朝
俱優容之，未嘗施以強迫。至乾隆朝雖有新科庶常均令入
館學習國文之舉，因年長舌強，誦讀稍差，行之未久，而
議未寢，亦美猶有憾者爾。茲編纂清史伊始，竊以清書為
一朝創制國粹，未便闕而不錄，謹首述源流大略，次述字
母，次分類繙譯，庶使後世徵文者有所考焉[1]。

　　滿文的創製，有其文化、地理背景，的確不是偶然的。滿文
義蘊閎深，漢文所到之處，滿文無
不能到，都具有「文以載道」的能
力。滿文的創製，其主要的目的是
爲了文移往來和記注政事的需要。
滿洲入關以後，滿洲語文一躍而成
爲清朝政府的清文國語，對外代表
國家，「大清國國書」，滿文讀如
"amba daicing gurun i gurun i
bithe"，滿漢兼書。滿文對內比漢文
的地位更爲特殊，在清朝的歷史舞
臺上扮演了重要的角色，纂修清
史，不修國語志，不能凸顯清朝文
化的特色。從滿文諭旨的頒降，有

1 奎善撰〈滿文源流〉，《國語志稿》（臺北，清史館檔，未刊），卷一，頁1。

助於了解皇帝指授方略及君臣互動的過程。奏摺是君臣在傳統體
制外的一種單線通訊工具，從滿文奏摺的探行，有助於了解滿文
的政治功能。天命神授，制誥之寶，有德者得之，無信不立，職
官印信，可昭信守，滿文印信在政治舞臺上扮演了重要的角色。
以佛治心，以儒治世，從儒家典籍與佛經的大量譯成滿文，可
以反映清朝的文化政策。康熙皇帝一方面提倡崇儒重道，一方
面積極接受西學，西洋傳教士以滿語進講西學，編寫滿文講義，
滿洲語文在中西文化交流舞臺上扮演了特殊的角色。職貢有
圖，反映多民族中華一體的歷史趨勢，職貢圖畫卷圖說，滿漢
兼書，靈禽瑞獸的命名，滿漢並列，對藝術史的研究，提供了
重要的參考價值。盛清諸帝重視清文國語，其憂患意識的強烈，
具有時代意義。

二、聖旨綸音 —— 滿文諭旨與君臣互動

有清一代的諭旨，性質不一，據《欽定大清會典》記載：「凡
特降旨者為諭，因所奏請而降者為旨，其或因所奏請而即以宣示
中外者亦為諭。其式，諭曰內閣奉上諭，旨曰奉旨，各載其所奉
之年月日。」非因臣工奏請而由皇帝特降者稱為上諭，除漢文上
諭外，還有滿文上諭。康熙皇帝御駕親征噶爾丹期間所頒發的滿
文上諭，件數頗多，滿文諭旨在政治舞臺上扮演了重要的角色。
據《起居注冊》記載，康熙皇帝於康熙三十五年（1696）二月三
十日統大兵發京師征討噶爾丹。康熙三十六年（1697）五月十六
日，康熙皇帝凱旋，由德勝門詣堂子行禮畢，進午門回宮。以下
舉康熙皇帝頒降皇太子胤礽諭旨數件，說明滿文諭旨的史料價值。

（1）羅馬拼音：

hese, hūwang taidz de wasimbuha, ice nadan de, g'aldan i jakade takūraha aisilakū hafan bosihi, dahame jihe gelei guying dural i jui ubasi, danjila i takūraha cahandai be amasi takūraha bihe, te geli jihebi, ese isinjiha. jai gelei guyeng dural manji, g'aldan i takūraha lamacab, danjila i takūraha lobdzang se kemuni isinjire unde esede fonjiha gisun, g'aldan i wasimbuhe bithe be doolafi majige aliyaha bihe, juwan i erde manji, lobdzang isinjiha. bonio erinde arabtan, danjin wangbu i jakade takūraha bithesi heise, dzewangjab wang ni faidan i da manitu se karun de isinjifi boolame wasimbuhe baita, amba jiyanggūn be fiyanggū i boolaha baita gemu isinjiha. juwan i yamji, gelei guyeng dural, lamacab se isinjiha, esede fonjiha gisun be suwaliyame arafi unggihe. g'aldan i muru be tuwaci, danjila de eherekengge yargiyan, te arabtan, danjin wangbu geli mini hese be dahafi musei ici ohobi. niyalma i gūnin fakcashūn, omihon de amcabuhangge yargiyan, te ehe aral baru nukterengge nimaha bisire jalin, ainahai dahame genere niyalma bini. te dahame jidere niyalma lakcarakū ohobi, mejige emdubei bahambi. bi baita be toktobufi yabumbi, ainaha seme weihukelerakū, inu ekšere ba akū. te jeku ciyanliyang be icihiyame wajiha, cooha be inu tucibume wajiha, ere jergi mejige be aliyame inenggi be toktobure unde, jeku ciyanliyang orho liyoo dahalara jeku, temen losa morin kunesun gemu ambula funcehe, umai hafan cooha irgen be jobobure ba akū. arame ubade isinjirengge, mini takūraha gabsihiyan i hiya kisamu se, emu ūlet eigen sargan be jafafi isinjiha, kisamu sei alarangge, be hesei joriha songkoi ilan biyai juwan uyun de, ning hiya ci jurafi, anagan i ilan biyai ice de gūrban saihan i bade isinafi, ere ūlet be bahafi amasi jihe sembi, ūlet i niyalma jamsu i jabun be encu bithe de araha ci tulgiyen, sakini seme wasimbuha, manju ambasa de tuwabu[2].

（２）滿文漢譯：

諭皇太子，初七日，遣往噶爾丹處員外郎博什希、來降格壘沽英杜喇爾之子吳巴什、丹濟拉所遣察罕岱曾遣令復往，今又到來，伊等已抵達。又格壘沽英杜喇爾、曼濟、噶爾丹所

2 《宮中檔康熙朝奏摺》，第八輯（臺北，臺北故宮博物院，1977 年 6 月），頁 705。

遣喇嘛察布、丹濟拉所遣羅卜臧等尚未到來。抄錄詢問伊等
言語及噶爾丹奏章，稍留等候。初十日清晨，曼濟、羅卜臧
到來。申刻，遣往阿喇布坦、丹津旺布處之筆帖式黑色、澤
妄扎布王長史馬尼圖等至卡倫後奏報之事、大將軍伯費揚古
奏報之事俱到。初十日晚，格壘沽英杜喇爾、喇嘛察布等到
來。將詢問伊等之詞一併繕寫咨送。觀看噶爾丹情狀，與丹
濟拉交惡是實。今阿喇布坦、丹津旺布又遵朕旨，歸附於我。
人心已離，迫於饑餓是實。今向額赫阿喇爾遷移者，因爲有
魚，豈有隨往之人？今來降者絡繹不絕，屢得信息。朕謀定
行事，斷不輕視，亦不著急。今糧餉已辦完，發兵亦畢，等
候諸此信息，未定日期，糧餉草料，隨糧、駝騾馬乾糧，俱
餘剩甚多，並不苦累官兵百姓。寫到此處，朕所遣前鋒侍衛
奇薩木等，擒一厄魯特夫婦解到，奇薩木等告稱，臣等按照
諭旨指授於三月十九日自寧夏啓程，閏三月初一日抵達古爾
班賽罕地方，拏獲此厄魯特而返回等語。除厄魯特人扎木素
口供另行繕書外，諭爾知之，著示滿洲諸臣。

清軍征討準噶爾，康熙皇帝御駕親征，皇太子胤礽（in ceng）
以滿文繕摺請安，附陳京中動靜。康熙皇帝亦繕寫滿文諭旨將軍
事活動告知皇太子胤礽。前引滿文諭旨於康熙三十六年（1697）
三月初四日到京。據降人格壘沽英杜喇爾、筆帖式黑色、大將軍
費揚古等稱，噶爾丹與丹濟拉交惡，準噶爾已迫於饑餓，厄魯特
投出者，絡繹不絕。康熙皇帝令皇太子胤礽將滿文諭旨示諸滿洲
大臣。同年四月三十日，康熙皇帝經過湖灘河朔後，將諸事繕寫
滿文諭旨寄回京中。可將滿文諭旨影印於下，並轉寫羅馬拼音，
譯出漢文。

（1）羅馬拼音：

hese, hūwang taidz de wasimbuha, bi hūtan hošo be dulefi gūsin de šurgei duka be dulefi jang giya keo be genembi, dorgi be geneci halhūn bime usin i erin, tulergi hanci bime seruken, ere aniya orho muke ambula sain, meni morin temen udu duin biya yabucibe, niyanciha erin ofi, bayan yadara be ilgarakū teksin sain, emke inu waliyara ba akū, bi faksikan i urunakū isibume gamambi, murušeme bodoci sunja biyai tofohon i šurdeme ging hecen de isinambi dere, ging hecen i morin be emke inu baitalara ba akū, ere bithe isinahai, yaya boo be jang giya keo deri wesimbume unggi, mini ca g'ang juhe be jang giya keo be tucime okdobume giyamulame unggi, ere ucuri oromo sun elgiyen ofi monggoso i okdorongge juhūn de jalukabi. jetere jaka inu elgiyen jetere jaka be ume okdobure, ere jergi babe hūwang taiheo de wesimbu, gung ni dolo inu ala, erei jalin cohome wasimbuha. elhe taifin i gūsin ningguci aniya duin biyai gūsin[3]

---

3 《宮中檔康熙朝奏摺》，第九輯（臺北，臺北故宮博物院，1977 年 6 月），頁 69。

（2）滿文漢譯：

諭皇太子，朕過湖灘河朔後，於三十日過殺虎口，經張家口
而往。若經內地而往，則暑熱而又值農時，邊外近而且涼爽。
今年水草甚佳，我之馬駝雖行走四個月，但因值草青之時，
不論貧富，皆齊全完好，一無遺棄，朕多方區畫，必令全部
送到。大略估計五月十五日左右可到京城，京城之馬，一無
所用。此文到後，凡有京報俱從張家口遣奏，朕所用茶湯冰
水，出張家口來迎，從驛站遣發。此時乳酥充足，蒙古來迎
者，充塞於途，食物亦多，不必齎食物來迎，可將此等事奏陳
皇太后，宮內亦告知，爲此特諭。康熙三十六年四月三十日。

　　由前引諭旨可知康熙皇帝親征朔漠行軍路綫，因內地炎熱，
又值農時，邊外較近，而且涼爽，所以由邊外行走。康熙皇帝過
湖灘河朔後，經殺虎口、張家口前進。沿途水草豐美，馬駝完好
無缺。軍中食物充足，蒙古迎駕者，充塞於途。皇太子胤礽奉到
諭旨後，遵旨奏聞皇太后，並告知宮中阿哥等人。借助於滿文諭
旨，在軍前的康熙皇帝和宮中互動，極爲密切。

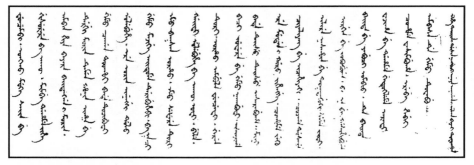

（1）羅馬拼音：

hese, hūwang taidz de wasimbuha, bi coohai baita be icihiyame wajifi, tofohon de be ta i baru juraka, icihiyaha baita tome getukeleme doolame arafi unggihe, be ta hūwang ho i mudan i ba, ordos i dureng gung ni karun, ere bithe isinaha manggi, boo be dorgideri unggire be nakafi, šurgei duka be tucime tulergi be unggici, minggan ba hamime doko ombime, yabure de ja, dorgi juhūn i ehe be gisurehe seme wajirakū, aga muke, halhūn i erin de, niyalma calire, morin bucerengge urunakū ambula ombi, ning hiya i ba gobi dulimbade ofi, se baha, beye jadaha urse de asuru acarakū, nimetere urse akū bicibe, dolo ehe, cira wasire urse kemuni bi, mende umai serebure ba akū. ning hiya ci ho lan šan i giyase tanggū ba funcembi, ongko muke sain be gisurere ba akū, mimbe dahame jihe amban hiya bayara baitangga i morin, dergi morin temen honin ihan be gemu cagan toohoi bade tucibufi ulebuhe, ere orin inenggi dolo gemu majige aitume deribuhebi, ba na ci emu baksan orho, emu sefere turi gaifi ulebuhe ba akū ofi, bele, turi, orho ambula funcefi, geren baci juwere be gemu nakabufi, isinjiha bade teisu teisu asarabuha. mini ere mudan i goro jihengge, cohome jeku ciyanliyang be icihiyaki, cooha dosire ilire nashūn be toktobuki seme jifi, irgen be jobobure, ba na be gasihibuha baita be yabuci ombio? te baita wajiha be dahame getukeleme arafi cohome wasimbuha, erebe hebei ambasa de gemu tuwabu. elhe taifin i gūsin ningguci aniya anagan i ilan biyai tofohon.

（2）滿文漢譯：

諭皇太子，朕料理軍務畢，十五日，啓程往白塔，所辦每事，俱已明白抄發。白塔是黃河彎曲處，鄂爾多斯杜稜公卡倫，此諭到後，文報勿由內地遣發，若出殺虎口，由邊外遣發，則將近千里可抄近路徑直而易行。內地之路，惡不可言。雨水暑熱之時，人酷熱難耐，馬斃必多。寧夏地處戈壁中央，年高體弱者，甚不相宜，雖無病者，却常有肚腹不好，形容削減者，朕等則無所覺。寧夏距賀蘭山邊塞百里有餘。水草美不可言，隨朕前來大臣、侍衛、護軍。拜唐阿之馬、御用馬、駝、羊、牛，俱放出至察罕托海地方餵養。此二十日內，俱略有起色，因未取地方一束草一勺豆餵養，故米、豆、草大有剩餘，各處俱停其運解，著於所到之處各自收貯。朕此番遠來，特爲料理糧餉，定奪師旅進止之機而來，豈可行擾累地方之事？今因事已畢，故繕明特諭，著以此遍示議政大臣。康熙三十六年閏三月十五日。

據《起居注冊》記載，康熙三十六年（1697）閏三月十四日，康熙皇帝駐蹕寧夏，閏三月十五日，車駕啓行，往白塔進發。閏三月二十五日，康熙皇帝駐蹕黃河西岸沙棗樹。閏三月二十六日，康熙皇帝駐蹕黃河西岸白塔。據前引滿文諭旨可知，寧夏地處瀚海即戈壁沙漠中央，距賀蘭山邊塞百里有餘。漢文「河套」，滿文讀如"hūwang ho i mudan i ba"，意即「黃河彎曲處」，是鄂爾多斯杜稜公卡倫。「卡倫」，滿文讀如"karun"，意即「哨所」，或「汛地」。滿文諭旨與《起居注冊》的記載，詳略不同，可以互相補充。

三、明目達聰 ── 滿文奏摺的政治功能

　　康熙年間開始採行的奏摺，是朝廷體制外的一種通訊工具，亦即皇帝和相關文武大臣之間所建立的單線書面聯繫。康熙皇帝屢諭各省將軍、總督、巡撫、提督、總兵官將本省或鄰封之事，俱應於請安摺子，附陳密摺。內閣部院大臣亦當與諸省大臣一體於請安摺子各將應奏之事，一併陳奏，或部院大小諸事，或旗下事務，凡有應奏聞者，應條陳者，各罄所見，開列陳奏，所言是，則擇而用之；所言非，則手書訓諭。凡有陳奏，俱無洩漏，一概奏摺，不遲時刻，康熙皇帝親手批諭發還[4]。臣工具摺時，或漢字，或滿字，因人而異。康熙皇帝親征朔漠期間，滿文奏摺扮演了重要的文書角色。皇太子胤礽（in ceng）固然於滿文請安摺內附陳應奏之事，撫遠大將軍費揚古等亦繕寫滿文奏摺陳奏準噶爾軍情，影印滿文原摺一件於下，並轉寫羅馬拼音，譯出漢文。

4　《清代起居注冊・康熙朝》（臺北，臺北故宮博物院，2009 年 9 月），第二冊，頁 T11208。

ᠮᠠᠨᠵᡠ ᡥᡝᡵᡤᡝᠨ ᡳ ᠪᡳᡨᡥᡝ

（1）羅馬拼音：

amba jiyanggiyūn be fiyanggū i wesimbuhe bithe. goroki be dahabure amba jiyanggiyūn hiya kadalara dorgi amban be amban fiyanggū sei gingguleme wesimburengge, g'aldan i bucehe, danjila sei dahara babe ekšeme boolame wesimbure jalin, amban be, elhe taifin i gūsin ningguci aniya duin biyai ice uyun de, sair balhasun gebungge bade isinjiha manggi, ūlet i danjila sei takūraha cikir jaisang ni jergi uyun niyalma jifi alarangge, be ūlet i danjila i takūraha elcin, ilan biyai juwan ilan de g'aldan aca amtatai gebungge bade isinafi bucehe, danjila, noyan gelung, danjila i hojihon lasrun, g'aldan i giran, g'aldan i sargan jui juncahai be gajime uheri ilan tanggū boigon be gaifi enduringge ejen de dahame ebsi jifi, baya endur gebungge bade ilifi, hese be aliyame tehebi, enduringge ejen adarame jorime hese wasimbuci, wasimbuha hese be gingguleme dahame yabumbi, urjanjab jaisang, urjanjab i deo sereng, aba jaisang, tar jaisang, aralbai jaisang, erdeni ujat lama se, juwe tanggū boigon be gaifi, dzewang arabtan be baime genehe. erdeni jaisang, usta taiji, boroci jaisang hošooci, cerimbum jaisang se, juwe tanggū boigon be gaifi, danjin ombu be baime genehe. danjila sei wesimbure bithe, ne mende bi sembi, cikir jaisang sede, g'aldan adarame bucehe, danjila ainu uthai ebsi jideraku, baya endur bade tefi, hese be aliyambi sembi seme fonjici alarangge, g'aldan ilan biyai juwan ilan i erde nimehe, yamji uthai bucehe, ai nimeku be sarkū, danjila uthai jiki seci, morin umesi turga, fejergi urse amba dulin gemu ulga akū yafagan, geli kunesun akū, uttu ojoro jakade, baya endur bade tefi, hese be aliyame bi,

enduringge ejen ebsi jio seci, uthai jimbi sembi, danjila sei
takūraha elcin be gemu ejen i jakade benebuci, niyalma largin,
giyamun i morin isirakū be boljoci ojorakū seme, cikir jaisang be
teile, icihiyara hafan nomcidai de afabufi, ejen i jakade hahilame
benebuhe, aldar gelung ni jergi jakūn niyalma be, amban be godoli
balhasun de gamafi, tebuhe giyamun deri ejen i jakade benebuki,
danjila i wesimbure emu bithe, noyan gelung ni wesimbure emu
bithe, danjila i hojihon lasrun i wesimbure emu bithe be
suwaliyame neneme dele tuwabume wesimbuhe. erei jalin ekšeme
gingguleme donjibume wesimbuhe. elhe taifin i gūsin ningguci
aniya duin biyai ice uyun[5].

（2）滿文漢譯：

大將軍伯費揚古奏章

撫遠大將軍領侍衛內大臣伯費揚古等謹奏，爲火急奏報噶爾
丹之死，丹濟拉等來降事。康熙三十六年四月初九日，臣等
來至賽爾巴爾哈孫地方時，有厄魯特丹濟拉等所遣齊奇爾寨
桑等九人前來告稱：我等係厄魯特丹濟拉所遣之使者，三月
十三日，噶爾丹至名叫阿察阿穆塔台地方時死亡。丹濟拉、
諾顏格隆、丹濟拉之婿拉思綸攜噶爾丹屍骸及噶爾丹之女鍾
察海，共三百戶來投聖主，駐於名叫巴雅恩都爾地方候旨，
聽從聖主如何降旨指示，即欽遵所領諭旨而行。吳爾占扎布
寨桑、吳爾占扎布之弟色稜、阿巴寨桑、塔爾寨桑、阿爾喇
拜寨桑、額爾德尼吳扎特喇嘛等帶領二百戶往投策妄阿喇布
坦；額爾德尼寨桑、吳思塔台吉、博羅齊寨桑和碩齊、車凌

5　《宮中檔康熙朝奏摺》，第九輯，頁 35。康熙三十六年四月初九日，費
　　揚古奏摺。

布木寨桑等帶領二百戶往投丹濟拉鄂木布。丹濟拉等之奏章，
現今在我等之處云云。問齊奇爾寨桑等：噶爾丹如何死亡？
丹濟拉何以不即前來而留駐巴雅恩都爾地方候旨？據告稱：
噶爾丹於三月十三日晨得病，至晚即死，不知何病？丹濟拉
欲即前來，因馬甚瘦，屬眾大半皆無牲口而徒步，復無行糧，
故暫駐巴雅恩都爾地方候旨，聖主若許其前來，即遵旨前來
等語。若將丹濟拉等所遣使者俱解送聖主處，則恐因人混雜，
驛馬不敷，故僅將齊奇爾寨桑交由朗中諾木齊代作速解送皇
上跟前，阿爾達爾格隆等八人，則由臣等攜往郭多里巴爾哈
孫地方，由駐防驛站解送皇上跟前。丹濟拉奏章一件，諾顏
格隆奏章一件，丹濟拉之婿拉思綸奏章一件，俱一併先行奏
呈御覽，為此火急敬謹奏聞。康熙三十六年四月初九日。

撫遠大將軍費揚古滿文奏摺向康熙皇帝提供了最迅速、最精
確的軍情。《清聖祖仁皇帝實錄》摘譯費揚古滿文奏摺的內容，其
內容如下：

> 撫遠大將軍伯費揚古疏報，康熙三十六年四月初九日，臣
> 等至薩奇爾巴爾哈孫地方，厄魯特丹濟拉等，遣齊奇爾寨
> 桑等九人來告曰：閏三月十三日，噶爾丹至阿察阿穆塔台
> 地方，飲藥自盡。丹濟拉、諾顏格隆、丹濟拉之婿拉思綸，
> 攜噶爾丹尸骸，及噶爾丹之女鍾齊海，共率三百戶來歸。
> 丹濟拉因馬疲瘠，又無糧糗，是以住於巴雅恩都爾地方候
> 旨，其吳爾占扎卜、色稜、阿巴、塔爾、阿喇爾拜、額爾
> 德尼吳爾扎忒喇嘛等帶二百戶投策妄阿喇布坦而去。額爾
> 德尼寨桑、吳思塔台吉、博羅齊寨桑、和碩齊車林奔寨桑
> 等帶二百戶投丹濟拉鄂木布而去，除將齊奇爾寨桑等九人馳

送行在外，臣等於十三日統領大軍前往丹濟拉所住巴雅恩都爾地方，即押丹濟拉等前來。如其心懷反覆，即行剿滅[6]。

撫遠大將軍費揚古滿文奏摺指出噶爾丹於康熙三十六年（1697）三月十三日晨罹病，當晚病故。《清聖祖仁皇帝實錄》爲配合康熙皇帝御駕親征行程，並神化皇帝，而將噶爾丹病故改書「飲藥自盡」，並將噶爾丹死亡日期改繫於是年閏三月十三日，都與滿文原奏不符。

臣工具摺時，各報各的，彼此不能相商，或具漢字摺，或具滿字摺，以廣見聞。康熙四十七年（1708）閏三月初七日，杭州織造孫文成繕寫滿字摺奏聞遵旨接送佛船，可將滿文原摺影印於下，轉寫羅馬拼音，譯出漢文於後。

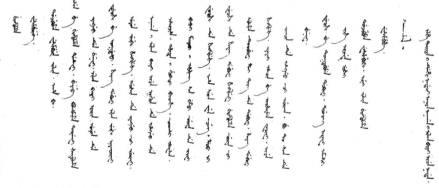

（1）羅馬拼音：

aha sun wen ceng gingguleme wesimburengge, donjibume wasimbure jalin, aha bi, hese be gingguleme dahafi, beyebe bolhomime targafi šanyulame, yangjeo de genefi, ilan biyai orin uyun de fucihi be okdoho, hiyang dabufi ilan jergi niyakūrafi

6　《清聖祖皇帝實錄》，卷183，頁7。康熙三十六年四月甲子，記事。

uyun jergi hengkilehe, gūsin de yangjeo ci jurafi, anagan i ilan
biyai ice ninggun de hangjeo de isinjiha, hoton i gubci bithe,
coohai hafasa, babai miyoo i hošang sa gemu cuwan de jifi
fucihi de hengkilehe, aha sun wen ceng, ts'oo i fucihi de hiyang
dabufi hengkilefi, gingguleme cuwan ci solime tucibufi ts'ai ting
de dobofi, hiyang dabufi hengkilehe, yayai hacin be icihiyame
wajifi, ice jakūn de hangjeo ci juraka, pu to šan de benefi, fucihi
be toktobume dobofi, doocang arafi amasi jihe erinde uhei
donjibume wesimbuki, erei jalin gingguleme wasimbuha.
[fulgiyan pilehe] saha. elhe taifin i dehi nadaci aniya anagan i
ilan biyai ice nadan.

（2）滿文漢譯：

奴才孫文成謹奏，為奏聞事。奴才欽遵諭旨沐浴齋戒，前往
揚州，於三月二十九日迎佛，焚香三跪九叩。三十日，自揚
州啟程，於閏三月初六日到達杭州。闔城文武官員、各處寺
廟和尚皆來船中拜佛，奴才孫文成、曹宜焚香拜佛後，恭請
出船，供奉於彩亭，焚香叩頭，諸事辦竣後，於初八日自杭
州啟程，送往普陀山，將佛安置供奉做道場後返回時，一併
奏聞，為此謹奏。[硃批]知道了。康熙四十七年閏三月初七
日。

奏摺制度是皇帝和相關文武大臣之間所建立的單線書面聯
繫。杭州織造孫文成繕寫滿文奏摺和康熙皇帝直接祕密溝通，因
此，滿文奏摺就是清朝體制外的一種通訊工具。蘇州織造李煦繕
寫漢字摺奏報迎送佛船日期。原摺略謂，「二月十八日，曹宜奉佛
自張家灣開船，於三月二十八日到揚州，一路平安無事。管理杭

州織造臣孫文成於二十九日清晨到揚迎佛，臣煦與曹寅、孫文成商議，乃著曹宜跟隨孫文成前去普陀安置佛畢，具摺回奏。」杭州織造孫文成到達揚州迎接佛船的日期是在康熙四十七年（1708）三月二十九日，蘇州織造李煦奏摺所報日期，彼此脗合。引文中曹宜是江寧織造曹寅之弟。據曹寅奏報，孫文成與曹宜於同年閏三月十四日將佛船送到南海普陀山安置[7]。

　　杭州織造孫文成繕寫滿文奏摺向康熙皇帝奏聞地方事宜，康熙皇帝亦以滿文頒降諭旨。康熙四十八年（1709）六月十二日，因普陀山寺廟僧侶生計艱難，故諭令孫文成查明具奏。可將康熙皇帝親書諭旨影印於下，並轉寫羅馬拼音，譯出漢文。

7　《宮中檔康熙朝奏摺》，第九輯，頁 101。康熙四十七年閏三月初七日，
　　孫文成奏摺。

（1）羅馬拼音：

hese hangjeo i suje jodoro be kadalara sun wen ceng de
wasimbuha, jakan pu to šan i juwe dalaha ho šang jihede, ceni
sy i banjire be fonjihai, ere juwe aniya mederi de jeku
tuciburakū, fafulahangge cira ojoro jakade, jeku komso ofi ho
šang se samsime ekiyekebi sembi, ere sy miyoo serengge,
cohotoi hese wasimbufi weilebuhengge gūwa bade duibuleci
ojorakū, ne ere juwe ho šang, amasi genehebi, urunakū hang jeo
de darimbi, si esei emgi acafi, emu aniya jetere jeku udu baibure
ba be kimcime gisureme toktobufi wesimbu, damu erei kanagan
de jalingga irgen, geli jeku udafi gūwa golo de tuweleme
uncanaci, je giyang i jeku i hūda mangga ojirahū sembi, erei
jalin galai arafi, cohome wasimbuha[8].

（2）滿文漢譯：

諭管理杭州織造孫文成，適才普陀山二住持和尚來時，詢問
伊等寺內生計。據云：此二年不令米糧出海，因禁令嚴厲，
米糧短少，故和尚離散減少等語。此寺廟係奉特旨修建者，
非他處可比。今此二和尚已經返回，必路過杭州，著爾會同
伊等將一年食糧需多少之處，詳察定議後具奏。惟恐奸民藉
故又購買米糧運往他省販賣，以致浙江糧價昂貴。爲此親手
書寫，特諭。

　　普陀山寺廟，因奉敕修建，由於官方嚴禁米糧出海，以致寺
中僧侶因乏食而離散。康熙皇帝諭令杭州織造孫文成查明寺中僧

8　《宮中檔康熙朝奏摺》，第九輯，頁 140。康熙四十八年六月十二日，諭旨。

侶每年所需糧食繕摺啓奏。同年七月初六日，孫文成奉到諭旨，隨即遵旨查明，繕寫滿文摺覆奏。為了便於說明，先將滿文摺影印於下，並轉寫羅馬拼音，譯出漢文。

（1）羅馬拼音：

aha sun wen ceng gingguleme wesimburengge, hese be gingguleme dahara jalin, nadan biyai ice ninggun de aha mini booi niyalma gingguleme gajiha, ejen i araha fulgiyan bithede, hese hangjeo i suje jodoro be kadalara sun wen ceng de wasimbuha, jakan pu to šan i juwe dalaha ho šang jihede, ceni sy i banjire be fonjihai, ere juwe aniya mederi de jeku tuciburakū, fafulahangge cira ojoro jakade, jeku komso ofi, ho šang se samsime ekiyekebi sembi. ere sy miyoo serengge cohotoi hese wasimbufi weilebuhengge, gūwa bade duibuleci ojorakū, ne ere juwe ho šang amasi genehebi, urunkū hangjeo de darimbi, si esei emgi acafi, emu aniya jettere jeku udu baibure babe kimcime gisureme toktobufi wesimbu, damu erei kanagan de jalingga irgen geli jeku udafi, gūwa golode tuweleme uncanaci, je giyang ni jeku i hūda mangga ojorahū sembi. erei jalin galai arafi cohome wasimbuha, sehebe gingguleme dahafi, jakūn biyai ice ninggun de pu to šan i dalaha ho šang sin ming. hing tung hangjeo de isinjiha, aha bi esei emgi acafi baicaci, pu ji sy de ne bisire ho šang ilan tanggū gūsin sunja, fa yu sy de ne bisire ho šang ilan tanggū gūsin emu, uheri juwe sy i ho šang ninggun tanggū ninju ninggun, erei emu niyalma de emu inenggi jetere bele emte moro i bodome, emu aniya bele juwe minggan ilan tanggū uyunju nadan hule ninggun hiyase baibumbi. uttu be dahame esei emu aniya jetere bele be, ceni baha bahai bele i ton be siyūn fu de bithe alibufi, siyūn fu hafan tucibufi baicabufi temhetu bithe bufi, mederi de tucibukini, ere ton ci fulu bele be mederi de tuciburakū obuki, uttu ohode jalingga irgen i bele kanagan de bahafi tucirakū ombi. erei jalin gingguleme wesimbuhe. hese be baimbi. [fulgiyan pilehe] saha. elhe taifin i dehi jakūci aniya jakūn biyai orin juwe[9].

（2）滿文漢譯：

奴才孫文成謹奏，爲欽遵諭旨事。七月初六日，奴才家人恭謹齎回皇上所繕硃書：諭管理杭州織造孫文成，適才普陀山二住持和尙來時，詢問伊等寺內生計。據云：此二年不令米糧出海，因禁令嚴厲，米糧短少，故和尙離散減少等語。此寺廟係奉特旨修建者，非他處可比。今此二和尙已經返回，必路過杭州，著爾會同伊等將一年食糧需多少之處，詳察定議後具奏。惟恐奸民藉故又購買米糧運往他省販賣，以致浙江糧價昂貴。爲此親手書寫，特諭，欽此欽遵。八月初六日，普陀山住持和尙心明、性統來到杭州，奴才會同伊等查得普濟寺現有和尙三百三十五名，法雨寺現有和尙三百三十一名，二寺和尙共計六百六十六名，以一人一日食米各一升計算，一年需米二千三百九十七石六斗，爲此將伊等一年食米，就其所得米數，呈文巡撫後，巡撫派員查明，給與照票，准令出海。超出此數之米，不准出海。如此則奸民之米可無從藉故出海，爲此謹奏請旨。[硃批]知道了。康熙四十八年八月二十二日。

　　孫文成奏摺抄錄康熙皇帝親書諭旨，保存史料。對照孫文成所錄諭旨，文意相合。孫文成遵旨會同普陀山住持和尙查明一年所需食米。統計普濟寺、法雨寺二寺和尙共六百六十六名，一年

9　《宮中檔康熙朝奏摺》，第九輯，頁145。康熙四十八年八月二十二日，孫文成奏摺。

所需米食，計二千三百九十七石六斗，反映南海普陀山宗教活動
的盛況。

　　清朝硃批奏摺，除漢字摺、滿字摺外，還有滿漢合璧摺，就
是滿漢兼書的奏摺，漢字部分在右，由右而左；滿字部分在左，
由左而右。臺北故宮博物院現藏宮中檔內頗多滿漢合璧摺，最早
的滿漢合璧摺是始於康熙五十七年（1718）八月初四日戶部尚書
兼管錢法事務趙申喬等〈奏明購買馬匹數目並用過銀兩〉一摺是
滿漢合璧摺，由趙申喬與左侍郎傅爾笏納、右侍郎王景曾滿漢大
臣會銜具奏，原摺滿文末幅奉康熙皇帝硃批"saha"，意即「知道
了」。雍正皇帝即位後，滿漢合璧摺更是常見的文書，譬如康熙六
十一年（1722）十二月十七日，刑部尚書托賴等具奏〈為郎中額
森自縊案請旨〉一摺，是滿漢合璧摺，為了便於說明，可將原摺
滿文影印於下，並轉寫羅馬拼音，照錄漢文於後。

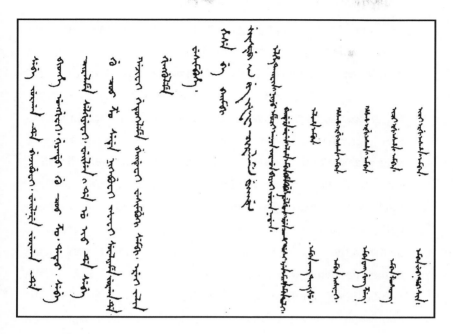

（1）羅馬拼音：

beidere jurgan i aliha amban bime, kubuhe fulgiyan i ujen

coohai gūsai ejen kamciha toolai sei gingguleme wesimburengge,

hese be baire jalin, gulu šanggiyan i manju gūsai nacin nirui

bošokū huiceng ni boolanjihangge, ceni nirui hafan i jurgan i

icihiyara hafan esen be, ši hiya i hoton weilere de tucibuhe bihe,

ere aniya omšon biyai juwan nadan de, ši hiya hoton i wargi

dukai tule jang halangga niyalmai diyan de fasime bucehebi

seme boolanjiha be, amban meni jurgan ci uthai mi yūn hiyan de

pai bithe yabubufi, ši hiya i fujiyang ni emgi esen i giran feye

be kimcime tuwafi, esen i fasime bucehe turgun be, esen i beye

hanci dahalame bihe booi niyalma diyan i ejen de getukeleme

baicame fonjifi hūdun jurgan de boolanjikini seme yabubuha
bihe, sirame mi yūn hiyan i jyhiyan siowei tiyan pei sei alibume
benjihe bithede, jurgan i bithe be dahame, buya hafan bi uthai
udzo be gaifi, ši hiya i fujiyang ni emgi diyan neihe niyalma,
falgai da, esen i beye hanci dahalame bihe booi niyalmai sasa
esen i giran feye be tuwaci, monggon de uše i toron bi, juwe
ujan acanahakūbi, fasime bucehengge yargiyan, esen i hefeli ci
emu afaha manju bithe tucibuhebi, esen i booi niyalma suwanju
sede fonjici, meni ejen weilen i menggun edelehe turgunde
hafirabufi fasime bucehe inu sembi, uttu ofi, esen i hefeliyehe
manju bithe be suwaliyame jurgan de alibume benehe seme
jurgan de benjihebi, esen i hefeliyehe bithe be tuwaci, esen
mimbe yang jeo furdan i cifun takūran de genehe turgunde,
dooli bihe boo yo i emgi ši hiya ba i hoton be weilere de
tucibufi weilen i giyandu, weilere jurgan i icihiyara hafan gu
coo dzo, dorgi baita be uheri kadalara yamun i aisilakū hafan
dateo derencume haršame boo yo be weilen i bade isiburakū,
damu mimbe hoton be weilebure de, mini boo boigon be gemu
uncafi, damu juwe minggan emu tanggū uyunju juwe yan duin
jiha menggun bahafi, giyandu de ulame ambasa de alafi encu
niyalma be tucibureo seme baire de, giyandu se, ulin gaire de
gūnin de acabuhakū ofi, weilen i da u io de de tacibufi, ere gese
šahūrun erinde mini etuku be sufi, juwe inenggi juwe dobori
etuburakū bime, geli emu minggan sunja tanggū yan sere lingdz
bithe be gaiki seme bilagan bilaha, gūnihakū weilen i da,
giyandu, mini booi niyalma boro be huthufi nimanggi bade

umbufi, geli mimbe dahalara duin aha be gemu tantame ukambuhabi, esen bi ai weile baha seme ere gese girubure de isibumbi, ere jergi turgun be wesimbureo sehebi, baicaci, esen ne tušan i icihiyara hafan bime, fasime bucehe be tuwaci, turgun akū seci ojorakū, erebe mi yūn hiyan de bithe yabubufi, bucehe esen i booi niyalma, diyan i ejen jang doo hūwang sebe jurgan de benjibufi, weilere jurgan de bithe unggifi, giyandu gu coo dzo, dateo sebe ciralame selgiyefi, weilen i da u io de sebe gu coo dzo sede nikebufi jafafi suwaliyame jurgan de gajifi getukeleme beidefi wesimbuki sembi, erei jalin gingguleme wesimbuhe, hese be baimbi. [fulgiyan fi:giyandu sa be jafafi ciralame beide.] elhe taifin i ninju emuci aniya jorgon biyai juwan nadan. beidere jurgan i aliha amban bime kubuhe fulgiyan i ujen coohai gūsai ejen kamciha amban toolai, aliha amban amban jang ting šu, hashū ergi ashan i amban amban asinai, hashū ergi ashani amban amban wang ging dzeng, ici ergi ashan i amban amban liosiyang, ici ergi ashan i amban amban jeo doo sin.

（2）滿文漢譯：

刑部尙書兼鑲紅旗漢軍都統臣托賴等謹奏，爲請旨事，據正白旗滿洲都統那親佐領下撥什庫惠成報稱：本佐領下吏部郎中額森，派出修理城垣，於本年十一月十七日在石匣城西門外張姓店內自縊身死等情，經臣部即牌行密雲縣，會同石匣副將，將額森身屍詳驗，並查明額森縊死情由，訊取額森親隨家人店主確供，作速報部去後，續據密雲縣知縣薛天培申稱，遵部文，卑職即帶領仵作會同石匣副將，眼同店主、地方、額森親隨家人，驗看額森身屍，脖項有帶痕一道，八字不交，委係自縊身死。從額森懷中翻出滿字呈子一紙，訊之額森家人拴住等供，我們主子因缺少工銀，情極吊死是實等語，據此將額森懷中滿字呈子一併申送前來，詳看額森懷中呈詞，內開森因收過揚州關稅，同道員鮑鑰派脩石匣城垣工程監督，工部郎中顧朝佐，內務府員外郎大頭狗庇不令鮑鑰工程地方去，只叫我脩理城垣，我將家產俱行變賣，只得銀二千一百九十二兩四錢，懇求監督轉回大人另派別人，因監督等索銀不遂，唆令工頭吳有德，如此寒天，將我脫去衣服，兩日兩夜，不令我穿，又勒限要一千五百兩銀子的領子，不意工頭同監督將我家人博羅綑縛，埋在雪裡，又將跟隨我去的四個家人，俱行打逃，森得何罪？受此凌辱，將此等情由懇乞具奏等情。查額森係現任郎中，自縊身死，看此不無情故，應行文密雲縣，將已死額森家人，店主張道黃等送部，行文工部，嚴傳監督顧朝佐、大頭等將工頭吳有德等着落顧朝佐等拿獲一併赴部審明具奏，為此謹奏請旨。[硃批：着拏監督嚴審。]康熙六十一年十二月十七日，刑部尚書兼鑲紅旗漢軍都統托賴，尚書臣張廷樞，左侍郎臣阿錫鼎，左侍郎臣王景曾，右侍郎臣六相，右侍郎臣周道新。

滿漢合璧摺的內容，既以滿漢文字互相對譯，因此，從滿文部分的敘述，有助於了解漢文的詞義。原摺「漢軍」，滿文讀如"ujen cooha"，漢字作「烏真超哈」，意即重兵，蓋因使用紅夷礮等重武器而得名。順治十七年（1660），定烏真超哈漢名為漢軍。原摺「都統」，滿文讀如"gūsai ejen"，漢字作「固山額真」，順治十七年（1660），定固山額真漢名為都統。雍正元年（1723），改滿文為

"gūsai amban"，漢名仍稱都統。原摺「撥什庫」，滿文讀如
"bošokū"，意即領催。原摺「眼同店主、地方、額森親隨家人，
驗看額森身屍。」句中「地方」，滿文讀如"falgai da"，意即地方
上的族長、甲長、里長、地保。原摺「八字不交」，滿文讀如"juwe
ujan acanahakūbi"，意即繩索兩端或兩頭未會合。右侍郎六相，《清
史稿》作「劉相」，是刑部滿右侍郎。

四、天命神授 — 滿文印信在政治舞臺上所扮演的角色

　　清朝印信，分爲璽、印、關防、鈐記、戳記等。古代印璽通
稱，以金或玉爲之。秦時用玉雕刻，習稱玉璽，爲皇帝所用。唐
朝武后，曾改璽印爲寶。清朝玉璽，滿文讀如"boobai"，是寶貝
的音譯，因此，御璽又稱御寶。中央和地方各級常設機構或官員
多用印，方形，又稱印章，始於秦。由於各機關和官員的地位、
品級不同，因而所用印章的質料、文體和大小也各不相同。關防
也是印信的一種，始於明初。明太祖因部臣及布政使用預印空白
紙作弊，事發後，經議定用半印勘合行移關防，因關防本爲半印，
所以是長方形，文字也是全印之半。其後勘合制度廢除，而稱臨
時性質特別官員的印信爲關防，仍用長方形，文字完全。添設之
官，不給印，衹給關防。清朝制度，關防，一般爲臨時性機構及
辦理財經、工程事務的機構所使用。明朝制度，凡按洪武定制所
設官吏，都用方印，其未入流各官則用條記，清朝稱鈐記，凡文
職佐雜及不兼管兵馬錢糧武職官員，用木鈐記，由布政使發官匠
刻給。各府、州、縣等鈐記，亦如佐雜例，由官匠鐫刻正字發給。
清朝印信文字，或滿字，或漢字，或滿漢兼書，成爲清朝印信的
重要特色。僅就各種文書上所見印模剪貼影印於下。

清朝滿漢印文簡表

圖次	印文	羅馬拼音 / 漢字	圖次	印文	羅馬拼音 / 漢字
1		abkai fulingga aisin gurun han i doron 天命金國汗之印	2		aisin gurun i han i doron 金國汗之印
3		han i boo bai 皇帝之寶	4		han i boobai 皇帝之寶
5		han i boobai 皇帝之寶	6		abka i jui boobai 天子之寶
7		abkai hesei aliha daicing gurun i boobai 大清受命之寶	8		han i abka de jafara boobai 皇帝奉天之寶

#			#		
9		daicing gurun i siraha abkai jui boobai 大清嗣天子寶	10		hese i tacibure boobai 敕命之寶
11		hafan i jurgan i doron 吏部之印	12		boigon i jurgan i doron 戶部之印
13		dorolon i jurgan i doron 禮部之印	14		cooha i jurgan i doron 兵部之印
15		beidere jurgan i doron 刑部之印	16		weilere jurgan i doron 工部之印
17		uheri be baicara yamun i doron 都察院之印	18		mederi be tuwakiyara jiyanggiyūn i doron 鎮海將軍印

No.	Manchu / Chinese	No.	Manchu / Chinese
19	yūn nan i tidu dzung bing guwan i doron　雲南提督總兵官印	20	fugiyan i mukei coobai tidu i doron　福建水師提督印
21	goroki be elhe obure jiyanggiyūn i doron　綏遠將軍印	22	tidu bime jyli moltosi dukai dzung bing guwan i doron　提督直隸古北口總兵官印
23	cung ming ni tidu dzung bing guwan i doron　提督崇明總兵官印	24	wargi be necihiyehe cin wang ni boobai　平西親王之寶
25	julergi be necihiyere wang ni doron　平南王印	26	mederi be tuwakiyara jiyanggiyūn i doron　鎮海將軍印
27	fung tiyan fu i doron　奉天府印	28	fugiyan i tai wan i babe serešeme tuwakiyara dzung bing guwan i doron　鎮守福建臺灣總兵官印

29		tai nan fu i doron 臺南府印	30		tai be fu i doron 臺北府印
31		tai wan fu i doron 臺灣府印	32		jang hūwa hiyan i doron 彰化縣印
33		fugiyan gloloi hoton coohai baifi amala uheri icihiyara kūwaran i kadalan 福建省會善後總局關防	34		coohai gurun i wang ni doron 朝鮮國王之印
35		an nan gurun i wang ni doron 安南國王之印	36		lio cio gurun i wang ni doron 琉球國王之印

資料來源：《明清檔案》（臺北，中央研究院）；《清史圖典》（北京，紫禁城出版社，2002 年）；《清代文書檔案圖鑒》（香港，三聯書店，2004 年 10 月）。

　　朝鮮《光海君日記》記載：「備邊司因傳教啓曰，胡書中印跡，令解篆人申汝櫂及蒙學通事飜解，則篆樣番字，俱是後金天命皇帝七箇字，故奏文中，亦具此意矣。今承聖教，更爲商量，則不必如是飜解泛然，已不可解見之意，刪改宜當，傳曰，允。」[10]光海君十一年（1619），相當明神宗萬曆四十七年，清太祖天命四年。據朝鮮蒙學通事稱，書中印文是「後金天命皇帝」七個字。中央研究院歷史語言研究所典藏內閣大庫清太祖舊檔中存有老滿文印模。圖 1.印文篆體滿文，讀如"abkai fulingga aisin gurun han i doron"，意即「天命金國汗之印」，金國，或稱大金，不是後金。圖 2.印文篆體滿文，讀如"aisin gurun i han i doron"，意即「金國汗之印」，清朝入關前，貼在信牌背面的紙張，鈐有「金國汗之印」印文。瀋陽故宮博物院藏有鈐印「金國汗之印」準備貼在信牌背面的老滿文印文紙張，漢字譯作「金國汗之寶」[11]。圖 3.印文篆體滿文，滿文讀如"han i boo bai"，漢字作「皇帝之寶」，爲清太宗皇太極在位期間所製作。圖 4.印文爲篆體滿文，滿文讀如"han i boobai"，漢字作「皇帝之寶」，清世祖順治年間詔令等下行文書，多鈐用此寶。圖 5.印文爲篆體滿文，滿文讀如"han i boobai"，漢字作「皇帝之寶」，詔書、國書多鈐用此寶。圖 6.印文爲篆體滿文，滿文讀如"abka i jui boobai"，漢字作「天子之寶」。雍正十一年（1733），清軍征討準噶爾期間，雍正皇帝告天祭文，鈐用「天子之寶」。祭文，滿漢兼書，爲便於說明，將滿文影印於下，並轉寫羅馬拼音，照錄漢文。

---

10 《光海君日記》（韓國漢城，國史編纂委員會，1971 年 1 月），鼎足山本，卷 139，頁 15。光海君十一年四月壬申，據備邊司啓。
11 《清史圖典》（北京，紫禁城出版社，2002 年 1 月），第一冊，太祖、太宗朝，頁 138。

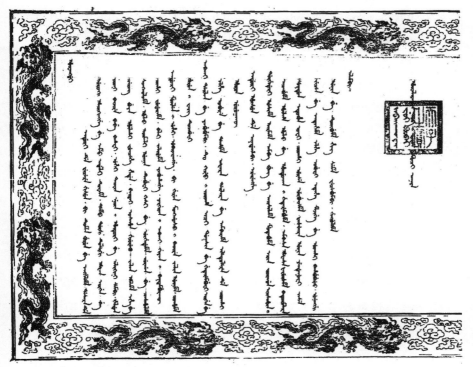

（1）羅馬拼音：

hūwangdi enduri de wecere gisun, bi tumen gurun be enggeleme dasara de goroki hancikingge be emu adali tuwame, damu dorgi tulergi hafan irgen be yooni banjire babe bahafi, uhei taifin necin i hūturi be alikini sembi, g'aldan cering buya hūlhai funcehe hede, banitai oshon gejureku, jalan halame ehe be songkolome, holo koimali gūnin tebufi kesi be urgedeme jurgan be cashūlame cihai fudarame balai jalidame yabuhangge, yargiyan i abkai giyan i baktamburakū enduri mujilen i uhei ubiyarangge, bi geren monggoso i banjire jalin gūnime, cohome gurun i wang tucibufi abkai dailan be yabubumbi, tu kiru i joriha ici doksin be geterembufi irgen be elhe obure be dahame afara dailara be ambarame iletulere de coohai horon urunakū enduri hūsun de akdahabi, ererengge dorgideri gosime karmame amba gung be aisilame mutebume erin forgon ijishūn i acabume hūlha holo be hūdukan i geterembume, ambasa hafasa fafuršame baturulara sukdun etuhun ofi, coohai urse urgunjeme faššara gūnin yendenufi jase jecen be enteheme elhe obufi etehe mejige be uthai bahabubureo, unenggi gūnin be tucibume hing seme wecebumbi, gingguleme alambi. hūwaliyasun tob i juwan emuci aniya.

（2）滿文漢譯：

皇帝致祭於□□□之神曰，朕臨御萬邦，遐邇壹體，惟期中外臣民咸遂生養，共享昇平之福。乃噶爾丹策凌小蠢遺孽，世濟兇頑，殘虐性成，心存詭譎，背恩負義，肆逆逞奸，實天理所不容諒，神心所共憤，朕爲眾蒙古生靈計，特命親藩用昭天討，旌旗所指，除暴即以安良撻伐孔彰軍威，必資神力，伏冀默弘庇佑，懋贊膚功，時序調和，氛塵迅掃，士馬勵奮揚之氣，師旅騰豫順之歡，貽邊境以永綏，俾凱歌之立奏，虔申誠悃，肅展明禋，謹告[12]。

雍正皇帝爲征討準噶爾噶爾丹策凌，於雍正十一年（1733）祭告天地，以資神力。祭文滿漢兼書，並於滿漢文年月處鈐用「天子之寶」（abka jui i boobai）。圖7.印文左爲加圈點滿文本字，讀

---

12 第一歷史檔案館編著，《清代文書檔案圖鑑》（香港，三聯書店，2004年10月），頁80-81。

如"abkai hesei aliha daicing gurun i boobai"，意即「大清朝受天命之寶」。印文右爲篆體漢文「大清受命之寶」，意在宣示清朝政權爲天命所授。圖8.印文左爲加圈點篆體滿文，讀如"han i abka de jafara boobai"，印文右爲篆體漢文「皇帝奉天之寶」，旨在宣示皇帝奉獻於天之意。圖9.印文左爲加圈點滿文本字，滿文讀如"daicing gurun i siraha abkai jui boobai"，意即「大清朝承襲天子寶」，印文右爲篆體漢文「大清嗣天子寶」。圖10.印文左爲篆體滿文，滿文讀如"hese i tacibure boobai"；印文右爲篆體漢文「敕命之寶」。清朝政府敕封外藩、覃恩封贈六品以下官員的文書，稱爲敕命，清朝詔令諭旨鈐用「敕命之寶」。圖11.印文左爲篆體滿文，讀如"hafan i jurgan i doron"，印文右爲篆體漢文「吏部之印」。部院題本、揭帖等文書，例應鈐用印信。圖12.印文左爲篆體滿文，讀如"boigon i jurgan i doron"，印文右爲篆體漢文「戶部之印」。圖13.印文左爲篆體滿文，讀如"dorolon i jurgan i doron"，印文右爲篆體漢文「禮部之印」。圖14.印文左爲篆體滿文，讀如"cooha i jurgan i doron"，印文右爲篆體漢文「兵部之印」。圖15.印文左爲篆體滿文，讀如"beidere jurgan i doron"，印文右爲篆體漢文「刑部之印」。圖16.印文左爲篆體滿文，讀如"weilere jurgan i doron"，印文右爲篆體漢文「工部之印」。圖17.印文左爲加圈點滿文本字，讀如"uheri be baicara yamun i doron"，印文右爲篆體漢文「都察院之印」。

　　清朝中央政府爲強化對地方的治理，設置各級職官，頒給官印，以昭信守。賦予他們一定範圍的權力，使他們在朝廷的指令下，推行政策，並進行管理。乾隆十四年（1749）六月初六日，《清高宗純皇帝實錄》記載，是日因鑄經略等清篆印信頒降諭旨云：

　　　　近用新定清文篆書，鑄造各衙門印信，所司檢閱庫中所藏，

經略、大將軍、將軍諸印，凡百餘顆，皆前此因事頒給，
經用繳還，未經銷燬者。會典復有命將出師，請旨將庫中
印信頒給之文，遂致濫觴。朕思虎符鵲紐，用之軍旅，所
以昭信，無取繁多，庫中所藏，其中振揚威武，建立膚功
者，具載歷朝實錄，班班可考，今擇其克捷奏凱，底定迅
速者，經略印一，大將軍、將軍印各七，分匣收貯，稽其
事跡始末，刻諸文笥，足以傳示奕禩，即仍其清漢舊文，
而配以今製清文篆書，如數重造，遇有應用，具奏請旨頒
給，一并藏之皇史宬，其餘悉交該部銷燬，自後若遇請自
皇史宬而用者，藏事仍歸之皇史宬，若偶因一事，特行頒
給印信者，事完交部銷燬，將此載入會典[13]。

　　皇史宬所貯經略、大將軍、將軍印信，分匣收貯，乾隆十四
年（1749），按照滿漢舊文，配以新製清文篆書，如數重造，俱藏
於皇史宬。乾隆二十七年（1762）十一月二十二日，軍機大臣具
奏，內閣所藏寶譜一卷，奉旨照滿漢合璧修造，皇史宬、盛京，
亦令照式辦理。盛京藏貯十寶，其璽、譜序文，只有漢文，應兼
用清文，始可修造。軍機大臣奏請內務府官員，攜帶紙張前往盛
京，會同盛京將軍，監看用寶。奉旨，盛京所藏寶譜及將軍印譜，
均令查取送京[14]。新修寶譜及將軍印譜修造完成後，遵旨解送盛
京，安放鳳凰樓。

　　清軍平定天山南北兩路後，軍機大臣奉旨用滿漢篆文及回
字，鑄給新疆駐劄大臣關防，其中伊犁、烏嚕木齊、葉爾羌、喀
什噶爾、阿克蘇等處先行鑄造頒給。參贊大臣舒赫德後來又奏請

---

13 《清高宗純皇帝實錄》，卷 342，頁 7。乾隆十四年六月壬午，諭旨。
14 《清高宗純皇帝實錄》，卷 675，頁 7。乾隆二十七年十一月庚辰。據軍
　　機大臣奏。

頒給闢展、哈喇沙爾、庫車、烏什、和闐、英吉沙爾六處印記。經軍機大臣議准用滿漢篆文及回文鑄給印記六顆。乾隆二十九年（1764）八月三十日，諭令將駐劄雅爾城辦事參贊大臣印信，使用伊犁參贊大臣字樣，照伊犁印信，以滿洲、托忒、回字三體鑄給。

圖 18、圖 26.印文左爲加圈點滿文本字，讀如"mederi be tuwakiyara jiyanggiyūn i doron"，印文右爲篆體漢文「鎮海將軍印」。圖 19.印文左爲加圈點滿文本字，讀如"yūn nan i tidu dzung bing guwan i doron"，印文右爲篆體漢文「雲南提督總兵官印」。圖 20.印文左爲加圈點滿文本字，讀如"fugiyan i mukei coobai tidu i doron"，印文右爲篆體漢文「福建水師提督印」。圖 21.印文左爲加圈點滿文本字，讀如"goroki be elhe obure jiyanggiyūn i doron"，印文右爲篆體漢文「綏遠將軍印」。圖 22.印文左爲加圈點滿文本字，讀如"tidu bime jyli moltosi dukai dzung bing guwan i doron"，印文右爲篆體漢文「提督直隸古北口總兵官印」。圖 23.印文左爲加圈點滿文本字，讀如"cung ming ni tidu dzung bing guwan i doron"，印文右爲篆體漢文「提督崇明總兵官印」。圖 24.印文左爲加圈點滿文本字，讀如"wargi be necihiyehe cin wang ni boobai"，印文右爲篆體漢文「平西親王之寶」。圖 25.印文左爲加圈點滿文本字，讀如"julergi be necihiyere wang ni doron"，印文右爲篆體漢文「平南王印」。圖 27.印文左爲加圈點滿文本字，讀如"fung tiyan fu i doron"，印文右爲篆體漢文「奉天府印」。圖 28.印文左爲篆體滿文，讀如"fugiyan i tai wan i babe serešeme tuwakiyara dzung bing guwan i doron"，印文右爲篆體漢文「鎮守福建臺灣總兵官印」。圖 29.印文左爲篆體滿文，讀如"tai nan fu i doron"，印文右爲篆體漢文「臺南府印」。圖 30.印文左爲篆體滿文，讀如"tai be fu i doron"，印文右爲篆體漢文「臺北府印」。圖

31.印文左爲篆體滿文，讀如"tai wan fu i doron"，印文右爲篆體漢文「臺灣府印」。圖 32.印文左爲篆體滿文，讀如"jang hūwa hiyan i doron"，印文右爲篆體漢文「彰化縣印」。圖 33.印文左爲加圈點滿文本字，讀如"fugiyan gloloi hoton coohai baifi amala uheri icihiyara kūwaran i kadalan"，印文右爲篆體漢文「福建省會善後總局關防」。

朝鮮、安南、琉球等屬國印信，也是滿漢合璧。圖 34.印文左爲加圈點滿文本字，讀如"coohiyan gurun i wang ni doron"，印文右爲篆體漢文「朝鮮國王之印」。圖 35.印文左爲加圈點滿文本字，讀如"an nan gurun i wang ni doron"，印文右爲篆體漢文「安南國王之印」。圖 36.印文左爲加圈點滿文本字，讀如"lio cio gurun i wang ni doron"，印文右爲篆體漢文「琉球國王之印」。由表中所列印文中的滿文，或爲不加圈點老滿文，或爲加圈點滿文本字，或爲篆體滿文，滿漢文意雖然相近，但因各印信鐫有滿文，而凸顯清朝印信的特色，同時也說明滿文在清朝政治舞臺上扮演了重要的角色。

五、儒釋並重 — 滿文與儒釋經典的繙譯

從順治年間（1644-1661）開始，對古籍的繙譯，使滿文的使用範圍更加廣泛，證明滿文與漢字同樣具有「文以載道」的功能。譬如順治十一年（1654），清世祖敕譯滿文本《詩經》二十卷。康熙年間（1662-1722），奉敕譯成滿文的《清文日講易經解義》，十八卷；《清文日講書經解義》，十三卷；《清文日講四書解義》，二十六卷；《清文大學衍義》，四十三卷。雍正年間（1723-1735），奉敕譯成滿文的《孝經》，一卷。乾隆年間（1736-1795），奉敕譯

成滿文的儒家經典，卷帙更多，譬如：《御製繙譯周易》，四卷；《御製繙譯書經集傳》，六卷；《御製繙譯詩經》，八卷；《御製繙譯禮記》，三十卷；《御製繙譯春秋》，六十四卷；《御製繙譯孝經》，一卷；《繙譯五經》，五十八卷；《繙譯四書》，二十九卷；《御製繙譯四書》，六卷等，此外，如《繙譯潘氏總論》、《繙譯黃石公素書》等古籍，更是不勝枚舉。

康熙皇帝於孜孜求治之餘，更留心儒家經典。康熙皇帝御門聽政既畢，即於弘德殿由儒臣進講《易經》、《書經》、《四書》等經典，通過《起居注冊》記載日講官進講儒家經典的內容，有助於了解康熙皇帝提倡崇儒重道的文化政策。康熙皇帝認為天德王道之全，脩己治人之要，具在《四書》，故命儒臣撰為講義，闡發義理，同諸經進講，滿漢兼書，以裨益政治，將《四書講章》刊刻流通，以垂永久。日講起居注官喇沙里等遵旨將按日進講年終彙呈的《四書講章》加以潤飾，校錄成帙，於康熙十六年（1677）十二月十八日裝潢進呈，漢滿文本各二十六卷，滿文本題為《清文日講四書講義》，喇沙里等總裁官，滿文繙譯官為翰林院待詔敦代等十五人，滿文謄錄官為翰林院筆帖式雅奇等十七人。對照滿文本《起居注冊》與《清文日講四書講義》後，可知兩者所譯《四書》的滿文，無論在句型語法或詞彙等方面，都很相近似。

乾隆皇帝即位後，更加重視滿文，他諭令朝廷祭文，必須繙譯滿文。各部院奏事，滿漢兼書具奏。大學士鄂爾泰等奉命將四子之書重加釐定。《御製繙譯四書》就是按照康熙年間刊佈的《清文日講四書講義》重加釐定的。乾隆皇帝認為繙譯滿文必須順滿文會意，方可令人易曉。若捨滿文語氣，因循漢文繙譯，則必失卻滿文本義。將滿文本《起居注冊》、《清文日講四書講義》與《御製繙譯四書》互相比較，探討其異同，有助於了解《四書》滿文譯本的特色。

　　乾隆年間改譯《四書》時釐正的部分，主要是將康熙年間的漢字讀音直譯，改爲意譯，並且改變滿文的語法句型結構。《四書》中所載古代官職名稱，康熙年間，多按漢字音譯，乾隆年間，多按文義意譯，例如《論語・八佾》「子語魯大師曰」，康熙朝滿文本《起居注冊》譯作"lu i tai ši de kumun be alame henduhe."句中"tai ši"，乾隆年間《御製繙譯四書》改譯爲"kumun be aliha hafan"，意即「典樂之官」；「儀封人請見」，康熙朝滿文本《起居注冊》譯作"i fung žin acaki."句中"fung žin"，《御製繙譯書》改譯爲"jasei hafan"，意即「守邊之官員」。《論語・述而》「陳司敗問昭公知禮乎？」滿文本《起居注冊》譯作"cen i sy bai fonjiha, joo gung dorolon de sambio ？"句中"sy bai"，《御製繙譯四書》改譯爲"beiden be aliha amban"，意即「司寇」，職司刑罰的大臣。姑且不論乾隆皇帝是否避諱使用「夷狄」字樣，但就滿文而言，「夷狄」音譯，並無意義。滿文本《起居注冊》、《清文日講四書解義》中的「夷狄」，滿文讀如"i di"，《御製繙譯四書》改譯爲"tulergi aiman"，意即「外藩」。

　　乾隆年間改譯《四書》時，所使用的詞彙，較切近於《四書》原文的含意。因此，《御製繙譯四書》的滿文，其文義及意旨，與康熙年間的譯文，頗有淺深異同之別。例如《論語・里仁》「不仁者，不可以久處約。」，滿文本《起居注冊》譯作"gosin akū niyalma joboro de goidame bici ojorokū ."「約」，康熙年間譯作"joboro"，意即艱苦，《御製繙譯四書》改譯爲"yadahūn"，意即「貧窮」。"joboro"，強調的是「貧苦」的「苦」，而"yadahūn"強調的是「貧苦」的「貧」。「不患無位」，滿文本《起居注冊》譯作"soorin akū be ume joboro ."句中"soorin"，意即「帝王的寶位」。《御製繙譯四書》改譯爲“tušan”，意即「職位」。大致而言，乾隆年間改譯《四書》時，所選定的滿文詞彙，更加恰當。由於乾隆年間釐定《四書》譯本，參考尋譯，更加促進考據學的發展。

　　乾隆年間刊印的《御製繙譯四書》，在句型語法上頗多不同於康熙年間的譯文，爲便於說明，舉數例於下。

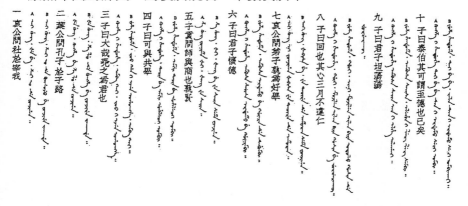

　　表中“A”，表示康熙朝滿文本《起居注冊》譯文，“B”。表示乾隆年間刊行《御製繙譯四書》譯文。表一：《論語・八佾》「哀公問社於宰我」，滿文本《起居注冊》譯作“ai gung, še be, dzai o de fonjiha.”，《御製繙譯四書》改譯爲“ai gung dzai o de boihoju be forjire jakade.”句中「社」，康熙年間按漢字音譯作，“še”，乾隆年間改譯爲“boihoju”，意即「土地神主」。“še”、“boihoju”是直接受詞，“dzai o”是間皆受詞，乾隆年間改譯《四書》時將直接受詞與間接受詞的位置互相對調。表二：《論語・述而》「葉公問孔子於子路。」滿文本《起居注冊》譯作“še gung, kungdz be dz lu de fonjiha.”，《御製繙譯四書》改譯爲“še gung, dz lu de kungdz be fonjire jakade.”，句中直接受詞和間接受詞的位置互相對換。康熙年間繙譯《四書》的滿文句型是按照漢文句型的結構而繙譯，即於主詞後緊接直接受詞，然後爲間接受詞。

　　表三：《論語・泰伯》「子曰，大哉堯之爲君也。」滿文本《起居注冊》譯作"kungdz i henduhe, amba kai, yoo i ejen ohongge."，《御製繙譯四書》改譯爲"fudz hendume, yoo han i ejen ohongge, amba kai."，康熙年間的譯文，與漢文句型的結構相近。乾隆年間將"amba kai"，改置於句尾。表四：《論語・子罕》「子曰，可與共學。」滿文本《起居注冊》譯作"kungdz i henduhe, tacin be emgi uheleci ombi."，《御製繙譯四書》改譯爲"fudz hendume, emgi tacin be uheleci ombi."，句中"tacin be emgi"，改譯爲"emgi tacin be"。表五：《論語・先進》「子貢問師與商也孰賢。」滿文本《起居注冊》譯作"dz gung fonjime ši, šang we sain."譯文句型結構和漢文相近。《御製繙譯四書》改譯爲"dz gung, ši šang be we sain seme fonjiha."，句中於直接受詞後置語助詞"be"（也），並改變句型結構。

　　表六：《論語・里仁》「子曰，君子懷德。」滿文本《起居注冊》譯作"kungdz i henduhe ambasa saisa erdemu be gūnimbi."，《御製繙譯四書》改譯爲"fudz hendume, ambasa saisa erdemu be gūnin de tebumbi."，句中"gūnimbi"，意即「想念」，或「懷念」，乾隆年間改譯爲"gūnin de tebumbi"，意即「留意」。表七：《論語・雍也》「哀公問弟子孰爲好學？」滿文本《起居注冊》譯作"ai gung ni fonjiha šabisa we tacire de amuran."，《御製繙譯四書》改譯爲"ai gung, šabisa be, we tacire de amuran seme fonjiha."，句中"šabisa"爲直接受詞，乾隆年間改譯時置助詞"be"（把），作"šabisa be"。表八：「子曰回也，其心三月不違仁。」滿文本《起居注冊》譯作"kungdz i henduhe, hūi ,mujilen ilan biya gosin be jurcerakū"，《御製繙譯四書》改譯爲"fudz hendume, hūi mujilen ilan biya otolo gosin de jurcerakū"，句中「三月」，康熙年間譯作"ilan biya"，乾隆年間

改譯爲"ilan biya otolo"，意即「直到三個月的時候」；「不違仁」，康熙年間譯作"gosin be jurcerakū"，乾隆年間改譯爲"gosin de jurcerakū"，改助詞"be"爲"de"。

　　表九：《論語‧述而》「子曰，君子坦蕩蕩。」滿文本《起居注冊》譯作"kungdz i henduhe, ambasa saisa an i elhe alhai."，《御製繙譯四書》改譯爲"fudz hendume, ambasa saisa, elehun i ler ler sembi."改譯後的滿文已無漢文語氣，也不拘泥成語。表十：《論語‧泰伯》「子曰，泰伯其可謂至德也已矣。」滿文本《起居注冊》譯作"kungdz i henduhe, tai be be ten i erdemu seci ombi."，《御製繙譯四書》改譯爲"fudz hendume, tai be be, yala ten i erdemu seci ombikai."，乾隆年間改譯時，增加副詞"yala"（果真），以修飾「至德」，將「可謂至德也已矣」，改譯成"yala ten i erdemu seci ombikai."使滿文語氣輕重能充分的表現出來。乾隆年間《四書》滿文篇名，多見於滿文本《清高宗實錄》、滿文本《起居注冊》、《御製繙譯四書》爲便於說明，舉例列表如下。

乾隆年間《四書》滿文譯本對照表

書名	漢文	高宗實錄	起居注冊	御製繙譯四書
《中庸》	凡爲天下國家有九經所以行之者一也			

《論語》	子路問政子曰 先之勞之請益 曰無倦			
《中庸》	致中和天地位 焉萬物育焉			

資料來源：《清高宗純皇帝實錄》滿文本；乾隆朝《起居注冊》滿
　　　　　文本；《御製繙譯四書》。

　　乾隆六年（1741）二月十二日，舉行仲春經筵，乾隆皇帝御
文華殿，直講官三泰等進講《中庸》「凡為天下國家有九經，所以
行之者一也。」《清高宗純皇帝實錄》滿文本譯作"yaya abkai fejergi

gurun boo be dasara de, uyun enteheme bi, yaburengge emu sehe."同
日《起居注冊》滿文本亦載"yaya abkai fejergi gurun boo be dasara
de uyun enteheme bi, yaburengge emu sehe."譯文與實錄相同。乾隆
二十年（1755）刊行的《御製繙譯四書》所載滿文云："yaya abkai
fejergi gurun boo be dasara de uyun enteheme bi. emu i yabubumbi."
句中「行之者一也」，滿文本實錄、《起居注冊》俱譯作"yaburengge
emu"，《御製繙譯四書》譯爲"emu i yabubumbi."，意即「以一使
行之」。乾隆十年（1745）三月十二日，補行仲春經筵，直講官班
第等進講《論語》「子路問政，子曰，先之勞之，請益，曰，無倦。」
《清高宗實錄》滿文本譯作"dz lu dasan be fonjire jakade fudz
hendume nende suila nonggire be baiha de hendume ume bandara
sehe."，《起居注冊》滿文本譯作"dz lu dasan be fonjire jakade fudz
hendume nende suila nonggire be baire jakade hendume ume bandara
sehe."，句中「請益」，《起居注冊》滿文本譯作"nonggire be baire
jakade"，實錄滿文本改譯爲"nonggire be baiha de"。《御製繙譯四
書》譯作"dz lu dasan be fonjire jakade fudz hendume nende suila
nonggire be baiha de hendume ume bandara."，句中「請益」，滿文
讀如"nonggire be baiha de"，譯文與實錄滿文本相合。乾隆十一年
（1746）二月十七日，舉行仲春經筵，直講官阿克敦等進講《中
庸》「致中和天地位焉，萬物育焉。」《清高宗實錄》滿文本譯作
"dulimba hūwaliyasun de isibuci abka na toktombi, tumen jaka
hūwašambi sehe."，《起居注冊》滿文本譯作"dulimba hūwaliyasun
de isibuci abka na toktombi, tumen jaka hūwašambi."，《御製繙譯四
書》譯作"dulimba hūwaliyasun de isibuci, abka na toktombi, tumen
jaka hūwašambi."由此可知乾隆年間《四書》滿文譯本的滿文譯
文，無論在句型、詞彙等方面多經規範，因此，《清高宗實錄》滿

文本、《起居注冊》滿文本、《御製繙譯四書》的滿文譯文，大致
相近。

　　佛教經歷二千餘年的傳佈，久已成爲世界性的宗教，佛教經
典就是亞洲各民族共同的精神寶藏。《大藏經》是佛教一切經典的
總集，清朝官方繙譯《大藏經》，主要是中國境內各族文字的互譯，
包括藏文《甘珠爾經》、蒙文《甘珠爾經》等。乾隆三十七年（1772），
當乾隆皇帝六十二歲時，他深慨於印度佛經一譯而爲藏文，再譯
而爲漢文，三譯而爲蒙文，獨闕滿文，於是命設清字經館於西華
門內，由章嘉國師綜其事，達天蓮筏僧協助，將漢文《大藏經》
繙譯成滿文，至乾隆五十五年（1790），歷時十九年，繙譯告成，
以朱色刷印成帙，題爲《清文繙譯全藏經》，以寓大藏之全的意思。
首函除載乾隆皇帝〈御製清文繙譯全藏經序〉外，亦詳載清字經
館譯刻等員職銜，包括總裁、副總裁、提調官、纂修官、收掌官、
繙譯官、謄錄官、校對官、閱經總裁、閱經副總裁、辦理經咒喇
嘛、校對經咒喇嘛、總校僧人、講經僧人等，多達九十六員，可
以說是清朝規模頗大的譯經事業。《清文繙譯全藏經》，共一百零
八函，計六百九十九部，二千四百六十六卷，其紙質、夾裝、寫
刻、刷印和裝幀，都很精美，譯文語氣，清晰明確。由於佛經的
譯成滿文，而多了一種保存佛教思想的文字。除滿文經頁外，《清
文繙譯全藏經》各函上下各有經蓋板片，內側各繪諸佛菩薩護法
彩色圖像。藏文《甘珠爾經》的經板頂塊反面兩側也各繪佛像一
尊。底塊經板則有彩繪佛像五尊。在諸佛菩薩圖像左下側，標明
滿文名稱，爲了便於說明，列表舉例如下：

大藏經諸佛圖像滿文名稱對照表

圖次	圖像	滿文羅馬拼音漢字	圖次	圖像	滿文羅馬拼音漢字
一		sigemuni 釋迦摩尼佛	二		abida 無量壽佛
三		maidari 彌勒佛	四		g'asib 迦葉佛
五		maidari 彌勒菩薩	六		manjusiri 文殊師利
七		manjusiri 文殊師利	八		cagan manjusiri 白文殊師利

資料來源：臺北故宮博物院典藏《清文繙譯全藏經》、《龍藏經》。

　　表中所列圖像，取材於臺北故宮博物院典藏《龍藏經》、《清文繙譯全藏經》。其中圖一「釋迦摩尼佛」，《清文繙譯全藏經》，滿文讀如"šigiyamuni"，藏文《龍藏經》圖像滿文讀如"sigemoni"。無量壽佛，滿文讀如"abita"，意即「阿彌陀佛」，藏文《龍藏經》讀如"abida"。「彌勒」，滿文讀如"maidari"。圖三爲「彌勒佛」，圖五爲「彌勒菩薩」。「迦葉」，滿文讀如"g'asib"，圖四爲「迦葉佛」，此外有「迦葉菩薩」。「摩訶迦葉」，滿文讀如"maha g'asib"。「文殊師利」，滿文讀如"manjusiri"，圖六爲藏文《龍藏經》文殊師利菩薩像，圖七爲《清文繙譯全藏經》文殊師利菩薩像。「察罕」，滿文讀如"cagan"，源自蒙古語，意即白色的。圖八"cagan manjusiri"，意即「白文殊師利」。從表中所舉圖像，可以說明滿文在繪製佛經圖像中與藏文、蒙文同時並列，佔有同樣的重要地位。

　　有清一代，佛教經典譯成滿文者，卷帙浩繁，在譯經過程中，增加了許多新詞彙，說明滿洲語文同樣具有「文以載道」的能力。爲了便於說明，可節錄《清文繙譯全藏經》中《佛說四十二章經》一段影印於下，轉寫羅馬拼音，並對照漢文本，照錄內容，然後將引文佛學術語列表對照。

（1）羅馬拼音：

fucihi i nomulaha dehi juwe fiyelen nomun. tere fonde, jalan i wesihun fucihi doro šanggafi, uttu gūnime, buyen ci aljafi diyan bahangge umesi wesihun, amba samadi de ilinafi, geren ari be dahabuci ombi, te nomun i kurdun be forgošobume, geren ergengge be buhū yafan de doobume adzaniyada g'oojynaya i jergi sunja niyalmai jalin duin yargiyalaha nomun i kurdun be forgošobume, doroi šanggan be yargiyalaki seme gūnire de, bikcusa geli nomulaha ele kenehunjecuke babe tacibume jorišarao seme fucihi de baime wesimbuhe manggi, jalan i wesihun fucihi hesei tacibume, emke emken i neileme ulhibure be, giogin arame je seme alime gaime, wesihun tacihiyan be gingguleme donjimbi, tereci jalan i wesihun hcihi unenggi nomun dehi juwe fiyelen nomulaha, fucihi hese wasimbume, niyaman ci fakcafi booci tucifi doro be dasame, da mujilen be hafu safi, weilen akū nomun be ulhihengge šarmana sembi, juwe tanggū susai targacun be urkuji tuwakiyame, duin yargiyan doroi weilen be dasame, mujilen be bolgo boloko obuha manggi, arhat ombi, fucihi hese wasimbume, arhat serengge, beye deyeme kubulime forgošome se jalgan de iliname abka na be aššabume mutembi, siramengge anag'am sembi, anag'am serengge jagan dubehe manggi, fayangga juwan uyun ursu abka de wesifi, tubade arhat ombi, siramengge sag'sardag'am sembi, sag'ardag'am serengge, emu jergi wesifi emu jergi bederehe manggi, uthai arhat ombi, siramengge surtaban sembi, surtaban serengge, nadan jergi bucefi nadan jergi banjiha manggi, uthai arhat ombi, buyen cihalan be lashalarangge duibuleci duin gargan be lashalafi, dahūme baitalarakū adali. fucihi hese wasimbume, booci tucike šarmana serengge, buyen cihalan be eteme lashalafi, beyei mujilen i sekiyen be safi, fucihi i šumin giyan be hafufi, fucihi i weilen akū be ulhifi, dorgi de bahara ba akū tulergi de baire ba akū, mujilen doro de sidereburakū, inu weilen de hūsiburakū, gūnire ba akū, weilere ba akū, dasara ba akū, bahara ba akū, yaya tangkan de ilinarakū bime, ini cisui（以下略）。

（2）滿文漢譯：

佛說四十二章經。爾時世尊既成道已，作是思惟，離欲寂靜是最爲勝，住大禪定，降諸魔道，今轉法輪度眾生於鹿野苑中，爲憍陳如等五人，轉四諦法輪而證道果，時復有比丘所說諸疑，陳佛進止，世尊教詔，一一開悟，合掌敬諾而順尊勅，爾時世尊爲說真經四十二章。佛言，辭親出家爲道，識心達本，解無爲法，名曰沙門，常行二百五十戒，爲四真道，行進志清淨，成阿羅漢。佛言，陳羅漢者，能飛行變化，住

壽命，動天地。次爲阿那含，阿那含者，壽終魂靈，上十九
天，於彼得阿羅漢，次爲斯陀含，斯陀含者，一上一還，即
得阿羅漢。次爲須陀洹，須院洹者，七死七生，便得阿羅漢。
愛欲斷者，譬如四支斷，不復用之。佛言，出家沙門者，斷
欲去愛，識自心源，達佛深理，悟佛無爲，內無所得，外無
所求，心不繫道，亦不結業，無念無修無證，不歷諸位，而
自（以下略）。

《清文繙譯全藏經》佛學術語滿漢對照表

漢字	滿字	羅馬拼音	梵文羅馬拼音	漢字	滿字	羅馬拼音	梵文羅馬拼音
寂靜		diyan		禪定		samadi	samādhi
法輪		nomun i kurdun	dhamacakra	比丘		bikcu	bhiksu
				沙門		šarmana	śramana
阿羅漢		arhat	arhat	阿那含		anag'am	anāgāmin
斯陀含		sag'ardag'am	sakrdāgāmin	須陀洹		surtaban	srota-āpanna

資料來源：臺北故宮博物院藏《清文繙譯全藏經》。

　　簡表中僅就《佛說四十二章經》一段舉例列表，漢字「殿」，滿文音譯讀如"diyan"，佛學術語中"diyan"，意即「寂靜」，不是「殿」的音譯。表中「禪定」，滿文讀如"samadi"，梵語讀如"samādhi"，滿文讀音相近，漢字又譯作「三昧」。漢字「輪」，滿文讀如"kurdun"，「法輪」，滿文讀如"nomun i kurdun"，意即「經輪」。「法輪」，梵語讀如"dharmacakra"，滿文"nomun i kurdun"，不是按"dharmacakra"音譯。表中「比丘」，滿文讀如"bikcu"，梵語讀如"bhikṣu"，滿文讀音與梵語相近。「沙門」，梵語讀如"śramana"，滿文讀如"šarmana"，讀音相近。「阿羅漢」，梵語讀如"arhat"，滿文讀如"arhat"，讀音相近。「阿那含」，梵語讀如"anāgāmin"，滿文讀如"anag'am"，讀音相近。「斯陀含」，梵語讀如"sakrdāgāmin"，滿文讀如"sag'ardag'am"，讀音相近。「須陀洹」，梵語讀如"srota-āpanna"，滿文讀如"surtaban"，讀音相近。乾隆年間繙譯佛經時，一方面創造了許多新詞彙，一方面使原來通行的滿文詞彙擴大其含義，充分表達佛經教義的原本理蘊。

　　佛經滿文譯本，因以白話語體文對譯，淺顯易解。《佛說四十二章經》記載「佛問諸沙門，人命在幾間？」句中「人命在幾間」，滿文讀如"niyalmai ergen taksirengge udu erin"，意即「人命在幾時」，乃指無常而言。宋真宗注本首五難中，有「判命不死難」等句，句中「判命」，文句費解。《佛說四十二章經》滿文讀如"ergen be šelembime yargiyan i bucerengge mangga."，意即「捨去命根子而真死難」，文義清晰。由於《清文繙譯全藏經》等佛經的大量繙譯，對滿文的研究，提供了豐富的語文資料，同時也說明佛經滿文譯本保存佛教思想所扮演的重要角色。

六、中體西用 —— 滿洲語文與中西文化交流

　　康熙皇帝提倡崇儒重道，勤讀儒家經典，但他同時也重視西學。相對於西洋傳教士等學漢語而言，學習滿語，則較容易得多。入京供職的西洋傳教士，大都精通滿洲語文，能說滿語，也能寫滿文。滿洲語文在中西文化交流舞臺上扮演了十分重要的角色，從滿洲語文的視角考察中西文化的交流過程，可以擴大研究視野。

　　張誠（Joan. Franciscus Gerbillon, 1654-1707），法蘭西耶穌會士。據《張誠日記》記載，康熙二十八年十二月初八日（1690.01.17），這天很早，康熙皇帝就召張誠等人進宮，張誠在宮裡停留兩小時以上，解釋幾何學上的問題。張誠和康熙皇帝交談時經常用滿語。張誠說滿語有動詞變化、語尾變化以及連貫語句時所用的連接詞等，而漢語缺乏這些，滿語因此勝過漢語。康熙皇帝聽見這話似乎很欣賞，他轉向周圍的人們說：「這對了，這種缺陷使漢語比滿語難學。」同年十二月十一日，康熙皇帝再駕臨養心殿，與張誠等人在一起三小時左右。這一天，康熙皇帝對張誠等人表示了極大的關懷，親密過於前幾天。康熙皇帝對於張誠在短促時間內學習滿語獲得進益，覺得詫異。

　　康熙二十九年（1690）正月二十七日，康熙皇帝令張誠等於第二天早晨把已寫成滿文講稿和用滿文解釋的一些歐幾里德定律帶進宮去。正月二十八日，張誠、白晉（Joachin Bouvet, 1656-1730）、徐日昇（Thomas Pereira, 1645-1708）等同到養心殿，康熙皇帝閱讀了他們用滿文寫出的歐幾里德第一條定律，令張誠等人用滿語解釋給他聽。康熙皇帝學習過幾何學後，還令張誠等

人用滿文撰寫哲學講義[15]。張誠等人奉命輪班至養心殿等處，以滿語講授量法、測算、天文、格致等西學，並將講授內容，繙譯滿文成冊。康熙皇帝派出精通滿文二員，襄助繕稿，並派善寫二員謄寫。白晉著《康熙大帝傳》也指出，我們四個住在北京的耶穌會傳教士，蒙皇帝隆恩，我們得以爲他進講西洋科學，有的人用漢語講，有的人用滿語講。由於滿語遠比漢語要清楚明白、易於理解，康熙皇帝決定由白晉、張誠兩人用滿語進講西洋科學。還有兩位精通滿漢兩種語言的內廷官員被指派來協助我們準備進講的文稿，另有書吏們將文稿謄寫清楚。爲方便康熙皇帝的學習，白晉、張誠將歐幾里德的定律用滿語繙譯出來寫成文稿。康熙皇帝充分掌握幾何學原理之後，又希望學習應用幾何學，他諭令傳教士們用滿文編寫一本囊括全部理論的應用幾何學問題集。白晉、張誠完成了理論與應用幾何學的全部進講工作，出於對這兩份講稿的重現，康熙皇帝諭令把它們由滿文譯成了漢文，編成書稿，並親自執筆撰寫卷首序文，在皇城內用滿漢兩種文字印刷成書。康熙皇帝在研究幾何學以後，又希望研究哲學，爲此，他諭令白晉、張誠兩人用滿文編寫進講哲學的講稿[16]。

　　西洋傳教士固然以滿語進講西學，同時也將天主教的祈禱詞譯出滿文。巴多明神父（Fr. Dominique Parennin, 1665-1741）致耶穌會神父信中指出，由於基督教徒中的福晉（fujin）們和其他的夫人很少認得漢字，她們請求神父將祈禱詞譯成滿文，巴多明神父奉命擔任這項工作。當巴多明神父將祈禱詞的精華譯出滿文

---

15 陳霞飛譯，《張誠日記》（北京，商務印書館，1973 年 11 月），頁 97。
16 《正教奉褒》，《中國天主教史籍彙編》（臺北，輔仁大學出版社，2003年 7 月），頁 547。白晉等著，徐光啓、陸洋譯《老老外眼中的康熙大帝》（北京，人民日報出版社，2008 年 9 月），頁 29。

後，就派人送給若望親王和保祿親王審閱，修改語言上可能有的
疏漏謬誤[17]。西洋傳教士用滿語進講西學，也將天主教的祈禱詞
譯成滿文，在中西文化交流過程中，滿洲語文確實扮演了重要的
角色。康熙皇帝重視西洋解剖學，他清楚知道，倘若不在中醫知
識中添加解剖學，則中醫知識是不完善的。因此，巴多明神父奉
命把一部解剖學著作和一部醫學大全譯成滿文。

　　桑德史（John B. dec M. Saunders）、李瑞爽（Francis R. Lee）
合著《康熙硃批臟腑圖考釋》的內容，就是人體解剖圖，計九十
圖，僅將下列八圖滿漢名稱列出簡表。

人體解剖圖滿漢名稱對照表

圖次	人體圖像	滿字名稱	羅馬拼音	漢字詞義
一			julergi beye i gulhun nirugan	正面人體全圖

17　〈巴多明神父致本會某神父的信〉，見杜赫德編、鄭德弟譯《耶穌會士中
　　國書簡集 —— 中國回憶錄》（鄭州，大象出版社，2001 年 1 月），第三卷，
　　頁 18。

二			amargi beye i gulhun nirugan	背面人體全圖
三			dalbashūn beye yali farsi i nirugan	側面人體肌肉圖
四			faksalame gaiha julergi beye i yali farsi i nirugan	剖解正面人體肌肉圖
五			sukū nimenggi gaiha julergi beyei senggi gocire geren sudala i nirugan	剖解脂皮層正面人體血管圖

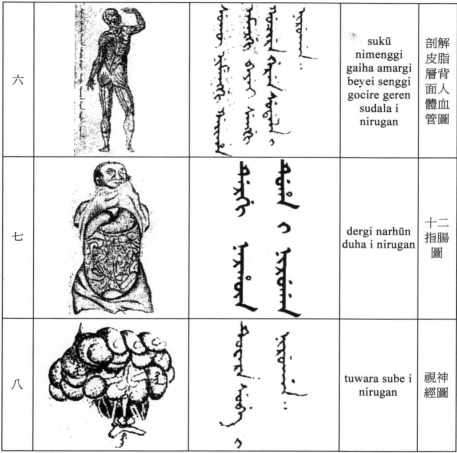

六		sukū nimenggi gaiha amargi beyei senggi gocire geren sudala i nirugan	剖解皮脂層背面人體血管圖
七		dergi narhūn duha i nirugan	十二指腸圖
八		tuwara sube i nirugan	視神經圖

資料來源：桑德史（John B. dec M. Saunders）、李瑞爽（Francis R. Lee）
　　　　合著，The Manchu Anatomy and its historical orgin, Li
　　　　Ming Cultural enterprise Co. Taipei, 1981《康熙硃批臟腑
　　　　圖考釋》

　　表中所列人體圖像包括：正面人體全圖、背面人體全圖、
側面人體肌肉圖、剖解正面體肌肉圖、剖解皮脂層正面人體血

管圖、剖解皮脂層背面人體血管圖、十二指腸圖、視神經圖等。原書還包括：血脈循環系統圖、腦室圖、頭蓋骨圖、鼻骨圖、胰臟圖、脾臟圖、肝臟圖、胃部圖、腎臟圖、心臟圖、膽囊圖、膀胱圖、氣管圖等等。在人體解剖圖中含有許多解剖學相關詞彙，譬如表中十二指腸，滿文讀如"dergi narhūn duha"，意即「上部小腸」。小腸上部，緊接於幽門，彎若蹄鐵，長約十二指橫徑，故名十二指腸。漢字「筋」，滿文讀如"sube"，表中「視神經」，滿文讀如"tuwara sube"。人體五臟六腑解剖圖原書中有頗多詞彙可補滿文辭書的不足。漢字「頸兩側」，滿文讀如"dargiya"，原書作「外頸」。「脖項」，滿文讀如"meifen"，意即「內頸」。「骷髏」，滿文讀如"hoto giranggi"，原書作「頭蓋骨」。「大腸」原書讀如"kerken duha"，不見於滿文辭書。「迷走神經」，滿文讀如"jakūci jurui sube"，意即「第八對神經」。漢字「肌肉」，原書滿文讀如"yali farsi"，意即「肉塊」。漢字「神經」，原書滿文讀如"sube sirge"，意即「筋絲」。「子宮」，原書滿文讀如"jusei oron"，意即「孩子們的衣胞」，以上解剖學中的詞彙，俱可增補滿文辭書的疏漏。

　　白晉、張誠合撰滿文《西洋藥書》，共三冊。據《北京地區滿文圖書總目》著錄為康熙年間內府精寫本。全書詳列三十六種藥品名稱，並以滿文逐一說明用藥方法及其功效，包括：清除惡毒、強胃補心、跌打砍刺療傷、排除腹蟲、治療神經痛、強心補氣、治療肚腸絞痛、醫治傷寒症、治療瘧疾、保血補心、解除瘟疫、治療胸肺、水痘解毒、肝脾壅塞、被火燙傷、治療焦躁症、治療咳嗽胸痛、治療抽筋、治療咳血、瀉血、血尿、治療腎結石、膀胱結石等等西洋藥品，因全書以滿文撰寫，所以在西學輸入的過程中，滿文實扮演了極為重要的角色。

七、職貢有圖 — 滿文與藝術史的研究

　　臺北故宮博物院典藏《職貢圖》畫卷，共四卷，合計三〇一圖，其繪製及增補，都是以地相次的。除第一卷整欠、景海頭目各一人外，其餘各圖，俱男女各一人，男左女右，都是宣紙設色彩繪。畫卷繪製者，傳爲謝遂，其繪製時間，上限在乾隆十五年（1750）的下半年，下限爲乾隆五十五年（1790）。畫卷的內容，主要包括畫像、圖說及清高宗題識，其圖說滿、漢兼書。畫卷是一套瑰麗的民俗畫史，除第一卷七十圖爲東西洋通商各國及朝貢屬國外藩圖像外，其餘三卷共二三一圖，都是我國近邊省分各兄弟民族的縮影。畫卷第二卷內含臺灣原住民圖像十三種，是根據福建省所進圖樣繪製的，其上限在乾隆十七年（1752）。爲便於說明臺灣原住民的分佈及其藝術價值，先將各社名稱列表如下：

《職貢圖》畫卷臺灣原住民圖像

圖次	圖像	滿文名稱	羅馬拼音	漢文名稱
1		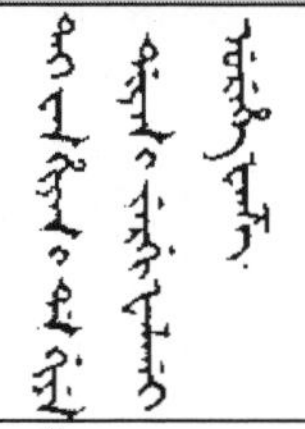 ᠮᠠᠨᠵᡠ	tai wan hiyan i da giye diyan i jergi falgai urehe fandz	臺灣縣大傑巔等社熟番
2		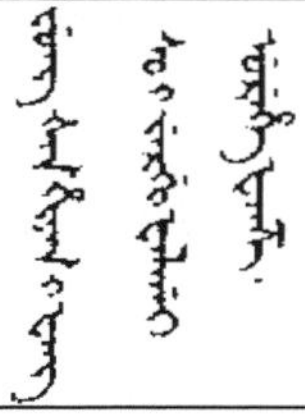 ᠮᠠᠨᠵᡠ	fung šan hiyan i fang so i jergi falgai urehe fandz	鳳山縣放�等社熟番

3		ᠵᡠ ᠯᠣ ᡥᡳᠶᠠᠨ ᠰᡳ ᡤᠠᠯᡤᠠᡳ ᡠᡵᡝᡥᡝ ᡶᠠᠨᡯ	ju lo hiyan i ju lo i jergi falgai urehe fandz	諸羅縣諸羅等社 熟番
4			ju lo hiyan i siyoo lung ni jergi falgai urehe fandz	諸羅縣蕭壠等社 熟番
5			jang hūwa hiyan i da du i jergi falgai urehe fandz	彰化縣大肚等社 熟番
6			jang hūwa hiyan i is lo i jergi falgai urehe fandz	彰化縣西螺等社 熟番
7			dan šui ting de hūwa i jergi falgai urehe fandz	淡水廳德化等社 熟番

8				dan šui ting ju jiyan i jergi falgai urehe fandz	淡水廳竹塹等社熟番
9				fung šan hiyan i šan ju mao i jergi falgai wen de dahaha eshun fandz	鳳山縣山猪毛等社歸化生番
10				ju lo hiyan i nei šan a lii i jergi falgai wen de dahaha eshun fandz	諸羅縣內山阿里等社歸化生番
11				jang hūwa hiyan i šui ša liyan i jergi falgai wen de dahaha eshun fandz	彰化縣水沙連等社歸化生番
12				jang hūwa hiyan i nei šan falgai eshun fandz	彰化縣內山生番

| 13 | 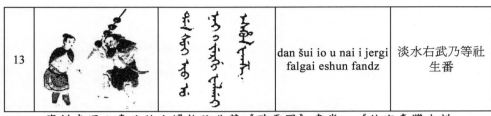 |

 | dan šui io u nai i jergi falgai eshun fandz | 淡水右武乃等社生番 |

資料來源：臺北故宮博物院典藏《職貢圖》畫卷。《故宮臺灣史料概述》，臺北故宮博物院，1995 年 10 月。

　　表中所列各社原住民圖像，包括臺灣縣大傑巔、鳳山縣放緣、諸羅縣諸羅、蕭壠、彰化縣大肚、西螺、淡水廳德化、竹塹等平埔族，鳳山縣山猪毛、諸羅縣阿里山、彰化縣水沙連等社歸化原住民，彰化縣內山、淡水右武乃等社生界原住民。臺灣各社原住民喜歡裝飾藝術，充分表現了少數民族的審美情趣，刺繡織錦，色彩艷麗。其中彰化縣水沙連等三十六社婦女掛圓石珠於項，自織布為衣，善織罽，染五色狗毛雜樹皮離如錦。句中「善織罽」，滿文讀如"keibisu jodoro mangga"，意即「善織絨毯」。彰化縣內山生界原住民婦女亦能續樹皮為罽。臺灣縣大傑巔等社原住民男剪髮，束以紅帛，衣用布二幅聯如半臂，垂尺許於肩肘，腰圍花布，寒衣曰縵披，其長覆足，婦衣亦然，俱以銅鐵環束兩腕，或疊至數十，嚼米為酒，恒攜黃棃以佐食。句中「半臂」，滿文讀如"guwalasun"，意即「坎肩」，又作「女坎肩掛子」。「縵披」，滿文讀如"nereku"，意即「斗篷」。「黃棃」，滿文讀如"šeolehe"，當即「鳳梨」，也叫「波羅」。原住民也注意到人體裝飾，例如諸羅縣諸羅等社平埔族男子喜歡穿耳，納竹圈於其中，漸易大者，久之將垂及肩時，乃實以圓木，或嵌螺錢。句中「螺錢」，滿文讀如"tahūra jiha"，意即「蛤蚌錢」。畫卷中多處描繪臺灣原住民能歌善舞的才藝，鳳山縣放緣等社平埔族的婚娶叫做牽手，女子及笄，構屋獨居，男童以口琴挑逗，喜則相就。諸羅縣南方有蕭壠、加溜灣、麻豆、哆咯嘓等社平埔族，男子以竹片束腰，能截竹爲蕭，長二、三尺，以鼻吹之，稱爲吹鼻蕭。句中「以鼻吹之」，滿文讀如"oforo i fulgiyeme"，滿漢文意，彼此脗合，《皇清職貢圖》訛爲以口吹之。

　　蔣廷錫，字揚孫，江南常熟人，以舉人供奉內廷。康熙四十二年（1703），賜進士，改庶吉士，累遷至內閣學士。蔣廷錫工詩善畫，供奉內廷二十餘年。《石渠寶笈》初編御書房著錄蔣廷錫畫鳥譜十二冊，每冊凡三十幅。余省、張爲邦都供奉畫院，余省且曾受業於蔣廷錫，畫風工麗。乾隆十五年（1750），余省、張爲邦奉命將御書房所貯蔣廷錫畫鳥譜十二冊，另行摹繪一份，並命傅恒、劉統勳、兆惠、阿里袞、劉綸、舒赫德、阿桂、于敏中等以滿文繙譯圖說，滿漢兼書，左圖右說。乾隆二十六年（1761），前後歷時十年，摹繪繙譯竣事，裝潢進呈御覽。臺北故宮博物院藏者，就是其中前四冊。爲便於說明，僅就鳥譜中滿漢名稱舉例列表於下。

鳥譜滿漢名稱對照表

圖次	漢字	圖像	滿字	羅馬拼音	漢文詞義
一	長離			hukšen garudai	年久之鳳

二	藍			lamurcan	藍鶴
三	石青			fulaburu gasha	紅青色的鳥
四	白哥			cakūlu kiongguhe	白色頭項鸚鵒
五	鸚鴿			šanyan kuwecike	白鴿
六	侶鳳逑			kidun cecike	相思雀

七	槐串			fenehe cecike	火草雀
八	金鈴			honggon cecike	鈴雀
九	偷倉			jeleme cecike	偷倉鳥
十	阿蘭			wenderhen	阿蘭

資料來源：臺北故宮博物院典藏《鳥譜》。

　　前列簡表中所標名稱，對照滿文後，有助於了解漢文的詞義。表中圖一「長離」，滿文讀如"hukšen garudai"，意即「年久之鳳」，或「老的鳳」。鳥譜引《禽經》所載五鳳，其中「丹穴」，滿文讀如"fulgiyan garudai"，意即「紅色鳳」；「羽翔」，滿文讀如"lamun garudai"，意即「藍色鳳」；「化翼」，滿文讀如"šanyan garudai"，意即「白色鳳」；「陰翥」，滿文讀如"yacin garudai"，意即「黑色鳳」；「土符」，滿文讀如"suwayan garudai"，意即「黃色鳳」。鳥譜圖說，因滿漢兼書，查閱滿文，有助於了解漢文的詞義。

　　表中圖二「藍」，滿文讀如"lamurcan"，意即「藍鶴」，漢文的「藍色的」，滿文讀如"lamun"，"lamurcan"，就是由"lamun"衍生的新詞彙。漢文「淡紅色的」，滿文讀如"fulahūn"；「紅色的」，滿文讀如"fulahūri"；「紅青色的」，滿文讀如"fulahuru"，表中圖三「石青」，滿文讀如"fulaburu gasha"，意即「紅青色的鳥」。漢文「白脖子的」、「白頸項的」，滿文讀如"cakū"，表中圖四「白哥」，滿文讀如"cakūlu kiongguhe"，意即「白色頭項鸚鴝」。

　　陸璣《詩疏》云：「鶬似鶆，青黃色，燕頷，勾喙。」表中圖五「鶬鴿」，滿文讀如"šanyan kuwecike"，意即「白鴿」。鳥譜「鶬鴿」滿漢圖說謂「通身俱白」（beyei gubci gemu šanyan），是鶬鴿滿文譯名的由來。漢文「想念」、「思念」，滿文讀如"kidumbi"。表中圖六「侶鳳逑」，滿文讀如"kidun cecike"，意即「相思雀」。鳥譜「侶鳳逑」圖說記載「雌雄相愛，故一名相思鳥」（amila emile ishunde hajilame ofi, tuttu emu gebu kidun cecike sembi.）這是侶鳳逑滿文譯名的由來。表中圖七「槐串」，滿文讀如"fenehe cecike"，意即「火草雀」。漢文「槐串」，因此鳥常於槐樹依止，性喜槐樹濃蔭可以藏身而得名，滿文「火草雀」，則因其常於火草穿梭覓食而得名。表中圖八「金鈴」，滿文讀如"honggon cecike"，意即「鈴雀」。漢文「金鈴」，是因此鳥黃嘴、土色眉、黃頷、黃腹、淺黃足，聲短如鈴而得名，滿文"honggon cecike"，則因其聲短如鈴而得名。表中圖九「偷倉」，滿文讀如"jeleme cecike"，意即「偷倉雀」。此鳥因東方辨色即鳴，人未起時即入倉廩盜食穀米而得名。

漢文「吃、食」，滿文讀如"jembi"，「偷倉」（jeleme），即因"jembi"，衍生的詞彙。表中圖十「阿蘭」，或謂阿蘭爲鵪的合音，一名阿濫，同音異詞，滿文讀如"wenderhen"，又作"wendeden"。漢字「化凍、化開、向化」，滿文讀如"wembi"，"wenderhen"或"wendeden"，都是由"wembi"衍生出來的滿文詞彙，就鳥譜滿文而言，一方面有助於了解漢文名稱的詞義；一方面也因繙譯滿文而衍生了更多新詞彙。

　　滿洲、蒙古草原社會的命名，沿襲了他們的傳統習俗，他們喜歡以動物的名稱爲子女命名，乾隆皇帝喜歡以各種勇猛或名貴的瑞獸爲自己的寵物命名。供職於造辦處如意館的西洋畫家郎世寧（Giuseppe Castiglione）擅長繪畫花卉鳥獸。其中十駿犬是奉乾隆皇帝旨意繪畫的作品，乾隆十二年（1747）十月二十三日，如意館記載太監胡世傑傳旨：「著郎世寧畫十俊大狗十張，欽此。」句中「俊」，通駿。乾隆十三年（1748）三月二十八日，胡世傑交宣紙二十張傳旨著郎世寧將十駿馬並十駿大狗俱收下用宣紙畫冊頁二冊，樹石著周昆畫，花卉著余省畫。臺北故宮博物院出版《郎世寧作品專輯》中的十駿犬圖，除了標明漢字名稱外，還標出滿文、蒙文的名字，爲了便於說明，僅將滿、漢名稱列表如下。

郎世寧畫十駿犬滿漢名稱對照表

圖次	漢字	圖像	滿字	羅馬拼音漢文詞義
一	霜花鷂		ᠰᡳᠯᠮᡝᡨᡠ	silmetu 燕隼 鷂子

二	睒星狼			niohetu 狼
三	金翅獫			yolotu 狗頭鵰 狗鷲 藏狗
四	蒼水虬			šolomtu 虬
五	墨玉螭			muhūltu 螭
六	茹黃豹			yargatu 豹

七	雪爪盧			sebertu 銀蹄毛色
八	驀空鵲			saksahatu 喜鵲
九	斑錦彪			junggintu 錦
十	蒼猊			kara arsalan 黑獅子

　　由前列簡表名稱，可知乾隆皇帝喜歡以象徵吉祥、勇猛的靈禽瑞獸為自己的愛犬命名，包括鶻、鵲、鵰、狼、獫、虬、螭、豹、獅子等，草原文化的氣息十分濃厚。對照滿、漢名稱，可知其詞義頗有出入。表中圖一「霜花鶻」，滿文讀如"silmetu"。滿文"silmen"，意即燕隼、或鶻子，"tu"，或作「有」解，或作「人」、「物」解。將"silmen"脫落"n"，結合"tu"，就是"silmetu"的衍生詞彙。漢文或因駿犬色白，而作「霜花鶻」。表中圖二「睒星狼」，

滿文讀如"niohetu"，意即「狼」，"niohetu"是由"niohe"衍生的詞彙，漢文作「朕星狼」。表中圖三「金翅獫」，滿文讀如"yolotu"。滿文"yolo"，意即「狗頭鵰」，或作「嘴尾粗、唇垂耳大的藏狗」，"yolotu"是由"yolo"衍生的詞彙，漢文作「金翅獫」。表中圖四「蒼水虯」，滿文讀如"šolomtu"，又作"šolontu"，漢文作「虯」，是頭上有兩角的小龍，「蒼水」爲漢文所加。表中圖五「墨玉螭」，滿文讀如"muhūltu"，滿文"muhūlu"，意即「螭」，是無角的龍。"muhūltu"是由"muhūlu"衍生的詞彙，漢文名稱是因駿犬全身黑如墨玉，而作「墨玉螭」。表中圖六「茹黃豹」，滿文讀如"yargatu"。滿文"yarga"，又讀如"yarha"，意即「豹」，"yargatu"是由"yarga"衍生的詞彙，漢文作「茹黃豹」。表中圖七「雪爪盧」，滿文讀如"sebertu"，滿文"seber"，又讀如"seberi"，意即「銀蹄毛色」。「盧」，亦作「獹」，是一種田犬。"sebertu"是由"seberi"衍生的詞彙，駿犬因四爪銀白色而作「雪爪盧」。表中圖八「驀空鵲」，滿文讀如"saksahatu"。滿文"saksaha"，意即「喜鵲」，"saksahatu"是由"saksaha"衍生的詞彙，漢文作「驀空鵲」。表中圖九「斑錦彪」，滿文讀如"junggintu"，滿文"junggin"，意即「各色錦緞」，表示此犬如斑錦。漢字「彪」，滿文讀如"targan"，表中滿漢文名稱頗有出入。表中圖十「蒼猊」，滿文讀如"kara arsalan"，意即「黑獅子」。乾隆皇帝以勇猛的百獸之王爲自己的名犬命名，圖文相合。

八、毋忘舊習 ── 清初諸帝的憂患意識

有清一代，滿文碑刻，不計其數，頗具文化意義，譬如永陵、福陵、昭陵等處初立下馬木牌，乾隆四十八年（1783）九月，諭令改用石牌，鐫刻滿、漢、蒙古、西藏、維吾爾五體字，其目的

即在宣示「國家一統同文」之盛。乾隆五十一年（1786）三月，乾隆皇帝因巡幸五臺，至靈鷲峯文殊寺，御製七言律詩一首：「開塔曾聞演法華，梵經宣教率章嘉。臺稱以五崇標頂，乘列維三普度車。縈繆抒誠陟雲棧，霏微示喜舞天花。曼殊師利壽無量，寶號貞符我國家。[18]」繙出滿洲、蒙古、西藏字，發交山西巡撫伊桑河，倣照熱河石幢式樣，於文殊寺內建立四方石幢一座，鐫泐四體字，將滿洲字刻於碑之東面，漢字刻於南面，蒙古字刻於北面，西藏字刻於西面。可將御製滿文七言律詩影印於下，並轉寫羅馬拼音。

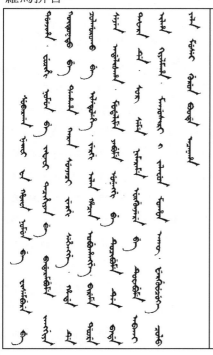

（1）羅馬拼音：

subargan neifi fa hūwa nomun be fisembure be donjiha, fucihi nomun be jafafi tacihiyan be badarambume janggiya kūtuktu be dahaha, karan sunjaci jergi sehengge, hada de colgoroko be iletulehe, jergi ilan hacin obuhangge, bireme doore sejen adališaha, mudalime yabume unenggi be tucibume den bade tafara de, sor seme nimarame urgunjere be tuwabume abkai ilha kiyalmaha, manjusiri i jalafun mohon akū, ferguwecuke colo yala musei gurun boode acanaha.

---

18 《高宗純皇帝實錄》，卷 1250，頁 20。乾隆五十一年三月戊午，諭旨。

漢字「塔」，新滿文讀如"subarhan"，此作"subargan"異。滿文"fisembumbi"，意即「傳述」，或述說。「開塔曾聞演法華」，意即「開塔曾聞傳述法華經」。「梵經」，滿文讀如"fucihi nomun"，意即「佛經」，「梵經宣教率章嘉」，意即「捧佛經弘教隨從章嘉活佛」。「臺稱以五崇標頂」，意即「臺稱第五層頂上顯崇」。「乘列維三普度車」，意即「等級爲三種與普度之車相似」。「縈繆抒誠陟雲棧」，意即「繞行抒誠登至高處時」。「霏微示喜舞天花」，意即「紛紛下雪示喜飄天花」。「曼殊師利壽無量」，意即「文殊師利之壽無量」。「寶號貞符我國家」，意即「妙號果符我國家」。對照滿文，較易了解詩句含意。

從清初以來，歷朝皇帝深恐滿洲子弟清語生疏，誥誡再三。乾隆五十年（1785）四月初一日，乾隆皇帝頒降諭旨云：

> 朕恭閱開國方略，昔太宗文皇帝時，恐我滿洲騎射清語。日久生疏。曾經特降諭旨，是以朕臨御以來，誥誡再三，務令各勤舊業。今看八旗文武大臣官員子弟射，甚屬平常，清語除履歷外，再問竟不能答，皆由伊父兄等不知訓迪子弟，以致本業漸荒。因思各旗教場箭亭石碑，均刻太宗文皇帝聖旨，諸臣豈未經瞻仰乎？自此次朕諭之後，八旗大臣官員務嚴飭子弟學習嫺熟，倘引見時，技藝平常，朕必將伊父兄一併治罪，將此旨通行曉諭八旗及各省都統官員等知之[19]。

清太宗文皇帝恐滿洲清語騎射，日久生疏，曾經特降諭旨，後來刻在八旗教場箭亭石碑，可惜八旗子弟並不重視。

天聰八年（1634）四月初六日，清太宗皇太極頒降諭旨云：「朕

---

19 《高宗純皇帝實錄》，卷1228，頁2。乾隆五十年四月庚辰，諭旨。

聞國家承天創業，各有制度，不相沿襲，未有棄其國語，反習他國之語者。事不忘初，是以能垂之久遠，永世勿替也。蒙古諸貝子，自棄蒙古之語名號，俱學喇嘛，卒致國運衰微。今我國官名，俱因漢文，從其舊號。夫知其善而不能從，與知其非而不能省，俱未爲得也。朕纘承基業，豈可改我國之制而聽從他國？嗣後我國官名及城邑名，俱當易以滿語，毋得仍襲漢語舊名，俱照我國新定者稱之。若不遵新定之名，仍稱漢字舊名者，是不奉國法恣行悖亂者也，察出決不輕恕。[20]」蒙古貝子自棄蒙古語名號，卒致國運衰微，殷鑑不遠，滿洲不可棄滿語，官名及城邑名稱，俱當易以滿語。

　　順治十一年（1654）六月初九日，清世祖順治皇帝諭宗人府，略謂：「朕思習漢書，入漢俗，漸忘我滿洲舊制，前准宗人府、禮部所請，設立宗學，令宗室子弟讀書其內，因派員教習滿書，其願習漢書者，各聽其便。今思既習滿書，即可將繙譯各樣漢書觀玩，著永停其習漢字諸書，專習滿書，爾衙門傳示。[21]」清初設立宗學，宗室子弟，或學習滿書，或學習漢書，各聽其便。順治皇帝深恐宗室子弟多習漢書，入漢俗，故諭令永停其習漢字諸書。

　　雍正皇帝重視滿洲本習，他指出，在京滿洲人等與盛京、烏拉等處的滿洲不同，文武二藝，俱爲不得不學之事，如果二者兼優之人，朝廷必加重用。雍正二年（1724）七月二十二日，辦理船廠事務給事中趙殿最奏請於船廠地方建設文廟，設立學校，令滿漢子弟讀書考試。雍正皇帝指出，「我滿洲人等因居漢地，不得已與本習日以相遠，惟賴烏喇、寧古塔等處兵丁不改易滿洲本習，

20　《大清太宗文皇帝聖訓》，卷 3，頁 8。見《欽定四庫全書》（臺北，臺灣商務印書館），第 411 冊，頁 67。
21　《大清世祖章皇帝實錄》，卷 84，頁 5。順治十一年六月丁卯，諭旨。

今若崇尙文藝，則子弟之稍穎悟者，俱專意於讀書，不留心於武備矣。即使果能力學，亦豈能及江南漢人？何必舍己之長技，而強習所不能耶？[22]」雍正皇帝深恐烏拉、寧古塔等處滿洲子弟因崇尙文藝，以致文藝與武略二者俱無成就。

　　雍正六年（1728）正月二十九日，《世宗憲皇帝聖訓》記載滿漢文諭旨，爲了便於說明，先將滿文諭旨影印後轉寫羅馬拼音，照錄漢文諭旨於下。

_____

22　《大清世宗憲皇帝實錄》（臺北，華聯出版社，1964 年 9 月），卷 22，頁 21。雍正二年七月甲子，諭旨。

（1）羅馬拼音：

hūwaliyasun tob i ningguci aniya, suwayan bonio, aniya biyai šanggiyan muduri inenggi, idui hiyasa, juce i bayara sade dergi hese wasimbuhangge, manjusai fe kooli, manju gisun tacira be umesi oyonggo obuhabi, te tuwaci, gaiha hiyasa, bayara sa jingkini tacici acara manju gisun be waliyafi kicerakū, elemangga ishunde nikarame yobodome toome efimbi, ere umesi giyan waka, manju serengge, gemu taidzu, taidzung, šengdzu han ama i werihe niyalma, nenehe fon i fe ambasa, urui asihata urse be hūwasabure be baita obufi, kemuni manju i da doro be taci, hūsutuleme fede kice seme ton akū tacibumbihe, te coohai urse idui bade tefi ishunde yobodome toome efirengge, umesi sain tacin waka, ereci amasi, giyan i teisu teisu hūsutuleme kiceme, ehe tacin be waliyafi, manju gisun gisureme, beri tatašame, jafunure jergi erdemu be hing seme kiceme tacici acambi, ede suwe wesire jugūn bahambime, gurun boode inu sain niyalma be bahambi sehe.

（2）滿文漢譯：

雍正六年戊申正月庚辰，上諭值班侍衛及守衛護軍等滿洲舊制，最重學習清語。近見挑選之侍衛、護軍等棄其應習之清語，反以漢語互相戲謔，甚屬不合，且滿洲人等俱係太祖、太宗、聖祖皇考之所留遺者，當日耆舊大臣務以造就後進爲心，每將學習滿洲本務，努力上進之語，時時教導。今兵丁直班之處，彼此戲謔，殊非善習。嗣後各宜勉勵屏除習氣，以清語、拉弓及相搏等技，專心習學，此爾等進身之階，國家亦收得人之效矣。[23]

對照滿漢文諭旨，「守衞護軍」，句中「守衞」，滿文讀如 "juce"，意即兵丁支更處所，習稱堆子。"juce i bayara"，意即値班護軍。「清語」，滿文讀如"manju gisun"，意即滿語。滿洲舊制，以學習滿語爲最重要，努力學習滿語，既可獲得晉陞之途，而且國家亦收得人之效。侍衞、護軍放棄滿語，不肯努力學習滿洲本務，反以漢語互相戲謔，確實不合滿洲舊制。

雍正七年（1729）閏七月二十五日，《上諭八旗》記載：「朕前曾降諭旨，著八旗漢軍學清話，今再限半年，如不能以清話奏履歷者，遇陞轉之處，不准列名，將此傳諭八旗漢軍，特諭。[24]」雍正九年（1731）二月初十日，吏部帶領月官引見，奉上諭，王光含等依擬用，犟得山東鄒平縣的艾深是旗人，奏對履歷，不會滿語。艾深年少，而履歷數語，尙不能陳奏，甚屬怠惰，奉旨扣除，必俟習熟滿語時，再行銓選[25]。

因八旗兵丁尙未整齊，雍正九年（1731）二月二十二日，雍正皇帝諭令管理旗務大臣傳旨與八旗都統等於驍騎營兵內擇其年少無疾，騎射不堪，不能滿洲、蒙古言語之人，滿洲、蒙古每旗合派一百名，共八百名；八旗漢軍合派二百名，合計共一千名，在西廠子、聖化寺等處設立一營，令其學習一切技藝。營內一概不許漢語，惟習清語或蒙古語。其教習趨走超距及清語等事，於

---

23 《世宗憲皇帝聖訓》，卷 21，頁 13。雍正六年正月庚辰，諭旨。
24 《上諭八旗》（臺北，臺北故宮博物院，乾隆六年，武英殿刊本），雍正七年，頁 31。
25 《上諭八旗》（臺北，臺北故宮博物院，乾隆六年，武英殿刊本），雍正九年，頁 1。

索倫、新滿洲、烏拉齊內挑選好者，分爲三、四班，令其教習[26]。
諭旨中「無疾」，滿文讀如"jadahan akū"，意即無殘疾、無宿疾、
無痼疾。諭旨中「一概不許漢語，惟習清語或蒙古語」，滿文讀如
"fuhali ume nikarabure, eici manju gisun, monggo gisun gisurekini"，意
即「全然不許說漢語，惟令說滿語，或說蒙古語。」由諭旨內容
可知雍正年間，八旗兵丁中不能說滿語者，人數眾多。

　　盛清諸帝重視滿洲本務，宗室、章京、侍衛更應各加奮勉，
及時學習，倘若技藝生疏，不諳清語，必遭斥革。乾隆六年（1741）
三月初四日，內閣奉上諭云：「滿洲素習，原以演習弓馬騎射爲要，
而清語尤爲本務，斷不可廢。從前皇祖聖祖仁皇帝嘗閱宗室、章
京、侍衛等射箭，遇有技藝生疏，不諳清語者，即行斥革，原欲
示以懲創教育有成也。近見滿洲子弟漸躭安逸，廢棄本務。宗室、
章京、侍衛等不以騎射爲事，亦不學習清語，公所俱說漢話。夫
以歷來相傳之本業，不知崇尚，因循日久，益難整頓。朕擬於幾
暇閱看，但念若不先期曉諭，驟加查閱，則獲譴者必多，著交宗
人府領侍衛內大臣等，飭令宗室、章京、侍衛等各加奮勉，及時
學習，朕於本年冬間或明年春間查閱，其優等者，格外施恩，倘
仍不學習，以致射箭平常，不識清語者，定從重治罪。[27]」由引
文內容可知乾隆初年滿洲子弟廢棄本務的情形，宗室、章京、侍
衛等不以騎射爲事，不學習滿語，在公所俱說漢話。乾隆皇帝深
恐滿洲子弟不知崇尚騎射滿語，因循日久，益難整頓。

　　乾隆七年（1742）十二月二十一日，內閣奉上諭：「我朝崇尚
本務，原以弓馬清文爲重，而宗室誼屬天潢，尤爲切近，向來宗

26　《世宗憲皇帝聖訓》，卷21，頁18。雍正九年二月乙卯，諭旨。
27　《大清高宗純皇帝聖訓》（臺北，臺北故宮博物院，嘉慶間武英殿刊本），
　　卷30，頁10。

室子弟俱講究清文，精熟騎射，誠恐學習漢文，不免流於漢人浮靡之習。[28]」清朝皇帝重視弓馬清文，宗室子弟俱應講究清文國語，精熟武略騎射，深恐學習漢文而流於漢人浮靡之習，就是一種憂患意識。

清軍征討準噶爾期間，所有軍機事件，俱用滿文奏摺。乾隆十九年（1754）五月二十一日，軍機大臣奉上諭云：「從前用兵之時，西路將軍兵丁，俱係漢人，是以軍前一切事宜，均用漢字摺奏。現在辦理準噶爾之事，永常等俱係滿洲大臣，且派出之兵，亦係滿洲、蒙古，較前迥異，即如綠營兵丁，亦不甚多，軍前事件，如仍以漢字繕奏，於情理反不能盡，亦且見譏於蒙古人等，可寄信永常，此次辦理，如係糧餉等事，仍用漢字外，所有關係軍機事件，俱用清字具奏。[29]」寄信上諭中指出，用兵期間，滿洲大臣、滿洲、蒙古兵丁，奉派辦理準噶爾事宜，除糧餉等事，仍用漢字奏摺外，所有軍機事件，俱用滿文奏摺。

乾隆四十七年（1782），總兵永海到任後，將操演兵丁，查閱營伍之處，繕寫漢字摺具奏。是年二月初十日，乾隆皇帝頒降諭旨指出，「永海身係旗人，竟用漢字奏摺，此非辦理地方民情料估事件，礙難繕寫清字。其查閱營伍，何須多語，竟不能以清字具奏乎？從前總兵等因係旗人。以漢摺具奏，屢降旨申飭，並交部查議矣，永海豈無見聞。永海到任，即用漢字摺具奏，深染綠營習氣，著嚴行申飭外，並交部查議。[30]」旗人補授總兵官，例應

28　《大清高宗純皇帝聖訓》（臺北，臺北故宮博物院，嘉慶間武英殿刊本），卷 56，頁 3。

29　《大清高宗純皇帝實錄》，卷 465，頁 4。乾隆十九年五月己亥，寄信上諭。

30　《大清高宗純皇帝實錄》，卷 1150，頁 13。乾隆四十七年二月丁丑，諭旨。

以滿字摺具奏，永海身為旗人，補授總兵官後，竟用漢字奏摺，故奉旨嚴行申飭，並交部查議。

盛京地區，所辦八旗事件，例應用滿字奏摺，其民間事件，則應滿漢字兼書，不可單用漢字奏摺。新疆所辦事件，或用滿字摺，或用滿漢兼書，與盛京地區相似，乾隆五十一年（1786）三月初一日，乾隆皇帝頒降諭旨稱：

> 據惠齡奏稱，病故官兵，多領錢糧米石，照例請寬免等語。新疆所辦事件，應用清字摺奏，此事清語無多，豈惠齡不能清語耶？即有關涉地方事件，如清字摺奏有不明晰，亦應如盛京用清漢字兼寫具奏，惠齡著飭行。至伊犁、烏嚕木齊二處，多係民間事件，亦應清漢字兼寫具奏，不可單用漢字奏摺，將此通行伊犁將軍、烏嚕木齊都統、新疆駐劄大臣等一體遵辦[31]。

新疆錫伯營駐守，蒙古等所辦事件，例應繕寫滿字摺具奏，倘若所辦為地方民間事件，亦應滿漢字兼書具奏，都是重視滿文的要求。

乾隆五十八年（1793）四月，盛京將軍琳寧等將部議奏准飭查奉天府屬捕魚船隻，一體酌定章程，繕寫漢字摺具奏。同年四月十七日，乾隆皇帝頒降諭旨指出，「盛京應奏事件，理宜繕寫清字，即遇有清字繁多，難以顯明之處，亦應以清漢字兼寫，曾經屢降諭旨。今琳寧奏摺，僅用漢字，而所奏報盛京並無蝗蝻萌生一摺，亦用漢字，殊屬錯謬。即如酌定捕漁船隻章程一案，若因部咨係用漢字，語句繁多，則於奏報蝗蝻一摺，語句無多，亦不能清字具奏耶？嗣後各部院，凡遇咨行東三省事件，俱著清漢兼

---

31 《大清高宗純皇帝實錄》，卷 1250，頁 1。乾隆五十一年三月乙巳，諭旨。

寫，琳寧等著申飭。³²」盛京應奏事件，例應繕寫清字摺，繕寫
漢字摺，必遭申飭。

乾隆五十九年（1794）九月，駐防將軍永慶因協領扎明阿患
病休致，將扎明阿履歷造具清漢冊，咨送兵部。乾隆皇帝指出，
履歷冊內字數無多，即書寫清字咨部，自無不識之理。因各省駐
防滿洲漸染漢習，正當整頓之時，履歷冊爲無關緊要檔冊，若兼
書漢字，日久尤易染成漢人習氣³³。因此，諭令各省將軍大臣等
嗣後履歷冊等事件，祇造清字冊，不必兼書漢字。

乾隆皇帝召見八旗人員時，多使用滿語。乾隆十八年（1753）
正月二十六日，頒降諭旨指出，「盛京引見筆帖式人員，國語甚屬
生疏，皆由監視大臣徇情挑取，嗣後考試繙譯筆帖式時，著將盛
京各大臣名銜開列請旨，候朕酌派，以專考試之責。如帶領引見
時，仍有不嫻國語者，惟派出考試之人是問。³⁴」乾隆皇帝在諭
旨中指出盛京帶領引筆帖式人員，不嫻滿語，荒棄舊業。

乾隆十八年（1753）三月十六日，乾隆皇帝頒降諭旨指出，
八旗世職官員，往往安於逸樂，遂致國語騎射，日見生疏。滿洲
世職官員因祖父得官，而於國語騎射，不能自勉，黜革另襲，亦屬
自然。爲眷念舊勳，教育旗人，乾隆皇帝降旨擇其可教之人，帶領
引見，或補用侍衛，或在護軍營當差，令其加意學習國語騎射。

乾隆二十三年（1758）二月十六日，軍機大臣遵旨寄信盛京
將軍清保，其要點云：「滿洲原以學習清語，專精騎射爲要，近多
借讀書爲名，轉荒正業，所關甚重，著寄信清保，令其曉諭盛京

32　《大清高宗純皇帝實錄》，卷 1427，頁 11。乾隆五十八年四月己卯，諭
　　旨。
33　《大清高宗純皇帝實錄》，卷 10461，頁 21。乾隆五十九年九月戊申，諭
　　旨。
34　《大清高宗純皇帝實錄》，卷 431，頁 16。乾隆五十八年正月壬午，諭旨。

人等，嗣後務念滿洲根本，勤習清語騎射，斷不可務虛名而舍正業。曉諭之後，復蹈故轍，朕必從重治罪，斷不姑容。[35]」清語騎射是滿洲根本，必須勤習專精，不可借讀書爲名，而荒正業。

乾隆皇帝認爲王爵至貴，必須能說清語，儀表可觀，方爲無忝厥祖，而克稱厥位。乾隆二十七年（1762）閏五月，因承襲信郡王德昭王爵將其諸子帶領引見，俱不能清語，拉弓平常，無王爵貝勒子嗣體度，信郡王德昭諸子內竟有年逾四十而不能說清語，不能拉弓者。乾隆皇帝認爲「此皆信郡王德昭在日惟圖安逸，躭於麴蘗，並不教訓子弟所致。[36]」因此，德昭諸子豈可令其承襲王爵耶？

乾隆三十年（1765）四月，因正白旗蒙古帶領盛京遼陽保放驍騎校官保引見，所奏履歷不成清語，是年四月二十四日，乾隆皇帝頒降諭旨云：「盛京係滿洲故地，彼處官兵俱應清語熟練，官保不能清語，是全失滿洲舊習，不以清語爲重，而該將軍等平時又不嚴加教導所致耳，著交舍圖肯等令彼處官兵上緊習學清語，務期精熟，嗣後來京引見人員內，若仍有似此不能清語者，惟舍圖肯是問。[37]」盛京雖是滿洲故地，八旗人員不能滿語者，恐不在少數。

乾隆三十一年（1766）五月間，乾隆皇帝見十五阿哥永琰（1760-1820）所執扇頭有題畫詩句，文理字畫，尙覺可觀。詢知出十一阿哥永瑆（1752-1823）之手，落款作「兄鏡泉」三字。乾隆皇帝頗不以爲然，書生習氣，以別號爲美稱，並非皇子所

---

35 《大清高宗純皇帝實錄》，卷 557，頁 2。乾隆二十三年二月壬申，寄信上諭。
36 《大清高宗純皇帝聖訓》（臺北，臺北故宮博物院，嘉慶間武英殿刊本），卷 56，頁 18。
37 《大清高宗純皇帝實錄》，卷 735，頁 7。乾隆三十年四月己巳，諭旨。

宜。同年五月十三日，內閣奉上諭，略謂，「我國家世敦淳樸之
風所重在乎習國書，學騎射，凡我子孫自當恪守前型，崇尚本
務，以冀垂貽悠久。至於飾號美觀，何裨實濟，豈可效書愚陋
習，流於虛譾而不加察乎？設使不知省改，相習成風，其流弊
必至令羽林侍衛等官咸以脫劍學書爲風雅，相率而入於無用，
甚且改易衣冠，變更舊俗，所關於國運人心，良非淺鮮，不可
不知儆惕。[38]」國書就是滿文書或滿文，國語騎射就是滿洲本務，
盛清諸帝深恐變更舊俗，影響國運人心，不可不知儆惕。

乾隆四十年（1775）四月初七日，內閣奉上諭云：「去年九月，
朕召見宗室公寧僧額不能清語。朕於尋常宗室尙教以清語騎射，
況王公子弟乎？因降旨命宗人府查明伊等力能延師者，令其在家
學習；無力者令其入宗學學習。嗣後著管理宗人府王公每季考試
一次，每年四、十兩月，由宗人府奏請簡派阿哥、王大臣等將騎
射清語一併考試一次，如有不能清語者，在學則將管理宗人府王
公教習治罪；在家則將其父兄治罪，將此通諭阿哥、王公、宗室
等使知朕欲宗室不失滿洲舊俗，各宜用心習學，務使清語騎射精
熟，斷勿任其生疏。[39]」乾隆皇帝重視滿洲舊習，對宗室王公子
弟的學習清語，更是耳提面命，要求嚴格。由於宗室王公子弟缺
乏憂患意識，以致宗室公寧僧額等人於乾隆皇帝召見時不會滿語。

乾隆四十年（1775）十月，因恒親王弘晊之子永皓承襲郡王
謝恩時，經乾隆皇帝詢問，竟不能奏對清語。又賞賜公爵弘昇之
子永澤，亦不曉清語。是月初七日，內閣奉上諭，略謂永皓、永

---

38 《大清高宗純皇帝聖訓》（臺北，臺北故宮博物院，嘉慶間武英殿刊本），
　　卷 31，頁 18。
39 《大清高宗純皇帝聖訓》（臺北，臺北故宮博物院，嘉慶間武英殿刊本），
　　卷 57，頁 9。

澤二人，俱係近派宗支，其父皆熟諳清語，為何其子竟至奏對茫然？「將此通諭近派王公等嗣後各宜加意習學，勤教子弟。如導訓無人，東三省精於清語者頗多，許伊等即奏請隨侍。再近派王公初未設有族長，以致伊等漫無管教至此。嗣後各支皆放族長一人，令其督催該族子弟習學清語，如仍有玩不學習者，除將伊父兄等治罪外，並族長一體治罪。[40]」乾隆皇帝指出，東三省精於清語者頗多，近派王公可奏請隨侍教誨子弟。近派各支皆放族長一人，令其督催各族子弟習學清語。

　　盛京是清朝的發祥之地，旗員的滿洲語文能力，更受重視。乾隆四十八年（1783）九月十四日，乾隆皇帝頒降諭旨稱：

　　　盛京五部侍郎，俱著申飭。今日由吏部帶領引見五部司員筆帖式等，清語俱甚平常。盛京係發祥之地，此處部院衙門官員等，豈惟應熟習清語，即平日說堂論事，亦當互相清語，身為旗員，豈可不能清語乎？如武職官員，清語生疏，朕必於將軍是問，文職俱係侍郎所屬，又皆辦事之人，不能清語，實為棄本，此皆由五部侍郎不能勤習清語，以至屬員任意漢語之所致也。除此次寬免不究外。嗣後如有來京引見官員內，清語平常者，朕惟於該部侍郎是問，並通行飭令盛京將軍、副都統、侍郎等文武官員俱宜勤學清語，勿失滿洲舊習[41]。

　　清語是滿洲的舊習，旗員清語生疏，就是棄本。乾隆五十年（1785）三月二十六日，乾隆皇帝頒降諭旨指出，「向來滿洲世僕，

40 《大清高宗純皇帝聖訓》（臺北，臺北故宮博物院，嘉慶間武英殿刊本），卷 57，頁 11。
41 《大清高宗純皇帝實錄》，卷 1188，頁 12。乾隆四十八年九月壬寅，諭旨。

以侍衛、拜唐阿爲近御差使，視爲最榮，於挑選侍衛、拜唐阿時，
則甚欣願。其後在京文武大臣及外任大臣官員子弟，多有在館行
走，否則捐納，冀圖文職，以致挑取侍衛、拜唐阿時，不能得人。
在任日久，並不學清語騎射技藝，而廢棄滿洲舊俗。是以降旨命
軍機大臣等詳細查辦，各開名單呈覽，其年已及歲，經朕指出者，
即著帶領引見[42]。」

　　乾隆五十七年（1792）八月，乾隆皇帝召見貝勒綿律，綿律
不會清語，不能背誦四書。是年八月十八日，軍機大臣奉上諭指
出，貝勒綿律是永燦之子，就是乾隆皇帝的姪孫，宗室子弟不會
清語，不成體統[43]。

九、結　語

　　文化是一系列的規範，多民族反映的是文化的多元性，各民
族的文化，有它的民族性、地域性和相互影響性[44]。文化也是學
得的，我國各民族在歷史上曾經不斷吸收、融合了各民族的文化。
探討滿洲文化的發展，不能忽視外部文化對滿洲的影響，同時也
不能忽視對外部文化因素的選擇與改造。在滿漢文化的同化過程
中，滿洲吸收了泛漢文化的許多因素，但它是經過選擇和改造而
成爲適合滿洲社會需要的規範與準則，同化不是漢化。女真文的
創製，不能忽視女真對漢文化因素的選擇與改造。滿文的創製，
不能忽視滿洲對蒙古文化因素的選擇和改造。《清史稿·論》指

---

42 《大清高宗純皇帝實錄》，卷 1227，頁 18。乾隆五十年三月乙亥，諭旨。
43 《大清高宗純皇帝聖訓》（臺北，臺北故宮博物院，嘉慶間武英殿刊本），
　　卷 57，頁 26。
44 劉文鎖，〈漢文化與古代新疆〉，《西北民族研究》，1997 年，第 2 期（蘭
　　州，西北民族研究），頁 155。

出,「國必有所與立,文字其一也。因蒙古字而制國書,額爾德尼、
噶蓋創之,達海成之。尼堪等皆兼通蒙、漢文字,出當專對。造
邦之始,撫綏之用廣矣。」[45]滿文的創製,對滿洲民族共同體的
形成,產生了重要的作用。民初清史館纂修《國語志稿》,凸顯了
清朝文化的特色。有清一代,滿洲語文在清朝歷史舞臺上確實扮
演了重要的角色。清太祖努爾哈齊創製滿文的主要目的,就是爲
文移往來及記注政事的需要。臺北故宮博物院典藏的《滿文原檔》
就是滿洲入關前以蒙古文、無圈點老滿文、加圈點新滿文記錄政
事的重要檔冊。清朝勢力進入關內後,滿洲語文一躍而成爲清文
國語,詔書諭旨,題本奏摺,或以滿文繕寫,或滿漢兼書。官書
典籍如實錄、本紀、起居注冊等,除漢文本外,還有滿文本。儒
家經典如五經、四書等都有滿文譯本。《清文繙譯全藏經》的繙譯,
多了一種文字保存佛教的教義。《職貢圖》、《鳥譜》等滿漢兼書圖
說,對藝術史研究,提供了重要的史料。滿洲語文在中西文化交
流史上也扮演了重要角色,西洋傳教士以滿語進講西學,編寫滿
文講義,還有滿文本人體解剖圖,也有以滿文撰寫的西洋藥書。
現存故宮俄文檔中也含有滿文譯本文書。掌握滿文史料,對清朝
歷史的研究,可以擴大視野。

　　清太宗皇太極曾命儒臣將金世宗本紀譯出滿文,以便閱讀。
據《滿文原檔》記載,崇德元年（1636）十一月十三日,皇太極
御鳳凰樓,召集諸王、貝勒、固山額真、都察院官等,命弘文院
筆帖式等念誦金世宗本紀。皇太極指出,「覽此本紀,太祖阿骨打、
太宗吳乞買,所行皆合舊法。至熙宗和喇汗、完顏亮汗時,盡廢
之,躭於酒色,盤樂無度,效漢人之法。世宗烏祿汗繼位後,惟

45　《清史稿校註》,第十冊（臺北,國史館,1988 年 8 月）,列傳十五,頁
　　8011。

恐子孫習染漢俗，預爲禁約，屢諭勿忘祖宗舊俗，服女直之服，習女直之言，時時練習騎射。至於哀宗之世，法度廢弛，國遂滅亡。」[46]皇太極以金朝的興亡爲殷鑑。金世宗垂訓勿忘舊俗，應習女真語言，練習騎射。可惜後世諸汗，習染漢俗，盡棄舊俗，國遂滅亡。

蕭一山著《清代通史》一書，從種族偏見的角度論述清朝皇帝維持滿洲舊俗的用意。原書指出，「清廷對付漢人之政策，既疊變其態度：如順治時則感化，康熙時則懷柔，雍正時則調和，而乾隆又一意以壓制爲事（中略）。惟乾隆所取之政策，何以獨異於三朝？蓋百餘年來，根基已固，雖加強力，不虞土崩瓦解之勢耳。種族之見，雖聖賢亦有所不免，何況清人以異族入主？即使不慮國運之轉移，亦當知同化之漸，剝膚及膚。故金世宗禁習漢俗，戒部族勿忘祖制；當太宗未入關時，即倣效世宗，以飭諭諸臣。蓋塞外之強，以騎射爲能事，若忘其根本，漸臻懈弛，狼煙一起，武備不足以摧抑，未有不底於敗亡者也。康雍沿崇德政策之舊，對於滿洲舊俗，竭力保守；惟漢族同化之力甚強，在太宗時，已有不能遏止滿人不爲漢化之趨勢，況以少數入主多數，環境之中，諸多感染，雖以法令之防閑，亦常沾濡於不自覺也。乾隆之時，滿人久經昇平，驕逸自安，弓馬之技，即多廢弛，而清語清文，轉致遺忘。」[47]不忘滿洲舊俗，重視清語清文，是民族語文的搶救，從種族偏見分析滿洲舊習的維持，有待商榷。

康熙十一年（1672）十二月十六日，《起居注冊》記載太皇太后的一段話說：「予雖在宮壼，太宗行政亦略知之，彼時開創，甚

---

46 《滿文原檔》（臺北，故宮博物院，2006年1月），第十冊，頁647。
47 蕭一山，《清代通史》（臺北，臺灣商務印書館，1967年7月），卷中，頁21。

重騎射。方今天下太平，四方寧謐，然安不忘危，閒暇時仍宜訓練武備。」[48]「安不忘危」，就是居安思危的憂患意識。康熙十二年（1673）四月十二日，《起居注冊》記載康熙皇帝對侍臣所說的一段話：「此時滿洲，朕不慮其不知滿語，但恐後生子弟漸習漢語，竟忘滿語，亦未可知。且滿漢文義，照字翻譯，可通用者甚多。今之翻譯者，尚知辭意，酌而用之，後生子弟，未必知此，不特差失大意，抑且言語欠當，關係不小。」[49]「後生子弟漸習漢語，竟忘滿語」，就是一種憂患意識。

　　乾隆年間（1736-1795），滿洲子弟多忘滿語。乾隆七年（1742）八月二十二日，乾隆皇帝降諭云：「滿洲人等，凡遇行走齊集處，俱宜清語，行在處清語，尤屬緊要。前經降旨訓諭，近日在南苑，侍衛官員兵丁，俱說漢話，殊屬非是。侍衛官員，乃兵丁之標準，而伊等轉說漢話，兵丁等何以效法。嗣後凡遇行走齊集處，大臣侍衛官員，以及兵丁，俱著清語，將此通行曉諭知之。」[50]滿洲侍衛、官員、兵丁等在南苑或行走齊集處，不說滿語，轉說漢話，竟忘滿語。乾隆十一年（1746）十月初十日，乾隆皇帝在所頒諭旨中指出，黑龍江地區是專習清語滿洲辦事地方，黑龍江將軍傅森竟不知穀葉生蟲的清語，傅森在奏摺內將穀葉生蟲清語，兩處誤寫[51]。乾隆十二年（1747）七月初六日，諭軍機大臣等，盛京補放佐領之新滿洲人等帶領引見，清語俱屬平常。乾隆皇帝在諭旨中指出，「盛京係我滿洲根本之地，人人俱能清語，今本處人員，竟致生疏如此，皆該管大臣官員等，平日未能留心教訓所致，將

48　《清代起居注冊・康熙朝》（北京，中華書局，2009 年 9 月），第一冊，頁 B000486。
49　《清代起居注冊・康熙朝》，第二冊，頁 B000657。
50　《大清高宗純皇帝實錄》，卷 173，頁 15。乾隆七年八月戊申，諭旨。
51　《大清高宗純皇帝實錄》，卷 276，頁 15。乾隆十一年十月壬申，諭旨。

軍達勒當阿著傳旨申飭。」[52]黑龍江、盛京等處，都是滿洲根本
之地，清語是母語，乾隆年間，當地滿洲人，其清語平常生疎如
此，確實是一種隱憂。

　　乾隆皇帝為維持滿洲舊習，「常躬率八旗臣僕行圍較獵，時時
以學習國語，熟練騎射，操演技勇。」乾隆十七年（1752）三月
二十日，乾隆皇帝諭令與紫禁箭亭、御園引見樓、侍衛教場、八
旗教場等地豎立「訓守冠服騎射碑」，將清太宗訓諭滿洲衣服語言
悉遵舊制的內容，各立碑刊刻，「俾我後世子孫臣庶，咸知滿洲舊
制，敬謹遵循，學習騎射，嫻熟國語，敦崇淳樸，屏去浮華，毋
或稍有怠惰。」[53]但是，由於滿洲後世子孫缺乏居安思危的憂患
意識，清初諸帝搶救滿洲語文的努力，雖然效果不彰，但是具有
時代意義。

52　《大清高宗純皇帝實錄》，卷 294，頁 10。乾隆十二年七月甲午，諭旨。
53　《大清高宗純皇帝實錄》，卷 411，頁 8。乾隆十七年三月辛巳，諭旨。

望聞問切

── 清代康熙年間太醫院御醫的疾病醫療活動

　　清朝太醫院、除院使、左右院判外，還設御醫、吏目、醫士、醫生多名，各專一科。初設十一科，其後痘疹科歸小方脈，傷寒科、婦人科、瘡瘍科、鍼灸科、眼科、咽喉科、正骨科，共計九科。康熙皇帝是清朝一位仁厚的君主，施政寬和，平生講究養生，一切起居飲食，都有常度。他不僅注意自己的健康，同時也關懷文武大臣的身體狀況。太醫院御醫的職掌，不僅為皇帝和后妃醫治疾病，同時也為宮中諸王、福晉及直省外任文武官員服務。諸王、福晉、公主及外任官員生病請醫視疾時，都由皇帝降旨派出御醫前往診治，所患何病？如何治療？以及所開藥方內容，都須專摺向皇帝奏聞。

　　康熙十一年（1672）正月二十四日，太皇太后因身疾特甚，幸赤城溫泉，康熙皇帝隨往侍奉。同年二月二十六日，康熙皇帝召兵部尚書明珠諭曰：「聞隨來官兵多有疾病，凡有病官兵，著領來與太醫院官診視醫治，其病重不能來者，著太醫院官前去醫治，其傳諭眾人，咸使聞知。」康熙皇帝又召太醫院官諭曰：「凡有患病官兵來時，爾等即為醫治，若病重不能來者，即着前去，善為診視醫治。」[1]太皇太后因病幸溫泉，太醫院醫官多名隨行，因同行官兵有疾病，故諭令太醫院醫官診視醫治。

　　滿洲大臣患病，康熙皇帝都遣醫療治。康熙十一年（1672）五月二十九日，禮部尚書龔鼎孳在衙門辦事，忽然頭疼眼花，龔鼎孳即返家養病，但病情更增劇，雖然倩醫調治，並來痊癒。康熙皇帝聞龔鼎孳患病，即遣近侍侍衛吳海率御醫如文照前往龔鼎孳家診視，[2]這是康熙皇帝「滿漢一視」的表現。

　　康熙十二年（1673）正月十六日，《起居註冊》記載，是日，康熙皇帝遣一等侍衛伊都額真（idui ejen）即班領吳丹同醫生診視內大臣塞爾格病。康熙二十九年（1690）三月十三日，《起居註冊》記載，是日，康熙皇帝御暢春園澹寧居聽政，吏部題日講官起居注翰林院侍讀洪俄岱患病，令解任調理，俟病痊之日補用，大學士伊桑阿等以折本請旨。奉旨：「洪俄岱為人頗優，且學問亦好，令在任調理，遣御醫往治，爾等傳諭太醫院知之。」[3]康熙皇帝關懷臣工的健康，文武人員患病時，多遣御醫診視。他也以硃批勉勵臣工重視飲食起居。康熙四十四年（1705），江寧巡撫宋犖，年已七十有二。是年十月，宋犖具摺奏聞氣脫病症。原摺奉硃批：「已有旨了，年老之人，飲食起居須要小心。」[4]康熙皇帝對文武大臣的健康可謂關懷備至。

　　康熙二十七年（1688）二月，圖納補授刑部尚書。康熙三十

1　《清代起居註冊・康熙朝》（北京，中華書局，2009 年 9 月），第一冊，頁 B000164。
2　《清代起居註冊・康熙朝》，第一冊，頁 B000270。
3　《清代起居註冊・康熙朝》（臺北，聯經出版公司，2009 年 9 月），第一冊，頁 T00130。
4　《宮中檔康熙朝奏摺》，第一輯（臺北，國立故宮博物院，民國六十五年六月），頁 199。康熙四十四年十月，宋犖奏摺。

六年（1697）正月，圖納患病。正月初八日，太醫院御醫吉紹奉旨往視刑部尚書圖納病情。同年閏三月初七日，御醫吉紹奏聞診治圖納病情經過，節錄原奏內容如下：

> 康熙三十六年正月初八日，奉旨看刑部尚書圖納病，原係左半身麻痹不遂之症，臣請聖酒，兼用針灸藥餌，坐浴湯泉，其麻痹已愈，惟身弱不曾謝恩。前三月二十三日，忽生對口毒疽，臣欲討外科大夫，本人說我家有個僧醫惠寧，善治此症。今治數餘日，其瘡已潰膿清痛甚，煩熱昏沉，惡心不食不寐，脈弱無力，瘡勢極險，臣不敢擔承[5]。

圖納左半身麻痹不遂之症，雖經御醫吉紹治癒，但其對口毒疽，僧醫惠寧卻醫治無效，尋卒。

張玉書（1642-1711），江南丹徒人，順治十八年（1661），進士。康熙三年（1664），選庶吉士，授編修，累遷左庶子，充日講起居注官。康熙十九年（1680），以進講稱旨，加詹事銜。康熙二十年（1681），擢內閣學士。康熙二十一年（1682），充經筵講官。尋遷禮部侍郎，兼翰林院掌院學士。康熙二十七年（1688），調兵部尚書。康熙二十九年（1690），拜文華殿大學士，兼戶部尚書。康熙三十六年（1697），充《平定朔漠方略》總裁官。《清史稿》記載，「五十年，從幸熱河，甫至疾作，遂卒，年七十。」[6]張玉書自奉檢約，謹慎廉潔，遠避權勢，門無雜賓，爲康熙皇帝所親任。張玉書生於明崇禎十五年（1642），據張玉書奏稱「臣臥病已經兩月，用平補之劑，亦半月有餘，而四肢飲弱無力，步履仍覺

5　《宮中檔》（臺北，國立故宮博物院），771 號。康熙三十六年閏三月初七日，吉紹奏摺。

6　《清史稿校註》，第十一冊（臺北，國史館，民國七十八年二月），列傳五十四，頁 8587。

艱難，似此衰頹，必誤趨直機務重地，豈容日久曠官。況臣今年六十有九，理當引退，在閣中前後歷十八年，久當知止。」[7]張玉書六十九歲，在康熙四十九年（1710）。是年入夏之後，張玉書即覺氣力虛弱，飲食減少。自五月初一日後，病勢日增，仍勉強入直辦事。至初八日，遂力不能支，臥疾在寓。大學士溫達將張玉書病狀奏聞。康熙皇帝遣太醫院院判劉聲芳診視張玉書。五月十九日，劉聲芳診視張玉書脈。據劉聲芳稱，張玉書六脈弦數氣滯傷脾中脘脹滿，以致四肢浮腫，飲食少進，須早用御製珍藥，晚服煎劑。經從容調治後，又連診二次。張玉書服用御製珍藥之後，胸膈間漸次宣通。

　　張玉書依方服藥，重症漸減。康熙皇帝又遣御醫李德聰與張玉書商議調治。李德聰診視張玉書脈後稱，先前所受濕熱，俱已盡除，肝脈弦數，亦就平復。只因年衰，氣血不足，故四肢軟弱無力，虛氣時發脹悶，於是議用六君子湯，以補氣，加歸芍，以養血，可謂對症下藥。張玉書具摺奏聞，康熙皇帝諭以「用藥留心」。張玉書與御醫李德聰商酌，病後氣血兩虛，脹滿初退，不敢驟用大補，仍就六君子湯隨時加減，連日服用，亦覺有效。御醫李德聰稱，張玉書六脈漸平，可無他患。但張玉書仍奏請休致。原摺奉硃批：「卿在閣多年，凡事小心，朝中老臣，亦覺漸少，朕實傷心也。還當調理得法，數月之內，自然全愈，故不準〔准〕告辭。」[8]康熙四十九年（1710）七月初六日，張玉書恭讀硃批旨意後，淚涔涔不能止，感激至極，深慨「自少壯登朝，即思黽勉効力，乃歲月荏苒，忽及衰頹，臣私竊自傷，心長力短。」

　　李光地（1642-1718），福建安溪人，力學慕古，康熙九年

7　《康熙朝漢文硃批奏摺彙編》，第八冊，頁 1098，張玉書奏摺。
8　《康熙朝漢文硃批奏摺彙編》，第八冊，頁 1097，張玉書奏摺。

（1670），成進士，選庶吉士，授編修。康熙十六年（1677），擢侍讀學士。康熙十九年（1680），授內閣學士。康熙二十五年（1686），授翰林院掌院學士，直經筵，兼充日講起居注官，教習庶吉士。康熙三十年（1691），典會試。康熙三十三年（1694），督順天學政。康熙三十六年（1697），授工部侍郎。康熙三十七年（1698），補授直隸巡撫。康熙四十二年（1703），擢吏部尚書，仍管直隸巡撫事。康熙四十四年（1705），拜文淵閣大學士。李光地蒙康熙皇帝知遇，同列多忌之，凡所稱薦，多見排擠。《清史稿‧論》載，「光地敭歷中外，得君最專，而疑謗叢集，委蛇進退，務為韜默。」君臣互動良好。

　　康熙五十年（1711），李光地高領七十，是年春三月間，忽染瘡瘍之疾，病情嚴重。李光地具摺奏聞病情。原摺指出，「臣久嬰殘疾，老而彌劇，坐起甚艱，行步益苦，蒙皇上賜臣西洋鐵帶支持數載，實荷再活之恩，然每至旅進趨蹌班聯陪侍傾側拘攣動移常度，雖臣之身軀命甚微，而典禮觀瞻之塲，所繫於國體者至大。今年已七十，血氣益衰。三月間，患苦瘡毒，不能入直辦事，老病侵尋。」李光地原有殘疾，又患瘡毒，雖經療治多方，「不料餘毒綿延，屢寢屢熾，至今兩手硬腫，七箸俱廢，且膿血多至數升，瘍燥經夜不寐，服餌凉劑，元氣因以消耗，始謂疥癬之疾，馴有腹心之憂，遷延床簀，逐歷半歲。」原摺奉硃批：「覽卿奏摺，朕心慘然，想當時舊臣，近來全無，即如卿等者不過一二人，今朕亦老矣，實不忍言也。早晚回宮，當面再說。」[9]康熙皇帝篤念耆舊，家人父子之情，溢於毫端。同年八、九月間，李光地瘡毒更甚，遍體盛發，上及髮際，不能勝任衣冠，不能動移數步。李光

9　《康熙朝漢文硃批奏摺彙編》，第三冊（北京，檔案出版社，1985 年 5 月），
　　頁 725。康熙五十年八月，李光地奏摺。

地具摺指出，「臣自延醫服藥，總不如坐湯之有効。恨前日見識短淺，所請日子不多，以致未獲全愈，今欲再乞天恩賜坐湯二七，或三七。」原摺奉硃批：「坐湯好，須日子多些纔是。爾漢人最喜吃人參，人參害人處，就死難覺。」[10]

　　康熙五十年（1711）九月二十三日，康熙皇帝派遣奏事存住同內侍二人看視李光地病情，並賜海水二礶，諭以泡洗之法。李光地將海水分爲六分，每日如法泡洗二次，其瘡頭皆變黃色，隔兩夜，瘡疤落者甚多，今繼之以靈泉坐洗，似可日就消減除病少愈。李光地具摺謝恩。原摺奉硃批：「坐湯之後，飲食自然加些，還得肉食培養，羊牛雞鵝魚蝦之外，無可忌，飲食愈多愈好，斷不可減吃食。」[11]康熙皇帝特賜野雞五隻、野鴨五隻。九月二十八日四更時候，康熙皇帝又遣內閣中書延福賜給李光地海水二大礶，並授以坐湯及飲食起居方法。李光地坐湯三七滿後，其病已去五、六分以上。李光地具摺謝恩。原摺奉硃批：「坐湯之法，惟滿州、蒙古、朝鮮最興，所以知之甚詳。向來只坐三七、三九還他，三七、三九爲旱忌，想是坐湯太久，恐耗氣之故也。又聞坐湯人說旱忌時些須坐坐無妨。」[12]

　　康熙五十年（1711）十一月間，奏事存住差家人奉旨問李光地瘡毒病情。據李光地奏稱，自從奉旨坐湯，並賜海水三次，洗濯瘡患後，大有應效，膿血已乾，漸可穿著衣服，兩手雖未能伸

10　《康熙朝漢文硃批奏摺彙編》，第三冊，頁781。康熙五十年九月，李光地奏摺。

11　《康熙朝漢文硃批奏摺彙編》，第三冊，頁770。康熙五十年九月二十六日，李光地奏摺。

12　《康熙朝漢文硃批奏摺彙編》，第三冊，頁844。康熙五十年十月，李光地奏摺。

縮，但已免於潰爛，病勢十去八九[13]。李光地染患瘡毒，經半載有餘，遵照聖諭調理，惡疾逐件消除。康熙五十年（1711）十二月初二日，李光地赴暢春園謝恩，蒙康熙皇帝賜見，親觀李光地病患所在。是日，李光地又接獲奏事存住差家人齎捧御賜鹿尾五條、大鹿一隻、野雞十隻、海水三罈。李光地具摺謝恩，原摺奉硃批：「目前雖好，須謹慎寒氣，明年春深時，還得坐湯二七方好。」[14]

　　康熙五十二年（1713）十月二十一日，翰林院庶吉士王蘭生等遵旨到大學士李光地宅看視，見李光地精神漸復，飲食漸加，但胃氣尚弱，腹中積塊未能盡消，時而作痛。是月二十四日，王蘭生等又去看視，精神已復，飲食倍增。但腹瀉猶未全止，步履艱難。據醫官云，李光地脈氣平和，從容靜養，自可痊癒。王蘭生等將李光地病情繕摺奏聞[15]。李光地具摺奏聞脾病未全平復，在家休息。原摺奉硃批：「目前土王，脾病益加小心，調理之宜，不可少忽。況京中水苦土鹹，亦該知道。凡中濕熱，最難醫治，泉水朕已有旨了。」[16]康熙皇帝以京中水土不佳，故諭內侍每日送給李光地玉泉山水二罐，凡茶飯菜羹，皆得以資用。李光地服用半月後，脾氣大清，飯量亦進，腹疾見效。往年每逢秋月，李光地多患脾洩，不思飲食，康熙皇帝特命赫素等賞賜李光地木瓜膏，止瀉膏藥。李光地向有脾胃之疾，遇暑則發，康熙五十三年（1714），交夏至後，腹瀉不止，以致下元全虛，疝氣易脫。李光

13　《康熙朝漢文硃批奏摺彙編》，第三冊，頁896。康熙五十年十一月，李光地奏摺。

14　《康熙朝漢文硃批奏摺彙編》，第三冊，頁931。康熙五十年十二月，李光地奏摺。

15　《康熙朝漢文硃批奏摺彙編》，第五冊，頁272。康熙五十二年十一月二十五日，王蘭生等奏摺。

16　《康熙朝漢文硃批奏摺彙編》，第五冊，頁333。康熙五十二年，李光地奏摺。

地具摺時已指出年老多病的主要原因，是由於「平日於飲食起居之宜，頗不留意，又不讀醫書，不喻藥性，以至老來雜症時發。」康熙五十五年（1716）十一月，李光地具摺奏稱：「臣因衰老日侵，耳聾齒豁，崦嵫既逼，壽命難期。」[17]原摺又稱：「每年遇暑，有脾泄之疾，今歲遂不復發，及八月以後，屢患腹痛。又疥毒盛發雖非前年惡瘡之比，然苦楚纏綿，亦略相當。」李光地晚年，全身是病，苦楚纏綿，御醫束手。

曹寅（1658-1712），漢軍正白旗人，世居瀋陽，工部尚書曹璽子。累官通政使，江寧織造，兼巡視兩淮鹽政。性嗜學，校刊古書甚精，曾刊音韻五種，棟亭十二種。著有《棟亭詩鈔》，八卷；《詩鈔別集》，四卷；《詞鈔》，一卷。曹寅好騎射，曾謂讀書射獵，自無兩妨。

康熙五十一年（1712）六月十六日，江寧織造曹寅從江寧到揚州料理刻書工作。同年七月初一日，曹寅感受風寒，臥病數日，轉而成瘧，雖服藥調理，但日漸虛弱。蘇州織造李煦於七月十五日從儀真親至揚州看視曹寅。曹寅稱：「我病時來時去，醫生用藥，不能見效，必得主子聖藥救我。但我兒子年小，今若打發他求主子去，目下我身邊又無看視之人，求你替我啓奏，如同我自己一樣。若得賜藥，則尚可起死回生，實蒙天恩再造。」李煦見曹寅病勢甚重，即據實奏聞。原摺奉硃批：「爾奏得好，今欲賜治瘧疾的藥，恐遲延，所以賜驛馬星夜趕去。但瘧疾若未轉泄痢，還無妨，若轉了病，此藥用不得。南方庸醫，每每用補濟而傷人者，不計其數，須要小心。曹寅元肯吃人參，今得此病，亦是人參中來的。「ᠵᡳᠨᡳ」，專治瘧疾，用二錢末酒調服，若輕了些，再吃一

---

17 《清代檔案史料叢編》，第九輯（北京，中華書局，1983年6月），頁34。康熙五十年十一月，李光地奏摺。

服，必要住的。住後或一錢，或八分，連吃二服，可以出根。若不是瘧疾，此藥用不得，須要認真，萬囑，萬囑，萬囑！萬囑！[18] 硃批中「元肯吃人參」，意即「常吃人參」。引文中「ᠵᡳᠨᡤᡳᠨᠠ」，滿文讀如 "gingina"，是 "Cinchona" 的滿文音寫，漢字音譯作「金雞納」，即奎寧，可以解熱，治療瘧疾尤其有效。因拖延治療時間，未能提早服用金雞納，同年七月二十三日辰時，曹寅因病身故。

趙弘燮（1656-1722），甘肅寧夏人，其父趙良棟，為河西四將之一。趙弘燮初授完縣知縣，再遷天津道。趙良棟卒，趙弘燮襲一等精奇尼哈番（jingkini hafan），意即「子爵」。三遷河南巡撫，調直隸。康熙五十四年（1715），諭獎趙弘燮巡撫直隸十年，任事勤勞，旗民輯睦，盜案稀少，加總督銜。

趙弘燮患病時，康熙皇帝即向趙弘燮進摺家人屢加垂問，詢及服何藥餌？喫何食物？面龐如何？康熙四十八年（1609）五月十三日，趙弘燮感冒風寒甚深，因發汗過多，且服補中益氣湯太早，而感冒雖好，胃口不開，甚惡飲食，兩腿狠軟，腳底如踹棉花，行動甚艱。[19]康熙四十八年（1609）八月十六日，趙弘燮將病情具摺奏聞。

康熙五十四年（1715）八月十一日，趙弘燮得病，左體微瘓，有類中風，康熙皇帝頒賜珍味，氣血漸補，又遣御醫章文鑽診視，病體較前稍瘉，顏色亦正，飲食亦健。惟左邊手足動履，尚然艱難，渾身發軟。據御醫章文鑽稱，氣血尚未復元，所以發軟，再加調理，俟元氣一復，即能結實[20]。趙弘燮得病之初的症狀是忽

---

18 《康熙朝漢文硃批奏摺彙編》，第四冊，頁 325。康熙五十一年七月十八日，李煦奏摺。
19 《康熙朝漢文硃批奏摺彙編》，第二冊（北京，檔案出版社，1985 年 5 月），頁 602。康熙四十八年八月十六日，趙弘燮奏摺。
20 《康熙朝漢文硃批奏摺彙編》，第六冊，頁 532。康熙五十四年十月初四日，趙弘燮奏摺。

發冷汗，左體微瘓，隨即口眼歪斜，言語澀滯，竟類中風，三日
之後，即已轉重爲輕，因邪氣未退，左體反覺有力，後來日漸軟
弱。趙弘燮因素知章文鑛醫道頗好，所以具摺奏請遣章文鑛診視。
章文鑛初到時，亦不敢遽用補劑，後因趙弘燮氣血兩虛，不能復
元，始加用人參，趙弘燮亦未敢多服，每日止用三錢。康熙五十
四年（1715）十一月二十日，趙弘燮具摺奏聞病情，自從章文鑛
到保定後，盡心用藥，加意調治，頭腦已經清爽，左體亦稍舒展，
病已去其八九。康熙五十五年（1716），趙弘燮年已六十一歲，因
心血耗盡，自交春後，左手雖已舒展，但左腿尚軟，仍需扶掖，
心內時忽驚跳，難以驟復。同年二月，趙弘燮具摺奏請覲見。原
摺奉硃批：「今年有閏三月，所以天氣寒冷未退，調理之宜，須聽
大夫之話，不可少有疏忽。」[21]康熙五十五年（1716）三月初八
日，趙弘燮具摺謝恩，原摺指出，趙弘燮大病已除，雖左腿酸軟，
需人扶掖，心跳頭暈，時止時發，氣尚虛弱，然幸時已三月，天
氣和暖，諒無大礙。

　　康熙五十五年（1716）五月初九、十一兩日，趙弘燮因祈雨
淋濕身體，自此之後，左腿疼痛尤甚，雖用人扶掖，亦艱步履。
據御醫章文鑛稱，趙弘燮左腿起先原是氣血兩虛，又被冷雨兩次
淋濕，內中有風有濕，受病更重，並非尋常藥餌所能旦夕奏效。
因此，具摺奏請恩賜御製藥酒，以便先除風濕，疏經絡，再用補
劑，方有效驗。趙弘燮得到類風險症，以致左腿酸軟，期盼服用
御製藥酒後，左腿不致成殘疾。原摺奉硃批：「奏摺知道了，藥酒
原非有體，將藥泡一日一夜，取出用清酒，最能化痰，若多了，
能吐寫〔瀉〕，止可貳錢酒則可，因酒易壞，將藥帶去。」康熙皇

<hr>

21　《康熙朝漢文硃批奏摺彙編》，第六冊，頁 864。康熙五十五年二月二十
　　九日，趙弘燮奏摺。

帝原先想要賜酒，因天氣熱，路又遠，拿去搖壞了，所以賜西洋藥餅一個，及泡酒方法。是年七月初三日，恩賜藥餅齎到保定。趙弘燮遵照訓旨日服藥酒二錢，初服之日，即覺熱氣上至左膀，下至左腿。服用七日後，左腿熱氣漸漸過膝，藥氣所到，痛即少減，舉步較前稍易，自從服用藥酒之後，一日有一日之效。

　　趙弘燮服用御製藥酒後，其左腿雖較前改善，但後來肚腹忽爾作瀉，頭腦又復時常發暈，病勢淹纏。據御醫章文鏡云，此乃虛弱之故，當用補劑。趙弘燮因未知補劑可否與藥酒並用，所以具摺奏請批示。原摺奉硃批：「補藥並用無妨，但肚腹不實，藥酒可以暫停。」康熙五十五年（1716）四月初五日，趙弘燮因感冒而起，時熱時止。至五、六月之交，又出斑疹，發熱不止，身體虛弱。若服補劑，又有大腸燥結之病，實非旦夕可以復元。

　　王掞（1645-1728），江南太倉人。康熙九年（1670），進士，選庶吉士，授編修，遷左贊善，充日講起居注官。康熙二十三年（1684），提督浙江學政。康熙三十年（1691），遷侍讀學士，擢內閣學士。康熙三十三年（1694），遷戶部侍郎。康熙三十六年（1697），直經筵。康熙三十八年（1699），調吏部侍郎。康熙四十三年（1704），擢刑部尚書。康熙五十一年（1712），授文淵閣大學士，兼禮部尚書，直經筵如故。康熙五十二年（1713），典會試。王掞是康熙皇帝晚年所倚重的老臣之一，王掞患病期間，康熙皇帝對他關懷備至。

　　康熙五十四年（1715）十二月十一日，王掞以入朝冒寒臥病。十二月十三日，康熙皇帝遣人臨問。十二月十六日，賜御醫診視。十二月十九日，康熙皇帝又遣御前侍衛佛倫等詳細問明病勢，並賜人參、珍米、鹿尾、野雞等物。康熙五十五年（1716）春初病癒時，兩足浮腫。是年四月二十七日夜半，脾腹洞泄，衣褥俱污，委頓特甚，至五月初二日方止。但至五月十一日又復洞泄，病勢更加劇。大學士李光地曾告知王掞，康熙皇帝製有療泄神藥，王掞具摺奏請頒賜御製療泄神藥[22]。五月十六日，王掞奏摺奉硃批：「知道了」。原摺又奉粘籤硃批：「李光地泄時，有鮮「⚬⚬」，今還未熟。舊的力大，恐太熱，留心，着量用。再，養心殿所收木瓜膏，最能治瀉，你使人南書房要去。」[23]引文中「⚬⚬」，是滿字，讀如"yengge"，意即「野葡萄」，漢字音譯作「英額」，或作「英格」，又作「櫻格」，都是同意異譯。英格，木瓜膏都有止瀉功效。王掞臥病時，康熙皇帝所遣太醫是劉聲芳及翰林朱綸，其中朱綸胸中醫學淹博，講論醫家諸書，甚為詳明，所以奏請朱綸調理。經太醫劉聲芳及翰林朱綸診視後，王掞遂得漸癒。王掞服用御製木瓜膏二日後，腹瀉旋止。

康熙五十五年（1716）六月初六日，康熙皇帝頒賜英阿書吉一罐，色鮮味美。王掞具摺謝恩，節錄原摺一段內容：「六月初六日，蒙頒到英阿書吉一罐，臣叩頭祇領訖。臣前者偶患腹泄，冒昧請藥，蒙御批：李光地泄時，有鮮英格，今還未熟。舊的力大，恐太熱，留心，着量用。今新英阿書吉初熟，又蒙馳賜，色鮮味美，益信尚方珍藥，為人間不易得之品。」[24]引文中「英阿書吉」，滿文讀如"yengge šugi"，意即「野葡萄津液」，亦即「野葡萄汁」，可以止瀉。

康熙五十五年（1716）五月間，王掞兩次病泄，服用御製療

<hr/>

22 《清代檔案史料叢編》，第九輯（北京，中華書局，1983 年 6 月），頁 37。康熙五十五年五月十四日，王掞奏摺。

23 《康熙朝漢文硃批奏摺彙編》。第七冊（北京，檔案出版社，1985 年 5 月），頁 99。康熙五十五年五月十七日，王掞奏摺。

24 《清代檔案史料叢編》，第九輯，頁 39。康熙五十五年六月初六日，王掞奏摺。

泄藥品後，腹瀉漸止。但因王掞「衰憊之軀，疾病易侵。」同年
六月十三日夜間，王掞忽發寒顫，洞瀉三十餘次，裏急後重，似
瘧非瘧，勢頗危篤。旋服小香連丸一劑。六月十四日下午，寒熱
漸退，痢瀉稍止，惟下純紅積滯。六月十五、六兩日，又復變爲
白積，殊覺恍惚眩暈，昏視重聽。醫家俱云，心脾虧損，難冀速
痊，況年邁之人，服藥過多，反傷胃氣，莫若淡滋味，以養脾陰，
屏視聽，以養心血。王掞因此止藥靜臥三、四日，果然漸瘳。王
掞向聞康熙皇帝有健脾神藥，因此，奏請頒賜，以便病後服用，
使泄瀉不至復發。原摺所奉硃批中有：「所請之藥，已傳內藥房了。
續斷一味藥，治紅痢之神方，本草中載的明白，須細看。」[25]同
年六月二十四日，康熙皇帝遣太醫院御醫李德聰到王掞寓所診
視。李德聰告以右脈弦滑，此係脾經濕熱未淨，陰陽未分。健脾
保元丸原與脾胃有益，現經濕熱未清，先用胃苓丸，清其濕熱。
王掞遵照李德聰指示，先服胃苓丸調理。續斷有補腎溫肝，宣通
血脈的功效，是治痢神品，俟王掞與李德聰斟酌後再服用。王掞
不宜即用健脾丸，而先服胃苓丸，繼服橘半清金煬，日漸痊瘳。

　　師懿德，甘肅寧夏人。由行伍初任西寧府守備，遷霸州遊擊。
歷遷保定參將，張家口副將。康熙四十四年（1705），調補古北口
提督。康熙四十五年（1706），遷天津總兵。康熙四十八年（1709），
擢江南提督。康熙五十九年（1720），授鑾儀衛鑾儀使。師懿德因
患目疾，康熙皇帝特賜御醫調治。康熙皇帝遣御醫閔體健調治。

　　康熙六十年（1721）春正、二月間，師懿德遵用御醫閔體健
所定藥方，每日服磁硃丸、還睛丸二種，早晚無間，調理兩月，
頗能見效。但自入夏以後，忽然兩目昏花，日甚一日，左右目中，

25　《康熙朝漢文硃批奏摺彙編》，第七冊，頁 233。康熙五十五年六月二十
　　一日，王掞奏摺。

俱有內障爲患，須用金針撥去雲翳，始可痊癒。同年七月十二日，師懿德具摺奏請賞發御醫閔體健爲師懿德下針治眼俾得翳障全消，眼光復舊。原摺奉硃批：「閔大夫告病回去了，想是這幾日內到京。」[26]

康熙皇帝重用舊臣，君臣互動良好。太醫院御醫奉命爲京中及直省外任臣工醫治疾病，其醫療經過及服用藥物，對傳統主流醫學的研究，提供了重要的參考價值。

26　《康熙朝漢文硃批奏摺彙編》，第八冊，頁824。康熙六十年七月十二日，師懿德奏摺。

左道邪術

—— 以道士賈士芳入宮療病為中心

　　入道杳冥，是道教真人的一種靜養工夫。清聖祖康熙皇帝日理萬幾，但也留心道術，他曾令范弘偲率同太監李興泰等詣王真人。據稱王真人靜養工夫，皆據先天貫通三教，毫無勉強造作，純以自然無為存神順化為本，似真得為己之學，但工夫口訣，不容輕授，細察其言，平考其行，得正傳無疑，惟得效緩急強弱，試後方知。范弘偲經過親自試行之後繕摺奏聞。原摺略謂：

> 奴才范弘偲自初十日送駕後隨即如法危坐，直至饑時為出靜候，食畢，略步一刻，即仍前坐。初時，目前一片空明境界，片餉覺目前有大片黃黑相戰，腹中煖起騰起，後但見純黃色，而煖氣竟不斷絕，覺一時辰後，便身心晦冥，似睡非睡，又明朗如初，此似道家入杳冥之說也。大約一時之傾，必杳冥一回，而杳冥之候，尚不滿杯茶之久，出定也，詢之王楨云，是將會合兆也。目下所得景象如此，太監李興泰，馮堯仁坐時，更比以前靜定，亦能耐久[1]。

　　靜坐入定，可以產生超自然的力量。但是，康熙皇帝深恐工夫到時貽誤政事，已入道之後，又怕不能脫身，故令一、二人先

---

[1] 《宮中檔康熙朝奏摺》，第七輯（臺北，國立故宮博物院，民國六十五年九月），頁 877，范弘偲奏摺。

試，以觀察光景如何？

康熙四十八年（1709），皇四子胤禎受封雍親王。康熙六十一年（1722）十一月，雍親王即帝位，以明年爲雍正元年（1723），雍親王成了雍正皇帝。雍正皇帝即位以前的藩邸，稱爲雍親王府，他即位以後，雍親王府改爲雍和宮。雍正皇帝在藩邸期間，於潛心之餘，亦拈性宗，頗有所見。他認爲儒、釋、道三者，兼具治世、治心、治身的長處，以儒治世，以佛治心，以道治身，各具正面的作用，可以相輔相成，以佛、道二氏的教義思想，可以作爲儒家教化的輔助力量。雍正皇帝頒諭云：

> 域中有三教：曰儒、曰釋、曰道，儒教本乎聖人為生民立命，乃治世之大經大法，而釋氏之明心見性，道家之鍊氣凝神，亦與吾儒存心養氣之旨不悖，且其教皆主於勸人為善，戒人為惡，亦有補於治化。道家所用經籙符章，能祈晴禱雨，治病驅邪，其濟人利物之功驗，人所共知，其來久矣[2]。

道教能祈晴禱雨，治病驅邪，具有超自然的能力。具有超自然能力的道士，就是一種術士。江西貴溪縣龍虎山，是漢代張道陵煉丹成道勝地。雍正皇帝曾經指出張道陵「嘗得秘書，通神變化」，能驅除邪惡。雍正年間，域內真人，頗受禮敬。

賈士芳是雍正年間具有神通的道士。袁枚撰《子不語》對賈士芳有一段敘述說：

> 賈士芳，河南人，少似癡愚。有兄某讀書，命士芳耕作，時時心念欲往遊天上。一日，有道人問曰：「爾欲上天耶？」曰：「然」。道士曰：「爾可閉目從我」。遂淩虛而起，耳畔

---

2 《起居註冊》（臺北，國立故宮博物院），雍正九年正月二十四日，內閣奉上諭。

但聞風濤聲。少頃命開目，見宮室壯麗，謂士芳曰：「爾少待，我入即至」。良久出謂曰：「爾腹餒耶？」授酒一杯，賈飲半而止。道人弗強曰：「此非爾久留處。」仍令閉目，行如前風濤聲，少頃開目，仍在原處。步至伊兄館中，兄驚曰：「爾人耶鬼耶？」曰：「我人耳，何以為鬼？」曰：「爾數年不歸，曩在何處？」曰：「我同人至天上，往返不過半日，何云半年？」其兄以為癡不之顧，與徒講解《周易》。士芳坐于旁聞之，起搖手曰：「兄誤矣，是卦繇詞九五陽剛，與六二相應，陰陽合德，得位乘時，水火相濟，變為正月之卦，過此以往，剛者漸升，柔者漸降，至上九數不可極，極則有悔，悔則潛藏，以待剝復之機矣。」其兄大驚曰：「汝未讀書，何得剖析易理，如此精奧？」信其果遇異人，遠近趨慕，叩以禍福，無不響應。田中丞奏聞，蒙召見，卒以不法伏誅。或云賈所遇道人，姓王名紫真，尤有神通[3]。

河南人賈士芳是一位具有神通的道士，民間傳聞賈士芳能知禍福，無不響應。引文中的「田中丞」，就是河南巡撫田文鏡，賈士芳的神通靈異，受到田文鏡的重視。

雍正皇帝的生母是孝恭仁皇后烏雅氏，皇十三子胤祥（1686-1730）的生母是敬敏皇貴妃章佳氏。雍正皇帝和胤祥雖然是同父異母兄弟，但是，他們的感情卻十分深厚。雍正皇帝即位後，胤祥受封為和碩怡親王，總理戶部三庫，管理會考府事務。胤祥公忠體國，勤慎廉明，深獲雍正皇帝的信任，孔懷之誼，最為誠篤。雍正七年（1729）十一月，胤祥患病，雍正皇帝諭令京外臣工訪查精於醫理及通曉性宗道教之人，以為調攝頤養之助。

---

3 袁枚撰《子不語》，《筆記小說大觀續編》，第二十二冊，（臺北，新興書局，民國五十一年八月），卷二十一，頁9。

是時，賈士芳在京師白雲觀充當道士，他奉召醫治胤祥疾病，並蒙賞賜。

雍正八年（1730）七月，雍正皇帝患病，白雲觀道士賈士芳由田文鏡差人送入宮中。賈士芳入宮後，雍正皇帝令內侍問話，並試以占卜之事，賈士芳確實是異能之士。雍正皇帝召見賈士芳，諭以自上年賈士芳入宮之後，雍正皇帝聖體即覺違和。賈士芳自稱長於療疾之法，雍正皇帝即令賈士芳調治他的身體。賈士芳開始口誦經咒，兼施以手按摩之術，立時見效奏功，雍正皇帝通體舒暢。賈士芳也擅長清淨無爲、含醇守寂的靜養方法。

有一天，雍正皇帝因體中不適，賈士芳即傳授念誦密咒的方法。雍正皇帝試行其法，頓覺心神舒暢，肢體安和，他深感喜慰，對賈士芳隆禮有加。

賈士芳調治雍正皇帝的龍體，主要是憑藉其密咒法術，以超自然的能力，驅遣鬼神，以操縱人們的禍福。自從賈士芳入宮一個月以來，雍正皇帝的肢體，果然大癒。但是，賈士芳調治雍正皇帝的龍體，仗著他的咒術，以操縱雍正皇帝的健康，安或不安，賈士芳竟能手操其柄，不能出其範圍。雍正皇帝也承認賈士芳「治病之處，預先言之，莫不應驗。」雍正皇帝相信賈士芳確實擅長治病，法術高深。但是，雍正皇帝認爲賈士芳挾其左道邪術，欺世惑眾，而使雍正皇帝心生恐懼。《起居注冊》有一段記載云：

> 昨七月間，田文竟將伊送來。初到之時，朕令內侍問話，並試以占卜之事。伊言語支離，有意啟人疑惑，因而說出上年曾蒙召見，朕始知即白雲觀居住之人也。朕因諭之曰：「自爾上年入見之後，朕躬即覺違和，且吾弟之恙，亦自此漸增。想爾本係妖妄之人，挾其左道邪術，暗中播弄，至於如此。今朕躬尚未全安，爾既來京，當惟爾是問。」

伊乃自言長於療病之法，朕因令其調治朕躬。伊口誦經咒，
並用以手按摩之術，比時見效奏功，無不立應。其言則清
淨無為，含醇守寂之道，亦古人之所有者。一日，朕體中
不適，伊授以密咒之法。朕試行之，頓覺心神舒暢，肢體
安和，朕深為喜慰，加以隆禮。及此一月以來，朕躬雖已
大愈，然起居寢食之間，伊欲令安則安，伊欲令不安，則
果覺不適，其致令安與不安之時，伊必先露意，且見依心
志奸回，言語妄誕，意謂天地聽我主持，鬼神供我驅使，
有先天而天弗達之意。其調治朕躬也，安與不安，伊竟欲
手操其柄，若不能出其範圍者。朕降旨切責云：「爾若如此
處心設念，則赤族不足以蔽其辜。」伊初聞之，亦覺惶懼。
繼而故智復萌，狂肆百出，公然以妖妄之技，謂可施於朕
前矣[4]。

賈士芳挾其左道邪術，以為天地聽其主持，鬼神供其驅
使，言語妄誕，於是降旨切責。引文中「赤族」一說：一族盡
空；一說：見誅殺者必流血，引伸為全家族被殺的意思。賈士
芳初聞嚴旨，雖覺惶懼，但他倚恃邪術，竟公然向雍正皇帝施
展法術，挑戰威權。雍正皇帝認為邪不勝正，是古今不易之理。
他說：

彼不思邪不勝正，古今不易之理。況朕受命於天，為萬方
之主，豈容市井無賴之匹夫狗彘不如者，蓄不臣之心，而
行賊害之術乎？前日京師地動，朕恐懼修省，誠心思過，
引咎自責，又復切頒諭旨，訓飭官員兵民人等，而地動之
象久而不息。因思前月之震動實在朕加禮賈士芳之次日，

意者妖邪之人，胸懷叵測，而朕未之覺察，仰蒙上天垂象，以示儆乎？況伊欺世惑眾，素行不端，曾經原任巡撫楊宗義訪聞查拏，伊始稍稍斂跡，厥後仍復招搖。今則敢肆其無君無父之心，甘犯大逆不道之罪，國法具在，難以姑容，且蠱毒魘魅，律有明條，著拏交三法司會同大學士定擬具奏。若伊之邪術果能操禍福之柄，貽患於朕躬，則伊父祖之墳塋悉行掘發，其叔伯兄弟子孫族人等悉行誅戮，以為異常大道之炯戒。夫左道惑眾者，亦世所常有，若如賈士芳顯露悖逆妄行於君上之前，則從來之所罕見，實不知其出於何心？其治病之處，預先言之，莫不應驗，而伊遂欲以此脅制朕躬，恣肆狂縱，待之以恩而不知感，惕之以威而不知畏，竟若朕之禍福，惟伊立之，有不得不委曲順從者。朕若不明於生死之理，而或有瞻顧游移之見，乞憐於此等無賴之妄人，則必不免抱慚，而對天下臣民亦滋愧怍，朕豈如是之主哉！夫貪生惡死者，人之常情，伊之脅制朕躬者在此，不知朕之知天知命確乎不可惑者亦即在此，朕為世道人心綱常名教計，懲彼魑魅魍魎於光天化日之下一身之休咎所不計也，並諭廷臣共知朕心[5]。

雍正八年（1730）九月二十五日，雍正皇帝降旨將賈士芳拏交三法司會同大學士定擬具奏。同年十月初二日，賈士芳奉旨立斬。賈士芳以邪術脅制雍正皇帝，並未得逞，反遭誅戮，正是所謂邪不勝正。

賈士芳被拏交三法司斬立決後，其孫賈若愚等眷屬亦被解送河南禹州監禁。雍正十二年（1734）二月二十一日，大學士張廷

---

5 《起居註冊》，雍正八年九月二十五日，內閣奉上諭。

玉遵旨字寄河東總督王士俊云：

> 妖賊賈士芳之眷屬親戚等，據總督王士俊查奏前來，朕已
> 覽悉，所有監禁保候二十六犯，俱著釋放發回本縣安插，
> 再候諭旨，爾可寄信與王士俊知之[6]。

　　河東總督王士俊奉到〈寄信上諭〉後，遵旨釋放賈若愚等二十六人。賈若愚被釋放後，他在河南開張藥舖生理。後來有江湖術士王霏龍到河南禹州白沙集賣卜算命，兼看風水。賈若愚見他招牌上寫著「子平堪輿」字樣，想要爲其祖母即賈士芳的妻子擇地安葬，所以邀請王霏龍看好一塊墳地。但因賈若愚見他堪輿平常，並未用他。乾隆二十五年（1760）正月，王霏龍在河南懷慶府賣卜算命時，因編寫妖言被捕，供出賈若愚姓名。賈若愚被拏解軍機處質審，與王霏龍對質。王霏龍奉旨著即處斬，賈若愚因安分生理，並未與王霏龍交結，亦未收藏不法字跡，而被釋放。

---

6 《雍正朝漢文諭旨彙編》（桂林，廣西師範大學出版社，1999 年 3 月），
　　第二冊，頁 214。

乾隆皇帝

乾隆皇帝朝服像

乾　隆

一七三六―

一七九五

一、乾隆皇帝小傳

　　清高宗乾隆皇帝弘曆（1711-1799），是雍正皇帝胤禛第四子，於康熙五十年（1711）八月十三日，孝聖憲皇后鈕祜祿氏所生。賜號長春居士，自號信天主人，自稱古稀天子，十全老人。雍正十一年（1733），弘曆年二十三歲，是年正月，受封和碩寶親王。雍正十三年（1735）八月二十三日，雍正皇帝駕崩。同年九月初三日，寶親王弘曆即皇帝位，以明年爲乾隆元年，在位六十年（1736-1795）。嘉慶元年（1796）正月初一日，稱太上皇帝。嘉慶四年（1799）正月初三日，崩於養心殿，壽八十有九。同年四月，上諡號爲純皇帝，廟號爲高宗。九月，葬於河北遵化裕陵。

二、乾隆朝大事紀要簡表

西元	年　　號	干支	年歲	大事紀要
1711	康熙五十年	辛卯	1	八月十三日，胤禛第四子弘曆生於雍親王府邸。胤禛即位後，府邸改稱雍和宮。
1716	康熙五十五年	丙申	6	弘曆開始接受庶吉士福敏的啓蒙教育。
1722	康熙六十一年	壬寅	12	初謁聖祖於圓明園，帶回宮中養育，聖祖親授書課，學射於貝勒允禧，學火器於莊親王允祿。入秋，隨聖祖北巡，從獮木蘭，賜居避暑山莊萬壑松風，讀書其中。
1723	雍正元年	癸卯	13	八月十七日，密建儲位，世宗親書弘曆名字，緘藏於乾清宮正大光明匾後。在懋勤殿正式拜徐元夢、張廷玉、朱軾、嵇曾筠、蔡世遠爲師。

1727	雍正五年	丁未	17	娶察哈爾總管李榮保之女富察氏爲嫡福晉。
1730	雍正八年	庚戌	20	弘曆將所作詩文輯成《樂善堂集》。
1733	雍正十一年	癸丑	23	弘曆受封和碩寶親王。
1735	雍正十三年	乙卯	25	八月二十三日，世宗崩殂，莊親王允祿等啓封宣詔，弘曆即皇帝位，以明年爲乾隆元年。
1736	乾隆元年	丙辰	26	傳旨：郎世寧絹畫〈八駿圖〉托裱；唐岱、郎世寧、沈源畫〈圓明園圖〉；陳枚等奉敕繪院本〈清明上河圖〉。
1737	乾隆二年	丁巳	27	西洋人馮秉正將滿文《資治通鑑》譯成法文，題爲《中國通史》，費時六載，譯書稿寄送里昂圖書館。
1738	乾隆三年	戊午	28	內務府刻漢文大藏經，習稱《龍藏經》，共七千一百六十八卷。
1739	乾隆四年	己未	29	武英殿校刻《十三經注疏》、《二十一史》、《八旗通志》告成；乾清宮西暖閣賜宴，君臣賦柏梁體詩；江蘇金壇縣貢生蔣振生進手抄《十三經》，賜國子監學正銜；朝鮮國王李昑謝賜本國列傳，進貢方物。
1740	乾隆五年	庚申	30	院本〈清明上河圖〉告成；僉都御史劉藻奏請停減修圓明園工程。
1741	乾隆六年	辛酉	31	編纂《律呂正義續編》；冷枚等奉命照宋蘇漢臣〈太平春市圖〉手卷畫意，各起稿一張，奉旨准畫。
1742	乾隆七年	壬戌	32	令西洋人魯仲賢等教內監小太監學習彈西洋樂器大拉琴、長拉琴；大學士張廷玉等奏陳纂輯《明史》體例。
1743	乾隆八年	癸亥	33	王致誠奉命進如意館畫玻璃畫；命唐岱等畫〈圍獵圖〉大畫一幅；郎世寧畫〈十駿圖〉，托裱大畫十軸。
1744	乾隆九年	甲子	34	纂輯《秘殿珠林初編》告成，共二十四卷；始建先蠶壇竣工；唐岱、沈源奉敕合作〈圓明園四十景圖〉；唐岱、郎世寧奉敕臨仿熱河三十六景，俱著色畫；重修翰林院工竣，賜宴，御製柏梁體詩首句，諸臣分韻賦詩。

1745	乾隆十年	乙丑	35	傳旨：著金昆起稿〈豳風圖〉手卷；頒御製太學訓飭士子文於各省學宮；沈源畫〈瀛台全圖〉告成，交如意館托裱；纂輯《石渠寶笈初編》告成。
1746	乾隆十一年	丙寅	36	編纂《律呂正義續編》、《明通鑑綱目》告成；郎世寧、丁觀鵬、沈源合畫〈歲朝圖〉；丁觀鵬畫〈唐明皇擊鞠圖〉；丁觀鵬奉旨仿宋人〈十八學士圖〉一卷；命孫祜、周鯤、丁觀鵬合畫〈漢宮圖手卷〉一卷。
1747	乾隆十二年	丁卯	37	命沈源畫〈賜宴圖〉手卷、〈長春園圖〉、〈守歲圖〉；命托裱歷代帝王后功臣等像掛軸；巴黎出版王致誠撰《中國御苑特寫》，描繪圓明園甚詳，為庭園愛好者所爭誦。
1748	乾隆十三年	戊辰	38	命金昆畫〈木蘭圖〉、〈蠶壇圖〉；王幼學畫〈大駕鹵簿圖〉；命郎世寧畫白鷹一軸，縱六尺，橫三尺。
1749	乾隆十四年	己巳	39	冷枚畫〈漢宮春曉〉；藏文《甘珠爾經》譯出蒙文，與雍正初年譯刊蒙文《甘珠爾經》合稱蒙文大藏經。
1750	乾隆十五年	庚午	40	冊立皇貴妃那拉氏為皇后；命丁觀鵬等畫〈行圍圖〉；命周鯤等畫〈熱河全圖〉大畫一幅；內大臣海望進呈〈北京圖〉，十七排，每排三冊，共五十一冊。
1751	乾隆十六年	辛未	41	第一次南巡，正月，奉皇太后啟駕，二月至蘇州，三月至杭州、江寧府，祭明太祖陵；命余省等畫《鳥譜》十二冊；張為邦等畫〈三元圖〉。
1752	乾隆十七年	壬申	42	欽天監增修《靈台儀像志》、《恆星經緯度表》告成，傳旨：書名著用《儀像考成》。
1753	乾隆十八年	癸酉	43	葡萄牙國使臣巴哲格在乾清宮觀見，賜宴於山高水長。

1754	乾隆十九年	甲戌	44	命郎世寧爲澹泊寧靜殿畫〈哨鹿圖〉，起稿呈覽，臨摹明朝宣德御筆〈白猿圖〉；王致誠畫油畫御容一幅，於熱河避暑山莊懸掛。
1755	乾隆二十年	乙亥	45	清軍以西北兩路征準噶爾；命郎世寧畫《阿玉錫持矛蕩寇圖》。
1756	乾隆二十一年	丙子	46	太監胡世傑交〈十駿犬圖〉七幅，命郎世寧照庫裡狗（kuri indahūn）即黎花狗油畫配畫十幅；命徐揚畫〈盛世滋生圖〉。
1757	乾隆二十二年	丁丑	47	第二次南巡，正月，自京師啓駕。二月，幸宋臣范仲淹高義園，臨視蘇州織造機房。三月，幸江寧府，祭明太祖陵；命如意館畫人金廷標畫〈十八學士登瀛州手卷〉；郎世寧畫宣紙海青一張，托裱掛軸；宣佈洋船只許在廣州收泊貿易；命修《大清會典》。
1758	乾隆二十三年	戊寅	48	清軍平定準噶爾，移師進剿回部；《御製樂善堂全集》，重加修訂；命郎世寧用白絹畫〈開屏孔雀〉大畫一軸，由方琮、金廷標合筆補景。
1759	乾隆二十四年	己卯	49	清軍平定回部；英吉利商船赴寧波貿易，諭兩廣總督李侍堯傳集外商，示以禁約。
1760	乾隆二十五年	庚辰	50	命郎世寧畫〈伊犁人民投降〉、〈追取霍集占首級〉、〈黑水河打仗〉、〈阿爾楚爾打仗〉、〈獻俘〉、〈郊勞〉、〈豐澤園筵宴〉等七張絹畫；郎世寧所畫〈八駿圖〉，奉旨交如意館托裱手卷；命莊親王允祿照蔣友仁所進〈坤輿全圖〉，另畫一張，派中書繕寫；《鳥譜》十二冊，《獸譜》一百八十幅，〈苗圖〉十幅交軍機處繙譯滿文。
1761	乾隆二十六年	辛巳	51	紫光閣落成，賜畫像功臣等宴；《鳥譜》及圖說各六十張，托裱手卷一卷；〈職貢圖〉裱成手卷四卷；丁觀鵬仿宋人筆意畫〈群仙圖〉。

1762	乾隆二十七年	壬午	52	第三次南巡，正月，奉皇太后自京師啓駕。二月，閱清口東霸、惠濟閘、閱京口兵。三月，臨視蘇州織造機房，祭明太祖陵；命姚文瀚補畫〈職貢圖〉三段；郎世寧起得〈得勝圖〉畫稿十六張；命郎世寧照安佑宮聖容畫世宗皇帝聖容一幅；建烏魯木齊城堡；哈薩克使臣等入覲行在。
1763	乾隆二十八年	癸未	53	武英殿刻印《欽定西域同文志》，有滿、漢、蒙、藏、回、托忒字；命武英殿辦書處用竹紙刷印《西清古鑑》一百部存貯；郎世寧畫愛烏罕即阿富汗四駿手卷一卷，交如意館配袱子別樣子，交蘇州織造承做；御紫光閣賜愛烏罕、巴達克山、霍罕、哈薩克各部使人宴；賜烏魯木齊城名曰迪化。
1764	乾隆二十九年	甲申	54	霍罕獻白海青至，命郎世寧畫〈白海青圖〉一張絹本設色，裱掛軸；傳旨將郎世寧所起〈得勝圖〉畫稿十六張，陸續交粵海關監督轉交法國，照稿刻做銅版。
1765	乾隆三十年	乙酉	55	第四次南巡，正月，奉皇太后自京師啓駕。二月，閱清口東霸木龍、惠濟閘，閏二月，幸蘇州，謁文廟。三月，閱高家堰堤；軍機處奉旨將郎世寧所畫《愛玉史詐營圖》，王致誠所畫〈阿爾楚爾圖〉，艾啓蒙所畫〈伊犂人民投降圖〉，安德義所畫〈庫爾滿圖〉稿樣，共四張，先行交粵海關監督轉送法國刊刻銅版；賜伊犂新築駐防城名曰惠遠；郎世寧畫《白鷹圖》，絹本設色。
1766	乾隆三十一年	丙戌	56	命徐揚畫〈南巡圖〉；奉天府丞奏准設立瀋陽書院；六月初十日（7月16日），郎世寧病逝，享年七十九歲，予侍郎銜，賜銀三百兩，葬於京西阜城門外葡萄牙墓地。

1767	乾隆三十二年	丁亥	57	西洋人艾啓蒙奉命照郎世寧例賞給奉辰苑卿銜；纂輯《續文獻通考》告竣；編纂《通鑑輯纜》告竣；發下《大藏全咒目錄》一本，交經咒館照新擬式樣刊刻。
1768	乾隆三十三年	戊子	58	徐揚畫〈南巡盛典圖〉刻成；《西清古鑑》，共四十二卷，裝潢四函；《通鑑輯覽》，共一百十六卷，奉旨速行刊刻；關帝加封忠義神武靈佑關聖大帝。
1769	乾隆三十四年	己丑	59	武英殿遺失藏經板片，命總管內務府大臣澈底清查歷年各處貯書籍經卷板片；刊印《三希堂法帖》。
1770	乾隆三十五年	庚寅	60	頒詔普蠲各省額徵地丁錢糧一次，蔣友仁鐫刻銅版十三排地圖，銅版一百零四塊，刷印百套；軍機處進呈滿漢合璧《清文鑑》，奉旨刊刻；纂輯漢字《平定準噶爾方略》告成。
1771	乾隆三十六年	辛卯	61	兩江總督高晉等纂輯《南巡盛典全書》，發下軍機大臣閱看；軍機處進呈《金語解》，共三十二卷；土爾扈特部眾自伏爾加河流域返回新疆。
1772	乾隆三十七年	壬辰	62	設清字經館於西華門內，由章嘉國師綜其事，達天蓮筏協助，將漢文大藏經，譯成滿文；纂輯滿文《平定準噶爾方略》告成；頒諭蒐集古今群書，開館編纂。
1773	乾隆三十八年	癸巳	63	大學士劉統勳等奏請校定遺書，依經史子集四部名目分類彙列，奉旨依議，叢書辦理成編時定名爲《四庫全書》；方略館遵旨改纂《西域圖志》。
1774	乾隆三十九年	甲午	64	侍郎金簡用木活字排印武英殿聚珍版書；發下《古今圖書集成》十一部，各省行宮七處陳設各一部，進書五百種以上之鮑士恭等四家各賞一部，進書一百種以上之周厚堉等九家各賞給《佩文韻府》初印本各一部。

1775	乾隆四十年	乙未	65	上元節例穿蟒袍三日，是年正月十六日月食，奉旨穿常服，其蟒袍改於十七日補穿；方略館遵旨改纂《明紀綱目》；承德避暑山莊興建文津閣竣工；江西巡撫海成奏陳蒐羅遺書按書價以倍價，傳集地保逐戶宣諭；命閩浙總督鐘音訪查建安徐氏自宋以來刊印書板源流及勤有堂開始年代。
1776	乾隆四十一年	丙申	66	命四庫全書館詳覈違禁各書，分別改燬；金簡仿《墨法集要》之例，纂輯《武英殿聚珍版程式》一本，紀錄詳備，於刊書者有所遵循；謝遂仿唐人〈大禹治水圖〉。
1777	乾隆四十二年	丁酉	67	皇太后崩，普免全國錢糧一次；軍機大臣袁守侗等奏准承辦《大清一統志》總纂、纂輯人員。
1778	乾隆四十三年	戊戌	68	敕撰《西清硯譜》成編，共二十四卷；申諭立嫡立長流弊，宣告歸政之期。
1779	乾隆四十四年	己亥	69	頒賞〈得勝圖〉、〈皇輿全圖〉；命國史館纂修《蒙古王公表傳》，以滿漢蒙古字三體合繕。
1780	乾隆四十五年	庚子	70	第五次南巡，二月，閱清口東霸堤工。三月，幸海寧州觀潮。四月，閱高家堰堤工。五月，還京；七月二十一日，六世班禪額爾德尼自後藏日喀則經西寧塔爾寺至熱河避暑山莊，以須彌福壽廟為講經和居住行宮。八月十三日，乾隆皇帝七旬萬壽慶典，御澹泊敬誠殿，班禪額爾德尼、王公大臣等行慶賀禮。九月初二日，班禪額爾德尼至北京，駐蹕西黃寺。十月二十九日，出痘。十一月初二日，圓寂；艾啟蒙卒，享年七十三。
1781	乾隆年	辛丑	71	暹羅國長鄭昭進金葉表文；傳旨《開國實錄》以滿漢蒙古字再繕一分，《西清續鑑》圖式挑取鉤畫好手一人接辦；武英殿本《四庫全書總目提要》釐訂告竣進呈御覽。

1782	乾隆四十七年	壬寅	72	《四庫全書》第一部書成，歷時十載，動員三千八百餘人，共收書三千四百六十餘種；軍機處進呈纂辦全竣書單，內含《皇輿西域志》、《西域同文志》、《熱河志》、《音韻述微》、《滿洲蒙古漢字三合切音清文鑑》、《遼金元國語解》、《蒙古源流》、《勝朝殉節諸臣錄》、《平定兩金川方略》、《通鑑輯覽》、《遼金元三史》、《明史本紀》、《明紀綱目》、《續文獻通考》、《明唐桂二王本末》等；命軍機處另繪《星宿海河源圖》一分。
1783	乾隆四十八年	癸卯	73	命建辟雍於太學；賜達賴喇嘛玉冊玉寶；初次試用銅版陰刻，印成圓明園銅版畫二十張；造辦處刊印〈平定金川得勝圖〉，共二百分；《古玉圖譜》一百卷遵旨載入《四庫全書》子部譜錄類；《四庫全書簡明目錄》二十卷發下繕寫送武英殿裝潢；命皇子同軍機大臣及上書房總師傅等將歷代冊立太子事蹟有關鑑戒者採輯成書，陸續進呈謄錄，書成名爲《古今儲貳金鑑》。
1784	乾隆四十九年	甲辰	74	第六次南巡，三月，幸尖山觀潮，閱視塘工。閏三月，幸江寧府，祭明太祖陵，閱江寧府駐防兵；發下御筆《南巡記手卷》一匣交西湖聖因寺行宮收貯；〈黃河全圖〉二十六分奉旨交直省行宮陳設。
1785	乾隆五十年	乙巳	75	乾隆皇帝以登基五十年國慶，舉行千叟宴禮，宴親王以下三千人於乾清宮；以乾隆六十年乙卯正旦推算日食，宣諭定丙辰歸政；命將江寧明洪武孝陵殿宇規模丈尺詳繪地盤圖貼說呈覽。

1786	乾隆五十一年	丙午	76	大學士阿桂等奏准續修《大清會典》；《四庫全書考證》奉旨除排印陳設二十二部外，照例排印通行書三百部；舊例固倫公主長史一員，護衛等官十二員，奉旨裁五員，和碩公主長史一員，護衛等官十員，奉旨裁減五員；臺灣林爽文起事，命閩浙總督常青等勦辦。
1787	乾隆五十二年	丁未	77	奉旨仿畫十八羅漢像內標題止寫御製十八羅漢贊四體字，不必寫「西番古畫」字樣，以便分賞達賴喇嘛，班禪額爾德尼；奉旨臺灣諸羅縣改為嘉義縣。
1788	乾隆五十三年	戊申	78	以獲林爽文，臺灣大功告成，命福建督撫於天后本籍湄州祠宇春秋二季，官為致祭；福康安呈臺灣民番風俗及花果草木圖，共三冊；命如意館刊刻臺灣戰圖；頒賞御臨李迪〈雞雛待飼圖〉墨刻；奉旨將班禪額爾德尼所進右旋白螺發交福建督署淨處供奉以備赴臺巡查大員帶往渡海；臺灣屋鰲、阿里山、大武壠、傀儡山等社頭目入京瞻覲。
1789	乾隆五十四年	己酉	79	冊封皇十五子永琰為嘉親王；劉墉以上書房師傅曠職，降侍郎銜；廓爾喀貢使入覲；以來年八旬萬壽，命鐫「八徵耄念之寶」；頒賞《御製八徵耄念之寶記》；刊印《欽定詩經樂譜》，刷印二百部。
1790	乾隆五十五年	庚戌	80	以八旬壽辰普免是年各直省應徵錢糧；八旬萬壽節，安南、朝鮮、緬甸、南掌等國貢使，臺灣獅子等社頭目行慶賀禮；滿文大藏經繙譯告成，以朱印成秩，題為《清文繙譯全藏經》，以寓大藏之全；武英殿進呈《萬壽衢歌樂章》一百部，頒賞阿哥親王貝勒大臣；休致編修周厚轅進呈《御製詩八徵耄念記寶》九函，表一道；頒賞〈春雛得飼圖〉、〈涇清渭濁詩圖〉。

1791	乾隆五十六年	辛亥	81	奉旨將《御製大宛馬識語》一篇繕入《皇輿西域圖志》內〈御製大宛馬謌〉一首之後，文津、文淵、文源、文溯各閣所貯《四庫全書》一體照繕增入；廓爾喀入侵衛藏，劫掠札什倫布寺。
1792	乾隆五十七年	壬子	82	命皇十五子嘉親王永琰祭先師孔子；頒賞《回疆三十韻墨刻》、《開國方略》；西藏定金奔巴掣籤制度；西藏鑄銀爲錢，正面用漢字，背面用藏文，文曰「乾隆寶藏」；《御製十全記》，譯爲四體文字，立石於布達拉聖祖御碑之側，石碑正面鑴刻滿文，碑陰鑴刻漢文，左刊蒙古字，右刊藏文。
1793	乾隆五十八年	癸丑	83	奉旨《石渠寶笈續編》繕寫五分正本，分貯乾清宮、寧壽宮、圓明園、避暑山莊、盛京五處；雍和宮設金奔巴，飭理藩院堂官，掌印札隆克喇嘛等，公同掣蒙古所出呼畢勒罕；英國正使馬戛爾尼、副使斯當東等至避暑山莊入覲。
1794	乾隆五十九年	甲寅	84	以明年元旦上元值日月食，諭毋舉行慶典；廣東巡撫朱珪進呈《御製紀實詩》十二函；頒賞《御製廓爾喀所貢象馬至京詩以誌事墨刻》；普免各省積年逋賦。
1795	乾隆六十年	乙卯	85	以元旦日食，免朝賀；宣告立皇十五子嘉親王永琰爲皇太子，明年爲嗣皇帝嘉慶元年；定丙辰年舉行傳位典禮。
1796	嘉慶元年	丙辰	86	正月初一日，於太和殿舉行授受大典，皇太子即位爲皇帝，永琰改名顒琰，尊乾隆皇帝爲太上皇帝，軍國重務仍奏聞，秉訓裁決，大事降敕旨，宮中時憲書，起居注冊用乾隆年號，於寧壽宮舉行千叟宴。

| 1799 | 嘉慶四年 | 己未 | 89 | 正月初三日，崩於養心殿，壽八十有九。四月，上謚號爲純皇帝，廟號爲高宗。九月，葬於河北遵化裕陵。乾隆皇帝運際郅隆，開疆拓土，提倡文教，其文治武功，遠邁漢唐；享祚之久，同符康熙皇帝，而壽考則逾之，爲三代以後所未見。 |

三、盛運的開創與盛世的延續

　　阿哥是滿文 "age" 的音譯，就是宮中皇子的通稱。乾隆是年號，滿文讀作 "abkai wehiyehe" ，意即「天助」，「上天扶佑」。乾隆年間（1736-1795）在位的皇帝，就是乾隆皇帝。他姓愛新覺羅，名叫弘曆，生於康熙五十年（1711）八月十三日，是雍親王胤禛的第四子，宮中就叫他四阿哥，母親是鈕祜祿氏。四阿哥弘曆生下來，就有一個鍾愛他的祖父康熙皇帝，弘曆六歲時，康熙皇帝就把他帶回身邊，開始接受啓蒙教育，學習騎射和新式武器的使用，提供了最完善的學習環境。

　　康熙皇帝雖然並不寵愛雍親王胤禛，但他卻十分疼愛胤禛的第四子弘曆，由愛孫而及子，在歷史上確有先例。明成祖先立朱高熾爲太子，後來因不滿意，而常想更換。當廷議冊立太子時，明成祖想立漢王朱高煦。明成祖雖然不喜歡朱高熾，但他卻很鍾愛朱高熾的兒子朱瞻基。侍讀學士解縉面奏明成祖說朱高熾有好兒子，明成祖有好聖孫，這才打動了明成祖的心，最後決定立朱高熾爲太子。清朝康熙皇帝一家的三代，有些雷同。乾隆皇帝有好父親雍正皇帝，也有好祖父康熙皇帝，康熙皇帝有好皇孫乾隆皇帝，祖孫三代，都是盛清時期的三個好皇帝。

　　康熙皇帝巡幸塞外，皇孫弘曆總是跟著祖父康熙皇帝到避暑山莊，在萬壑松風閣等處讀書。皇孫弘曆也常跟著祖父康熙皇帝秋獮木蘭。《清史稿》記載，木蘭從獮時，康熙皇帝命侍衛帶領皇孫弘曆射熊，弘曆才上馬，大熊突然站在弘曆的前面，弘曆非常鎮定，控轡自若。康熙皇帝急忙開鎗打死大熊。回到蒙古包後，康熙皇帝對溫惠皇太妃說：「弘曆的生命貴重，福分一定超過我。」在盛清諸帝中，乾隆皇帝的成就，確實超越了康熙皇帝。

康熙皇帝和乾隆皇帝祖孫有緣，互動良好。康熙六十一年（1722）四月十三日，康熙皇帝自北京啓蹕巡幸熱河，皇孫弘曆隨駕北巡，賜居避暑山莊萬壑松風。八月十三日，是弘曆十二歲生辰。弘曆在皇祖前行禮，康熙皇帝親賜菩提朝珠。乾隆元年（1736），奉旨貯匣尊藏。此外，還頒賜木碗。乾隆皇帝指出，「聖慈眷注，於諸孫中特加優異，摩挲手澤何極，謹記，乾隆元年尊藏重華宮，後逢年節仍恒用。」康熙六十一年（1722）九月二十八日，康熙皇帝由熱河迴蹕，駐蹕王家營行宮。因報有虎負嵎，康熙皇帝命皇二十一子胤禧，即弘曆所稱二十一叔慎王（1711-1758）率領虎鎗隊往捕。當時弘曆侍側，他奏請隨行。康熙皇帝親撫曰：「俟再有虎親率汝往。」於是親賜火鐮，貯於漆盒內。乾隆皇帝注記云：「皇祖念孫臣年幼，恐致驚悸，又不欲令稍拂意，慰諭兼至，故有此賜。當日聖慈垂愛珍重憐惜若此，至今每一念及，聲淚俱下，是不可以不記，乾隆元年尊藏。」

乾隆皇帝有好皇祖，也有好皇父。雍正皇帝即位後，鑒於康熙皇帝建儲的失敗，皇太子再立再廢，諸皇子各樹朋黨，互相傾陷，為永杜爭端，即於雍正元年（1723）八月十七日，密建儲位，預立皇太子，親書皇四子弘曆之名，密封後藏於錦匣，置於乾清宮正中順治皇帝御書「正大光明」匾額之後。雖然預立皇太子，但不公開所立皇太子名字。雍正十年（1732），雍正皇帝親賜脂玉念珠。乾隆元年（1736），貯匣尊藏，並注記云：「此脂玉念珠，雍正十年，皇父於萬幾之暇，召皇子大臣等開示禪宗，予於物皆我身物非我己之義有會，仰蒙印可已透重關，爾時所手賜者，是不可以不記。」雍正十一年（1733），弘曆受封爲和碩寶親王。雍正十二年（1734），御賜明黃馬尾鞓帶。乾隆皇帝在注記中指出，「皇父燕居參證宗乘，予獨能悟徹明暗寂照行住，體用合一之旨，深荷嘉許，得三層進步爾時親仰合掌東向，恭謝祖宗默佑我大清億萬禔福。」

　　康熙年間（1662-1722），皇太子胤礽（in ceng）再立再廢，皇子們各樹朋黨，兄弟鬩，骨肉相殘，動搖國本。爲了杜絕皇位的爭奪，雍正元年（1723）八月十七日，雍正皇帝採行儲位密建法，在傳位詔書上，雍正皇帝親手書寫皇四子弘曆名字，密封後藏在乾清宮「正大光明」匾後面，先指定繼承人，預立皇太子，但是，所指定的繼承人，事前不公佈，並未公開的冊立皇太子，不失爲解決皇位爭奪問題的好方法，對於穩定政局，鞏固皇權，產生了正面的作用。雍正十一年（1733），弘曆受封爲和碩寶親王。雍正十三年（1735）八月二十日，雍正皇帝駕崩，莊親王允祿宣詔書，寶親王弘曆即位，改明年爲乾隆元年（1736）。

　　有清一代，就國家的領導人而言，皇祖康熙皇帝，皇父雍正皇帝，皇孫乾隆皇帝，祖孫三代都是好皇帝。清代歷史從順治元年（1644）滿洲入關，確立統治政權，直到宣統三年（1911）辛亥革命，政權被推翻，清朝歷經二百六十八年，其中康熙皇帝在位六十一年（1662-1722），雍正皇帝在位十三年（1723-1735），乾隆皇帝在位六十年（1736-1795），這三朝皇帝在位合計共一百三十四年，恰好佔了清代史的一半，稱爲盛清時期。史學專家稻葉君山著《清朝全史》一書以農業發展爲比喻來說明盛清諸帝的施政特點，「譬如農事，康熙為之開墾，雍正為之種植，而乾隆得以收穫也。」從開墾、種植到收穫，有其延續性和一貫性。盛清諸帝，孜孜求治，其盛運的開創和盛世的長久持續，就是康熙皇帝開墾，雍正皇帝種植的結果，乾隆年間，運際郅隆，收穫豐碩。

康熙皇帝、雍正皇帝、乾隆皇帝都深信儒家倫理道德能為清朝帶來長治久安，社會穩定的積極作用，把崇儒重道定為基本國策，儒家思想遂成為主流思想，同時也是正統思想。反映重儒重道的文教政策，有其延續性和一貫性。乾隆初年的內閣大學士張廷玉、徐本、鄂爾泰、嵇曾筠、查郎阿是雍正時期的內閣大學士，福敏是協辦大學士。重用舊臣，不僅維持制度的延續性，也可使政策維持一慣性。《清史稿·論贊》中指出，張廷玉、鄂爾泰等內直稱旨，庶政修舉，宇內乂安。徐本有古大臣風範，決疑定計，深得乾隆皇帝的信任。福敏是滿洲鑲白旗人，進士出身，他以人品謹厚崇高，而當了乾隆皇帝的啟蒙老師。康熙年間採行的奏摺制度，是一種密奏制度，就是皇帝和相關文武大臣之間所建立的單線書面聯繫。臣工凡有聞見，必須繕寫奏摺，進呈御覽，皇帝親手以硃筆批示，一字也不假手於人。雍正皇帝即位後，擴大採行密奏制度，批摺更勤。乾隆皇帝為了廣開言路，也諭令內外臣工具摺密奏，延續奏摺制度。密奏制度，下情可以上達，使皇帝可以周知施政得失，民心向背，君臣互動良好，有利於政令的推行。

四、耶穌會傳教士筆下的乾隆皇帝

乾隆三十七年十二月二十日（1773.01.12），兩名新來華的傳教士抵達北京：一位是以鐘表匠身分出現的李俊賢（Méricourt）神父；一位是稱為畫師的潘廷璋（Pansi）修士，由傳教士蔣友仁

（Michel Benoist, 1715-1774）神父負責覲見乾隆皇帝的一切事宜。乾隆三十八年十月二十日（1773.11.04），〈北京傳教士蔣友仁神父致某先生的信〉中指出，乾隆皇帝的飲食習慣是在上午八點鐘用正餐，下午二點鐘用晚餐。用餐時間，每餐從不超過一刻鐘。乾隆三十七年十二月二十六日（1773.01.18），蔣友仁陪同李俊賢、潘廷璋覲見乾隆皇帝，進呈禮物。乾隆皇帝用罷晚餐後，當場試望遠鏡，他感到這架望遠鏡比他見過的都要好，為表示他的滿意，他吩咐賞給李俊賢等絲綢等物。次日（1773.01.19），蔣友仁帶領潘廷璋進入啓祥宮，因為乾隆皇帝要潘廷璋畫幅半身肖像。乾隆皇帝習慣於看別人的作畫過程。十二月二十八日（1月20日），潘廷璋用鉛筆畫了第一張的肖像草圖，乾隆皇帝便派人把草圖拿了過去，他一看就認出自己的臉部輪廓。蔣友仁指出，中國人喜歡畫正面的肖像，而不像歐洲人那樣畫略偏側面的像。草圖畫好後，潘廷璋開始上色，乾隆皇帝又派人把上了色的肖像拿過去看，他再次表示滿意，對畫面上的陰影作了指示。乾隆皇帝的審美情趣是在畫面上有絕對需要時才出現陰影，而且陰影要淡些。乾隆皇帝希望潘廷璋能把他的鬍鬚和眉毛能夠一根一根毫不遺漏的畫出來，以致靠近畫面時，人們可以清楚地辨認出幾根鬍鬚和眉毛。乾隆皇帝的左眉上有一塊空的處，這塊空白處本來應該長出眉毛，但是，這裡的眉毛卻長在空白處上方凸出來的部分，因為眉毛掩蓋這裡的畸形，所以人們並未注意到。乾隆皇帝叮囑潘廷璋，不要掩蓋這一缺陷。乾隆皇帝告訴蔣友仁說：「讓他把這一缺陷畫得使不知道它的人看不出來，而讓事先知道它的人卻能看得出來。他畫的是朕的肖像，不應當討好朕。朕若有缺陷，他應當把缺陷表現出來，否則就不是朕的肖像了。朕臉上的皺紋也一樣，要讓畫師充分反映出來。不能畫得比朕實際年齡更年輕。

朕六十出頭了，若無皺紋，豈非怪事？」潘廷璋所畫上半上身肖像，是畫在高麗紙上，不是畫在畫布上。

當潘廷璋為乾隆皇帝畫像時，乾隆皇帝以滿洲方式雙腿交叉坐在台子的中央，但他總是和背後的靠墊保持一段距離，從未看見他靠在墊子上面，或把臂肘支放在上面。在潘廷璋作畫的時候，乾隆皇帝和蔣友仁的互動很好，有很多對話。蔣友仁到北京已經二十八年，乾隆皇帝說：「朕現在健壯多了。」蔣友仁答道：「這是因為陛下經常鍛鍊，而且恪守飲食作息制度，所以如此健壯。通常情況下，人一上年紀就會感到體力與健康不如從前，陛下恰恰相反，體力和健康彷彿與年歲俱增。」蔣友仁在第二封信中記載乾隆皇帝從熱河回到北京後召見蔣友仁等人。乾隆皇帝問：「你既懂哲學，雞和蛋究竟哪一個先有？」蔣友仁簡單地以聖經有關上帝創造世界的典故作答，上帝在第五天創造了家禽和魚類，並吩咐牠們自行繁殖。由此可知是先有雞，然後生蛋繁殖。

蔣友仁在他的第三封信中進一步指出，乾隆皇帝總是單獨用膳，從未有任何人和他同席進餐，只有太監們在旁伺候他。在上午八點的早餐和下午二點的晚餐以外，皇帝白天除了喝點飲料外，他不吃任何東西，傍晚時分喝一點清淡、清涼解渴的飲料。他用餐時慣常的飲料是茶，或是普通水泡的茶，或是奶茶，或是多種茶放在一起研碎後經過發酵配製出來的茶。乾隆皇帝從來不喝可使人極度興奮的葡萄酒，或其他甜燒酒。乾隆皇帝年過六十以後，在大夫建議下，開始飲用釀製多年的老陳酒，或啤酒，燙熱後喝，中午一杯，傍晚一杯。用餐時，凡應熱用的菜肴是放在金質或銀質器皿中的，這些器皿既能當菜，又能當暖鍋。

蔣友仁在他的第三封信中指出，乾隆皇帝一年中在北京只住三個月左右。他通常在農曆十一月多至前幾天在北京住一陣子。

在北京度過的三個月時間裡，乾隆皇帝忙於許多禮儀或祭祀的活動。一年中的其他時間，除了去熱河狩獵外，他大都在別宮圓明園。蔣友仁指出，圓明園的意思是完美明淨的花園。皇太后的別宮叫做暢春園，意思是洋溢着令人舒暢的春光的花園。另一座別宮叫萬壽山，意思是長壽山。還有一座別宮叫靜明園，意思是絕妙的靜謐的花園。在這些別宮之間有一座玉泉山，意思是有珍貴泉水的山。玉泉山的泉水爲圓明園等別宮提供了水源，而且還滙成了直達北京的一條水渠。在圓明園入口處有一座如意館，是中國和歐洲畫家和工藝家工作的地方。

　　乾隆三十二年九月二十五月（1767.11.16），傳教士蔣友仁（Benoist）神父致巴比甬·道代羅什（Papillon）先生的信中指出，離京城二法里遠，乾隆皇帝有座別墅，一年中的大部分時間他在那裡度過，他每天努力讓這座別墅越來越美麗。中國人在他們的庭園裝飾中善於優化自然，這種藝術達到爐火純青的程度，藝術家最受讚譽的境界是看不出他雕琢的痕跡，藝術與自然融爲一體。在中國的花園中，不會讓你產生視覺疲勞，人們可以看到整個空間，百步之後，新的景色又呈現在眼前，引起新的讚歎，這些創意在圓明園裡得到了實現。

　　耶穌會士蔣友仁等人都指出，乾隆皇帝是天才的和渴求知識的君主，乾隆十二年（1747），乾隆皇帝看到一幅有噴泉的圖畫後，便讓郎世寧向他解釋，並要郎世寧找一位能製造噴泉的歐洲人，大家都把目光投向了蔣友仁。蔣友仁表示他可以借助書本，帶領工匠們建造水法，乾隆皇帝龍心大悅。乾隆皇帝決定造一幢西洋樓，令郎世寧和蔣友仁一道畫出它的圖樣。乾隆皇帝每天去看工程進展狀況。乾隆皇帝要建造的是一幢意大利式樣的西洋樓來裝點花園，並建造新的水法。蔣友仁知道中國人用十二生肖動物象

徵一天中的十二個時辰，所以他決定用十二生肖造型建造一座永
不停息的水鐘，就能讓每個生肖造型在各自象徵的兩個小時裡噴
出水來。這幢西洋樓的新奇，是西洋人看起來不像是西洋建築，
中國人看起來不像是中國建築。

　　法國人王致誠（1702-1768）的父親是一位畫家，他從幼年起
就接受藝術的薰陶，擅長畫人物肖像及動物。乾隆年間，清軍征
討準噶爾期間，杜爾伯特台吉策凌率領部眾款關內附。乾隆皇帝
在熱河避暑山莊接見杜爾伯特台吉策凌等人。乾隆十九年五月初
七日（1754.06.26），承恩公奉旨帶領王致誠前往熱河畫油畫。據
王致誠稱，熱河位於一座山的山腳，屬於三流的城市。熱河在康
熙年間開始初露端倪，從此以後，它始終在擴建，乾隆年間，在
熱河山莊建造了大量的房子，並裝飾建築物，熱河特有的美景，
就是皇帝的宮殿。乾隆皇帝每年都要與部院大臣等在熱河待上數
月。王致誠指出，「當我們在北京酷熱難熬時，他們可在此度過極
為愜意的三個月。」

　　乾隆十九年五月十六日（1754.07.5），乾隆皇帝在避暑山莊
召見王致誠，要他把舉行盛典的儀式全部勾勒出來。王致誠以乾
隆皇帝步入舉行儀式的場地的那一瞬間展開畫面，如此處理，可
以使人們從整個畫面中一眼就看出乾隆皇帝的威嚴，而使乾隆皇
帝感到高興。王致誠迅速地用鉛筆勾畫出草圖，其中的人物數以
百計。因準噶爾部將領十一人受封，乾隆皇帝召見王致誠繪畫十
一人的肖像，其中的一幅肖像在當天就大功告成，乾隆皇帝過目
後覺得極好。最終在規定的六天之內畫好了十一幅肖像。當每一
幅肖像大功告成呈給乾隆皇帝過目時，乾隆皇帝都從容不迫地審
視肖像，並發表他自己的看法，他的評語每次都說「很好」。在十
一幅肖像造成後，王致誠奉命將他最初畫得較小的那幅盛典圖放

大。乾隆皇帝走進畫室看王致誠作畫，看上去非常仁慈，還關心王致誠的健康。因爲天氣很熱，乾隆皇帝仁慈地令王致誠脫掉便帽，並坐下來休息一下。乾隆皇帝要王致誠畫一位剛冊封的蒙古王爺，畫中的王爺是騎着馬追趕着一隻老虎，並手持彎弓正準備射箭，乾隆皇帝也想親自畫這幅畫。後來太監將乾隆皇帝親自畫的蒙古王爺的畫展現在王致誠的面前，要王致誠對畫中正準備投擲標槍的騎士的姿勢作些修改。乾隆皇帝令王致誠畫乾隆皇帝肖像，把他畫得大一些，這幅肖像最讓乾隆皇帝感到高興的地方是能看他的大腦袋和超乎常人的身材。〈錢德明神父致本會德・拉・圖爾神父的信〉中指出，「事實上，皇帝早就不止一次地暗示他希望其肖像應當這樣來畫，因爲在他所有的肖像中，他總是覺得人們把他的頭畫得過小。」信中還指出，「當皇帝剛一離開，王致誠神父就開始重新修改肖像。他在肖像上添加一些他覺得對美化皇帝的外表頗有必要的線條，盡量使畫面顯得更美。幾天後，陛下因爲覺得這幅肖像變得比其第一次看到時更對他的口味，遂將畫家誇獎了一番。隨着自己的形象日益按照他所希望的那樣顯現出來，皇帝愈來愈希望神父能夠盡快地用色彩把肖像加工完畢。」信中對乾隆皇帝的藝術趣味有一段記載，「這位君主的愛好就像季節一樣多變。他原先喜歡音樂和噴射的水柱，現在則喜歡機械裝置和建築物，惟有對繪畫的偏愛幾乎沒有變化。」

乾隆皇帝朝服像軸

　　雍正十三年（1735）八月二十三日，清世宗雍正皇帝駕崩。
九月初三日，和碩寶親王弘曆遵照雍正皇帝遺詔於太和殿即皇帝
位。圖爲弘曆登極時，由宮廷畫家按照慣例，爲他畫的朝服像。
絹本，設色。縱 271 公分，橫 142 公分。北京故宮博物院藏。

皇隆皇帝戎裝大閱圖

　　此圖為宮廷畫家郎世寧重要作品之一，描繪乾隆皇帝於京城
近郊南苑舉行閱兵儀式時的情景。乾隆皇帝戎裝駿馬，英姿勃發。
全圖描繪細膩，色澤華麗，具有濃厚的歐洲繪畫風格。

哈薩克貢馬圖卷

　　清軍用兵準噶爾期間，哈薩克歸附清朝，遣使入京，貢獻駿馬，稱臣納貢。圖爲宮廷畫家所繪，絹本，設色。法國吉美博物館藏。

乾隆皇帝扎什倫佛裝像唐卡

　　乾隆皇帝廣建佛寺，將自己比喻爲佛教中文殊菩薩的化身。由宮廷畫家繪製多幅扮作文殊菩薩的唐卡，政治意義深刻。本圖絹本，設色。縱 111 公分，橫 647 公分。北京故宮博物院藏。

乾隆皇帝寫字像軸

　　乾隆皇帝稽古右文，詩文書畫兼長，萬幾餘暇，勤練書法。
臣工奏摺，親書硃批。爲展現儒雅之風，諭令宮廷畫家創作足以
反映乾隆皇帝寫字的畫像。乾隆皇帝寫字像，絹本，設色。縱 100.2
公分，橫 63 公分。北京故宮博物院藏。

乾隆皇帝秋景寫字圖軸

　　乾隆皇帝喜歡書法，龍飛鳳舞，造詣甚高，書寫不倦，內而
皇宮，外而名山古跡，所到之處，無不執筆題字，墨跡遍佈，罕
與倫比。秋景寫字圖，宮廷畫家繪，絹本，油畫。縱 205 公分，
橫 135.4 公分。北京故宮博物院藏。

乾隆皇帝獵鹿圖軸

　　熱河秋獮木蘭，不僅是滿洲騎射習勞的表現，而且具有綏懷
蒙古的重要意義。在木蘭圍場中，乾隆皇帝不僅擅長騎射，而且
也使用火繩鎗。本圖爲宮廷畫家所繪獵鹿圖，乾隆皇帝下馬架鎗
射鹿，蹲姿可觀。絹本，設色。縱 185 公分，橫 169.7 公分。北
京故宮博物院藏。

乾隆皇帝一箭雙鹿圖軸

　　乾隆皇帝沿襲皇祖康熙皇帝的定時狩獵習慣，重視木蘭秋獮活動。木蘭，滿文讀如“muran”，意即「哨鹿」。本圖為宮廷畫家所繪一箭中雙鹿英姿，絹本，設色。縱 167.5 公分，橫 113.2 公分。北京故宮博物院藏。

乾隆皇帝多祿圖軸

　　鹿是不老之獸，祿是鹿的諧音。乾隆皇帝爲其母孝聖憲皇后
鈕祜祿氏八十壽辰而創作多祿圖，絹本，墨筆。北京故宮博物院
藏。

乾隆皇帝肖像　乾隆五十八年

　　圖爲英使馬戛爾尼隨團畫家所繪，乾隆皇帝時年八十三歲，
但看上去卻像是位精力旺盛的六十歲老人。

五、朝鮮君臣論乾隆皇帝

　　康熙、雍正、乾隆三朝皇帝的政治主張和施政要點，各有千秋，也有它的延續性。朝鮮君臣關心清朝皇帝對朝鮮國態度及清朝政局的變動。朝鮮領議政趙泰耈曾奉使北京，當時臣民稱康熙皇帝爲「朝鮮皇帝」，主要是由於康熙皇帝相當「顧恤」朝鮮。雍正年間，清朝和朝鮮，關係良好。乾隆年間，朝鮮使臣到北京，多能賦詩，贏得乾隆皇帝的喝彩。乾隆四十三年（1778）九月，乾隆皇帝東巡謁陵在盛京瀋陽召見朝鮮問安使臣於崇政殿，並令朝鮮使臣賜茶時位於清朝王公之列。乾隆皇帝親書「東藩繩美」匾賜朝鮮國王。《正祖實錄》記載，乾隆皇帝問：「爾們中有能滿語者乎？」使臣令清學譯官玄啓百進前用滿洲語回答說：「昨蒙皇上的曠異之典，親筆既下於本國，賞典遍及於從人，陪臣等歸奏國王，當與一國臣民感戴皇恩矣。」乾隆皇帝點頭而含笑。又用滿洲語問玄啓百：「汝善爲滿洲語，汝之使臣，亦能爲滿語乎？」啓百對曰：「不能矣。」乾隆四十五年（1780）九月十一日，朝鮮進賀兼謝恩正使朴明源等三使臣及三譯官在熱河覲見乾隆皇帝。《正祖實錄》有一段記載：「皇帝問曰：『國王平安乎？』臣謹對曰：『平安。』又問：『此中能有滿洲語者乎？』通官未達旨意，躕躇之際，清學尹甲宗對曰：『略曉。』皇帝微笑。」乾隆皇帝提倡「國語騎射」，他很重視朝鮮使臣的滿洲語表達能力。在清朝禮部系統的屬邦中，其使臣及譯官既能賦詩，又會滿洲語的，只有朝鮮。

　　乾隆皇帝施政特點，主要是寬猛並濟，制度漸臻完備，近乎文治。乾隆四年（1739）七月十八日，朝鮮國王召見陳慰謝恩使臣，詢問清朝事情。副使徐宗玉回答說：「雍正有苛刻之名，而乾隆行寬大之政，以求言詔觀之，以不論寡躬闕失，大臣是非，至於罪台諫，可謂賢君矣。」雍正皇帝「有苛刻之名」，後人或當時人多持相同看法。乾隆皇帝即位後，施政寬大，不失為一賢君。乾隆三年（1738）二月十四日，朝鮮國王引見領議政李光佐等人，詢問準噶爾漠西蒙古與清朝議和一事。《英祖實錄》記載了君臣談話的內容，節錄一段如下：

> 光佐曰：「臣於乙未以副使赴燕，雖無料事之智，竊謂此後中國，未必即出真主，似更出他胡，蕩盡其禮樂文物，然後始生真人矣。蓋周之煩文已極，有秦皇焚坑之禍，然後承之以漢初淳風。清人雖是胡種，凡事極為文明，典章文翰，皆如皇明時，但國俗之簡易稍異矣。奢侈之弊，至今轉甚，如興佁賤流，皆著貂皮。以此推之，婦女奢侈，必有甚焉。且巫風太熾，祠廟寺觀，處處有之，道釋並行，貴州淫祠多至於七十二座，至有楊貴妃、安祿山祠。蒙古雄悍，過於女真，若入中原，則待我之道，必不如清人矣。」左議政宋寅明曰：「清主立法簡易，民似無怨，不必促亡矣。」判尹金始炯曰：「西韃所居之地，距燕京幾萬餘里，康熙時雖或侵邊，伐之則輒退，雍正時盡發遼左兵往征矣」。

引文中已指出清朝雖然是由邊疆民族所建立的政權，但是，清朝沿襲明朝的典章制度，凡事極為文明，所不同的是國俗較為簡易，李光佐曾於康熙五十四年（1715）以副使身分到過北京，親眼目覩清朝的太平盛世。左議政宋寅明也指出乾隆皇帝立法簡易，百姓無怨，國運昌隆。至於漠西厄魯特恃強越邊入侵，康熙、雍正兩朝傾全力進討，未竟全功，乾隆年間的十全武功，就是繼承父祖遺志，完成未竟之緒，有其一貫性。朝鮮君臣相信清朝寬待朝鮮，蒙古對待朝鮮之道，「必不如清人。」朝鮮君臣的感受，確實是發自內心。

康熙皇帝、乾隆皇帝在位期間，或南巡河工，或北巡塞外，或東巡謁陵，每年巡幸超過三個多月，朝鮮君臣對清朝皇帝的巡幸，頗不以爲然。乾隆八年（1743）四月初五日，《英祖實錄》有一段記載云：

> 教曰：「頃聞節使之言，胡皇將其太后，自居庸關過蒙古地，當來瀋陽云。百年之運已過，乾隆之為人，不及康熙，而今乃遠來關外，甚可慮也。我國昇平日久，今當此機，宜自廟堂，先盡自強之道。江邊守令及西路帥臣，亦宜擇送矣」。

乾隆皇帝的東巡，引起朝鮮的惶恐，而加強邊境的防守。但領議政金在魯指出，「康熙時亦以拜墓，有瀋陽之行，此亦似遵舊例，何必過慮也。」乾隆皇帝爲人，雖然不及康熙皇帝，但東巡謁陵，都是舊例。乾隆十八年（1753）正月十一日，朝鮮國王召見迴還使等人，據書狀官兪漢蕭稱，「皇帝不肯一日留京，出入無常，彼中有『馬上朝廷』之謠矣。」其實，清朝皇帝視朝聽政時間的不固定，並非怠惰的現象，反而是孜孜勤政的表現。康熙皇帝、乾隆皇帝巡行各地，啓鑾時，大學士、學士等人多隨從，仍然日理萬幾，雖然是「馬上朝廷」，並不影響政務的處理，行政效率也充分發揮。

乾隆皇帝的施政特點，主要表現在文治方面，任用舊臣，滿漢兼用。乾隆二年（1737）四月初九日，冬至使返回朝鮮，朝鮮國王召見正副使，據副使金始炯稱：「北事未能詳知，而新主政令無大疵，或以柔弱爲病，邊境姑無憂。閣老張廷玉負天下重望，有老母，乞歸養而不許。彼人皆以爲張閣老在，天下無事云。」

閣老是指內閣大學士。據朝鮮國王英祖稱：「大抵乾隆之政令無可言者，而然而有臣矣，此亦康熙培養之遺化也。」

　　乾隆朝的賢臣，就是康熙以來的舊臣。朝鮮書狀官宋銓亦稱，「皇帝所倚任滿漢大臣，一、二佞幸外，皆時望所屬，故庶事不至頹廢，國人方之漢武中歲，梁武晚年云。」滿漢大臣，都是時望所屬，所以政治不至頹廢，朝鮮君臣對乾隆朝的施政得失，滿意度頗高。乾隆四十五年（1780）十一月二十七日，朝鮮國王召見戶曹參判鄭元始，《正祖實錄》記載了君臣談話的內容，節錄一段如下：

> 上曰：「近日則胡漢通媾云然否？」元始曰：「迄於乾隆之初，而漢嫁於漢，胡娶於胡。漢人主清官，胡人主權職，各自為類，不相易種矣。自近年始通婚嫁，而胡漢無別，胡種始滿天下。朝廷則胡多漢少，胡為主而漢為客。」

　　滿漢雖有主客之分，任職亦有輕重之別，但滿漢已經逐漸融合。在書狀官宋銓聞見別單中記載了一則有關文字獄案件的內容，節錄一段如下：

> 盧陵縣生員劉遇奇者，作《慎餘客集》，集中有「清風明月」對句及犯諱語，該省囚其孫而奏之。皇旨云：「清風明月乃詞人語，指此為悖妄，則「清明」二字將避而不用乎？遇奇係順治進士，安能預知朕名？如錢謙益、呂留良等，其人及子孫，並登膴仕，朕豈推求？」

　　乾隆皇帝對士子文字觸犯政治禁忌，常從寬處理，並未泛政治化，羅織罪名。

　　乾隆皇帝的雄材大略，遠不及康熙皇帝，但盛清諸帝中，乾隆皇帝的福分卻最大，他不僅享有高壽，而且身體健康。朝鮮國王常向使臣詢問乾隆皇帝的長相及健康狀況。乾隆四十五年

（1780），乾隆皇帝年屆七十。朝鮮戶曹參判鄭元始所見乾隆皇帝的長相是「面方體胖，小鬚髯，色渥赭。」康熙皇帝六十歲以後，已經步履稍艱。乾隆皇帝自稱，「朕春秋已屆七旬，雖自信精力如舊，凡升降拜獻，尙可不愆于儀。但迎神進爵，儀典繁重，若各位前俱仍親詣，轉恐過疲生憊。」乾隆五十一年（1786），乾隆皇帝七十六歲。朝鮮首譯李湛聞見別單記載，「皇帝到三嶺行獵，見大虎，親放鳥鎗殪之」。謂近臣曰：「吾老猶親獵，欲子孫視以爲法，勞其筋骨，亦嫻弓馬云。」高齡七十六歲，仍能勞其筋骨，親放鳥鎗殪死三嶺大虎，他提倡騎射，真是身體力行。乾隆五十五年（1790），乾隆皇帝八十歲。朝鮮國王召見副使趙宗鉉，詢問「皇帝筋力何如？」趙宗鉉回答說：「無異少年，滿面和氣。」嘉慶元年（1796），乾隆皇帝八十六歲。據朝鮮進賀使李秉模稱，太上皇筋力仍然康寧。嘉慶皇帝登極後，據朝鮮使臣的觀察，「人心則皆洽然。」嘉慶三年（1798），乾隆皇帝八十八歲。據朝鮮多至書狀官洪樂游所進聞見別單記載，「太上皇容貌氣力不甚衰耄，而但善忘比劇，昨日之事，今日輒忘，早間所行，晚或不省。」將近九十歲的乾隆皇帝，雖然記憶力衰退，但他的容貌氣力，仍然不甚衰老，真是天佑清朝。他在位六十年，宵旰忘疲，勵精圖治，從無虛日，在朝鮮君臣心目中，乾隆皇帝確實是一位賢君。

六、起居注官筆下的乾隆皇帝

　　起居注是官名，掌記注之事，起居注官記載皇帝言行的檔冊，稱爲起居註冊，是一種類似日記體的史料長編。起居注官逐年附書後記於簡末，所錄後記，多冠以「欽惟皇上」、「欽惟我皇上」、「臣等欽惟」、「臣等伏惟」、「伏覩」、「恭惟」等字樣。記動記言，是起居注官的職掌。起居注官後記，概陳一歲政治，然後作總評，肯定施政成果。後記中溢美之詞，躍然紙上，惟其論述頗符合歷史事實，其史料價值，不可忽視。在起居注官的筆下，乾隆皇帝在位期間（1736-1795），六十年如一日，日理萬幾，勵精圖治，省刑薄賦，寬猛並濟，揆文奮武，政績卓著，是一位盛世賢君。乾隆十一年（1746），歲次丙寅，乾隆皇帝頒詔丙寅年田租，通行蠲免。起居注官後記指出，「詔以乾隆丙寅年天下田租，普行蠲免一次，蓋自三代迄今稽諸史冊，惟漢之文帝曾一行之。我聖祖仁皇帝久道化成，沛茲曠典，為上下數千年所僅有。我皇上紹開衣德，上繼重華，濟斯盛美。命下之後，薄海內外臣民踊躍歡呼，預祝致詞，萬口如一。」清聖祖康熙皇帝重視農業，省刑薄賦。乾隆皇帝普行蠲免天下田租，所以臣民踊躍歡呼。起居注官後記也指出，「皇上念切民依，政勤宵旰，常以稼穡為寶，豐年為瑞。」乾隆皇帝並不迷信，以豐年為祥瑞，就是重視農業生產的表現。

　　乾隆皇帝勵精圖治，治益求治，安益求安，所以天下和樂。乾隆十二年（1747），起居注官後記指出，「欽惟皇上御極之十有二年，歲在丁卯，庶政修和，百度具舉，禮明樂備，教化大行，光天之下，至於海隅蒼生，罔不率俾。《太易》所謂聖人久於其道，而天下化成，實在今日，唐哉皇哉，治理之隆，蓋有非言思擬議所能罄者。」乾隆年間（1736-1795），文治武備，遠邁漢唐。舉凡敕修會典、校刻三通、敕修文獻通考、考訂金史國語本音本義，光照簡冊。增修國史，美惡直書。蒙古各扎薩克，臚為表傳，以滿蒙漢三體字合繕成編，昭垂奕世。乾隆皇帝承康熙，雍正盛世餘緒，武功赫赫稱著，他在位六十年間，二平準噶爾，一定回部，再掃金川，一靖臺灣，降緬甸、安南各一，兩次受廓爾喀之降，合為十全武功，確立十八世紀清朝疆域的輪廓，完成祖父、父親未竟之功。

　　乾隆皇帝重視傳統，興京、盛京是清朝發祥龍興之地，起居注官指出，乾隆皇帝東巡是敬天法祖的表現。起居註冊後記中指出，「列聖之豐功偉烈具垂實錄，皇上特命編成《開國方略》，繕錄校刊，以志創業開基之遠。」乾隆皇帝屢次南巡，起居注官指出，南巡江浙等地，主要是爲了閱視河工海塘，相度高卑，指示機宜，關懷民間疾苦，乾隆皇帝的南巡活動，受到起居注官的肯定。

　　乾隆四十四年（1779），起居注冊後記中指出，乾隆皇帝右文稽古，重視四庫全書的纂輯。起居注官記載稱，「四庫之書，上呈乙覽，多派總裁，以資集事，復添總閱，以審校讐，增督催以嚴考核。直省流傳諸書，既分釐應存應燬，其明季諸臣奏疏有忠言讜論，切中當時弊害者，特命勒成一書，用資考鏡。」考鏡得失，就是纂輯四庫全書的重要意義。乾隆四十六年（1781），起居注冊後記中指出，乾隆皇帝親定義例，節錄一段內容，「四庫之書，親定義例，凡經史子集惟按撰述人年代先後分編，以期體裁精當，而別史中之書法訛謬者，重爲釐正，詩句中之詞意媟狎者，即事刪除。至勝國臣工奏疏中有忠言讜論，切中時弊者，特命皇子等暨尙書房諸臣輯錄成書，用資考鏡，所以廣法也。」乾隆皇帝命皇子等輯錄忠言讜論，就是重視皇子教育的表現。

　　江浙地區爲人文淵藪，乾隆皇帝諭令四庫全書館另繕三份，分貯於揚州等地。乾隆四十七年（1782），起居注冊後記中稱，「又念江浙人文淵藪，爰募胥鈔給雇值，增繕四庫全書，列峙三閣，用增吳越盛世，所以嘉惠士林，振興文化者至矣。」乾隆四十九年（1784）二月二十一日，《內閣奉上諭》有一段記載云：

　　　　前因江浙為人文淵藪，特降諭旨，發給內帑，繕寫四庫全
　　　　書三分，分於揚州文滙閣、鎮江文宗閣、杭州文瀾閣，各

藏庋一分，原以嘉惠士林，俾得就近抄錄傳觀，用光文治。
第恐地方大吏過於珍護，讀書嗜古之士，無由得窺美富，
廣布流傳，是千緗萬帙，徒為插架之供，無裨觀摩之寶，
殊非朕崇文典學傳示無窮之意。將來全書繕竣，分貯三閣
後，如有願讀中秘書者，許其陸續領出，廣為傳寫。全書
本有總目，易於檢查，只須派委妥員，董司其事，設立收
發檔案，登註明晰，並曉諭借鈔士子，加意珍惜，毋致遺
失污損，俾藝林多士，均得殫見洽聞，以副朕樂育人才稽
古右文之至意。

乾隆三十七年（1772），開館纂修全書，分經史子集四部，保
存整理了大量歷史文獻。全書分鈔七部，分貯於紫禁城的文淵閣，
奉天行宮的文溯閣，圓明園的文源閣，熱河的文津閣，就是所謂
的北四閣。揚州大觀堂的文滙閣，鎮江金山寺的文宗閣，杭州西
湖孤山的文瀾閣，就是所謂的江南三閣。四庫全書另繕三分，分
貯南三閣，反映江浙地區確實是人文淵藪。江南三閣的成立，含
有社區圖書館的性質。《內閣奉上諭》中已指出，四庫全書分貯江
南三閣後，又設立收發檔案，凡有願讀中秘典籍者，登注明晰後，
許其領出，廣為傳寫，以便藝林多士，均得殫見洽聞，並非徒為
插架之供，乾隆皇帝樂育人才的美意，確實值得大書特書。

七、乾隆皇帝的藝術品味

《清代全史》一書將明末清初來華耶穌會士的活動分為三個
時期：即以利瑪竇為首的萬曆朝開創時期；崇禎、順治朝的修曆
時期；康熙朝的御前活動時期。討論乾隆皇帝對西洋文化藝術的
趣味，首先必須追溯康熙年間耶穌會等西洋傳教士絡繹來華入京

供職的活動。康熙年間來華的西洋人，凡有一技之長者，多召入京中，除佐理曆政，測繪地圖，幫辦外，進講西學外，還有美術工藝活動。康熙四十九年（1710）十二月十八日，擅長繪畫山水、人物的馬國賢等抵達北京。康熙五十四年（1715）七月十九日，郎世寧抵達澳門。紫禁城啓祥宮南設如意館，郎世寧就是供職於如意館的西洋畫家之一。郎世寧的繪畫創作，多以山水、鳥獸爲題材，宛若置身於草原對著大自然的寫生，如桂花玉兔月光畫、聚瑞圖、百駿圖、嵩獻英芝圖、雙圓哈蜜瓜、瑞穀圖、八駿馬、午瑞圖、夏山瑞靄畫、仙萼承華、夏日山居圖等等，其作品多見於《石渠寶笈》各編著錄。

雍正皇帝在位雖然只有十三年，但是，雍正皇帝與西洋畫家互動良好，探討乾隆年間的宮廷繪畫，不能忽視雍正年間的繪畫活動。乾隆時期宮廷繪畫的體制及規模在雍正朝已經基本確立了，乾隆年間，很多活躍於宮廷較有影響的西洋畫家，大都在雍正朝就已經被發現或起用的。例如雍正七年（1729）八月十四日，郎中海望奉旨，九洲清宴東暖閣貼的玉堂富貴橫披上玉蘭花、石頭甚不好，著郎世寧畫花卉，唐岱畫石頭，著伊二人商議畫一張換上。同年九月二十七日，郎世寧、唐岱遵旨畫得玉堂富貴絹畫一張，貼在九洲清宴東暖閣郎世寧與唐岱合筆繪畫玉蘭花、石頭，展現了中西技法融合的創作。在乾隆年間，郎世寧與眾多的中國畫家合筆繪畫了許多作品，在合筆畫中，郎世寧主要起草圖稿。郎世寧以西畫寫實的技巧畫中國畫，融會中西畫法，形成了一種新的繪畫藝術，適度地改變了西方油畫的繪畫技巧，以西畫的立體幾何法作輪廓，以顏色表達生氣，創造出了乾隆皇帝樂意接受的中西畫法法互相融合的繪畫新體，這種新體，可以解讀爲「中體西用」思想在宮廷繪畫的表現形式。探討乾隆年間的宮廷繪畫，也不能忽視乾隆皇帝的藝術品味及其所扮演的角色。

　　在乾隆皇帝自我標榜的「十全武功」中，最具意義的還是乾隆二十年（1755）至乾隆二十四年（1759）進行的平定準噶爾及回部戰役。準噶爾噶爾丹汗崛起後，屢次侵犯喀爾喀，哈密，窺伺青海，進兵西藏。康熙皇帝御駕親征，未能直搗巢穴。雍正皇帝籌備多年，兩路併進，卻遭和通泊之敗。乾隆初年，準噶爾內亂，篡奪相尋，乾隆皇帝乘機大張撻伐，清軍兩路並進，長驅深入，蕩平準噶爾，改伊里爲伊犁，以寓犁庭掃穴，功成神速之意。五年之間，平定天山南北兩路，完成康熙、雍正兩朝未竟之志。在西域戰事結束以前，西洋畫家王致誠、艾啓蒙、郎世寧等人已奉命爲準噶爾各部降將繪畫肖像。

　　乾隆二十年（1755）四月二十八日，準噶爾汗達瓦齊移駐伊里西北格登鄂拉。四月三十日，清軍西北兩路同時並進，厄魯特諸部宰桑等先後率眾歸順。達瓦齊率眾萬人移駐尙圖斯，後負格登鄂拉，前臨泥淖，劄營堅守，但軍械不足，馬匹疲乏。五月十四日夜，準噶爾降將何睦爾撒納派降人喀喇巴圖魯阿玉錫等帶領二十二騎往探達瓦齊大營。阿玉錫等奮勇突入，往來衝擊，放鎗吶喊，達瓦齊全營驚潰，自相踐蹦，達瓦齊僅率二千人遁走。次日黎明，清軍生擒宰桑四人，台吉二十人，獲礮六位，收服達瓦齊餘眾四千餘人，雍正年間由青海叛投準噶爾的羅卜臧丹津亦經擒獲，雍正年間清軍出征準噶爾兵敗被俘的滿洲、蒙古、綠旗兵丁俱陸續脫出。五月十九日，乾隆皇帝詣暢春圖，以清軍大捷，攻克伊里奏聞皇太后。六月二十四日，準噶爾汗達瓦齊被俘，由乾清門侍衛華圖押解到北京。七月二十七日，總管太監王常貴傳旨：著郎世寧畫愛玉史即阿玉錫油畫臉像。七月二十八日，郎世寧奉旨畫阿玉錫得勝營盤圖大畫一幅，阿玉錫臉像畫跑馬扎鎗式

宣紙手卷一卷，此即〈阿玉錫持矛蕩寇圖〉，現藏臺北國立故宮博
物院，紙本設色，縱 27.1 公分，橫 104.4 公分。八月初九日，進
呈御覽。乾隆二十年（1755），歲次乙亥，在乾隆皇帝〈乙亥御筆〉
中有「阿玉錫以今年五月十四夜斫營奏功，捷書至，走筆成此歌。
秋七月命之入覲，俾畫工肖其持矛蕩寇之象，即書於後，表其奇
卓。」御筆中的「畫工」，就是郎世寧，阿玉錫在格登鄂拉之役率
領二十二騎夜斫敵營獲得大勝，戰功彪炳。郎世寧以他的精湛技
藝描繪了阿玉錫騎馬執矛衝鋒的一剎那，他的英風神勇，躍然紙
上。誠然，郎世寧以他擅長寫實技法，精細、真實地刻畫了一位
蒙古勇士的形象。堅毅勇敢的阿玉錫全身戎裝，持矛躍馬向前衝
殺。這是一幅肖像式的作品，捨去了全部背景，以凸顯阿玉錫如
入無人之境的生動畫面，也富於我國傳統繪畫的特色。乾隆二十
四年（1759）六月十七日，太監胡世傑傳旨瑪常小臉像手卷著郎
世寧放長再畫一卷。乾隆二十五年（1760）三月初十日，太監胡
世傑傳旨：瑪常得勝圖著貼在紫光閣。國立故宮博物院現藏郎世寧
所繪〈瑪瑺斫陣圖〉畫卷，紙本設色，縱 38.4 公分，橫 285.9 公分。
畫中描繪呼爾璊戰役中瑪瑺捨馬步戰的超勇英姿，虎虎生風。

　　西域軍事結束後，乾隆皇帝感念出征將士百死一生為國宣
力，不能使其泯滅無聞，於是詳詢軍營征戰形勢，令供職內廷的
西洋畫家繪畫戰役圖稿樣十六張。乾隆二十五年（1760）四月十
八日，郎世寧奉命起稿畫伊犂人民投降等圖共七張。乾隆三十年
（1765）五月十七日，郎世寧、王致誠、艾啓蒙、安德義等四人
起得得勝圖稿十六張，命丁觀鵬等人用宣紙依照原稿著色畫十六
張，奉旨准畫後，始正式繪畫，然後陸續交由粵海關，分批送往
法蘭西製作銅版畫。法蘭西皇家藝術院院長馬利民（Marigny）命
柯升（C.N.Cochin）主其事。得勝圖銅版十六塊分別注明鐫刻人

名、年分、圖名、規格等項，其中布勒弗（B.L.Prevost）鐫刻的是〈平定伊犁受降圖〉（1769）、〈霍斯庫魯克之戰圖〉（1744）；聖多米（A. de Saint Aubin）鐫刻的是〈呼爾滿大捷圖〉（1770）、〈通古思魯克之戰圖〉（1733）；郎納（N. de Launay）鐫刻的是〈伊西洱庫爾淖爾之戰圖〉（1772）；勒巴（J. P. Le Bas）鐫刻的是〈格登鄂拉斫營圖〉（1769）、〈鄂壘扎拉圖之戰圖〉（1770）、〈凱宴成功諸將士圖〉（1770）、〈黑水圍解圖〉（1771）、〈和洛霍澌之捷圖〉（1774）；蕭法（P. P Choffard）鐫刻的是〈拔達山汗納款圖〉（1772）、〈烏什酋長獻城降圖〉（1774）；阿里墨（J. Aliament）鐫刻的是〈平定回部獻俘圖〉（1772）；德尼（F. D. Nee）鐫刻的是〈郊勞回部成功諸將士圖〉（1772）。

　　法國銅版畫的刊刻方法及印刷技術，較我國傳統木質版畫難度更高。銅版畫是在光滑平整的銅版上先塗抹一層防止腐蝕的蠟，然後用刀或針刻畫出畫面的形象，再用酸性的腐蝕液腐蝕，酸液流過刻畫的地方，形成凹線，在凹線內填入油墨，經過壓印機將油墨印在紙上，其作品就是銅版畫。銅版畫作品以其細密變化的線條組成畫面，具有獨特的風格。銅版畫主要是以線條來表現原畫的層次、立體感和深遠感。得勝圖畫面將西域各重要戰役採用全景式的構圖，在一個畫面上充分表現出一個戰役的規模與全貌，得勝圖銅版畫不僅富於藝術價值，同時也具有史料價值。得勝圖銅版的鐫刻和印刷，都在法蘭西，採用葡萄酒渣鍊成的顏料，以手掌揉擦，取用洋紙浸潤刷印，不致起毛。得勝圖銅版畫，在風格上雖然西洋畫的味道十分濃厚，惟其描繪的內容，卻是中國的歷史事件，西洋畫家奉旨起稿，由乾隆皇帝主導得勝圖稿樣的繪畫，起得稿樣後，即進呈御覽，奉旨准畫後才正式作畫，反映了乾隆皇帝的高度藝術品味。得勝圖銅版畫包括兩個部分：其中圖畫十六幅在法蘭西鐫刻刷印；各圖御題詠詩及御製序文等十八張，則在北京內務府木刻刷印，然後將圖畫與詩文裝裱成冊，是屬於冊頁的形式。現藏得勝圖銅版畫注記因裝裱時為黃綾所貼去，因為不見法文注記字樣，以致圖文不合，圖畫與文字錯亂。活躍於北亞草原的飛禽走獸，也是西洋畫家描繪的重要題材，這些繪畫作品充滿了大自然的生氣。在郎世寧等人的繪畫作品裡，有許多名犬駿馬是乾隆皇帝的寵物或坐騎。乾隆皇帝喜歡以各種靈禽或猛獸為自己的寵物或坐騎命名，除了標明漢文名字外，還有滿文、蒙文的名字，都是乾隆皇帝所選定的名字。例如郎世寧所畫十駿犬中的西藏獒犬，漢字命名為「蒼猊」，蒙文讀作 "hara arslan"，滿文讀作 "kara arsalan"，意思都是黑獅子，以黑色獅子為名犬命名，更增加藏犬的身價。《郎世寧作品專輯》中的十駿馬圖是以北亞草原駿馬為題材，分別由喀爾喀、科爾沁、翁牛特等部所進獻。十駿馬圖都標明駿馬名稱，除漢字外，還兼書滿文、蒙文，滿文標題和蒙文標題的詞義，彼此符合，有助於了解乾隆皇帝為駿馬命名的意義。例如第五軸雪點鵰，以神鵰為駿馬命名，但並非如張照贊語云「般般麟若，點點雪裝」而得名，所謂馬背點點雪裝，只是漢文的望文生義。查閱滿文標題，讀作 "saksaha daimin cabdara alha"，意即接白鵰銀鬃花馬。雪點鵰的毛色，與滿文、蒙文的詞義相合。所謂接白鵰，是指上半黑下半接白，生後一、二年的鵰。康熙皇帝對西洋人畫天使帶翅膀，很不以為然，畫馬，更不能畫翅膀。乾隆皇帝要郎世寧畫駿馬奔馳如飛，不可以帶翅膀，而以高飛的神鵰來命名，更能傳神。看乾隆年間的駿犬、駿馬，不能單看畫的本身，還應該看滿、蒙文的命名。這也是看中國畫和西洋畫很不同的地方。

　　郎世寧以西畫寫實的技巧畫中國畫，以顏色表達生氣，適度

地改變了西方油畫的繪畫技巧，創造出了乾隆皇帝能夠接受的繪
畫新體，可以詮釋為中體西用思想在宮廷繪畫發展的表現形式。
郎世寧等人的宮廷繪畫作品，可以說是為乾隆皇帝而創作的，就
是以中體西用為思想基礎的藝術創作。

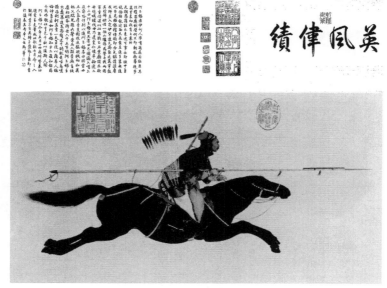

阿玉錫持矛盪寇圖

　　康熙年間，準噶爾屢犯喀爾喀、哈密，窺伺青海，潛兵入藏。
康熙皇帝御駕親征，未能直搗巢穴。雍正皇帝籌備多年，悉力進
剿，而有和通泊之敗。乾隆二十年（1755），清軍兩路並進，長驅
深入。準噶爾汗達瓦齊率眾萬人退守伊里尙圖斯，後負格登鄂拉。
五月十四日夜間，清軍翼領喀喇巴圖魯阿玉錫等帶領二十二人往
探達瓦齊大營，奮勇突入，放鎗吶喊，達瓦齊全營驚潰。圖為郎
世寧所繪，紙本，設色。縱 27.1 公分，橫 104.4 公分。國立故宮
博物院藏。

八、從奏摺硃批看乾隆皇帝的書法

　　康熙皇帝親政以後，爲欲周知施政得失，地方利弊，以及民情風俗，而於傳統題奏本章外，另外使用屬於皇帝自己的通訊系統，於是命京外文武大員於露章題奏之外，另准繕寫奏摺進呈御覽。一方面沿襲奏本的形式，而簡化其格式；一方面沿襲密行封進的舊例，逕達御前。無論公私，凡涉及機密事件，都在摺奏之列。爲求保密，臣工具摺時，必須親手書寫，皇帝親自啓封披覽，親手批諭，或批於末幅，或批於簡端，或批於字裡行間，一字不假手於人。康熙皇帝曾因右手病痛，不能寫字，而改用左手執筆批諭。康熙年間採行的奏摺，就是政府體制外的一種通訊工具，屬於一種密奏制度，亦即皇帝和相關臣工之間所建立的單線書面聯繫，京外臣工可以和皇帝直接秘密溝通。從奏摺硃批內容，可以了解君臣互動的情形和皇帝御筆書法的真跡。

　　康熙皇帝重視皇子教育，重視書法。乾隆皇帝在阿哥時代，讀書很用心，過目成誦。他在二十歲時，就把平日所作詩文輯錄成《樂善堂集》。他的書法，更是龍飛鳳舞。日本學者稻葉君山著《清朝全史》曾指出，康熙皇帝的書法，雖然豐潤不足，但是，骨力有餘；乾隆皇帝的書法，雖然缺少氣魄，但是，妙筆生花，各有所長。清朝重視皇子教育，也是清朝皇帝大多賢能，統治成功的主要原因。通過閱讀乾隆年間的硃批奏摺，有助於了解乾隆皇帝的書法。例如，乾隆四年（1739）七月二十二日，直隸河道總督顧琮奏明南運河水勢情形一摺，奉硃批：「所奏俱悉，今年永定河旋長旋落，能保無虞者，皆上天之恩也，不得謂料理得宜，永遠無慮，必全河皆治，實有可信之處，然後謂之能治河耳，汝其勉之！」乾隆四年（1739）六月二十五日，直隸總督孫嘉淦奏報查勘直隸河淀情形一摺，奉硃批：「好，知道了，孟子云，禹之行水也，行其所無事也。可見水性至平，必以平心靜氣治之，乃得其要。若稍有穿鑿意見介乎其間，則非矣！」

　　乾隆十六年（1751）七月二十二日，江蘇巡撫王師遵旨議奏江蘇錢糧積弊一摺，奉硃批：「有治人無治法，惟在汝不姑息，好名示惟正之供，即化民之義而已，若夫科條催督，乃其末者耳，且朕有所不曉矣！」乾隆十六年（1751）八月十四日，內閣學士李因培奏陳浙江被災截留漕糧賑濟一摺，奉硃批：「早有旨矣，地方災傷，亦視大吏調劑得宜耳，朝廷不過持其大綱，若如汝此奏條分縷晰，成何政體？且汝此奏亦不過出於躁進為名之念耳，汝未數年而即至閣學，應守知止不辱之戒，慎之！」乾隆十六年（1751）九月初八日，甘肅巡撫楊應琚奏謝補授甘肅巡撫員缺一摺，奉硃批：「汝在甘肅，可謂駕輕就熟，一切實心奮勉為之，毋庸多諭。至準噶爾貿易一事，乃汝專責，當思團體久長之計，不可遷就示弱外夷也。」乾隆十六年（1751）十一月二十八日，蘭州巡撫鄂昌因奉旨調補江西巡撫，兼管提督，具摺奏請聖訓，原摺奉硃批：「訓在朕，而能行與否，則在汝，似此照例請訓之摺，朕反無可批示矣！」乾隆十六年（1751）十二月十五日，江南壽春鎮總兵官改光宗抵任奏請聖訓一摺，奉硃批：「向曾訓汝，惟在實力奉行，若因到一新任，即請一訓，是不過奉行故事，非誠心矣，戒之。」乾隆十六年（1751）十二月十七日，廣東巡撫蘇昌因承辦欽工楠木案分賠請訓一摺，奉硃批：「事事俱待朕訓汝，所司者何事？總之，凡事不可有心迎合揣摩，不但無益，而且有損。」

　　乾隆十七年（1752）三月十五日，河南巡撫陳弘謀奏報麥禾得雨欣暢一摺，奉硃批：「欣慰覽之，今用汝為福建巡撫，海疆要地，民情強悍，曉之以義，未嘗不知感，御之以術，反之，致其疑，一切汝宜與督臣和衷共議爲之。」乾隆十七年（1752）五月十四日，直隸總督方觀承奏明欽奉寄信上諭一摺，奉硃批：「似此必俟朕訓而後查參，則總督所司何事？究之怨歸於朕，而感則在督撫，然督撫用此計而得益者正不多見也，慎之，戒之，在汝不當出此。」又如乾隆十七年（1752）九月十三日，閩浙總督喀爾吉善因年將七十精力將衰奏請另簡賢能大臣一摺，奉硃批：「汝爲吾思一可任閩浙總督而又非現任要地者爲代則可，不然實不得人，且汝精力亦尙可支持，何必爲此虛文。」此外，覽、是、慰、不必、依議、知道了、該部議奏、欣慰覽之、覽奏欣慰、覽奏俱悉等等都是乾隆皇帝奏摺硃批常用的詞彙。乾隆年間的御筆，或御題，有真跡，也有代筆，熟悉奏摺硃批的真跡，有助於了解乾隆皇帝的書法風格。

旨謹

奏

乾隆四年六月　二十五　日

奏

乾隆四年七月　二十二　日

皇上睿鑒訓示遵行謹

奏

奏覆伏乞

皇上睿鑒訓示遵行謹

奏

乾隆十六年八月　十四　日

乾隆十六年七月　二十二　日

聖恩於萬一為此恭摺懇

奏伏乞

皇上睿鑒謹

　　奏

乾隆十六年十一月　二十八　日

及無可批示矣

訓在朕而繼行與否則在此以此繕諸州之摺朕、

　　奏

皇上睿鑒謹

　　奏伏祈

乾隆十六年十二月　十七　日

事事保持朕訓⋯⋯

高厚隆恩於萬一臣為勝叩題待

命之至臣謹

　　奏

乾隆十六年十二月　十三　日

　　奏鑒謹

乾隆十六年九月　初捌　日

奏伏祈

皇上聖鑒謹

　奏

聖鑒謹

闕所有麥禾得雨欣暢及臣赴南陽查閱營伍緣由

理合奏明伏惟

乾隆十七年五月十四日

聖慈垂鑒謹

　奏

乾隆十七年九月　十三　日

　奏

乾隆拾柒年叁月　拾伍　日

九、從北京到避暑山莊

　　熱河行宮，習稱避暑山莊，是清朝皇帝巡幸塞外的行宮，始建於康熙四十二年（1703），乾隆五十七年（1792），全園興建完成，歷時十九年。在避暑山莊以北一百多公里喀喇沁、翁牛特等部牧場一帶開闢爲木蘭圍場。避暑山莊的建造和木蘭圍場的開闢，都有一定的政治目的。這裡森林茂密，氣候溫和，水土美好，很適合避暑、行圍、練兵。清朝皇帝巡幸塞外，舉行秋獮活動，也在這裡處理國家政務，熱河行宮就是清朝的夏宮。

　　乾隆皇帝滌暑山莊，秋獮木蘭，仲夏啓蹕，仲秋入哨，順時而舉，簡閱士眾，綏柔外藩，查閱起居註冊，有助於了解乾隆皇帝巡幸塞外的活動。乾隆皇帝從乾隆六年（1741）起至乾隆六十年（1795）共 55 年期間，巡幸避暑山莊共 49 次，在塞外的時間，每年平均約三個半月。從京師啓蹕時間，多在夏天五月間，迴蹕返京時間多在九月間。從京師到山莊，有一定的行走路線。例如乾隆四十一年（1776）五月十三日，乾隆皇帝自圓明園啓蹕，駐蹕南石槽。十四日，駐蹕密雲縣行宮。十五日，駐蹕遙亭行宮。十六日，駐蹕兩間房行宮。十七日，駐蹕常山峪行宮。十八日，駐蹕喀喇河屯行宮。十九日，駐蹕熱河行宮。前後行走七天。乾隆皇帝駐蹕避暑山莊期間，仍然日理萬幾，一如京師。京中部院文書仍遞至熱河。乾隆五十二年（1787），起居註冊後記指出乾隆皇帝「春豫田盤，秋獮木蘭，內自軍機、閣部，外而督撫大僚至一命以上，日引覲對，洞察隱微，郵章批閱，萬里之外，如在目前。」

　　對於那些懼怕內地燥熱而易患天花的蒙古、回部、西藏王公伯克喇嘛而言，避暑山莊和木蘭圍場都是最適宜於活動的地點。

在乾隆年間，前往避暑山莊及各行宮覲見的人員，除蒙古諸部外，還包括吐魯番、回部、喀什噶爾郡王、阿奇木伯克；青海扎薩克郡王；哈薩克、布魯特、朝鮮、緬甸、南掌、英吉利等國使臣；安南國王及其使臣；金川木坪宣慰司；臺灣生界原住民等。入覲人員都受到乾隆皇帝熱烈的款待，除賜宴、賜茶果外，還舉行各項民族傳統遊藝表演，例如觀火戲、觀燈、立馬技、觀馬戲、騎生駒、布庫、射箭、走繩、戲劇、轉雲游、西洋千秋、放煙火等等娛樂節目，賞心悅目，充分反映了乾隆年間的盛世景象。

避暑山莊是處理國家政務的第二個政治中心；木蘭圍場是行圍較射的習武場所。乾隆皇帝秋獮木蘭，不是為了尋樂，而是練習騎射，不忘武備。行圍較射，「藩部君長，負羽前驅」，聯誼藩部，木蘭圍場的建造，就是清朝出於肆武綏藩的戰略上的考慮。乾隆皇帝在位期間，秋獮木蘭，共計 40 次，每次平均二十六天。乾隆六年（1741）二月初八日，監察御史叢洞具摺指出，「皇上念切武備，巡幸圍城，安不忘危之至意。第恐侍從以狩獵為樂，臣工或以違遠天顏，漸生怠安，所關匪細。」因此，奏請乾隆皇帝暫停行圍。乾隆皇帝覽奏後頒諭稱，「所奏知道了，古者春蒐夏苗，秋獮冬狩，皆因田獵以講武事。我朝武備超越前代，當皇祖時屢次出師，所向無敵，皆由平日訓肆嫻熟，是以有勇知方，人思敵愾。若平時將狩獵之事廢而不講，則滿洲兵弁習於宴安，騎射漸致生疏矣。皇祖每年出口行圍，於軍伍最為有益，而紀綱整飭，政事悉舉，原與在京無異。至巡行口外，按壓蒙古諸藩，加之恩意，因以寓懷遠之略，所關甚鉅。皇考因兩路出兵，現在徵發，是以暫停圍獵。若在撤兵之後，亦必舉行。況今昇平日久，弓馬漸不如前，人情狃於安逸，亦不可不加振厲，朕之降旨行圍，所以遵循祖製，整飭戎兵，懷柔屬國，非馳騁畋遊之謂。至啟行時，朕尙欲另降諭旨，加恩賞賚，令其從容行走，亦不至苦思兵弁。朕性耽經史，至今手不釋卷，遊逸二字，時加警省。若使逸樂是娛，則在禁中縱所欲爲，罔恤國是，何所不可，豈必行圍遠出耶？朕廣開言路，叢洞胸有所見，即行陳奏，意亦可嘉，但識見未廣，將此曉諭知之。」乾隆皇帝遵循祖制，秋獮木蘭，就是整飭戎兵，懷柔藩部的重要措施，並非畋遊逸樂的表現。從京師至熱河沿途設立臺站共三十處，以郵遞章奏，京中章奏，三日一發，隨時批發，日理萬幾，與在京師無異。蒙古等部通過請安進貢，乾隆皇帝通過召見、賞賜、行圍、較射等活動，以達到「合內外之心，懷遠之略，成鞏固之業」的政治目的，避暑山莊和木蘭圍場就是清朝京師以外第二個重要的政治舞臺。清朝皇帝視朝聽政時間、地點的不固定，並非怠惰的現象，而是孜孜勤政的表現。這一事實，在避暑山莊及木蘭圍場的政治活動中，表現得最爲具體，有助於清朝成爲一個穩定而長久的朝代，同時也促進熱河地區社會，經濟及文化的向前發展。乾隆五十八年（1793）八月十一日，英使馬戛爾尼等暢遊萬樹園時曾對和珅說：「熱河本是一個荒僻地區，現在開闢得這樣美好，使我們很幸運的能夠在這裡盡量欣賞，就不能不佩服康熙皇帝經營的功績了。」

乾隆四十四年熱河勤政殿乾隆皇帝進膳簡表

月日時刻	早膳品名	晚膳品名
七月二十五日	卯正三刻 火燻絲爛鴨子、鍋燒鴨子硇沙丸子炖白菜、廂子豆腐、羊肉片、上傳炒木樨肉、清蒸鴨子煳豬肉攢盤、竹節饞小饅首、匙子餑餑紅糕、螺螄包子豆尔饅首、江米饟藕、銀葵花盒小菜、銀碟小菜、醎肉。隨送鍋燒鷄燙膳。 確 宿 飯 埯	未初二刻 酒炖鴨子、肥鷄火燻白菜、羊肉絲、後送鮮蘑菇爆炒鷄、掛爐鴨子燒鷄肉饞攢盤、蘇造全羊肉攢盤、象眼小饅首、棗尔糕老米麵糕、家常餅、江米饟藕、銀葵花盒小菜、銀碟小菜、麵馬、隨送小鷄打滷過水麵、菉豆老米膳。

七月二十六日	辰初 火燻葱椒肥鷄、白鴨子拆肘子炖豆腐、肉絲水筍絲、羊肉絲、上傳炒蘇肉、清蒸鴨子煳豬肉攢盤、竹節餑小饅首、孫泥額芬白糕、螺螄包子豆尔饅首、江米釀藕、銀葵花盒小菜、銀碟小菜、醃肉、隨送野燙膳。	未正 上傳萬年青酒炖肉、鹿筋苔蘑拆鴨子、鴨子火燻白菜、鹿筋酒炖羊肉、豆腐片湯、羊他他士、從送溜鮮鍋渣、蒸肥鷄塞勒餑攢盤、象眼小饅首、白麵絲糕糜子米麵糕、羊肉餡小包子、江米釀藕、銀葵花盒小菜、銀碟小菜、醃肉、隨送粳米乾膳。
七月二十七日	辰初 鍋燒鴨子膾煎丸子、八寶肥鷄羹、羊肉炖倭瓜、額思克森、燒羊肝羊烏乂攢盤、竹節餑小饅首、匙子餑餑紅糕、螺螄包子豆尔饅首、江米釀藕、銀葵花盒小菜、銀碟小菜、隨送芙蓉鴨子下麵、粳米乾膳。	未正 上傳大炒肉炖白菜、肉丁蓮子酒炖鴨子、肥鷄野鷄火燻炖白菜、醃肉糟加線肉、羊肚片、後送鮮蘑菇爆炒鷄、蒸肥鷄羊烏乂攢盤、象眼小饅首、棗尔糕老米麵糕、豬肉韭菜餡稍麥、江米釀藕、銀葵花盒小菜、銀碟小葉、隨送粳米乾膳。
七月二十八日	辰初 燕窩葱椒鴨子、鍋燒鷄十錦豆腐、炒鷄絲炖鷄絲燉海岱菜、羊肉絲、上傳鴨丁炒豆腐、清蒸鴨子煳豬肉攢盤、竹節餑小饅首、孫泥額芬白糕、螺螄包子豆尔饅首、江米釀藕、銀葵花盒小菜、銀碟小菜、隨送清蒸鴨子燙膳。	未正 酒炖東坡蹄鏃子、燕窩八仙鴨子、炒鷄肉片炖收湯豆腐、羊肉片、後送煠八件小鷄、蒸肥鷄燒豬肉餑攢盤、象眼小饅首、棗尔糕老米麵糕、豬肉鮮蘑菇餡烙合子、江米釀藕、銀葵花盒小菜、銀碟小菜、醃肉、隨送菉豆老米膳。
八月初三日	辰初 燕窩八仙鍋燒鷄、山藥鴨羹、酸辣羊肚、羊肉絲、清蒸鴨子煳豬肉攢盤、竹節餑小饅首、匙子餑餑紅糕、螺螄包子尔饅首、江米釀藕、銀葵花盒小菜、銀碟小菜、隨送上傳蘿蔔絲下麵、礶鴨子燙膳。	未正 肉丁蓮子釀鴨子、紅白鴨子炖雜膾、萬年青酒燉肉、羊肉絲、後送鮮蘑菇炒肉、上傳韭菜掛爐鴨子、掛爐鴨子五香肉攢盤、象眼小饅首、白麵絲糕糜子米麵糕、羊肉餡小包子、江米釀藕、銀葵花盒小菜、銀碟小菜、隨送粳米乾膳。

八月初四日	辰初 燕窩芙蓉鴨子、羊肉絲炖酸菠菜、羊肉片、清蒸鴨子爐豬肉攢盤、竹節饀小饅首、螺螄包子豆尔饅首、江米饟藕、餑餑、小賣、銀葵花盒小菜、銀碟小菜、隨送上傳野雞稗子米粥、蘿蔔絲麵疙疸燙膳。	未正 肉丁蓮子酒炖鴨子、肥雞蘇膾、羊肉炖倭瓜、羊肚絲血腸、鴨丁炒豆腐、蒸肥雞燒豬肉饀攢盤、象眼小饅首、豬肉菠菜餡稍麥、油糕、江米饟藕、銀葵花盒小菜、銀碟小菜、香稻米乾膳、蘿蔔絲湯。
八月初五	辰初 肉絲爛鴨子、拆鴨爛肉炖豆腐、羊肉炖倭瓜、額思克森、芽韭炒肉、清蒸鴨子羊肉饀攢盤、燒鹿肉、竹節饀小饅首、孫泥額芬白糕、螺螄包子豆尔饅首、江米饟藕、銀葵花盒小菜、銀碟小菜、野雞燙膳。	未正 酒炖羊肉東坡鏇子、火燻蓮子鴨子、大炒肉炖白菜、羊西尔占、鮮蘑菇爆炒雞、蒸燒肥雞羊肉饀攢盤、象眼小饅首、白麵絲糕糜子米麵糕、芽韭豬肉餡煤盒子、江米饟藕、銀葵花盒小菜、銀碟小菜、老米乾膳。
八月初六日	辰初 醃肉糟加線鴨子、鴨子蘿蔔白菜、羊肉絲、清蒸鴨子鹿尾爐豬肉攢盤、竹節饀小饅首、江米饟藕、餑餑、銀葵花盒小菜、銀碟小菜、鴨子八鮮麵、蘿蔔絲燙膳。	未正 燕窩鍋燒鴨絲、炒雞炖錦子、葱椒羊肉、羊肚片、炒雞蛋、蘇造鴨子肘子肉攢盤、象眼小饅首、白麵絲糕糜子米麵糕、螺螄包子豆尔饅首、家常餅、江米饟藕、銀葵花盒小菜、銀碟小菜、硬米乾膳、葫蘆蔔湯。

資料來源：《哨鹿膳底檔》，見《清宮熱河檔》，北京，中國檔案
　　　　　出版社。

　　乾隆四十四年（1779）五月十二日，乾隆皇帝自圓明園啓程，巡幸熱河。沿途經過南石槽、懷柔縣、密雲縣、龍潭、瑤亭子、南天門、兩間房、晒樹溝、常山峪、喀拉河屯、灤陽等處行宮別墅，於五月十八日至熱河。乾隆皇帝在避暑山莊期間的用膳地點，主要是在煙波致爽，惠迪吉等處進早膳，在如意洲、含青齋、梨花伴月、秀起堂等處進晚膳，在勤政殿等處進早膳，也進晚膳，進膳時刻，相當固定，早膳在辰時，早上午七點至九點，多在辰初，晚膳在未時，即下午一點至三點，多在未正。早膳、晚膳，

都用摺疊膳桌擺。以勤政殿進膳為例，有助於了解乾隆皇帝的飲
食習慣。早膳、晚善必吃的小菜是分別用銀葵花盒、銀碟裝盛。
從早膳晚膳的菜單中可知米饟藕，羊肉絲、鴨子、饅首、豆腐，
都是早膳和晚膳常見的菜單。其中饅首，滿文讀如"mentu"，漢
文作「饅頭」，有象眼小饅首、竹節餑小饅首，螺螄包子豆爾饅首。
豆腐類有廂子豆腐、白鴨子拆肘子炖豆腐、豆腐片湯、鴨丁炒豆
腐、炒鷄肉片炖收湯豆腐。在鴨類中，有燕窩芙蓉鴨子、肉丁蓮
子酒炖鴨子、肉絲爛鴨子、鴨子蘿蔔白菜、燕窩鍋鴨絲、燕窩葱
椒鴨子、燕窩八仙鴨子等等。在鷄類中，有肥鷄火燻白葉、鮮蘑
菇爆炒鷄，火燻葱椒肥鷄、八寶肥鷄羹、肥鷄野鷄火燻炖白菜、
鍋燒鷄什錦豆腐、炒鷄肉片收湯豆腐、炒鷄絲炖海岱菜、燕窩八
仙鍋燒鷄。在鷄、鴨類中，燕窩、蘑菇等，是常見的食材。在各
類菜單中，孫泥額芬，滿文讀如"sun i efen"意即「奶餑餑」。羊
西爾占，句中「西爾占」滿文讀如"siljan"，意謂「煮爛」，或
「炖爛」。羊西爾占，即燉爛羊肉。羊肉炖倭瓜，酒炖羊肉東坡錀
子，都是美味的佳肴，其中含有山藥鴨羹等山珍野味，頗具營養
價值。至於蘇造鴨子肘子肉、蘇造全羊肉等，都是乾隆皇帝最喜
愛的蘇州菜，習稱「蘇宴」，是宮中的著名御膳，晚清宮中飲食，
也是品類繁多，慈禧太后也倣效乾隆皇帝，特別喜愛蘇州廚役燒
煮的蘇州菜。

十、乾隆皇帝與六世班禪額爾德尼的互動

清太宗崇德年間（1636-1643），藏傳佛教與清朝已經建立了
密切的聯繫。隨著形勢的變化，清朝與藏傳佛教的關係，變成了
清朝中央政府與西藏格魯派即俗稱黃教地方勢力間的關係。清朝

中央政府通過與格魯派領袖的密切關係，以維持對西藏和蒙古的
影響。康熙五十二年（1713）四月，康熙皇帝冊封五世班禪喇嘛
為班禪額爾德尼。這是西藏歷世班禪喇嘛正式稱為班禪額爾德尼
的開始，同時也標誌著班禪額爾德尼轉世系統已在西藏宗教和政
治上取得了與達賴喇嘛轉世系統平行的地位。康熙皇帝曾邀五世
班禪額爾德尼赴京覲見，因被阻未成行。六世班禪額爾德尼時，
清軍已經澈底擊潰準噶爾和回部，天山南北路已經納入清朝的版
圖。乾隆四十四年（1779）二月，乾隆皇帝為了促進西藏、蒙古
內部的穩定，鞏固青海、內外蒙古的統治，而邀請六世班禪額爾
德尼前往北京。乾隆四十五年（1780）八月十三日，是乾隆七十
壽辰，六世班禪額爾德尼即以祝壽為名，前往內地。覲見地點，
選在熱河避暑山莊。為提供六世班禪額爾德尼講經和居住，乾隆皇
帝在避暑山莊北面山麓建造一座札什倫布寺，即須彌福壽之廟
（sumiri alin i adali hūturi jalafungga muktehen），又稱班禪行宮，
是熱河外八廟中最晚建造的一座喇嘛寺廟。

　　乾隆四十四年（1779）六月十七日，六世班禪額爾德尼自後
藏札什倫布寺啓程，隨行人員多達一千多人。乾隆皇帝加緊學習
藏語，以便與六世班禪額爾德尼以藏語交談。八月初八日，六世
班禪額爾德尼進入青海境內。八月十八日，到達通天河。沿途為
青海蒙藏群眾摸頂。十月十五日，抵達塔爾寺，有三千喇嘛在寺
門外排隊歡迎。六世班禪額爾德尼在塔爾寺過冬，住了五個多月，
他為遠近前來膜拜的數萬蒙藏群眾摸頂，也為塔爾寺的全體僧眾
熬茶、布施。乾隆四十五年（1780）三月初十日，六世班禪額爾
德尼離開塔爾寺。四月初十日，過寧夏，進入內蒙古伊克昭盟，
沿途為數萬蒙古人摸頂。同年五月二十一日，乾隆皇帝自圓明園
起鑾，幸熱河。五月二十七日，駐蹕承德府行宮。五月二十八日，

詣溥仁寺、普樂寺、安遠廟、須彌福壽之廟拈香。七月二十一日，六世班禪額爾德尼抵達熱河避暑山莊，於澹泊敬誠殿跪請聖安，乾隆皇帝親自扶起。至依清曠殿內賜坐慰問。《清宮熱河檔案》記載六世班禪額爾德尼進單，包括：哈達一個、拴五色哈達鍍金銀曼達一個、金宗喀巴佛一尊、立像扎什利瑪釋迦牟尼佛八尊、珊瑚數珠一串、琥珀數珠一串、金一千兩、黃毡一個、各色氆氇九十個、粗香一百五十束、細香一百五十束、冰糖一匣、藏棗一匣、藏杏一匣、六世班禪額爾德尼在後藏札什倫布本身騎連鞍馬一匹、馬九百九十一匹。在商卓特巴鍾巴捐圖克圖羅布藏晉巴進單內也含有銀曼達、利瑪釋迦牟尼佛、扎什利瑪無量壽佛、利瑪昆盧佛、扎什利瑪綠救度佛母、舊利瑪四臂觀世音菩薩等等。七月二十一日瞻天顏見面禮內奉旨諸佛、曼達交佛堂、哈達交自鳴鐘、珊瑚琥珀數珠交外庫、金交廣儲司、馬九百九十一匹交察哈爾都統長青虎餵養。乾隆皇帝賞賜的見面禮包括：三十兩重金曼達一個、三十兩重銀曼達一個、金座磁把碗一件、金水壺一件、金盒一件、金碟一件、金香爐一件、玻璃碗十件、玻璃盤十件、玻璃瓶十件、磁碗十件、磁盤十件、磁瓶十件、玉鞍一副、哈達五百個。此外奉旨加賞金五百兩，繡珠九龍袍一件，繡佛橡三軸、鐵鍍金缽一件、倣古螭鹿金罇一件、嵌枕石金盒五件、青玉蓋碗一件、銅搯絲琺瑯把碗二件、雕漆圓盒一對、鼻烟四瓶等等。

　　乾降皇帝和六世班禪額爾德尼的互動，非常良好。《班禪額爾德尼傳》一書指出，在彼此交談中，乾隆皇帝用藏語問六世班禪額爾德尼：「喇嘛身體好吧？路上辛苦了吧？」六世班禪額爾德尼答稱：「托皇上洪福，沿途很好。」乾隆皇帝又用藏語問：「達賴喇嘛好嗎？」六世班禪額爾德答曰：「很好。」乾隆皇帝又說：「喇嘛貴庚多大？朕今年已七十，以如此高齡，幸見喇嘛，甚慰朕懷。

從此中土佛法弘揚可期，四海人民得歌升平。」六世班禪額爾德尼起身一一回答。乾隆皇帝賜茶畢，乾隆皇帝導引六世班禪額爾尼到寶筏喻、烟波致爽、雲山勝地各佛堂。行禮後，六世班禪額爾德尼出後垂花門，乾隆皇帝賜御用黃蓋肩輿經如意洲返回須彌福壽之廟。七月二十二日，乾隆皇帝到須彌福壽之廟拈香，並以普通藏語與六世班禪額爾德尼交談。七月二十四日，乾隆皇帝在萬樹園大幄火賜六世班禪額爾德尼等四十四人宴，是初次筵宴，乾隆皇帝賞六世班禪額爾德尼嵌東珠衣八件、珠十八顆、各色緞五十疋、哈達二十個、玻瑙碗十件、玻璃碗十件、玻璃盤十件、玻璃瓶十件、金五百兩、銀一萬兩、頭等雕鞍一副、加賞黃緯絲錦上添花龍袍料一件，其餘徒弟、随行人等俱賞賜有差。七月二十五日，乾隆皇帝御卷阿勝境，召見杜爾伯特汗瑪克蘇爾扎布等命同六世班禪額爾德尼等四十四人賜小物

　　乾隆皇帝的七十歲萬壽節是在乾隆四十五年（1780）八月十三日，六世班禪額爾德尼先於八月初七日在依清曠遞進恭慶萬壽禮物，包括：哈達一個、拴五色哈達銀曼達一座、利瑪無量壽佛一尊、利瑪文殊菩薩一尊，利馬德穆克佛一尊、無量壽佛畫像九軸、金字無量壽經一本、宗喀巴佛經十八本、拴五色哈達海螺一個、鍍金銀杵一個、銀塔一座、銀瓶一個，銀輪一個、連銅盤銀七珍一分、銀八寶一分、銀八吉祥一分、藏紅花一匣、藏紅花一匣、靠背坐褥一分、珊瑚數珠一串、琥珀數珠一串、黃氆一塊、白芸香一匣、黑芸香一匣、黃紅微粗香二百束、各色氆氇一百個、藏棗一匣、藏核桃一匣、藏葡萄一匣、糖菓一匣等。此外，忠巴胡士克圖、莫爾根扎薩克喇嘛歲本堪布羅布桑開穆楚克、班禪額爾德尼師傅玉穆贊嘉勒燦、達賴喇嘛等所進禮物，名目繁多。其後奉旨哈達、紅黃粗細香交自鳴鐘，金曼達、佛、畫佛像、金字

經、宗喀巴佛經俱交佛堂，金塔、輪、杵、銀瓶、七珍、八寶、八吉祥、金盒內佛一尊俱交佛堂，黑芸香、白芸香、氆氌、珊瑚琥珀數珠俱交外庫，藏棗、杏、核桃、沙糖、葡萄俱交茶房、紅花交乾清宮，坐褥靠背交造辦處，鞍馬交上駟院。八月二十八日，乾隆皇帝自熱河回鑾。六世班禪額爾德尼於八月二十四日離開熱河，九月初二日，抵達北京，行宮設在五世達賴喇嘛住過的黃寺。十一月初二日戌時，六世班禪額爾德尼因天花圓寂。

十一、英使所描述的乾隆皇帝

乾隆時代（1736-1795）的清朝是擁有輝煌傳統的東方大帝國，英國是已經進入工業文明的西方大強國。乾隆五十八年（1793），英國藉口祝賀乾隆皇帝八十歲壽辰，首次派遣馬戛爾尼（1737-1806）率領一支龐大的使團到中國，覲見乾隆皇帝。

據清朝官方檔案《起居注冊》、《清宮熱河檔案》等等的記載，乾隆五十八年（1793）五月十六日，乾隆皇帝自京城大東門啟鑾巡幸熱河，途間駐蹕南石槽，密雲縣、要亭、兩間房、常山峪、喀喇河屯等處行宮。五月二十二日，抵達熱河，駐蹕避暑山莊。此後，乾隆皇帝先後到溥仁寺、溥樂寺、安遠廟、須彌福壽之廟、普陀宗乘之廟、普佑寺、殊像寺、廣安寺、普寧寺等寺廟拈香，召見緬甸國等貢使。

英使馬戛爾尼等乘坐獅子號來華，乾隆五十八年（1793）五月十二日，經過奧門。五月二十七日，抵浙江定海。六月初一日，自浙江青龍港開行。六月十三日，行至登州廟島洋面。六月二十二日，收泊天津海口。天津長蘆鹽政徵瑞等奉旨照料英國使團，六月二十三日，徵瑞親赴英船內查看表文、進單。七月初五日，在天津筵宴。七月初六日,由水路前赴通州。七月十七日,到圓明園。八月初十日,乾隆皇帝御萬樹園大幄次,英國政使馬戛爾尼,副使斯黨東及副使之子多馬斯黨東等入覲召見,乾隆皇帝賜英國國王玉如意,賜正副使如意,命同隨駕王公大臣等入宴,加賞鍛疋。八月十三日,乾隆皇帝萬壽聖節,御澹泊敬誠殿,皇子王公文武大臣,英國正副使得行慶賀禮。八月十四日,乾隆皇帝御萬樹大幄次觀火歲。

　　中西接觸,主要是中西文化的接觸,隨著英國使團的來華,同時也帶來了西方的科技文明。從乾隆皇帝的厚往薄來,賞賜豐厚,更反映了清朝盛世的藝術光輝。從《清宮熱河檔案》等官方檔案的記載乾隆皇帝所頒賞的清單,名目繁多,引起了研究清代美術工藝學者的興趣。擬賞英國國王物件,包括:紫檀彩漆銅掐絲琺瑯龍舟仙臺、紫壇座青玉夔龍耳扁蓋瓶、紫檀座白漢玉雙螭夔靶卮、紫檀座漢玉出戟花觚、紫檀座青玉蓮花滷壺、青玉龍鳳扁壺、烏木商絲座白玉三友蓋瓶、紫檀座青玉參斗、紫檀座青玉蓮花盌、瑪瑙盃盤、白磁五彩有蓋靶盌、均釉花觚、汝釉八方瓶、紅磁金花掛瓶、官釉雙管瓶、百花粧緞、青袍緞、線緞、洋彩磁葫蘆瓶、白磁青葉紅花撇口瓶、青花磁玉堂春、青花磁梅瓶、青花磁有蓋撞罐、青花磁撇口瓶、青花執壺、霽紅磁梅瓶、霽青磁金花掛屏、霽紅磁玉壺春、洋彩磁有蓋滷壺、洋彩磁有蓋梅花式滷壺、多青釉有蓋滷壺、五彩磁盃、五彩磁大盌、五彩磁中盌、紅花磁盌、五彩磁茶鍾、青花磁大盌、青花磁木摑鍾、霽紅磁盤、霽青磁盤、五彩磁盤、紅五福磁盤、青花磁雙管大罇、青花獸面大罇、青花磁大罇、黃磁青花大罇、汝釉三帶大罇、青花磁冰盆、青龍磁大缸、填漆捧盒、紅雕漆春壽寶盤、紅雕漆八角方盤、紅雕漆龍鳳寶盒,紅雕漆挑式盒、紅雕漆雲龍寶盒、紅雕漆多福寶

盒、紅雕漆海獸寶盒、紅雕漆春壽寶盒、紅雕漆蟬文寶盆、金漆
罩蓋匣、填漆八方端盤、紅雕漆藝菊寶盒、紅雕漆勝遊寶盒、紅
雕漆八角方盤、雕漆筆筒、紅雕漆雲龍寶盒、紅雕漆詩意鍾、紅
雕漆小頂櫃、畫花卉冊頁、葫蘆盤、葫蘆鼻烟壺、葫蘆瓶、葫蘆
大盌、葫蘆小盌、葫蘆碟、文竹掛格、棕竹漆心炕格、畫絹、灑
金五色字絹、五色箋紙、白露紙、高麗紙、墨、各樣扇、普洱茶、
六安茶、武彝茶、茶膏柿霜、哈密瓜乾、香瓜乾、藕粉、蓮子、
藏糖。告賞英國國王物件，包括：龍緞、蟒緞、粧緞、百花粧緞、
倭緞、片金、閃緞、袍緞、藍緞、彩緞、青花緞、衣素緞、線緞、
帽緞、綾、紡絲、羅、杭綢、玉瓶、紅雕漆桃式盒、紅漆菊辦盤、
挂燈、十錦香袋、繡香袋連三香袋、宮扇、扇、香餅、泥金對聯
絹箋、泥金五色蠟箋、戰圖、普洱茶、茶膏、柿霜、哈密瓜乾、
香瓜乾、武彝茶、六安茶、藕粉、蓮子。隨敕書賞英國國王文竹
炕桌、紅雕漆炕桌等件。瞻覲日賞國王白玉如意。聽獻日，賞國
王御筆書畫冊頁。賞正使物件，包括：刮膘吉慶、青玉金枝葵花
洗、瑪瑙葵花碟盤等件。加賞正使物件，包括：五彩磁花碗、霽
青白裡磁盤等件。賞副使白玉金枝葵花洗等件，加賞副使五彩磁
花碗等件。戲臺賞正使御筆書畫冊頁等件，戲臺賞副使之子漆桃
盒等件。在如意洲等處瞻仰賞正使磁鼻烟壺等件，賞副使磁鼻烟
壺等件。在含青齋等處瞻仰賞正使宜興器等件，賞副使磁茶桶等
件。從擬賞英國國王、正副使等物件清單，可知不僅名目繁多，
而且數量龐大，例如賞給國王的五彩磁盃四十件，五彩磁盤二十
件，青花磁大盌二十四件，紅花磁盌十六件，霽紅磁盤十六件，
紅五福磁盤十六件等。如同小型博物館，探討內務府造辦處各作
成做活計，不能忽視乾隆皇帝御賞物件。

　　《清宮熱河檔案》詳載英國國王進呈乾隆皇帝的物件，共計

十九件。

第一件，西洋語布蠟尼大利翁大架一座，乃天上日月星宿及地球全圖，其上地球照依分量是極小的。所載日月星辰，同地球之像，俱自能行動，效法天地之轉運，十分相似，依天文地理規矩，何時應遇日食月食及星辰之愆，俱顯著於架上，並有年月日之指引及時辰鐘，歷歷可觀。此件係通曉天文生多年用心推想而成，從古迄今所未有，巧妙獨絕，利益甚多，於西洋各國為上等器物，理應進獻大皇帝用。又緣此天地圖架座高大，洋船不能整件裝載，因此拆裝分開裝成十五箱。又令原造工匠跟隨貢差進京，以便起載安排安放妥當，並囑付伊等慢慢小心修飾，勿稍匆遽手錯損壞。仰求大皇帝容工匠等多費時候，俾安放妥當，自然無錯。同此單相連別的一樣稀見架子，名曰來復來柯督爾，能觀天上至小及至遠的星辰轉運，極為顯明，又能做所記的架子，名曰布蠟尼大利翁。此鏡規不是正看，是偏看，是新法，名赫汁爾天文生所造的，將此人名姓一併稟知。

第二件，坐鐘一架，亦是天文器具，以此架容易顯明解說清白及指刻如何地球與天上日月星宿一起運動，與學習天文地理者有益，拆散分作三盒，便於攜帶，其原匠亦跟隨貢差進京，以便安裝。

第三件，天球全圖，做作空中藍色，有金銀做成的星辰，大小顏色，俱各不同，猶如仰視天象一般，更有銀絲，分別天上各處度數。

第四件，地球全圖，天下萬國四州，山河海島，都畫在球內，亦有海洋路道及畫出紅毛船隻。

第五件，十一盒雜樣器具，為測定時候及指引月色之變，可先知將來天氣何如？係精通匠人用心做成。

第六件，試探氣候架一座，測看氣候，最為靈驗。

第七件，巧益架子一個，能增助人之力量。

第八件，奇巧奇子一對，使人坐在上面，自能隨意轉動。

第九件，家用器具一架，內有新舊雜樣瓶罐等煩，又有火具，能燒玻璃、磁器、猛烈無比，是一塊大玻璃，用大工大造成的火境，緊對日光，不但能燒草木，並能焚金眼銅鐵及一樣白金，名曰跋刺的納，世上無火可能燒煉，惟此大能顯功效。

第十件，雜樣印畫圖像，內有紅毛噢咭唎國王全家人像，並有城池礮臺，長橋堂室花園及鄉村之圖，交戰之圖、異樣洋船圖。

第十一件，玻璃鑲金彩燈一對，此燈掛在殿上，光明照耀。

第十二件，金線毯數疋為精緻房間用。

第十三件，大氊數疋，為大殿上鋪用。

第十四件，齊全馬鞍一對，頭等匠人用心做成，特進大皇帝乘用，顏色是黃的，十分精緻。

第十五件，車二輛，敬獻大皇帝萬歲御坐，一輛為熱天使用，一輛為冷天使用。

第十六件，軍器數件，獻大皇帝御用，是長短自來火鎗刀劍等項，其刀劍能劖斷銅鐵。

第十七件，銅礮、西瓜礮數個，操兵可用，並有一小分紅毛國兵跟隨貢差進京，若是大皇帝喜歡看西洋礮法，能在御前試演。

第十八件，大小金銀船，乃紅毛大戰船之式樣，雖大小不對，十分相似。大戰船上有一百大銅礮，今於小金銀船內可以窺見一班。紅毛國在西洋中為最大，有大船甚多，欲選極大之船，送貢差至天朝，但內洋水淺，大船難以進口，故發中等船及小船，以便進口赴京，又欲表其誠心愛戴至意，即將大船式樣進於大皇帝前，表其真心。

　　第十九件，包裹一切雜貨，紅長毛國物產及各樣手工如哆囉呢羽紗及別樣氊貨各項細洋布、鋼鐵器具，共獻於大皇帝前賞收。

　　探討中西文化接觸，不能忽視隨著英使馬戛爾尼而來的「貢品」。《乾隆英使覲見記》一書，爲英使馬戛爾尼自述，劉半農原譯，2008 年 11 月，重慶出版社再版，題爲《1793 乾隆英使覲見記》。原書附錄〈馬戛爾尼的「貢品」〉，將「貢品」逐件解說，第一次「布蠟尼大利翁」，是天體運行，即清文獻中所稱的「天文地理音樂大表」，它可以清楚地演示太陽、月亮、地球及其他星辰的運轉。原檔中「來復來柯督爾」，是反射望遠鏡。普通望遠鏡通過鏡頭直接透視觀測目標，而反射望遠鏡則從旁面透視觀測目標在鏡頭上的反射，因而能看得更遠更清楚。據稱是由牛頓發明，威廉・赫哲爾（1738-1822）改進的。第二件，坐鐘即座鐘，又稱地理運轉全架，或稱七政儀，可以指示地球與日月星辰的運轉關係，原設計者弗拉蘇也是使團的成員，以便指導儀器的安裝。第三件，天球全圖，就是天體儀，濕藍色的質地代表天空，上有金銀製成的星辰，大小顏色各不相同。第四件，地球全圖，就是地球儀，包括了當時航海探險的地理新發現。第五件，雜樣器具，是確定時間的儀器，可以計算滿月、新月和月亮的變化。第六件，試探氣候架，這是預報氣象的儀器。可以計算滿月、新月和月亮的變化。第六件，試探氣候架，這是預報氣象的儀器。第七件，巧益架子，這是根據力學原理，增加人之力量的儀器。第八件，奇巧椅子，是能隨意轉動的椅子。第九件，家用器具是一種火鏡，其熱度不僅能點然金、銀、鋼鐵，而且能將極難熔化的白金很快熔化成液態。第十件：各種圖片和畫像，顯示了英國的文化藝術風貌。第十一件，玻璃鑲金彩燈，是一種圓形燈，可以讓強光照射到較遠的地方。第十二件，金線毯，是佈置房間的用品。第十三件，大氊，是宮殿鋪設的用品。第十四件，黃色馬鞍，是特為乾隆皇帝製作的，十分精緻。第十五件，車輛，專為乾隆皇帝乘坐而製作的，一輛夏天用，一輛冬天用。第十六件，軍器，包括：毛瑟槍、連珠槍和利劍等武器。第十七件，銅礮、西瓜礮，其中西瓜礮就是榴彈礮。第十八件、金銀船是英國軍艦模型，是當時英國第一快捷戰艦「皇家元首」號的模型，裝備有一百十門大礮的巨艦模型。第十九件，為英國羊毛、棉手工織品及鋼鐵製品。原書逐件解說，淺顯易懂。

　　據長蘆鹽政徵瑞奏明，經詢問英使「貢品內」第一件天文地理大表安裝需一個月，第二件坐鐘、第三件天球全圖，第四件地球金圖、第六件試探氣候架，第九件火鏡、第十一件玻璃鑲金彩燈、第十七件銅礮、西瓜礮等件，安裝亦須時日，倘若運往熱河，安裝完竣，已早過萬壽之期，所以就近送京，並留匠役四名，在京收拾。英使於七月十七日到圓明園，其留京「貢品」一併在圓明園正大光明殿安設，並派出在京西洋人及修理鐘表的好手、首領太監、匠役等於英國匠役安裝時眼同學習。其餘十一件「貢品」，僅帶匠役一名赴熱河先行呈進。

　　英國遣使航來華，乾隆皇帝命監副索德超（Joseph Bernardse d'almeida）帶領西洋人前往熱河照料英使。索德超帶同善畫喜容的賀清泰、潘廷璋，能修理理鐘表的巴茂正等前往熱河，索德超賞給三品頂帶，賀清泰等人賞給六品頂帶。乾隆皇帝命內殿總管太監趙進忠同外養心殿首領將所藏御容內繪畫朝服七旬八旬的乾隆皇帝御容請出閱看，將畫有雙軸時，即各取一軸送往熱河，若未繪有雙軸，則將近年所繪穿朝服的御容，挑取兩軸寄往熱河。總管太監趙進忠等遵旨請出御容，內含乾隆五十年（1785）繪畫暖冠朝衣御容一軸，乾隆五十六年（1791）繪畫暖冠朝衣御容二軸，涼冠朝衣御容一軸，都是乾隆皇帝八旬時所繪，即從此中請出暖冠朝衣、涼冠朝衣各一軸隨報送往熱河。

乾隆年間，寧壽宮內樂壽堂陳設西洋工藝內含有天球、地球等物件。英國使臣來華時，乾隆皇帝降旨垂詢英使呈進的天地二球，其尺寸大小高低，是否與寧壽宮等處陳設的天球，地球相同。京城宮內及圓明園陳設儀器鐘表內有應行送至熱河之件，即開單派鐘上首領太監帶同上好匠役押送熱河。經吏部尚書金簡、工部左侍郎伊齡阿等查明，養心殿東煖閣南案上陳設銅渾天儀器二件，奉三無私北牖西邊案上陳設之儀器表一座，寧壽宮內景福宮明殿東邊陳設大儀器表一座，萬方安和陳設玻璃架子鐘一座，淳化軒陳設寫四樣字鐘一座。寧壽宮內樂壽堂陳設的天球、地球圓徑二尺一寸，連架座高四尺一寸五分，而英使所進天球、地球圓徑二尺，連架座高五尺一寸，較之樂壽堂陳設的天球、地球圓徑尚小一寸，惟架座較高一尺，其做法形像，均屬相仿。至於景福宮陳設的儀器較之英使所進天球、地球做法，更爲細緻。乾隆皇帝諭令將景福宮陳設的儀器，於英使未到之先送到熱河。西洋人索德超、巴茂正等到熱河後，對景福宮的陳設儀器，仍不能諳悉轉動之法。乾隆皇帝諭令即於所派觀看學習英國裝修天文地理大表的西洋人內擇其已能領會諳悉修理鐘表，通達天文者，即派一人迅速前往熱河。以上記載，對於探討西洋工藝的製作、陳設，都提供了珍貴的史料。

乾隆五十八年七月二十七日（1793.09.02），是日晨六時，英使自北京出發，經清河、懷柔縣等地，一路景色絕佳，使英使恍如置身於英國疆土之中。八月初一日（09.05），英使等至古北口，遊長城。英使指出，長城建築堅固，似已超出人類體力範圍之外，全世界工程不能與長城相敵。自古北口至熱河，山光水色，略如歐洲的阿爾卑斯山，乾隆皇帝在熱河避暑，與居於瑞士無異。八月初十日（09.14），《1793 乾隆英使觀見記》記載英使在萬樹園觀見乾隆皇帝經過甚詳。是日，禮拜六，晨四時，行約一小時許至萬樹園，乾隆皇帝抵御幄之前，即下輿入幄，英使呈遞英王書信，乾隆皇帝以贈英王第一種禮物授英使，囑爲轉呈，其物名曰「如意」，是一種長一英尺半的白石刻花而成，石質略類瑪瑙。其次，又以一綠色如意賜英使。「如意」是取諸事如意及和平興旺之意，就是一種象徵吉祥順心的器物。英使進呈鑲嵌鑽石的金表兩枚相贈。觀見禮畢入宴，賜酒，其酒並非葡萄所製，剛是以米及香草、蜂蜜等物混合製成，飲之甘美適口。在宴會中，乾隆皇帝與英使閒談，乾隆皇帝問：「你們英吉利國國王今年幾歲了？」英使據實以告。乾隆皇帝曰：「朕今年八十三歲了，望你們國王與我一樣長壽。」英使指出，「言時，意頗自得，氣概尊嚴若有神聖不可侵犯之狀，然眉宇間仍流露其藹然可親之本色。余靜觀其人，實一老成長者，形狀與吾英老年紳士相若，精神亦頗健壯，八十歲老翁望之猶如六十許人也。」《中國旅行記》亦稱：「乾隆皇帝年已八十有三，而精神矍鑠，貌似六十許人，其心思亦頗靈活，富於決斷心及自信心。且宅心仁善，對於臣下恒取寬厚主義。民間偶有疾苦飢荒，即豁免其租賦，且令地方官切實賑濟。以是萬姓謳歌，頌功德者絡繹於道。」英國使團隨團畫家筆下的乾隆皇帝像，是乾隆皇帝八十三歲的畫像，但看上去卻像是位健康且精力旺盛的六十歲老人。宴會歷時五個多小時，御幄外有翻筋斗、拳術、走繩、戲劇諸技，以娛賓客，時時變換其節目，頗能令觀者不倦。宴會既畢，英使自歎曰：「吾今乃得見現世之蘇羅門大帝矣。蓋吾幼年讀蘇羅門大帝故事，每歎其極人世之尊榮，非後世人主所能及，而今之乾隆皇帝則較之蘇羅門大帝有過之無不及也。」

　　萬樹園，取樹木多至不可勝數之義。八月十一日（09.15），英使先曾托華官轉達乾隆皇帝奏請遊覽熱河御園，奉旨首肯。據英使馬戛爾尼自述，乾隆皇帝曰：「你要往萬樹園中去玩兒，我便找幾個人陪你去。可是萬樹園地方太大了，一下子也玩兒不了許多，你到了園中，愛玩兒什麼地方，便叫他們引導，不必拘束。」英使稱謝，乾隆皇帝喜甚，立命和珅等數人為英使遊園伴侶。英使等騎馬入園，曲折行三英里，所見風景略與英國彼得福省的留墩相苦，而氣象之雄厚則過之。園中多奇樹，沿路都有叢菁，修治整潔，以其形態及大小不同，遂令全園景色隨地異趣。已而豁然開朗，眼前突現一湖，湖面廣大，大湖中已有一艘裝飾華麗之船停泊以待，旁邊又有小船數艘。英使等登船泛湖，船中陳設瓷瓶、古董及書畫，令人百看不厭。船既開行，一路所經宮殿及帷幄，共有四、五十處之多，建築特別，懸掛乾隆皇帝〈秋獮圖〉、〈功業圖〉，陳設玉瓶、瑪瑙、瓷器、漆器及歐洲地球儀、太陽系統儀、鐘表、音樂自動機、美術品等。所經各宮或各幄必有一寶座，其旁必有一如意，以象徵和平興盛之意。英使指出，萬樹園中的自然景色、人為裝飾，足令風雅之士流連把玩而不忍捨者，萬樹園中無不全備。遊園一日，和珅告知英使曰：「今天我們只看了全園東邊一小半，尚有西邊一大半未曾走到，異日再陪貴使玩兒罷！」八月十三日（09.17），乾隆皇帝萬壽聖節，英使等早晨三點鐘即起，往行宮祝壽。宴罷而退。和珅向英使言：「前日與貴使同遊萬樹園，只遊得東邊一半，今天不妨再至西園一遊。」又說：「東園富於庋藏之寶物；西園富於天然界之景色。雖同屬一園，而意趣各自不同。」和珅等即陪同英使復遊萬樹園。

十二、乾隆皇帝的歷史地位

　　康熙年間（1662-1722），南明政權已經結束，三藩之亂，也已經平定，臺灣也納入了版圖，全國統一，這個歷史背景，提供康熙皇帝開創盛運的良好條件。雍正年間（1723-1735）的賦役改革，使財政問題得到改善，國庫充足。儲位密建法的採行，使皇位繼承，不再紛爭，政局穩定。康熙皇帝、雍正皇帝勵精圖治，乾隆皇帝繼承了這種勤政的傳統。乾隆皇帝在位期間，承先啟後，使清初盛運維持一百三十年之久，把盛清時期的歷史舞臺擴大，擴大歷史空間，其間有延續，也有突破和創新。康熙皇帝、雍正皇帝是清朝盛運的開創者，乾隆皇帝是盛運的守成者。所謂守成，其實也有開創。乾隆皇帝在位期間（1736-1795），國運興隆達到了巔峰，文治武功，確實頗有表現，他的成就超越了康熙、雍正兩朝。乾隆皇帝諡號純皇帝，「純」是純正，德業純正完美，就是說明乾隆皇帝各方面的表現，都很完美，用人施政，並無重大瑕疵。乾隆皇帝的一生所追求的是完美的全，包括十全武功的「全」，十全老人的「全」，四庫全書的「全」，滿文全藏經的「全」，「全」就是乾隆皇帝一生所追求的目標，他追求的是時空的全和完美。探討乾隆皇帝的歷史地位，不僅是放在清初盛運的延續上，同時也應該放在開創的歷史舞臺上。後世史家評價乾隆皇帝明年倦勤，盛運走向下坡，開始中衰云云，並不符合歷史事實。單就十全武功而言，平定林爽文、安南戰役，兩次廓爾喀之役，都是在乾隆五十一年（1786）以後進行的。後人所看到的清朝盛運，主要是乾隆年間的表現。乾隆年間的文物，美不勝收，成就輝煌，琳瑯滿目。乾隆年間的成就，不僅超越了皇祖、皇父，也超越了漢唐。

轉經佩符

—— 以《轉天圖經》子丑末劫思想為中心

　　湖北沙市，在江陵縣東南，南隔長江，當水陸要衝，商旅雲集，貿易頗盛。乾隆年間，荊宜施道金祖靜、荊州府蘇長齡、江陵縣知縣姚雲倬聞沙市地方有人吃齋做會，即會同營員親往查緝，拏獲李純佑等人，並在李純佑家搜出《末刧》、《定刧》兩經及獲道榜文、符票等項。湖廣總督吳達善等以事關「邪教」，且經卷內語多「悖逆」，必須嚴密查辦，即飭蘇長齡等將李純佑等提解省城審究。乾隆三十四年（1769）八月十七日，蘇長齡押帶李純佑等人到省城。吳達善率同按察使德福、布政使閔鶚元、糧儲道李承鄴、驛鹽道朱椿、武昌府知府姚棻、荊州府知府蘇長齡將解到各犯逐加隔別研訊。吳達善奏摺抄錄李純佑供詞如下：

> 緣李純佑即李正顯，籍隸江西南昌縣，自動讀書未成，來至湖北江陵縣習藝裁縫生理。有已故江陵縣民賀坤，平日吃齋，家藏《三官》、《觀音》、《雷祖》、《玉皇》、《金剛》、《還鄉》、《末刧》、《定刧》等經八部，勸人茹素念經祈福免災。並於每年三月初三、五月十三、九月初九等日做會一次，未立會名。比有鄔連桂、陳心耀、黃正朝、黃著績、黃國相、殷昌齡等，與伊子賀祥、賀瑞俱隨同吃齋。乾隆二十五年春間，李純佑偶遇鄔連桂閒談，鄔連桂勸其入會吃齋，念經修善，可獲好報。李純佑聽從，即跟鄔連桂吃

齋，於五月十三日偕至賀坤家做會，有陳心耀、黃正朝、呂法搖、黃著續、彭守太、黃國相、劉正魁、賀祥等俱各在彼將《三官》、《觀音》、《末刧》、《定刧》等經諷誦而散。迨十二月賀坤物故，無人作會，均各開齋。至二十七年，賀祥因借欠黃昌緒錢三百文無償，遂將伊父遺經八部給與作抵。十一月，黃昌緒往外生理，將經寄放呂法搖家。二十九年十二月內，李純佑赴呂法搖家探望，見《末刧》、《定刧》兩經名色奇異，輒圖惑眾騙財，向呂法搖借抄，送還原本。李純佑因思必須添捏邪說，方能動人，遂於三十年正月內改編《五公末刧經》一本，內稱五公係彌勒佛轉世，妄加「戌亥子丑年大亂，刀兵爭奪，寅卯年百姓饑荒，人死無數，辰巳年方見太平」等句悖逆詞語甚多，經尾註李純佑抄寫字樣，以飾其自行編造痕跡，並於三十年八月內令木匠姜五倫雕龍頭小棒一根裝點金漆，飾爲受戒所用。又令刻字匠羅國太刊刻「報恩堂」三字木圖章一個，「段思愛」三字木圖章一個，本名「純佑」二字木圖章一個，倡立未來教名色，捏稱係山西安邑縣西古村老教主段思愛命伊充當會首。又將欲圖騙財情由告知彭永忠，令其轉倩羅國太刻成票板一塊，凡有從教之刷印紙票填入姓名以爲憑據，並詭稱死後將票燒化，可免墮地獄。復恐人不輕信，又捏造伊曾給過吃齋已故之荊門州建陽驛人李實勳前往山西段家尋老教主路程單一紙。又捏造李實勳由段家開給教祖係仕宦世裔，並令其到荊開教傳法路程單一紙。其由荊州往山西路程單前段係已故沙市民鄧老二代寫，後段係該犯自寫，註有李純佑名字。三十一年五月內，李純佑又以所編《五公末刧經》語句長短不一，難以諷誦，復編添躲兵避刼悖逆言詞，稱為《大唐國土末刼經》一本，並《定刼經》一本，後尾填有「正顯抄寫」四字，自行裝裱成頁，與入會之藍家福說知。又因吃齋做會必須尊重其詞，人始皈依。三十二年四月內，更捏造康熙六、七兩年旨意敘成護道榜文一篇，央同籍之徐斗山謄寫草本，謊稱榜文得自山西段家，以見此教年久路遠，冀人信從。該犯因欲謄寫榜文，自買黃綾托匠人羅貴裱畫龍邊榜式用黃綾套裝盛，尚未填寫，又用白綾黃紙畫符多張，稱為除邪納吉，騙人吃齋，每年正月、七月、十月，逢十五日做會，號為三元會，不拘男婦，入會者出錢自六十、八十至一百、二百文不等[1]。

　　由前引內容可知江陵縣民賀坤家藏《三官》、《觀音》、《雷祖》、《玉皇》、《金剛》、《還鄉》、《末刼》、《定刼》等寶卷八部。乾隆二十五年（1760）十二月，賀坤身故。乾隆二十七年（1762），賀坤之子賀祥曾向黃昌緒借欠錢三百文，因無力償還，遂將其父賀坤所遺八部寶卷給與黃昌緒作抵。同年十一月，黃昌緒出外生理，將寶卷寄放呂法搖家。乾隆二十九年（1764）十二月，江西南昌縣人李純佑赴呂法搖家探望，借抄《末刼》、《定刼》兩種寶卷，送還原本。乾隆三十年（1765）正月，李純佑為了傳教動人，將《末刼經》改編成《五公末刼經》，稱五公為彌勒佛轉世，並加添「戌亥子丑年大亂，刀兵爭奪，寅卯百姓饑荒，人死無數，辰巳年方見太平」等句，經尾標註「李純佑抄寫」字樣，以掩飾其自行編造痕跡。同年八月間，李純佑正式倡立未來教。乾隆三十一年（1766）五月，李純佑以所編《五公末刼經》語句長短不一，難以諷誦，又加添「躲兵避刼」等言詞，而改編成《大唐國土末

1　《軍機處檔・月摺包》（臺北，國立故宮博院），第 2771 箱，71 包，10731 號。乾隆三十四年十月初四日，湖廣總督吳達善奏摺錄副。

劫經》，並在《定劫經》後尾填寫「正顯抄寫」四字，並自行裝裱成冊，「正顯」就是李純佑的別名。探討干支末劫思想，《五公末劫經》或《大唐國土末劫經》，就是重要的文獻。

除《末劫經》、《五公末劫經》、《大唐國土末劫經》外，後世流傳的還有《天臺山五公菩薩靈經》，這部寶卷又稱《佛說轉圖經》，或稱《大聖五公海元救劫轉天圖經》，又作《大聖救劫轉天圖經》，簡稱《五公劫經》，或《五公尊經》，習稱《轉天圖經》。《轉天圖經》假托的五公菩薩，是誌公、朗公、康公、寶公、化公等五人。喻松青撰〈《轉天圖經》新探〉一文對五公菩薩作了詳細的介紹[2]。《轉天圖經》詳細敘述五公的故事，其中誌公又稱志公，五公菩薩就是以誌公爲首，稱爲寶誌。《太平廣記・異僧類》詳細記載釋寶誌的事跡。原書說：「釋寶誌本姓朱，金城人，少出家，止江東東道林寺，修習禪業，至宋大始初，忽如僻異，居止無定，飲食無時，髮長數寸，常跣行街巷，執一錫杖，杖頭掛剪刀及鏡，或挂一兩匹帛。齊建元中，稍見異迹，數日不食，亦無飢容。與人言，始苦難曉，後皆效驗。時或賦詩，言如讖記，江東士庶，皆共事之。」[3]原書記載頗多異迹，節錄一段靈迹故事，「齊太尉司馬殷齊之，隨陳顯達鎮江州，辭誌，誌畫紙作樹，樹上有鳥語云，急時可登此，後顯達逆節，留齊之鎮州。及敗、齊之叛入盧山，追騎將及。齊之見林中有一樹，樹上有鳥，如誌所畫，悟而登之，鳥竟不飛，追者見鳥，謂無人而反，卒以見免。」殷齋之的脫險，就是誌公的一個靈迹故事。《南史・隱逸傳》也記載誌公

---

2 喻松青著《民間秘密宗教經卷研究》（臺北，聯經出版公司，民國八十三年九月）。頁 41。

3 《太平廣記》（臺北，新興書局，民國五十一年八月），卷九十，異僧類，釋寶誌，頁 7。

的事跡，他於南朝宋泰始年間（465-471），出入鍾山，往來都邑。齊宋之際，開始顯靈跡，一日中分身易所，遠近驚赴。雖剃鬚髮而常冠帽，下裙納袍，俗呼爲誌公。好爲讖記，即所謂誌公符[4]。五代時，誌公的讖言，在南唐流行，傳說石龍山誌公所作鐵銘，說中了五百年後南唐的亡國。五公菩薩中的第二位是朗公，他原是一位印度高僧，曾師事佛圖澄，碩學淵通，尤明氣緯。第三位是康公，即康僧會，他是唐居人，世居天竺，吳赤烏十年（247），康公至建業，有神異事跡，在江東地區享有盛名。第四位是寶公《明一統志》記載，「寶公，隋開皇中，居真定解慧寺，嘗礱石爲柱，作門三楹，上爲樓，坐臥其上。後北虜來寇，縱火焚至寺，寶公從樓隙身而下，毫髮無傷。眾寇刃之，刀自斷。寇又舉火焚樓，火自滅。群冠驚駭，稽顙而去。」[5]寶公是隋朝開皇中（581-600）居河北真定解慧寺的高僧，他的神異，使群寇驚駭，知難而退。第五位是化公，他是傳說中的神仙人物。《轉天圖經》假托的五公菩薩，有的是具有靈驗神術好爲讖記的高僧，有的是碩學淵通，明通氣緯的隱逸，有的是服食有術的神仙人物。

　　《轉天圖經》是一部較有系統的經讖寶卷，在它的全部經文中，包括了對五公菩薩和觀音大士的崇敬、亂世悲慘的末刼觀，暗示真命天子下凡的讖語，天下太平的理想世界，寅卯信仰及其宗教道德修養等內容。雖然它的篇幅不長，但內容豐富，不僅展示了漢民族的一些傳統觀念、信仰和心態，同時也反映了他們的宇宙觀、政治觀、倫理觀等。就其宗旨而言，雖然《轉天圖經》是爲錢鏐圖王製造輿論，但其經文內容也反映了人民的疾苦、希

---

4 《南史・隱逸下》（臺北，鼎文書局，民國七十三年四月），頁 1900。

5 《明一統志》、《欽定四庫全書》（臺北，國立故宮博物院，文淵閣四庫全書），卷三，頁 59。

望和理想，具有一定的人民性 6。《大聖五公海元救劫轉天圖經》
敍述「昔無爲山通悟聖師，記大聖志公、朗公、康公、寶公、化
公五菩薩，共集天台山、毘丘沙門、覽觀中華之地，眾生造惡孽
重，干犯天怒，以致天降災劫，殺戮並興，瘟癀競發，此正滅絕
惡人之限，不論貧富貴賤，均遭此劫。於是五公菩薩，會造轉天
圖經，並造神符八十餘道，同行救護，流傳天下，令諸眾生受苦
者，得以免之。若有善男子，善女人，敬心書寫經符，燒香供養，
齋戒禮拜，朝夕虔誦，信受奉行，不遭殺戮，不染瘟癀，永免一
切災殃，家口平安，門庭吉慶，爾時轉天圖經翻爲長歌。」在《轉
天圖經》的歌詞中多處嵌入「寅卯」等字樣，譬如：「北陰黑風巡
世界，各處受災難。志公使立神符經，救護眾生命。必須過得寅
卯年，便是安樂天。」又如：「若讀吾歌佩吾符，萬劫難遭遇。申
酉年終愈速禍，戌亥更無躲。只恐時來子丑年，白骨掩荒田。」
「手持刀劍頻頻過，聽汝唱吾歌。江南兩浙多凶暴，天使魔軍到。
又有向後轉憂愁，老鼠上牛頭。」「牛羊食盡化爲塵，殆後始傷人。
後歲兩年逢子丑，看人如家狗。」「直言土木連丁口，卻在寅卯後。」
「今據此經翻此歌，恰似亂星多。略說世途證後事，凡庶須覺悟。
讀吾歌者保全身，得見卯年春。」《轉天圖經》中五公菩薩的偈語，
佔了較大的篇幅。在五公菩薩偈語中也多處嵌入「子丑」、「寅卯」
等字樣。譬如誌公菩薩偈語中有：「子丑之年人吃糠，大斗雖有無
米量。」「寅卯之年始下翔，子丑之年先無光。」「且須迴避山中
藏，歲到寅卯卻還鄉。」「豬頭鼠尾盡成灰，虎兔之年可大定，不
用干戈坐鳳臺。」康公菩薩偈語也有「戌亥相連擾，百姓極酸寒。
若逢寅卯歲，人人漸覺寬」等句。寶公菩薩偈語中則有「賊擾豬
狗年」、「鼠年世紛紛」、「虎兔有區分」、「豬狗自滅門」等句。《轉
天圖經》中的經文及偈語，主要在宣傳干支末劫思想，子丑年是

末劫年，子即鼠，丑即牛。在《轉天圖經》中，以大量的篇幅，描繪子丑末劫年代的悲傷景況，有所謂「時來子丑年，白骨掩荒田」、「逢子丑看人如家狗」、「子丑之年人吃糠」、「子丑之年先〔天〕無光」等讖語，歲逢子丑年，世人橫遭殃。首先是遭受天災，接著是妖魔競起，諸惡鬼施放毒氣，於是瘟疫四起，干戈相侵，人我相食，骸骨滿地。眾人敬信五公菩薩，虔誠誦讀經文，度過子丑年，等到寅卯年聖主明王出世，便是太平世的降臨。寅即虎，卯即兔。《轉天圖經》對寅卯年太平世的憧憬，處處可見，有所謂「過得寅卯年，便是安樂天」、「土木連丁口，卻在寅卯後」、「歲到寅卯卻還鄉」、「豬頭鼠尾盡成灰，虎兔之年可大定」等語，都是屬於寅卯信仰。五公菩薩在天臺山造經符，各有一本，試看子丑年，鬼兵從東方起行，百種惡病，黑風東起，七日七夜，大雨雷電，萬民留一，計自戌亥至寅卯年，須染黑旗豎起，災氣即止，帶五公菩薩之符，讀《轉天圖經》，更頌觀世音菩薩名號，方過此難。一家轉經，即免一家災難。若不信其經者，但看子丑年，必有末劫災難，黑風入境，朝病暮死。若欲得家眷平安，必須轉經佩符，寅卯年方始得知。

《轉天圖經》中詳載五公菩薩符式及觀世音大士咒語。其中誌公菩薩符十六道鎮中庭斬瘟疫瘤疾瘡痢。郎公菩薩符十六道鎮東方除刀兵黑風劫賊。寶公菩薩符十六道鎮西方斷社廟邪魔精怪。化公菩薩符十六道鎮南方禁官符口舌魔鬼。康公菩薩符十六道鎮北方解冤家惡夢蠱毒。以上各符用黃紙硃砂照式敬寫，擇潔淨處，虔誠供養，每日清晨焚香禮拜，自然菩薩降臨護佑，殺戮不遭，瘟疫不染，一切災厄，無不消除。由乾隆年間李純佑改編《五公末劫經》案件，可以反映子丑末刼思想及寅卯信仰的盛行。《五公菩薩救劫經符》是光緒戊戌年重刊本，影印原書符式如下。

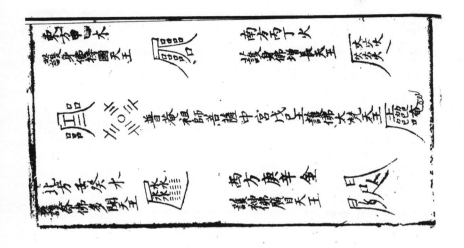

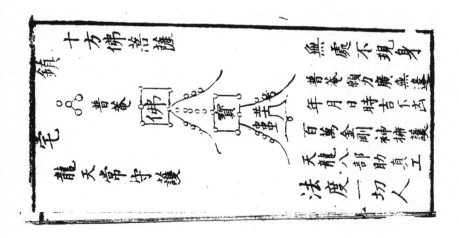

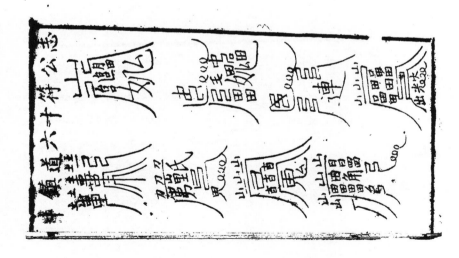

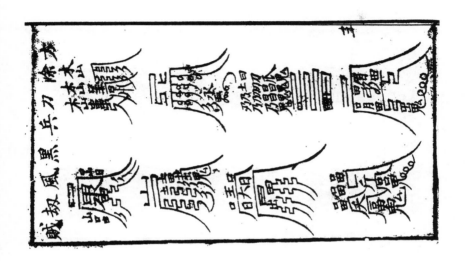

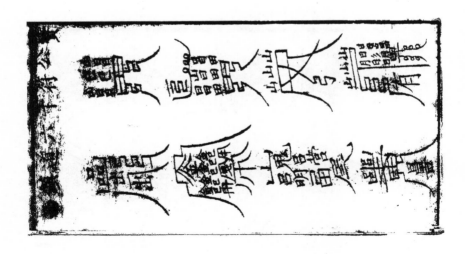

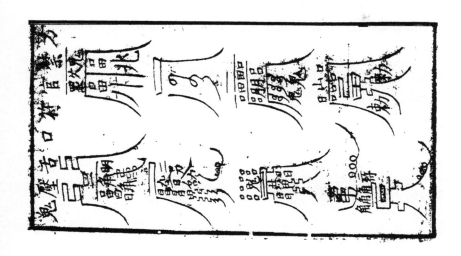

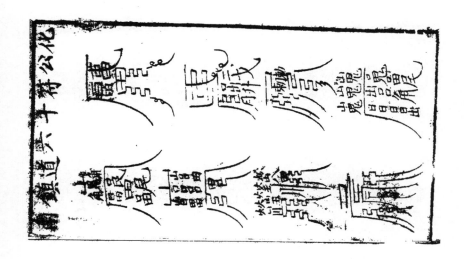

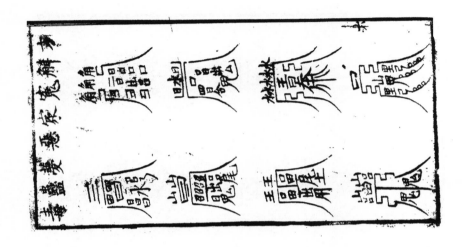

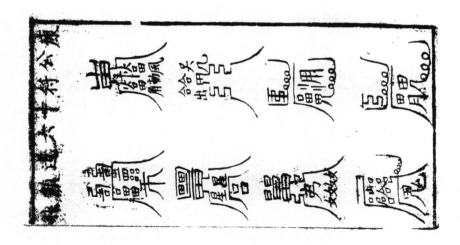

觀世音大士咒曰

南無佛馱耶　南無法馱耶　南無僧馱耶　救苦救難　觀世音菩薩

唵只多羅　唵嚩伽　唵伽　唵嚩伽　唵訶伽　唵嚩伽　唵伽

嚩伽伐囉　多伐囉　婆伐囉　天羅神　地羅神　人離難　難離身

咖裟娑代爲塵

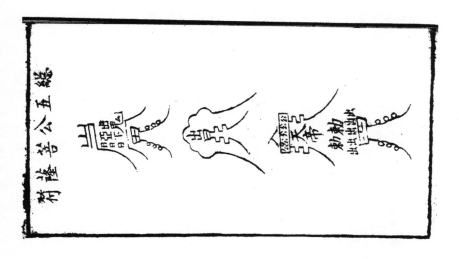

紅陽末劫

—— 以丙午丁未末劫思想為中心

　　干支是我國傳統社會裡十干和十二支的合稱。甲乙丙丁戊己庚辛壬癸爲十干，亦稱天干。子丑寅卯辰巳午未申酉戌亥爲十二支，亦稱地支。取義於樹木的幹枝，干支，亦作幹枝。東漢以前，止以紀日，建武後，始以干支紀年月日時。

　　民間秘密宗教各教派多宣傳干支末劫思想，相信從天干地支相配的變化，可以推算人世的吉凶禍福。南宋江山人柴望著《丙丁龜鑑》一書指出，在甲子六十年中，凡逢丙午、丁未的年分，天下都有變故，非禍生於內，即夷狄外侮爲患。根據柴望的統計，從秦昭襄王五十二年（西元前 255 年），歲次丙午，到五代後晉天福十二年（947），歲次丁未，前後共一千二百零二年間，丙午、丁未相逢的年分，歷經二十一次。可列出簡表如下：

歷年丙午丁未相逢年分簡表

順次	年分	西元	歲次	大事紀要	備註
1	秦昭襄王五十二年	255B.C.	丙午	周亡後一年	
	秦昭襄王五十三年	254B.C.	丁未	秦伐魏	
2	漢高祖十二年	195B.C.	丙午	燕王盧綰反	
	漢惠帝元年	194B.C.	丁未	箕氏朝鮮亡	
3	漢武帝建元六年	135B.C.	丙午	太皇太后崩	
	漢武帝元光元年	134B.C.	丁未	兵連禍結	
4	漢昭帝元鳳六年	75B.C.	丙午	烏桓犯塞	

	漢昭帝元平元年	74B.C.	丁未	帝崩	
5	漢成帝永始二年	15B.C.	丙午		
	漢成帝永始三年	14B.C.	丁未	星隕如雨	
6	漢光武帝二十二年	46	丙午	車師等附匈奴	
	漢光武帝二十三年	47	丁未	南郡蠻叛	
7	漢殤帝延平元年	106	丙午	帝崩、大水雨雹	
	漢殤帝永初元年	107	丁未	諸叛復叛	
8	漢桓帝延熹九年	166	丙午	黨錮之獄起	
	漢桓帝永康元年	167	丁未	帝崩	
9	魏文帝黃初七年	226	丙午	曹丕卒	
	魏明帝太和元年	227	丁未	蜀漢伐魏	
10	西晉武帝太康七年	286	丙午	京兆地震	
	西晉武帝太康八年	287	丁未	災異頻傳	
11	東晉穆帝永和二年	346	丙午	四月朔日食	
	東晉穆帝永和三年	347	丁未	桓溫敗漢兵	
12	東晉安帝義熙二年	406	丙午	譙縱稱藩	
	東晉安帝義熙三年	407	丁未	劉裕代晉	
13	南朝宋明帝泰始二年	466	丙午	崇憲皇太后崩	
	宋明帝泰始三年	467	丁未	都下大雨雪	
14	梁武帝普通七年	526	丙午	丁貴嬪薨	
	梁武帝大通元年	527	丁未	幸寺捨身	
15	陳後主至德四年	586	丙午	幸玄武湖	
	陳後主禎明元年	587	丁未	正月地震，隋滅梁	
16	唐太宗貞觀二十年	646	丙午	靈州地震	
	唐太宗貞觀二十一年	647	丁未	泉州海溢	
17	唐中宗神龍二年	706	丙午	京師旱，河北水	
	唐中宗景龍元年	707	丁未	彗星出於西方	
18	唐代宗大曆元年	766	丙午	洛水溢	
	唐代宗大曆二年	767	丁未	吐蕃陷原州	
19	唐敬宗寶曆二年	826	丙午	宦官弒帝	
	唐文宗大和元年	827	丁未	以旱降京畿死罪以下	
20	唐僖宗光啓二年	886	丙午	幽州等地失陷	
	康僖宗光啓三年	887	丁未	白骨蔽地	
21	後晉出帝開運三年	946	丙午	契丹入大梁執後晉出帝	
	後漢高祖天福十二年	947	丁未	晉劉知遠入大梁	

資料來源：柴望撰《丙丁龜鑑》、《漢書》、《後漢書》、《晉書》、《南
　　　　　史》、《新唐書》。

　　依照柴望的說法，丙午、丁未是厄歲，都是天下動亂的年代，人君必須修省戒懼。丙是天干的第三位。「丙」，滿文讀如"fulgiyan"，意即紅色的「紅」。「丁」，滿文讀如"fulahūn"，意即「淡紅」。五行中丙屬火，故以丙爲火的代稱。火，色赤，丙丁就是火日。未是十二生肖中的羊，丙午逢丁未，稱爲紅羊劫。紅陽是紅羊的同音字，紅羊劫又稱紅陽劫，民間秘密宗教宣傳紅陽劫盡，白陽當興，彌勒降生過了丙午、丁未就是紅陽末劫。

　　民間秘密宗教各教派普遍接受龍華三會的思想，認爲宇宙從開始到最後，必須經歷三個時期，即：龍華初會、龍華二會和龍華三會。初會的燃燈佛代表過去，二會的釋迦佛代表現在，三會的彌勒佛代表未來。在民間秘密宗教的寶卷中，對龍華三會的內容作了補充及發揮，成爲各教派教義思想的主要理論基礎。《皇極寶卷》指出，三世佛輪流掌教，無極會燃燈佛掌青陽教，煉成三葉金蓮，轉九劫；太極會釋迦佛掌紅陽教，煉成五葉金蓮，轉十八劫；皇極會彌勒佛掌白陽教，煉成九葉金蓮，轉八十一劫。民間秘密宗教將世界歷史中過去、現在、未來三個階段，稱爲三極世界。世界要經歷三次大劫，每次大劫後，世界就發生一次巨大變化。三次大劫中的最後一劫，就是末劫，稱爲紅陽劫。過了丙午、丁未紅陽劫盡，白陽當興，彌勒降生，天下太平，彌勒下凡掌管世界的理想即可出現。清茶門教等教派傳教的主要理論，就是在宣揚三世佛輪管天盤的思想。

　　以八卦爲主導力量的民間秘密宗教所宣傳的閏八月，也是紅陽末劫的劫變思想。閏八月就是變天的時機。根據民間流傳的曆書，從明武宗正德十五年（1520）至清德宗光緒二十六年（1900），前後三百八十年間，其間共經歷了十一個閏八月。其中嘉慶十八年（1813），歲次癸酉，閏八月，不見於官方頒佈的時憲書。因此，就官方曆書而言，只有十個閏八月。《上諭檔》記載了欽天監遵旨修改曆書隱諱閏八月的經過，嘉慶十六年（1811）四月二十三日，《內閣奉上諭》云：

> 前據管理欽天監事務定親王綿恩等奏，查得嘉慶十八年癸酉時憲書，係閏八月，是年冬至在十月內，爲向來所未有，因復查得十九年三月亦無中氣可以置閏，應否改爲十九年閏二月等語。朕思置閏，自有一定，非可輕言更易，恐該監推算之處，或有訛舛，因降旨交綿恩等再行詳細通查。茲據奏稱，溯查康熙十九年、五十七年俱閏八月，是年冬至仍在十一月，與郊祀節氣均相符合。今嘉慶十八年閏八月，冬至在十月內，則南郊大祀不在仲冬之月，而次年上丁、上戊又皆在正月，不在仲春之月，且驚蟄春分，皆在正月，亦覺較早，若改爲十九年閏二月，則與一切祭祀節氣，均屬相符。復將以後推算至二百年，其每年節氣，以及置閏之月，俱與時憲無訛等。定時成歲，所以順天行而釐庶績，南郊大祀，應在仲冬之月，上丁、上戊應在仲春之月，此外一切時令節氣，皆有常則。今據該監上考下推，直至二百年之遠，必須改于嘉慶十九年二月置閏，始能前後脗合，實爲詳慎無訛，自應照此更正。至該監此次推算，據稱係時憲科五官正王嵩齡、何元泰、陳恕、何元海四員將十八年時憲書與萬年書校出之後，向該堂官告知，復行詳查具奏等語。王嵩齡等四員俱著施恩各加二級，其管理監務之定親王綿恩著施恩紀錄二次，監正額爾登布、福文高、監副吉寧、陳倫、李拱辰、高守謙俱著施恩各加一級。至從前何以于嘉慶十八年八月率行置閏，彼時職司推步者，實有錯誤，著該監查明如其人尚在，應奏聞交部議處，

候旨治罪，摺併發[1]。

陰曆每月上旬的丁日，稱為上丁，歷代帝王以仲春、仲秋上丁為祭孔的節日。陰曆每月上旬的戊日，稱為上戊，仲春、仲秋上戊，祭於太社。清朝上丁、上戊是在仲春之月，南郊大祀則在仲冬之月。從前職司推步者，已於嘉慶十八年（1813）置閏八月。時憲科五官正王嵩齡等人將閏八月改於嘉慶十九年（1814）二月置閏，是因冬至在十月內，南郊大祀不在仲冬之月，上丁、上戊皆在正月，不在仲春之月。《內閣奉上諭》所載修改曆書的動機，並非事實。欽天鑑更改時憲書的原因，不僅在順天行而已，其主要原因是由於嘉慶十六年（1811）彗星見於西北方，天象主兵，閏八月又是民間宗教信仰的末劫年，所以欽天監奏請修改曆書，將嘉慶十八年（1813）閏八月改於嘉慶十九年（1814）二月置閏。官方時憲書雖然取消了嘉慶十八年（1813）的閏八月，但是民間依然沿用舊的曆書，流傳著閏八月天象主兵對清朝政權不利的變天歌謠。以八卦為主導力量的民間秘密宗教，更是極力宣傳閏八月為紅陽末劫的劫變思想，天上換盤，就是地上變天的年代，紅陽末劫，既已降臨，清朝政權，亦當終結。

八卦教的組織，是按照地理方位，分為乾、震、兌、離、巽、坎、艮、坤八卦，每卦設一卦長，各掌一教。天理教因分青、紅、白三色名目，所以又名三陽教。因分八卦，所以又稱八卦教[2]。直隸宛平縣人林清是天理教起事時的首領，林清等人推算天書後宣稱，彌勒佛有青羊、紅羊、白羊三教，此時白羊教當興。青羊即青陽，紅羊即紅陽，白羊即白陽。民間習俗常以羊代表陽，古畫

---

1 《上諭檔》，嘉慶十六年四月二十三日，內閣奉上諭。
2 《欽定平定教匪紀略》，卷二十六，頁22。嘉慶十八年十二月十六日，據那彥成奏。

中多繪三隻羊，以表示三陽開泰。干支丙午、丁未紅羊末劫，就
是紅陽劫。民間秘密宗教又從而附會未來的太陽是白的，以符合
彌勒教或白蓮教尙白的信仰。據天理教坎卦教教首程毓蕙供稱：
「現在是釋伽佛掌教，太陽是紅的。將來彌勒佛掌教，太陽是白
的[3]。」天理教中的天書內記載著「八月中秋，中秋八月，黃花滿
地開放」的讖語。句中第二個中秋，就是閏八月中秋，相當於清
廷新頒時憲書中的嘉慶十八年（1813）九月十五日。

　　林清等人推算天書後，算出這一年的閏八月是紅陽末劫，白
陽教當興，彌勒佛降生。於是假藉天書，宣傳閏八月交白陽劫，
是變天的時機，於是暗中聯絡各卦的卦長，準備起事應劫。嘉慶
十八年（1813）四月間，河南滑縣卦長于克敬等人前往直隸宛平
縣宋家莊，與總當家林清密商大計。林清宣稱閏八月十五日即九
月十五日將有大劫，已聯絡武官曹綸、太監高福祿等人爲內應，
訂期於嘉慶十八年（1813）「四五月三五日」一齊動手。所謂「四
五」即四加五，和數爲九，將「九」拆爲四和五，四五月即九月。
所謂「三五」，即三乘以五，積數爲十五，三五日即十五日。「四
五月三五日」暗藏九月十五日，即閏八月中秋。林清等人果然於
閏八月十五日率領天理教信眾應劫起事，攻進紫禁城，計劃趁嘉
慶皇帝回鑾時刺駕。但因八卦各路信眾未能如期會合，起事遂告
失敗，天理教首夥信眾，多被官府拏獲誅戮，善男信女遂成爲宗
教信仰末劫論的犧牲品。

3　《欽定平定教匪紀略》，卷二十九，頁 7。嘉慶十八年十二月二十六日，
　據章煦奏。

林清畫像，清人繪舊照

林清（1770-1813），直隸宛平縣人，
天理教首領。嘉慶十八年（1813），起
事失敗被捕。

洗冤別錄

—— 以江蘇山陽縣亡魂附身案為中心

　　萬物有靈、靈魂不滅和靈魂相通的思想，是複雜靈魂概念的集中表現，薩滿信仰的靈魂概念，就是以萬物有靈、靈魂不滅和靈魂相通爲思想基礎，並以武術爲主體和主流，從古代北亞巫覡信仰脫胎而來的複雜文化現象。

　　薩滿信仰相信人們的靈魂，尤其是已故的亡魂與各種魂靈，可以交往溝通，互相轉移或滲透，因而產生一種靈魂轉體的思想。亡魂可以附在人體內，亡魂附身後，可以發生異常變化，造成各種影響。

　　薩滿在平時，與一般人並無不同，當薩滿跳神作法時，因所附身的魂靈或神祇不同，而形象不同。薩滿跳老虎神時，是因附身的爲老虎神，薩滿即失去本色，而出現老虎的的動作及聲音。《黑龍江外記》記載薩滿降神附身，薩滿即無本色，「如老虎神來猙獰，媽媽神來則噢咻，姑娘神來則靦覥[1]。」《雞林舊聞錄》記載吉林舍嶺村滿族許願祭祖儀式進行的次日，薩滿跳神時，附身的神祇，除祖先神外，還有牛神、馬神、虎神、狼神、豹神等等，譬如「狼

1　西清著《黑龍江外記》（臺北，臺聯國風出版社，民國五十六年十二月），卷六頁 15。

神來時爲狼叫」、「虎神來時爲虎叫」[2]。薩滿跳神發出狼叫的聲音，是因狼神附身。發出虎叫的聲音，是因虎神附身。

在傳統漢族社會裡，借屍還魂或亡魂附身的傳說，可謂耳熟能詳。《西遊記》第十二回記載均州人李翠蓮的亡魂借唐太宗御妹玉英宮主的屍體還魂死而復生的故事。但是，因亡魂附身而洗冤的案件，卻是法制史上較罕見的個案。清代嘉慶年間，江蘇山陽縣因水災冒賑毒害查賑委員李毓昌的命案，經由亡魂附身而查明真相，可以作爲清代洗冤錄的補充奇案，對研究清代民間信仰及法制史，都提供珍貴的參考價值。

李泰運、李泰清、李泰寧兄弟三人，籍隸山東即墨縣。李泰清於乾隆四十四年（1779），入即墨縣武學。李泰運之子李毓昌，就是李泰清的姪子。嘉慶十三年（1808），李毓昌中式進士，嘉慶皇帝於引見時，以知縣分發江蘇即用。經江蘇上司委赴山陽縣查勘水災，竟因查賑自縊身故。《上諭檔》抄錄李泰清供詞頗詳，節錄一段內容如下：

> 我于乾隆四十四年入本縣武學，兄弟三人，我行二，這李
> 毓昌是我大哥李泰運的兒子，他並無弟兄子嗣，現有一女，
> 我與三兄弟李泰寧及姪媳，林氏俱係同居度日。我兄弟李
> 泰寧生有兩子，我現有四子，次子生有一孫，名叫齡雙，
> 現年七歲。上年十月十七日，我自本籍起身。十一月初九
> 日到江窰，姪子李毓昌已往山陽查賑去了。我隨前往看望。
> 次日，到山陽找到善緣菴，見逢李祥們腰繫白布帶，即向
> 查問。李祥說我姪子已自縊死了，我當時痛哭，問他們因
> 何吊死？李祥們說姪子到陽後精神恍惚，語言顛倒，像瘋

---

[2]　《雞林舊聞錄》（吉林，吉林文史出版社，1986 年 6 月），頁 276。

迷的樣子，因病吊死，府縣一同相驗裝殮的。我信以爲實。
所以沒有將屍棺開看。李祥們說姪子死後，一切衣衾棺木，
俱係王知縣料理，知府曾來祭弔，叫我都去謝過的。我面
見王知縣時，他說與我姪子相好，我搬柩回籍盤費，他都
預備，後來送過元絲銀一百五十兩，我于十二月初六日起
身，本年正月十六日到即墨，值姪子五七燒紙，我與姪媳
林氏商量，要將他平素穿的蟒袍燒給他，打開衣箱，取出
蟒袍，隨查看別的衣服，見他皮袍前面有血跡一道，自胸
前直於下衿，兩袖口外面，亦有血跡，似反手在嘴上揩擦
的，馬掛面衿也有一大塊血。我與姪媳心裡惑怕不是弔死
的，要開棺看視，就拔釘揭開棺蓋，見姪子臉有石灰，將
石灰擦去，臉上青黑色，解開衣服，渾身青黑。照著「洗
冤錄」用銀針探視，果然是黑的，用皂角水洗之不去，纔
知道是受毒死的，所以來京告狀是實[3]。

　　由引文內容可知李毓昌遇害後，李泰清扶柩返回山東即墨縣
原籍，於嘉慶十四年（1809）正月十六日抵達即墨縣後開棺發現
李毓昌是被毒害的，所以入京告狀。山東巡撫吉綸遵旨派委多員
開棺檢驗李毓昌屍身，上下骨節，多係青黯黑色，實屬受毒後縊
死。山東所派人員曾訪聞李毓昌亡魂附身的傳說，《上諭檔》有一
段記載說：

　　　　訪聞有李毓昌故友荊崇發於本年正月二十二日陡發狂言，
　　　　昏迷倒地。自稱我係李毓昌自山陽回來，我死得好苦，哭
　　　　泣不止。荊崇發旋即氣絕等語[4]。

　　引文中的荊崇發是李毓昌的故友，因已故李毓昌的亡魂附

3　《上諭檔》，嘉慶十四年七月十一日，李泰清供詞。
4　《上諭檔》，嘉慶十四年六月二十一日，字寄。

身，所以荊崇發自稱是「李毓昌」，從江蘇山陽縣回家，哭喊「死得好苦」，身死不明，朝廷震怒，下令嚴辦。《上諭檔》也抄錄李毓昌之叔李泰清供述已故李毓昌亡魂附身的傳聞。節錄其供詞如下：

> 本年二月，不記日子，有與姪子向日同窗的荊仲法，在本縣豆腐店地方騎著驢走，見有人夫轎馬從對面西大路來了，是一個官長，隨即下驢，那官長下了轎，他認得是我侄子，向我侄子說，他做了棲霞縣城隍去上任的。荊仲法當時害怕走回，向他女人告知，並說他頭疼得利害，叫他女人扶上炕去躺下後，就要茶喫。拿得茶來，就大哭說：是我見了茶想起我從前喫茶時服毒後死得好苦。荊仲法的女人聽得不像他男人聲音，問他是誰？他說我是李毓昌，我到棲霞上任，遇著同窗荊仲法，請他去幫我辦事的，荊仲法旋即死了。這話是荊仲法女人說出來的是實[5]。

引文中的荊仲法，當即荊崇發，同音異寫，是李毓昌的同窗故友，亡魂附身的情節雷同。惟供詞中的角色錯亂，語焉不詳。供詞的情節，重新整理後，其大意是說嘉慶十四年（1809）二月，荊仲法在即墨縣豆腐店地方騎著驢走，見有人夫轎馬從對面西大路過來，是一個官長，荊仲法隨即下驢，那官長下了轎。荊仲法認得那官長是李泰清的侄子李毓昌的亡魂，侄子李毓昌的亡魂向荊仲法說他做了棲霞城皇去上任的。荊仲法當時害怕走回家，向他女人告知，並說他頭痛得利害，李毓昌的亡魂開始附身，見了茶就想起在山陽縣喫茶時被毒死而大哭。因為附身的是李毓昌的亡魂，所以不像荊仲法的聲音。李毓昌的亡魂要到棲霞當城隍，請同窗故友荊仲法幫他辦事，荊仲法不久就突然死了，荊仲法的

---

5 《上諭檔》，嘉慶十四舞七月初十日，李泰清供詞。

亡魂也到棲霞幫城隍李毓昌辦事去了。山東即墨等地，亡魂附身的傳說，不脛而走。姑且不論亡魂附身的真實性究竟如何？但是，李毓昌命案受到嘉慶皇帝的重視，卻是事實。

《寄信上諭》中已指出，此案江蘇省於初驗時，若先無情弊，該府縣何以將該故員服毒一節，全行隱匿不報，而該上司亦即據詳率題，若該故員自行服毒縊死，棺殮時又何以有黃紙、符籙，並小鏡等件，且用石灰塗抹屍面，種種情節，弊實顯然。嘉慶十四年（1809）六月二十一日，辦理軍機處遵旨寄信兩江總督鐵保，密委精細誠實之員，確加體訪，究竟李毓昌如何被毒，係屬何人起意同謀，務得實情，詳悉具奏。嘉慶皇帝同時諭令將一干要證解京審訊，交軍機大臣會用刑部將拏到犯證嚴切訊究，不能絲毫掩飾。

馬連升，又作馬連陞，是李毓昌的家人。嘉慶十四年（1809）六月二十三日，軍機大臣會同親提馬連陞詳加訊問。《上諭檔》抄錄馬連陞供詞云：

> 我於上年九月跟隨故主李毓昌前往山陽縣各鄉查賑，於十月二十八日回至淮安城。初六日，山陽縣王太爺請我主人吃酒。我主人行至縣署大門前，王太爺適有公事出門，未得親陪，有王太爺之弟同幕友李姓並同派查賑之委員林姓、龔姓一同吃酒，至二更席散，王大爺方纔回署，令伊家人重與在座各客徧行換茶。我主人吃茶後，即覺言語有些顛倒，問我的鋪蓋曾否取來。縣署眾人俱覺其言恍惚。我主人隨即回至所住善緣菴寓處，並向我們說縣裡可曾來抄我家，怕要將我解到蘇州去的話。我同李祥解勸了幾句，顧祥將預先泡下壺茶斟了一盃，放在桌上，我主人吃了坐了一會，即上床要睡，並吩咐我們說明日早起到淮安府稟

辭收拾，雇船回省銷差，隨令我們挈出燈去帶掩房門，自
行脫衣睡下。我們三人亦即至南房東間，各自睡了。次早，
李祥先起，到主人房內，忽然聲喊說主人上了吊了。大家
進房瞧看，已經氣絕，隨赴山陽縣報明。少刻淮安府同山
陽縣同來相驗，仵作將主人屍身解下驗畢，喝報係屬自縊
身死。我在旁觀看，只將胸前衣服解開，並脫去襪子一隻
看視，其餘別處，並未細驗，當即脫換衣服殯殮，脫下馬
褂時，我見前面有幾點血跡，口角上亦有血痕，仵作等當
將血痕拭去。次日盛殮，陰陽生用紙符，小鏡放在胸上，
這是我親見的。至我主人因何自尋短見？我實不知道。惟
十一月初三、四日間，聽得李祥說主人赴縣署與王太爺講
起查賑事務，因報冊數目，彼此爭論，意見不合。主人原
派查四鄉，查過二鄉，餘下二鄉，王太爺要叫典史代查，
算我主人查的，我主人不肯，又曾向書吏要戶口總冊，書
吏不肯付與。至初五日方纔送來，主人曾說他欺我初任，
將我當小孩子看待，我實氣不過的話。又初六日赴席時，
我見王太爺回署時，有林姓委員同伊在院內密語，聽得林
委員有你上緊辦，我一、二日就回去之語，王太爺說我曉
得了，亦不知所說何事？或此內有可疑情節，此外我實不
能指出等語[6]。

引文中的王太爺即山陽縣知縣王伸漢。李毓昌與王伸漢因查
賑事務，意見不合，雖然是事實，但是，軍機大臣認為馬連陞言
辭狡猾，所供之語，多似預先捏就，藉以搪塞，未足憑信。馬連
陞又供出，嘉慶十三年（1808）十一月初七日，淮安府、山陽縣

---

6 《上諭檔》，嘉慶十四年六月二十三日，馬連陞供詞。

同來菴內相驗李毓昌，淮安府知府走後，山陽縣知縣王伸漢將李毓昌家信撕掉，查賑賬簿二本，零星紅紙書扎、白紙字跡等全行拿去。江蘇將王伸漢等押解入京後，軍機大臣遵旨會同刑部連日熬訊。軍機大臣等親提王伸漢等嚴究李毓昌如何受毒？又因何縊斃各情。王伸漢始猶狡展，加以擰耳跪鍊，逐細究詰，直至日晡，王伸漢始供出起意謀毒原因。《上諭檔》抄錄王伸漢供詞云：

> 李毓昌身死一事，因李毓昌查來戶口有九千餘口，我要他添至一萬餘口，我向李毓昌的家人李祥商量，叫他勸主人通融，都可沾潤。李祥隨告訴我，他主人不肯，後來李毓昌來署，我又當面與他商量，他仍是不肯。隨後李祥通信與我說他主人要稟藩司，稿底已預備了。我說此事你主人不依，反要通稟，你且回去，我再商量。李祥走後，我就向我管門家人包祥說李委員要通稟了。包祥就說何不與李祥商量謀害他？我說此事太過，你們且打聽他到底稟不稟再說，這是初五日的話。初六日，因是節下，我請委員們來署喫飯。我因本府傳去審海州的命案，夜深回署，酒席已散，送客後我就睡了。初七日早，包祥說前日的話已與李祥說了，許他一百兩銀，薦他地方，他已應許。但一人不能辦，他又與馬連陞商量，也許他一百兩銀，薦他地方，馬連陞也應許了。昨晚李知縣回寓，李祥預備了一壺茶，內放毒藥，乘李知縣要茶時與他喫了，後因毒輕，恐不濟事，因與馬連陞商量，將李知縣吊上身死，這是李祥於初七日報他主人自縊時私向包祥說知，包祥告訴我的。我因此事業已辦成，我也不得不迴護了。當時將委員自縊如何相驗之處，稟府請示，本府吩咐說我去同你相驗，當時同到菴內。我見李毓昌口內有血跡，即吩咐仵作先將血跡洗

去，以便相驗。那時本府並未留心驗看，祇就未卸吊時在房門外望了一望，後來就到公座上坐了，離得尚遠，因未看出被毒情形，仵作我只叫他洗去血跡，微示其意，並未向他明說。後來李祥、馬連陞我都照數酬謝他，每人一百兩銀子，這些情節，都可與包祥、李祥、馬連陞們質對的是實[7]。

山陽縣已革知縣王伸漢經擰耳跪鍊後，雖然供出王伸漢因辦賑要多報戶口，李毓昌不肯，因此，起意謀毒。但軍機大臣等詰以如何謀毒情形，王伸漢並未指出確據，反覆究詰，忽認忽翻。軍機大臣即飭司員等將各犯押赴刑部，將王伸漢所供情節向馬連陞嚴切跟究。馬連陞尚復飾詞支展，經熬訊至四更以後，馬連陞始將輾轉商謀下手致死各情節逐細指供如繪。《上諭檔》抄錄馬連陞供詞全文如下：

上年冬月初六日，山陽縣請李本官，我與李祥跟去，至二更時回寓的，本官已有些醉了，就坐下要茶喝，李祥在外間屋裡倒了一鍾茶送給本官接過喝了，李祥又倒了一鍾茶放在桌上，本官坐着吸咽，說了會閒話，又把那鍾茶喝了，我伺候脫了衣服睡下了，我也各自回房脫了衣服在被窩內坐着，聽見有人叫門，李祥出去，隨同着一人進來，在黑暗中說話。我問李祥是誰？問了幾句，李祥纏說是包祥、顧祥，隨出去了。三人又說了一回話，我說你們何不到屋裡有燈的地方坐。李祥先進來了，我問包祥這會來做甚麼？包祥說要請老爺起來，有要緊話說，包祥就與顧祥一同進來。我說有話我去告訴，何必請老爺起來。李祥說老爺吃

---

7 《上諭檔》，嘉慶十四年六月二十九日，王伸漢供詞。

了藥了，我說老爺沒病，為甚麼吃藥呢？李祥說老爺吃的是毒藥。我嚷說你為甚麼給老爺毒藥吃？李祥說包祥拿了毒藥來交給他，他放在茶鍾裡給老爺吃了。我就向包祥、李祥不依，問他為甚麼害我們老爺？我要喊嚷。包祥、李祥說不用嚷，毒藥已經給老爺吃了，你嚷也有你，不嚷也算有你，我就不敢聲張，包祥隨許給我一百銀子。包祥就叫李祥去騙老爺起來。老爺還說這會有何話說？李祥答應包祥說有要緊的話，老爺就穿好了衣服襪子起在床面前站着。李祥隨叫包祥進去，顧祥也進去了，我隨跟到門外瞧看，李祥、顧祥走到老爺挨身兩傍站著，包祥走到背後，兩手抱住當腰，李祥們拉住兩邊胳膊，老爺嚷說這是做甚麼？李祥緊拉兩胳膊。包祥乘空解下他自己的裌包，將老爺連頭帶嘴繞了幾圈，包祥向門外叫我說你還不進來嗎？他就在床上取了老爺繫腰的藍裌包撩給我，並說快拴在樑上罷！我因被包祥們嚇唬，只得依從進屋，站在床上，將裌包在樑上繞了兩道，底下打上扣，他們三人將老爺扶上吊起，我就出來了，他們三人略遲一會也出來了，我問包祥你們到底為甚麼將老爺害死？包祥說因我們老爺嫌他查賑礙手，還要稟上司，不但將來難領銀子，還怕鬧出事來，原是要毒死他的，因怕毒輕不能就死，裝作縊死，又好掩飾，這纔妥當了，他就走了。那時有三更多天，我同李祥、顧祥就睡了，也不知和尚元福是多早回來的。初七日早，李祥推門進去喊叫起和尚來，就叫我同他到縣裡報去。隨後王知縣同本府來相驗，寫了我們三人的口供就走了。次日，王知縣又來看着，叫人裝殮的。過未幾天，李祥回來說他去找包祥要銀子，包祥不肯給，反問李祥要甚麼銀子的話，李祥就不敢問他了，許我的一百銀，我也不敢向他要了，所供是實[8]。

嘉慶十四年（1809）七月初六日，軍機大臣等遵旨將續行解到的李祥、顧祥等撑耳跪鍊，分別嚴審，各犯俱供出實情。同年七月初十日，《內閣奉上諭》指出，「似此慘遭奇冤，實從來未有，允宜渥沛恩施，以示褒慰，故員李毓昌前已有旨令吉綸即委妥員將其屍棺加槨送回，交伊家屬安葬，著施恩加賞加知府銜，即照知府例賜卹，並著吉綸派令登州府知府前往李毓昌墳前致祭，仍俟案犯定擬後，將要犯二人解往山東，於李毓昌墳前正法，以申公憤，而慰忠魂。朕昨親製『憫忠詩』五言排律三十韻，為李毓昌闡揚幽鬱，並著吉綸採取碑碣石料，量定高寬丈尺奏明，再將御製詩章發往摹刻，俾循吏清風勒諸卓珉，用垂不朽[9]。」李毓昌命案，確實是慘遭奇冤，御製「憫忠詩」的摹刻碑碣，旨在闡揚幽鬱，以慰忠魂。《上諭檔》抄錄「御製憫忠詩三十韻」如下：

君以民為體，宅中撫萬方；分勞資守牧，佐治倚賢良；切念同胞與，授時較歉康；罹災逢水旱，發帑布銀糧；溝壑相連續，飢寒半散亡；昨秋泛淮泗，異漲並清黃；觸目憐昏墊，含悲覽奏章；痌瘝原在抱，黎庶視如傷；救濟蘇窮姓，拯援及僻鄉；國恩未周遍，吏習益荒唐；見利即昏智，圖財豈顧殃；濁流溢鹽瀆，冤獄起山陽；施賑忍吞賑，義忘禍亦忘；隨波等癡狗，持正犯貪狼；毒甚王伸漢，哀哉李毓昌；東萊初釋褐，京邑始觀光；筮仕臨江省，察災莅縣莊；欲為真傑士，肯逐黷琴堂；揭帖纔書就，殺機已暗藏；善緣（庵名）遭苦業，惡僕逞凶鋩；不應干　刑典，

惟知飽宦囊；造謀始一令，助逆繼三祥；義魄沉杯茗，旅
魂繞屋梁；棺屍雖暫掩，袖血未能防；骨黑心終赤，誠求
案盡詳；孤忠天必鑒，五賊罪難償；癉惡法應飭，旌賢善
表彰；除殘警邪慝，示準作臣綱；爵錫億齡煥，詩褒百代
香；何年降申甫，輔弼協明揚[10]。

　　嘉慶皇帝「御製憫忠詩三十韻」是為李毓昌而作，君以民為
體，佐治倚賢良，冤獄起山陽，施賑忍吞賑，毒甚王伸漢，哀哉
李毓昌，揭帖纔書就，殺機已暗藏。造謀始一令，即指知縣王伸
漢。助逆繼三祥，即指家人包祥、李祥、顧祥三人。然而孤忠天
必鑒，冤獄終獲平反，嘉慶皇帝含悲覽奏章，「御製憫忠詩三十韻」
描繪了江蘇山陽縣慘絕人寰冒賑害命奇案，字裡行間，充滿血淚。
各犯俱按律例治罪，嘉慶十四年（1809）七月十一日，奉旨，李
祥、顧祥、馬連陞俱著凌遲處死，包祥著即處斬。李祥等三犯均
謀害其主，而李祥於其主李毓昌查出王伸漢冒賑，欲稟藩司之處，
先行密告包祥，轉告王伸漢。迨包祥與王伸漢謀害其主，亦先與
李祥密商。李祥首先應允，商同顧祥、馬連陞一同下手。因此，
李祥一犯尤為冒賑案緊要渠魁，奉旨派刑部司官一員將李祥解赴
山東，沿途飭令地方官多派兵役防範，到山東後交巡撫吉綸轉飭
登州府知府押至李毓昌墳前，先刑夾一次，再行處死，然後摘心
致祭，以洩憤恨。包祥首先設計，狠毒已極，奉旨先刑夾一次，
再行處斬。顧祥、馬連陞二犯奉旨各重責四十板，再行處死，派
刑部堂官押赴市曹，監視行刑。王伸漢一犯，因李毓昌持正不肯
隨同冒賑，竟與包祥謀毒致死，奉旨立予斬決[11]。仵作李標於王
伸漢斬罪上減一等，杖一百，流三千里。雖年逾七十，不准收贖。

10　《上諭檔》，嘉慶十四年七月十一日，御製憫忠詩三十韻。
11　《上諭檔》，嘉慶十四年七月十一日，奉旨。

兩江總督鐵保奉旨革職，發往烏魯木齊効力贖罪。江蘇巡撫汪日章年老無能，奉旨革職回籍。江寧政使楊護奉旨革職，留河工効力，兼署按察使胡克家，奉旨革職，留河工効力。淮安府知府王轂知情受賄，同惡相濟，奉旨絞立決。同知林泳升是查賑總查之員，奉旨發烏魯木齊効力贖罪，其餘查賑各委員分別杖流，以慰忠魂。王伸漢之子四人，本應全行遣戍，因皆幼稚無知，奉旨將其長子恩觀收禁，俟其及歲時，發往烏魯木齊，其餘三子加恩釋回。江蘇山陽縣冒賑案，至此告一段落。

御製憫忠詩三十韻

君以民為體　宅中撫萬方　分勞資守牧　佐治倚賢良
切念同胞與　投時穀獻賑　災遂水旱發帑布銀粮
溝整相連績　飢寒羊散亡　咋秋汍泗異漲羌溝黃
瞞目悸昏弈　含悲奏章病原在抱聚辰祝如傷
救濟蘇窮姓　拯援及佇鄉四恩未周遍史習益荒居
見利即忘智圖竊訣流遂贓流冤獄起山陽施
賑忍吞賑義忘禍亦忘隨波苓疾徇持正化貪狼姜
仕跆江省察災靡莊秋為真傑士肯近蹢躅掣空摺
甚王伸漢永武李無昌求萊初耀禍京邑始親光堅
不應十刑與惟如飽宦橐造謀始一個送檻三祥
帖詭書就設棋乙暗藏善緣磽遷苦業恩慘運山鉈
義魄沉杯苦旅魂坐棺尸雖昏拖軸血未能防
骨黑心終亦求素書祥孤天必鑒五賊罪難償瘁
惠法應傷故放賢善表彰除殘邪悪未準作佞姦錫
億齡煥詩象百代杳何年降申甫媊綱謚明楊

嘉慶皇帝御製憫忠詩

扶鸞禱聖

—— 以清代扶乩文化為中心

　　扶鸞是我國傳統社會的一種民俗活動，兩人合作，以箕插筆，在沙盤上劃字，以卜吉凶。扶鸞亦稱扶乩或扶箕，是起源很早的一種占卜術。俞樾撰《茶香室叢鈔》指出，扶箕插箸爲嘴，使畫粉盤以卜。扶箕之術，唐世已行。宋徽宗政和六年（1116），以京師奸滑狂妄之輩，輒以箕筆聚眾立堂，號天尊大仙，語言不經，詔令八廂使臣毀撤焚棄[1]。後世民間扶乩，多製丁字形木架，懸錐於直端，狀如踏碓的舂杵，承以沙盤，由兩人扶其兩端，作法請神。神至後，其錐即自動畫沙成字，或示人吉凶休咎，或爲人開藥方，或與人唱和詩詞。因傳說神仙來時都駕風乘鸞，所以稱爲扶鸞。事畢，神退，錐亦不動。

　　《古今圖書集成・神異典》引《江西通志》謂：「文孝廟在吉安府陳，祀梁昭明太子統，有飛鸞，判事甚靈驗。」文中「飛鸞」，當即扶鸞。扶鸞最流行的時期是在明清兩代，尤其是在文風較盛的江蘇、浙江、江西等省。當地士子多存有「不信乩仙不能考中」的心理。

　　游子安撰〈論清代江蘇長洲彭氏家學、善書與善舉〉一文指出，江蘇長洲彭氏自清初以來，科名之盛，爲時人所推許。彭氏

1　俞樾撰《茶香室叢鈔》，見《筆記小說大觀》正編，第九冊（臺北，新興書局，民國六十二年四月），卷一四，頁 12。

第十世彭定求（1645-1719）一方面尊崇儒學的正宗地位，一方面
又出入釋道。他在家修建文昌閣，舉家敬事文昌帝君。康熙十三
年（1674），帝君降乩於其家，有訓文三篇，《心懺》一部，彭定
求即虔刊印施。彭定求、彭啓豐（1701-1784）祖孫狀元，清人以
與彭氏敬奉文昌帝君及惜字積德有關[2]。昭槤撰《嘯亭雜錄·彭氏
科目之盛》謂：「余素惡扶雞之事，以爲假鬼神以惑眾，爲王者所
必誅，故律置之重典，良有以也。然姑蘇彭氏素設文昌神雞壇。
南畇先生以孝友稱，其孫大司馬公復中元魁，祖孫狀元，世所希
見，司馬之子（紹觀、紹升、紹咸），其孫（希鄭、希洛、希曾），
其曾孫（蘊輝）皆成進士。今司寇公（希濂）復登九列，科目之
盛，爲當代之冠，豈真獲梓潼之佑耶，抑別有所致之也。」[3]引文中
「扶雞」，即扶乩。「南畇」爲彭定求別號。「梓潼」，即梓潼帝君的
簡稱，爲道教神名。道教謂玉帝命梓潼掌文昌府及人間功名、祿位
等事，因此，稱爲梓潼帝君。彭定求所設文昌神乩壇，就是文昌閣。

　　袁枚撰《子不語·乩仙示題》記載，「康熙戊辰會試，舉子求
乩仙示題，乩仙書不知二字。舉子再拜，求曰，豈有神仙而不知
之理？乩仙乃大書曰，不知不知又不知。眾人大笑，以仙爲無知
也。是科題乃不知命無以爲君子也三節。又甲午鄉試前，秀才求
乩仙示題。仙書「不可語」三字。眾秀才苦求不已。乃書曰，正
在不可語上。眾愈不解，再求仙明示之，仙書一「署」字，再叩
之則不應矣。已而題是知之者不如好之者一章。」[4]科舉考試，請

2 漩子安撰〈論清代江蘇長洲彭氏家學、善書與善舉〉，《大陸雜誌》，第九
　十一卷，第一期（臺北，大陸雜誌社，民國八十四年七月），頁 34。
3 昭槤撰《嘯亭續錄》、《筆記小說大觀正編》，第五冊（臺北，新興書局，
　民國六十二年四月），卷三，頁 4。
4 袁枚撰《子不語》，《筆記小說大觀續編》，第二十二冊（臺北，新興書局，
　民國五十一年八月），卷二十一，頁 6。

求乩仙示題，蔚爲風氣。

　　乾隆三十八年（1773），因揚州府知府陳用敷奉旨陞授廣東雷瓊道。同年十一月十四日奉上諭，江蘇揚州府知府員缺著於兩江所屬知府內揀選一員調補。江蘇鎮江府知府謝啓昆，年三十七歲，江西進士，由翰林院編修奉旨補授鎮江府知府。江蘇巡撫薩載等具摺指出，謝啓昆才具明白，辦事諳練，到任以後，正己率屬，整飭地方，清理案件，頗著成效，以謝啓昆調補揚州府知府，確實有裨要缺[5]。傳聞揚州府知府謝啓昆頗信扶乩。袁枚撰《子不語·史閣部降乩》云：「揚州謝啓昆太守扶乩，灰盤書正氣歌數句，太守疑爲文山先生，整冠肅拜，問神姓名曰，亡國庸臣史可法。時太守正脩葺史公祠墓，環植梅松。因問爲公脩祠墓，公知之乎？曰，知之，此守土者之責也，然亦非俗吏所能爲。問自己官階，批曰，不患無位，患所以立。謝無子，問將來得有子否？批曰，與其有子而名滅，不如無子而名存。太守勉旃，問先生近已成神乎？曰，成神。問何神？曰，天曹稽察大使。書畢，索長紙一幅，問何用？曰，吾欲自題對聯，與之紙題曰，一代興亡歸氣數，千秋廟貌傍江山。筆力蒼勁，謝公爲雙勾之，懸于廟中。」[6]揚州府知府謝啓昆確實是恪盡厥職的守土循吏。

　　紀昀撰《閱微草堂筆記》指出，「乩仙多僞託古人，然亦時有小驗。溫鐵山前輩（名溫敏，乙丑進士，官至盛京侍郎），嘗遇扶乩者問壽幾何？乩判曰，甲子年華有二秋，以爲當六十二。後二年卒，乃知二秋爲二年，蓋靈鬼時亦能前知也。又聞山東巡撫國公，扶乩問壽，乩判曰，不知。問仙人豈有所不知？判曰，他人

5　《宮中檔乾隆朝奏摺》，第三十四輯（臺北，國立故宮博物院，民國七十四年二月），頁162。乾隆三十四年正月初四日，薩載奏摺。
6　袁枚撰《子不語》，卷十九，頁5。

可知，公則不可知，修短有數，常人盡其所稟而已。若封疆重鎮操
生殺予奪之權，一政善則千百萬人受其福，壽可以增。一政不善，
則千百萬人受其禍，壽亦可以減，此即司命之神，不能預爲註定，
何況於吾？豈不聞蘇頲誤殺二人，減二年壽，婁師德誤殺二人，減
十年壽耶？然則年命之事，公當自問，不必問吾也。此言乃鑿然中
理，恐所遇竟眞仙矣。」[7]乩仙雖然多僞託古人，但是，亦有小驗。

《紅樓夢》第九十五回〈因訛成實元妃薨逝，以假混眞寶玉
瘋顚〉有一段記載云：「原來岫烟走到櫳翠庵見了妙玉，不及閑話，
便求妙玉扶乩。妙玉冷笑幾聲，說道：『我與姑娘來往，爲的是姑
娘不是勢利場中的人。今日怎麼聽了那裡的謠言，過來纏我。況
且我並不曉得什麼叫扶乩。』說着，將要不理。岫烟懊悔此來，
知他脾氣是這麼着的，『一時我已說出，不好白回去，又不好與他
質證他會扶乩的話。』只得陪著笑將襲人等性命關係的話說了一
遍，見妙玉略有活動，便起身拜了幾拜。妙玉嘆道：『何必爲人作
嫁。但是我進京以來，素無人知，今日你來破例，恐將來纏繞不
休。』岫烟道：『我也一時不忍，知你必是慈悲的。便是將來他人
求你，願不願在你，誰敢相強。』妙玉笑了一笑，叫道婆焚香，
在箱子裡找出沙盤乩架，書了符，命岫烟行禮祝告畢，起來同妙
玉扶着乩。不多時，只見那仙乩疾書道：『噫！來無跡，去無踪，
青埂峯下倚古松。欲追尋，山萬重，入我門來一笑逢。』書畢，
停了乩。岫烟便問請是何仙？妙玉道：『請的是拐仙。』岫烟錄了
出來，請教妙玉解識。妙玉道：『這個可不能，連我也不懂。你快
拿去，他們的聰明人多着呢！』岫烟只得回來。進入院中，各人
都問怎樣了。岫烟不及細說，便將所錄乩語遞與李紈。眾姊妹及

---

7 紀昀撰《閱微草堂筆記》，《筆記小說大觀續編》，第二十三冊（臺北，新
興書局，民國五十一年八月），卷二十二，頁5。

寶玉爭看著，都解的是：『一時要找是找不着的，然而丟是丟不了
的，不知幾時不找便出來了。但是青埂峯不知在那裡？』李紈道：
『這是仙機隱語。咱們家裡那裡跑出青埂峯來，必是誰怕查出，
撂在松樹的山子石底下，也未可定。獨是『入我門來』這句，到
底是入誰的門呢？』黛玉道：『不知請的是誰！』岫烟道：『拐仙。』
探春說道：『若是仙家的門，便難入了』。」[8]引文內容對研究扶乩
活動，提供了重要的參考價值。妙玉的個性，不輕易爲人扶乩，
有其脾氣，她不喜歡別人爲扶乩纏繞不休。但她的心地慈悲，經
不起有緣人的懇求，終於答應爲人請神扶乩。「願不願在你，誰敢
相強？」請求扶乩，不可相強。妙玉笑了一笑，叫道婆焚香，取
出沙盤乩架，還要書符，行禮祝禱，然後由岫烟與妙玉扶着乩，在
沙盤推動，八仙之一的李鐵拐，習稱拐仙。請來拐仙後，疾書乩語，
都是隱語。乩語書畢，拐仙退去，就乩停不動，結束扶乩儀式。

　　明清時期，扶鸞信仰極爲盛行，朝廷取締扶鸞活動，可謂不
遺餘力。俞汝楫編《禮部志稿》記載，明孝宗弘治元年（1488），
禮部覆奏左都御史馬文升所奏四事，其一〈逐術士〉條云：「宜令
各該巡城監察御史及五城兵馬司，并錦衣衛巡捕官逐一搜訪，但
有扶鸞禱聖、驅雷喚雨、捉鬼耳報一切邪術人等及無名之人，俱
限一月內盡逐出京。仍有潛住者，有司執之，治以重罪，主家及
四鄰知而不舉者，連坐。」[9]清世祖順治三年（1646），清朝修訂
律例時，將扶鸞禱聖列入禁止師巫邪術律例之中，爲首者絞監候，
爲從者各杖一百，流三千里。

8　曹雪芹、高鶚撰《彩畫本紅樓夢校注》（臺北，里仁書局，民國七十三年
　　四月），頁 1475。
9　俞汝楫編《禮部志稿》（六），《四庫全書珍本初集》，第 142 冊（臺北，
　　臺灣商務印館），卷四五，頁 7。

　　乾隆五十七年（1792）十一月，廣西境內因饒迼修等人借扶
乩爲名，編造鸞語詩句，竟稱劉萬宗爲漢室後裔，含有政治意識，
被官府指爲惑眾悖逆。嘉慶二十年（1815）十月初十日，突有籍
隸浙江湖州民人許環至直隸按察使衙門密告，略謂有現住保定同
鄉人姜應隴爲其薦舘。許環詢係何處？姜應隴答稱：明幼主新立，
遣新巡撫陳佑儒同將軍張騰雲一共三十五人同來保定，於十月初
二日先到城外東高家莊大乘菴居住。陳佑儒將於十三日到任，囑
爲延薦幕友長隨。姜應隴已薦訂許環，囑其換用方巾圓領往見，
並薦有熟識跟官的蘇州人張貴往當長隨，不可洩漏云云。許環以
姜應隴語涉悖謬，恐干牽連，所以密稟。按察使盛泰隨即知會布
政使錢臻清、河道韓文綺，並傳保定府知府阿霖至按察使衙門，
一面密飭清苑縣知縣王德棻、典史費端書，立將姜應隴及幫同扶
鸞的范登科、張貴拏獲，並搜查姜應隴家，查無不法字跡，只有
鸞盤一個，鐵圈一個，上紮舊筆一枝。按察使盛泰等馳稟直隸總
督那彥成，並將各犯解送總督衙門。直隸總督那彥成逐加嚴鞫。
據姜應隴供稱：

> 姜應隴籍隸浙江湖州府安吉縣人，乾隆五十五年，考入武
> 學，各處行醫爲生，父母俱故，亦無弟兄。嘉慶元年，在
> 江南徐州府銅山縣屬雙溝鎮地方相遇該處人高澄川傳授姜
> 應隴扶鸞請鸞法術，只須懸筆默禱，並無符籙，即可請鸞。
> 姜應隴於嘉慶八年秋間，來至直隸省城，仍行醫道，與在
> 直遊幕之同鄉生員許環、蘇州人長隨張貴均相認識。姜應
> 隴每遇疑難病症，即請鸞求方，間有效驗，遂相深信。十
> 一年，娶曾氏爲妻，生子女三人，俱尚幼小，在省賃房居
> 住，遷移不定。二十年十月初七日，甫經另搬安祥衚衕居
> 住，並無勾結外來匪人行爲不法情事。范登科籍隸清苑，

於十三年間因令姜應隴治病認識。迫後范登科無處傭工，
家中貧難，經姜應隴相邀製配藥料，僅給飯食，並無工價。
姜應隴有時請鸞，即令范登科幫扶鸞盤。范登科並不識字，
不能深知鸞語，姜應隴亦從未向告。二十年八月，不記日
期，姜應隴復因問病請鸞。據稱來係唐朝人胡問源鸞語，
明幼主朱姓，年十三歲，係浙江嘉善縣人，已在杭州登基，
遣巡撫陳佑儒同將軍張騰雲一共三十五人前來保定，於十
月初二日先到城外東高家莊大乘菴住下，十三日到任。陳
佑儒尚無幕友、長隨，囑其預覓數人，俟其到任送入署中
辦事，緣人未至，不必先期往見，亦不可洩漏天機，並云
陳佑儒前生名姜辰，即姜應隴之故父，與有夙緣，明春陳
佑儒相延治病，即可往來，彼之幕友長隨皆係舊識，必有
照應好處，姜應隴素本惑於鸞語，深信為真。九月二十六
日，往拜許環，為陳佑儒代延，遵從鸞語，並未言明，恐
致洩漏。十月初四日，途遇張貴，又復告知已與薦定地方，
張貴根問何處？姜應隴空寫三四品三字，囑其不可告人而
散。張貴向許環告知，正在懷疑，而姜應隴復至許環寓所，
因許環向問薦舘何處？姜應隴答以天機不可洩漏而去。許
環、張貴以姜應隴情形可疑，相商欲探明其行為首告，至
初九日晚，姜應隴復請鸞查問，可與許環等實告否？鸞云：
可以實告。並云：新來各官皆穿明服，令許環亦更換方巾
圓領服色。初十日早，姜應隴前往約會許環，言明薦與新
巡撫陳佑儒署中辦事，又以鸞語囑許環更換服以待。許環
見姜應隴語言悖謬，恐為牽累，即赴臬署密稟[10]。

10　《那文毅公初任直隸總督奏議》（臺北，文海出版社），卷四十二，頁9。

　　供詞中的陳佑儒等姓名是扶鸞時寫出的名字，並無其人，姜
應隴亦未見有陳佑儒等其人。姜應隴家並無經卷、圖像、符咒等
不法物件，高家莊大乘菴住持僧人洪廣安分修行，亦未容留外來
之人。范登科及地隣等均供姜應隴平日行醫，除了有時扶鸞請鸞
之外，並無勾結外來之人。其扶鸞之法，亦未傳授徒弟，姜應隴
確實是迷信扶鸞，爲鸞語所惑。直隸總督那彥成按律嚴辦，律載
扶鸞禱聖煽惑民人，爲首者絞監候；例載軍民人等妄稱諳曉扶鸞
禱聖煽惑民人，爲首者發新疆給額魯特爲奴；又例載妄布邪言，
書寫張貼，煽惑人心，爲首者斬立決。那彥成指出，「姜應隴以外
省之人流寓在直，輒敢扶鸞惑人，已律應絞候，乃復妄信鸞語，
惑於邪言，膽敢於省會重地，以悖謬不經之言，煽惑人心。查訊
之下，全屬荒誕，核與妄布邪言無異，即未書寫張貼，當此懲辦
奸匪邪慝之際，猶敢以此肆意邪言惑人，若不按例嚴擬，無以靖
人心而懲妖邪。姜應隴除扶鸞惑人爲首律擬絞候輕罪不議外，應
即照妄布邪言，煽惑人心，爲首者斬立決例擬斬立決，仍梟首示
眾，以昭炯戒。范登科曾請姜應隴治病，始與認識，後因貧無工
作，經姜應隴相留製藥，僅給飯食。姜應隴當請鸞之時，亦曾令
其照料鸞盤。第該犯素不識字，不知鸞語，並無隨從邪言惑人情
事，未便竟照扶鸞爲從問擬，范登科應於遣罪上減一等，杖一百，
徒三年，至配所折責安置。」嘉慶二十年（1815）十月二十五日，
奉旨：「姜應隴著即處斬梟示，餘照該督所擬完結。其赴署稟者之
許環加恩賞給八品頂戴，著該督傳到詢問如情願入伍，以外委補
用，如不願入伍，即以頂戴榮身。」[11]

　　直省嚴禁扶鸞禱聖，從重量刑，然而扶鸞請鸞的風氣，仍極

---

11 《那文毅公初任直隸總督奏議》，卷四十一，頁 13。嘉慶二十年十月二
　　十五日，奉旨。

盛行。四川新都縣人楊守一傳習青蓮教。道光七年（1827），新都縣人陳汶海、南部縣人李一元等人俱聽從楊守一傳習青蓮教。其後，青蓮教遭官府取締，楊守一等被捕正法。道光二十二年（1842），李一元在四川商約陳汶海、彭超凡復興青蓮教。其後陳汶海又與四川敘州府人林祝官、郭建文等議及復興青蓮教，並稱必須扶乩判出同教人字派，方好傳徒。道光二十三年（1843）二月內，陳汶海邀同彭超凡、林祝官等至湖南善化縣東茅巷地方潛住，以算命行醫度日。江寧人劉瑛向在湖南貿易，常爲人扶乩，拜素識的湖南人莫光點爲師，皈依青蓮教。莫光點帶領劉瑛至善化縣東茅巷地方，與彭超凡相見。彭超凡即設壇請劉瑛扶乩批判，定出十七字派。道光二十四年（1844）正月間，李一元至漢陽，與陳汶海商議租住劉王氏空屋，設立乩壇，將無生老母捏稱瑤池金母，倩人畫出神像二幅，懸掛供奉，稱爲雲城，又名紫微堂。陳汶海又起意假託聖賢仙佛轉世，聲稱喫齋行善可以獲福延年，不遭水火劫難等語作爲乩筆判出，以達摩爲初祖，楊守一、徐建牧爲十三祖。李一元因見習教人多，隨與陳汶海商議，奉彭超凡表弟朱中立爲教主。因恐信眾不見重，須設壇請乩假託鬼神之語令人信服。李一元與陳汶海等扶鸞禱聖，書寫無生老母降壇，摘錄《開示真經》內語句作爲乩語。朱中立改名爲化無子，教中往來書信，俱以雲城爲暗號，以孟家巷爲紫微壇，以江夏洗馬池爲新壇。

　　青蓮教重要成員郭建文以周位掄爲彌勒佛轉世，將成大道，堅持奉周位掄爲教主，另立金丹道教名目。李一元、陳汶海等爲了避免與周位掄金丹道教內信眾相混，於是設壇扶乩，依照鸞語定出「元秘精微道法專真果成」十個字派，編成道號，分派取名，俱用「依」字加首，叫做「十依」。又定出「溫良恭儉讓」五字，均以「致」字加首，並添「克特」二字，共十七個字派，作爲排

行，分別內外等次，內五行專管乩壇，外五行與五致為十地，十
地分往各方傳教。其中彭超凡改名彭依法、陳汶海改名陳依精，
林祝官改名林依秘，安添爵改名安依成，宋潮真改名宋依道，以
上五人為先天內五行，在雲城掌壇，總辦收圓。李一元改名李依
微，余克明改名余依元，柳清泉改名朱依專，范臻改名范依果，
鄧良玉改名鄧依真，以上五人為後天外五行。夏繼春改名夏致溫，
謝克畏改名謝致良，黃汶彬改名黃致恭，張蔚澤改名張致儉，張
俊改名張致讓，以上五人為五德，外五行與五德為十地大總。內
五行又以水火木金土為序，彭超凡稱為水法子，陳汶為火精子，
安添爵為木成子，林祝官為金秘子，宋潮真為土道子，都自稱是
聖賢仙佛轉世。

　　青蓮教又稱法船，以頂航為首，再次為引恩、保恩、證恩、
添恩。李一元、陳汶海、安添爵、宋潮真等人都是頂航。初入教
的人稱為眾生，乩判准收的信徒叫做添恩，以次遞進證恩、保恩、
引恩。青蓮教龍華會由彭超凡管事，安添爵掌壇[12]。青蓮教以十
八省為道家十方，十地大總各認一方，又名分派其徒，共為一百
零八盤，到處輾轉傳徒。道光二十三年（1843）九月間，彭超凡
等前往湖北。同年十一月內，彭超凡寄信給其徒言柏亭，令言柏
亭與張蔚澤前往湖北。十一月十九日，言柏亭等行抵湖北洗馬池
壇內，見安添爵扶乩，陳汶海執筆，言柏亭派名致讓，令其往湖
南傳教[13]。湖南善化縣人黃德修在湖北洗馬池廣興棧壇內拜安添
爵為師，乩筆派名為克立，奉命前往湖北襄陽傳教。張俊拜彭超

12　《軍機處・月摺包》（臺北，國立故宮博物院），第2752箱，121包，74959
　　號。道光二十五年七月二十三日，梁萼涵奏摺錄副。
13　《宮中檔》（臺北，國立故宮博物院），第2731箱，41包，7412號。道
　　光二十五年四月十八日，陸費瑔奏摺。

凡爲師，經安添爵扶乩，派名克廣，接頂致讓字派，仍回湖南傳
教，給與松木劍一把，劍上乩筆畫訣五個。彭超凡又傳給無極天
皇掌令雷霆咒語，囑令每日念誦，可避邪魔。

　　青蓮教中所編寫的《乩詩寶光寶錄》、《斗牛宮普度規條》、《靈
犀玉璣璇經》等都是假托乩語而編成的寶卷。道光二十四年（1844）
四月，四川仁壽縣人蕭剛、鄧三謨等人拜李一元爲師，入青蓮教。
同年十一月，李一元將所畫符籙分送蕭剛、鄧三謨，並令攜帶《斗
牛宮普度條規》、《乩詩寶光寶錄》等寶卷，以便各自傳徒。道光
二十五年（1845）正月，蕭剛等在西安被拏獲，起出寶卷、口訣、
符籙等件，陝西巡撫李星沅指出，在《斗牛宮普度條規》內有「以
雲城斗牛宮爲開道根基」、「王法當權，佛法未顯，應宜檢密，暗
釣賢良」等語。在乩詩內有「三豕遇龍八牛逢」等句，被指爲「殊
涉狂謬」[14]。青蓮教設壇扶乩，教中重要大事，多取決於乩筆鸞
語。由於青蓮教的活躍，更助長了扶鸞禱聖風氣的盛行。

　　葉名琛是湖北漢陽人，道光十五年（1835）進士。道光二十
八年（1848），補授廣東巡撫。咸豐二年（1852），補授兩廣總督。
《清史集腋》記載，葉名琛的父親葉志詵素好扶乩，葉名琛自幼
耳濡目染，亦篤信扶乩，還特建長春仙館，供奉呂洞賓、李太白
二仙，一切軍機進止，都取決於乩筆[15]。葉名琛的乩筆，竟然是
一枝誤國誤民的乩筆。

　　咸豐七年（1857），英法聯軍攻打廣州，葉名琛既不設防，不
許募集團練，又不與外國人和談，諸事置之不理。同年十一月十

14　《宮中檔》，第 2731 箱，45 包，8052 號。道光二十五年八月十六日，李
　　星沅奏摺。
15　《清史集腋》（臺北，廣文書局，民國六十一年十月），二十一，〈葉名琛
　　廣州之變〉，頁 939。

二日，英法軍隊六千人登陸，情勢危急。但葉名琛處變不驚，經過扶乩後，乩筆判出，「過十五日可無事」。不料廣州城竟以十四日夜間先陷，葉名琛也被俘送印度加爾各答。途中，他還每日親作書畫，並自署「海上蘇武」。時人嘲笑他說：「不戰不和不守，不死不降不走，相臣度量，疆臣抱負，古之所無，今之罕有。」以此諷刺葉名琛的扶乩誤國，咎由自取。

葉名琛像
清人繪

兩廣總督葉名琛（1807-1859），咸豐七年（1857），英法聯軍進犯廣州，葉名琛被俘，囚於印度加爾各答。